法韵华章 北京知识产权法院十年探索丛书

品牌之盾

北京知识产权法院商标典型案例

刘双玉 主编

人民法院出版社

图书在版编目（CIP）数据

品牌之盾 ： 北京知识产权法院商标典型案例 / 刘双玉主编. -- 北京 ： 人民法院出版社, 2024. 9. --（法韵华章 ： 北京知识产权法院十年探索丛书）. -- ISBN 978-7-5109-4253-2

Ⅰ. D923.435

中国国家版本馆CIP数据核字第2024FC7161号

品牌之盾——北京知识产权法院商标典型案例

（法韵华章：北京知识产权法院十年探索丛书）

刘双玉　主编

策划编辑　赵　刚　陈晓璇
责任编辑　陈晓璇
封面设计　东合社
出版发行　人民法院出版社
地　　址　北京市东城区东交民巷 27 号（100745）
电　　话　（010）67550520（执行编辑）　67550558（发行部查询）
　　　　　　65223677（读者服务部）
客 服 QQ　2092078039
网　　址　http://www.courtbook.com.cn
E - mail　courtpress@sohu.com
印　　刷　三河市国英印务有限公司
经　　销　新华书店

开　　本　787 毫米×1092 毫米　1/16
字　　数　516 千字
印　　张　32.5
版　　次　2024 年 9 月第 1 版　2024 年 9 月第 1 次印刷
书　　号　ISBN 978-7-5109-4253-2
定　　价　106.00 元

品牌之盾——北京知识产权法院商标典型案例
编辑委员会

经德秉智知公正　十年逐梦采华芝

——北京知识产权法院“京知十年”系列图书序

创新是引领发展的第一动力，保护知识产权就是保护创新。党的十八大以来，以习近平同志为核心的党中央将创新驱动发展战略上升为国家战略，知识产权保护迅速成为驱动高质量发展的内生动力。知识产权专门法院是通过集中管辖和专门机制，确保党中央知识产权司法保护政策落实的有力工具，在知识产权保护体系中发挥关键作用。经中央深改组第三次会议决策和十二届全国人大常委会第十次会议决定，北京知识产权法院作为全国首批三家（北京、上海、广州）知识产权法院之一，于 2014 年 11 月 6 日率先挂牌运行，承载着探索知识产权审判机制改革和提升知识产权司法保护水平的职责使命，肩负着党和人民对知识产权司法服务保障高质量发展的殷切嘱托和热切期待。

在全国知识产权审判体系中，北京知识产权法院的特殊性在于受理的近八成案件是集中管辖直接关系我国知识产权质量的全国范围内专利、商标、植物新品种、集成电路布图设计等知识产权授权确权第一审行政案件；专属管辖直接关系社会主义市场竞争秩序维护的全国范围内不服国务院反垄断执法机构行政处罚决定的第一审行政案件；指定管辖直接关系人民医药可及性的全国范围内药品专利链接相关民事纠纷案件。因此，我院在国内知识产权司法保护体系中具有特殊的基础性和枢纽性作用。自成立以来，我们始终坚持不忘初心、牢记使命，通过一大批备受国内外关注、记录时代发展的首例案件、典型案件、高价值案件的审理，向社会传递科技向善、文化自信、公平竞争的创新理念。

经德秉智，知公致正。在习近平法治思想指引下，我们秉持首善标准，注重守正创新，一步一个脚印，借创新发展之东风，创司法保护新天地。十年来，我院培育起专业化水平较高的、以高级法官为主体的近 70 人的法官队伍，组建了药品专利链接、数据保护、植物新品种、计算机软件等6个前沿领域的办案专班，培养了一批全国和北京市审判业务专家和首都青年法学家；通过精心部署，我们在北京市科技创新主阵地“三城一区”的科学城、科技园区设立了9个巡回审判庭和法官工作站，主动服务保障国家创新驱动发展战略；我们还创建了14名两院院士组成的创新保护专家委员会，充实了超过120人的技术调查官力量，确保大量高价值技术类案件公正高效审理。十年来，我院审结了各类知识产权案件近20万件，发布了19批200余件典型案例，75起标杆性案件被最高人民法院评选为全国典型案件；先后荣获中央和省部级奖项的专题调研有15项，出版集体和个人专著13册，法官们在核心期刊发表论文近50篇，连续多年在全国知识产权实务部门的学术研究成果排名中位居首位，赢得了国内外广泛赞誉与深度认同。

春华秋实，尽采华芝。本次图书编辑工作，对过去十年，既是一种纪念，更是一种感谢；对未来十年，既是一个起点，更是一种嘱托。这套“京知十年”系列图书共6册，合计超过220万字，记述了京知人善作善成的智慧和久久为功的努力，既有严肃的司法判决，也有活跃的学术探索，还有深刻的问题反思，更有务实的改革举措。其中，《法界之新——司法审判研究与体制探索》集中了十年间数据、种业、共享经济、国际贸易、惩罚性赔偿、商业秘密等领域的前沿和疑难问题研究成果，体现了京知人在践行职责使命过程中的深入思考和持续探索。《法官之智——理论与实践探索论文集》挑选了十年间全院干警在学术研究、改革创新、队伍建设方面的所思所悟，反映了京知人在干事创业过程中的躬耕精神和创新智慧。四册典型案例精选了专利、商标、竞争垄断和著作权四大领域的经典案件，用裁判要旨提炼了法官办案思路和办案规则，并用法官评析的方式抒发了办案心路历程和司法情怀。

大鹏之动，非一羽之轻也；骐骥之速，非一足之力也。看着案头厚厚的图书文稿，我作为图书总主编感到压力和动力并存，信任与感激同在！衷心感谢上级领导和社会各界十年来一以贯之的鼎力支持！感谢京知人默默耕耘、任劳任怨的倾情奉献！要特别感谢人民法院出版社领导和编辑们的大力支持和辛勤付出！由于时间仓促、能力有限，书中错误及疏漏之处在所难免，敬请广大读者批评指正！

总主编：刘双玉

目 录

行政案件

民事案件

行政案件

1. 贵州某酒业有限公司诉国家知识产权局商标申请驳回复审行政纠纷案*

——不以使用为目的的恶意商标注册申请的认定

关键词 商标驳回复审 不以使用为目的 恶意

基本案情

2021年5月14日，原告贵州某酒业有限公司向被告国家知识产权局申请注册第56072968号“王子”商标（以下简称诉争商标）。诉争商标标志由竖向排列的汉字“王子”构成，指定使用的复审商品包括：米酒；含水果酒精饮料；酒精饮料（啤酒除外）；清酒（日本米酒）；白酒；葡萄酒；鸡尾酒；烧酒；黄酒；蜂蜜酒。国家知识产权局作出的商评字［2023］第1763号《关于第56072986号“王子”商标驳回复审决定书》（以下简称被诉决定）认定，诉争商标的注册申请构成《商标法》第四条第一款规定之情形。国家知识产权局决定：诉争商标在复审商品上的注册申请予以驳回。

贵州某酒业有限公司不服被诉决定，在法定期限内向北京知识产权法院提起行政诉讼，诉称：贵州某酒业有限公司基于正常经营活动需要而申请注册系列商标，包括本案诉争商标在内的系列商标已用于或者即将用于经营活动，故其申请商标是基于合法的使用目的，不属于不以使用为目的的恶意申请。综上，请求法院撤销被诉决定，并判令国家知识产权局重新作出复审决定。

* 本案例入选北京知识产权法院2023年评选的规制商标恶意注册十大典型案例。

国家知识产权局辩称：被诉决定认定事实清楚，适用法律正确，作出程序合法，请求判决驳回贵州某酒业有限公司的诉讼请求。

行政阶段，贵州某酒业有限公司提交了其关联公司企业营业执照信息、诉争商标在关联企业的广告宣传材料、产品图片、质检报告、在先裁决等证据。

诉讼阶段，贵州某酒业有限公司提交了其关联公司销售的含诉争商标“王子”字样的“贵州王子酒”酒瓶及包装的实物图片，用于支持其诉讼请求。

法院经审理查明：贵州某酒业有限公司为2020年8月26日成立的有限责任公司（自然人投资或控股），截至本案一审审理时，该公司注册资本500万元，但未公示实缴资本。贵州某酒业有限公司已在第33类、第35类、第32类、第18类、第3类等多个商品或服务类别上累计申请340余件商标，部分已核准注册，其中仅在2020年1月至2021年11月就累计申请300余件商标。

2023年6月16日，北京知识产权法院作出（2023）京73行初7441号行政判决：被诉决定认定事实清楚，适用法律正确，符合法定程序。贵州某酒业有限公司的诉讼请求缺乏事实和法律依据，法院不予支持。据此，依照《行政诉讼法》第六十九条的规定，法院判决驳回贵州某酒业有限公司的诉讼请求。贵州某酒业有限公司不服上述判决，提起上诉。2023年8月21日，北京市高级人民法院作出（2023）京行终6309号行政判决：驳回上诉，维持原判。

裁判理由

法院生效裁判认为：《商标法》第四条第一款规定，自然人、法人或者其他组织在生产经营活动中，对其商品或者服务需要取得商标专用权的，应当向商标局申请商标注册。不以使用为目的的恶意商标注册申请，应当予以驳回。我国采取商标注册制度。商标作为工业产权，其价值本身在于投入市场进行使用，故为制止囤积商标的注册申请行为，有效规范商标申请注册秩序，遏制“不以使用为目的”的恶意商标注册申请行为，商标法从法律制度层面作出了上述规定，主旨在于从源头严格规制非使用目的的商标注册行为，回归商标以使用为目的的制度本源。

根据《商标法》第四条第一款规定的文义解释，诉争商标申请注册行为在构成上述条款时需同时满足“不以使用为目的”且具有“恶意”。因诉争商标申请注册主体的主观意图不易直接确定，故可以通过其注册行为本身的客观表现并运用逻辑推理和日常生活经验法则进行推定，但有相反证据足以推翻相关推定的除外。一般而言，大量申请注册与他人具有一定知名度或者较强显著特征的商标相同或者近似的商标、大量申请注册与他人除商标外其他具有一定知名度商业标识相同或近似的商标、大量申请注册与行政区划名称、景点名称、建筑物名称等相同或者近似的商标或者在短期内大量申请注册商标明显超出经营所需等情形，均可认定构成《商标法》第四条第一款所规定情形。

在此需要特别指出，在我国商标法体系下，并无防御性商标注册的制度设计，故商标申请注册行为本身均应当纳入现行《商标法》规定条款范畴进行认定。因此，即使诉争商标标志本身并未复制、摹仿、抄袭他人商标、其他商业标识或者公有领域既有名称，但若足以证明申请人短期内大量申请注册商标已经超出其经营所需，在未提交相反证据证明的情况下，可以认定该行为构成“不以使用为目的的恶意商标注册申请”，因为其已经构成囤积商标行为，进而扰乱了我国商标注册秩序。

本案中，贵州某酒业有限公司除申请注册诉争商标外，还在多类商品或服务上累计申请340余件商标，且仅在2020年至2021年间就累计申请300余件商标，其中包括“迈巴赫”等与他人商标相近的商标。贵州某酒业有限公司提交的证据尚不能充分证明诉争商标的实际使用情况和意图。因此，根据贵州某酒业有限公司申请注册商标的时间跨度、申请数量、指定使用的商品或服务类别等，可以认定贵州某酒业有限公司申请注册包括诉争商标在内的大量商标的行为，已超出正常经营活动需要，构成《商标法》第四条第一款所指不以使用为目的的恶意注册申请之情形。

裁判要旨

民事主体申请注册商标，应具有使用的真实意图，以满足自身商标使用需求为目的，其申请注册商标的行为应具有合理性或正当性。审查判断申请商标是否构成《商标法》第四条第一款规定之情形，可以考虑申请人或者与其存在关联关系的自然人、法人、其他组织申请注册商标的数量、指定使用的类别商品或服务、商标交易情况，或是申请人所在行业、经营状况，以及申请注册的商标与他人有一定知名度的商标相同或者近似的情况等因素。短期内在多个商品或服务上申请注册大量商标，明显超出正常的生产经营需要，且无法证明具有真实使用意图或提供其他正当理由的，可认定为不以使用为目的的恶意商标注册申请。

关联索引

《中华人民共和国商标法》第四条第一款

一审： 北京知识产权法院（2023）京73行初7441号（2023年6月16日）

二审： 北京市高级人民法院（2023）京行终6309号（2023年8月21日）

法官评析

本案裁判对商标申请注册行为是否构成《商标法》第四条第一款的“不以使用为目的”且具有“恶意”的要件作了详尽分析，该裁判对类似案件的裁判具有一定的指导和借鉴意义。

《商标法》第四条第一款规定：“自然人、法人或者其他组织在生产经营活动中，对其商品或者服务需要取得商标专用权的，应当向商标局申请商标注册。不以使用为目的的恶意商标注册申请，应当予以驳回。”

判断诉争商标的注册申请是否属于该款规定的“不以使用为目的的恶意商标注册申请”，需考虑以下两个方面的因素：一是商标申请人对申请注册的商标是否具有真实的使用意图；二是商标申请人是否具有主观上的恶意。

首先，认定商标申请人是否具有真实的使用意图，可以根据商标申请人的经营范围、经营规模、申请注册商标的数量和类别、行为方式等因素予以综合判断。商标申请人明显超出正常商业经营需要，采取大批量商标申请注册的行为，可以作为其缺乏真实使用意图的初步证据。对此，商标申请人可以提交证据予以反驳，包括已投入实际使用的证据，以及必要的准备、合理的使用计划等意图使用的证据。商标使用的主体，包括商标权人、被许可使用人以及其他不违背商标权人意志使用商标的人。

其次，商标申请注册语境下的“恶意”，通常指行为人违背诚信原则，以攫取或不正当利用他人市场声誉，损害他人在先合法权益，或者以不正当占有公共资源作为申请注册的意图。商标申请人明显超出正常商业经营需要，采取大批量商标申请注册的行为，可以作为其具有不正当占有公共资源意图的初步证据。

虽然司法实践中，经常会有当事人以诉争商标系其在先注册商标的延续性注册，系为了更好地保护其在先注册商标的防御性注册等理由申请大量商标注册，但在我国商标法体系下，并无防御性商标注册的制度设计，故商标申请注册行为本身均应当纳入现行《商标法》规定条款范畴进行认定。不过，商标申请人主观上为预防他人摹仿其具有较高知名度与显著性的标识而提出的商标申请，且未过度、不当占有公共资源的，通常不构成《商标法》第四条第一款规定的恶意类型。

本案中，根据查明的事实，原告在短期内在多个商品或服务类别上申请注册了包括“王子”“王子庄园”“王子酒庄”“川金丝猴”“神鹰”等在内的多件商标，已超出其正常的生产经营活动需要。此外，原告诉称为开展经营备用，但提供的相关证据不足以证明其已实际作出准备，且原告在先申请数百件商标，部分商标已经核准注册，足以满足其生产经营需要，原告不能就其大量申请注册商标的行为提供有说服力的合理解释且未提供必要证据。因此，诉争商标的申请注册已构成《商标法》第四条第一款规定之情形。

当然，需要说明的是，关于《商标法》第四条第一款的“不以使用为目的”且具有“恶意”条款的适用，司法实践中亦应采取审慎的态度进行判断，如果申请人能够提供证据证明其对所注册的商标具有真实的使用目的或诉争商标确实已经进行实际使用，则法院应根据个案情况进行具体分析，判断诉争商标的申请注册是否构成《商标法》第四条第一款规定之情形。

一审法院独任审判员 崔宇航

二审法院合议庭成员 王晓颖　刘　岭　闫永廉

编写人 崔宇航

2. 双流区某百货店诉国家知识产权局，第三人李某、陆某商标权无效宣告请求行政纠纷案

——注册商标权利人注销不当然构成商标权无效宣告的法定事由

关键词 商标权无效宣告 《商标法》第四条 权利人注销

基本案情

2019年3月2日，重庆某餐饮公司申请注册第36593240号商标，标识为“@me及图”（以下简称诉争商标），核定使用在第30类粉丝（条）、谷类制品及调味品商品上，专用权期限至2030年3月20日。

原告双流区某百货店于2021年4月6日以诉争商标不符合《商标法》第四条第一款的规定为由，向被告国家知识产权局提出无效宣告请求。国家知识产权局于2021年9月10日作出商评字［2021］第251992号无效宣告请求裁定（以下简称被诉裁定），裁定诉争商标予以维持。

原告双流区某百货店不服被诉裁定，在法定期限内向北京知识产权法院提起行政诉讼，诉称：重庆某餐饮公司已注销，丧失主体资格，且未就诉争商标的转让承继情况作出任何声明，不再具有法人资格，无法继续参与生产经营活动，因此不符合《商标法》第四条第一款规定的取得商标专用权需具备的使用主体“法人”和使用场景“生产经营活动”之要件。《商标法》第四条的核心要义在于“真实使用，发挥商标的使用价值”，诉争商标长期闲置，缺乏真实使用意图。据此，诉争商标违反《商标法》第四条之规定，应予无效。综上，请求法院撤销被诉裁定，并判令国家知识

产权局重新作出裁定。

被告国家知识产权局辩称：坚持被诉裁定的意见，原告的诉讼请求和理由不能成立，请求驳回原告的诉讼请求。

第三人李某和陆某未到庭参与诉讼，也未提交书面意见。

法院经审理查明，重庆某餐饮公司2020年10月14日被核准注销，清算责任人为该公司的原股东李某、陆某。

北京知识产权法院于2022年8月8日作出（2021）京73行初16634号行政判决：驳回原告的诉讼请求。本案一审判决后，各方当事人均未提起上诉，一审判决已生效。

裁判理由

法院生效判决认为：原告关于诉争商标的注册违反了《商标法》第四条的主张不能成立，理由如下：

第一，首先，《商标法》第四十四条所指“违反本法第四条”之规定，系针对第四条的禁止性规定，即“不以使用为目的的恶意商标注册申请，应当予以驳回”。而原告援引的第四条“自然人、法人或者其他组织在生产经营活动中，对其商品或者服务需要取得商标专用权的，应当向商标局申请商标注册”的内容系商标管理性规范，并非《商标法》第四十四条中有关《商标法》第四条的无效宣告事由所针对的内容。其次，原告援引的上述规定系未取得商标专用权的主体申请商标注册的相关要求，而本案诉争商标系已经核准注册的商标，原告将上述规定自行解读为“商标注册人在丧失主体资格及经营资格之后，其注册的商标不具备《商标法》第四条规定的要件，应予无效”，系缺乏法律依据的扩大解释。

第二，就注册商标专用权的本质来讲，商标系无形财产，注册商标专用权系财产权。某一民事主体享有的财产并不因为主体消亡而消灭，在该民事主体存在权利义务承继人的情况下，其承继人有权承继该财产。本案中，李某、陆某系重庆某餐饮公司注销后的权利义务承继人，有权承继公司名下的财产，除非李某、陆某有明确放弃的意思表示，否则不能仅以公司注销后诉争商标未发生权利移转、处分等情形而认定李某、陆某放弃了相关权利。

第三，从《商标法》第四条的立法目的来看，其宗旨是打击、规制

“不以使用为目的”的恶意注册、商标囤积等行为，一般指申请人并无生产经营活动的需要，却提交大量商标注册申请，缺乏真实使用意图，不正当占用商标资源，扰乱商标注册秩序的行为。本案中，诉争商标并不属于上述情形。对于不属于上述情形的闲置商标，《商标法》第四十九条设置了“连续三年不使用”商标的退出机制，原告可以依照相关规定行使其权利。

综上，原告的主张缺乏法律与事实依据，依照《行政诉讼法》第六十九条之规定，判决驳回原告双流区某百货店的诉讼请求。

裁判要旨

1. 在《商标法》第四十四条、第四十五条对无效宣告的事由已作出明确列举性规定的情况下，若无充分理由，不应擅自对无效宣告的事由作扩大解释。

2. 就注册商标专用权的本质来讲，商标系无形财产，注册商标专用权系财产权。某一民事主体享有的财产权并不因为主体消亡而消灭，在该民事主体存在权利义务承继人的情况下，其承继人有权承继该财产。

3. 从《商标法》第四条的立法目的来看，其宗旨是打击、规制“不以使用为目的”的恶意注册、商标囤积等行为，一般指申请人并无生产经营活动的需要，却提交大量商标注册申请，缺乏真实使用意图，不正当占用商标资源，扰乱商标注册秩序的行为。虽然《商标法》第四条所指“不以使用为目的的恶意注册”常常涉及商标未投入使用的情况，但并非商标未投入使用就一定构成《商标法》第四条所指情形。

关联索引

《中华人民共和国商标法》第四条第一款、第四十四条

一审：北京知识产权法院（2021）京73行初16634号（2022年8月8日）

法官评析

《商标法》第四条第一款规定：“自然人、法人或者其他组织在生产经营活动中，对其商品或者服务需要取得商标专用权的，应当向商标局申请商标注册。不以使用为目的的恶意商标注册申请，应当予以驳回。”通常

情况下，商标使用的主体是特定的市场主体，包括自然人、法人或其他组织，如果市场主体不复存在，对商标的后续使用也就无从谈起。在商标授权确权案件中，注册商标权利人注销的，是否可以依据《商标法》第四条对该商标予以无效宣告，实践中存在两种不同意见：

第一种观点认为：根据《商标法》第四条之规定，商事主体在经营活动中需要取得商标专用权的，应当向商标局申请商标注册。商标系用于区分商品或服务来源的标识，商标专用权亦应由一定的主体来行使。如果注册商标的权利主体注销，且该商标未在注销清算程序中予以处置或者发生转让，那么在此情形下，若仍维持诉争商标注册，必然会造成闲置商标或“僵尸商标”，不仅不利于商标注册管理秩序的维护，也背离了商标法的基本精神，故应当予以无效宣告。

第二种观点认为：现行《商标法》第四条“自然人、法人或者其他组织在生产经营活动中，对其商品或者服务需要取得商标专用权的，应当向商标局申请商标注册”之内容，并不是启动无效宣告程序的实体依据。商标权作为私权并不因其权利主体的消亡而当然灭失。因此，注册商标权利人注销的，无论是否发生清算处置或权利移转，均不属于按照《商标法》第四条应予无效宣告的情形。

我们认为第二种观点是正确的，主要有三方面的考虑：

首先，从商标法修改的历史沿革来看，《商标法》第四十四条所指“违反本法第四条”之规定，系针对《商标法》第四条的禁止性规范，即“不以使用为目的的恶意商标注册申请，应当予以驳回”。具体而言，现行《商标法》对2013年修正的《商标法》第四条、第四十四条均作出了修改。2013年《商标法》第四条第一款规定：“自然人、法人或者其他组织在生产经营活动中，对其商品或者服务需要取得商标专用权的，应当向商标局申请商标注册。”与之相比，现行《商标法》第四条增加了“不以使用为目的的恶意商标注册申请，应当予以驳回”的表述；相应地，现行《商标法》第四十四条也将违反《商标法》第四条的行为首次纳入无效宣告的事由之中。从上述修改中可以看出，《商标法》第四条增加“不以使用为目的的恶意商标注册申请，应当予以驳回”的表述，是《商标法》第四十四条纳入该条作为无效宣告事由的直接原因，因此，《商标法》第四十四条所指“违反本法第四条”的规定，系针对第四条的禁止性规定，即

“不以使用为目的的恶意商标注册申请，应当予以驳回”。第四条中“自然人、法人或者其他组织在生产经营活动中，对其商品或者服务需要取得商标专用权的，应当向商标局申请商标注册”的内容系商标管理性规范，并非《商标法》第四十四条中有关《商标法》第四条的无效宣告事由所针对的内容。

其次，注册商标专用权的基本属性为排他性财产权，该权利并不因为主体消亡而当然消灭。如果注册商标的权利人是法人主体，法人注销后如同自然人死亡，法人的权利义务承继人有权承继法人名下的财产，其中当然包括注册商标权。这与自然人死亡后发生继承是一个道理。基于相同法理，应当注意的是，商标专用权为一项财产权，但该财产权需经行政程序授权与确认。在商标不予注册或驳回复审行政纠纷中，商标尚未完成注册，专用权也尚未形成。此时如申请人注销，则对商标的使用也无从谈起，考虑《商标法》第四条和第四十四条精神，商标的申请也失去了正当性基础。

最后，对于商标闲置的问题。虽然《商标法》第四条所指“不以使用为目的的恶意注册”常常涉及商标未投入使用的情况，但并非商标未投入使用就一定构成《商标法》第四条所指情形。第四条规制的对象是不以使用为目的的恶意注册和商标囤积，而对于不属于上述情形的闲置商标，《商标法》第四十九条设置了“连续三年不使用”商标的退出机制，已有相应的救济途径。因此，不能以商标闲置为由混淆《商标法》第四条与第四十九条的法律界限。

一审法院合议庭成员 张　宁　刘　芳　秦　娜

编写人 张　宁　王仲阳

3. 某珠宝有限公司诉国家知识产权局商标申请驳回复审行政纠纷案*

——仅易导致相关公众对商品来源产生混淆而未损害社会公共利益的商标不具有欺骗性

关键词 商标申请驳回复审 商标绝对禁用条款 欺骗性

基本案情

2018年7月18日，原告某珠宝有限公司向被告国家知识产权局申请注册诉争商标。诉争商标的申请号是32328313，商标标志由横向排列的汉字“金六福尚美”构成，指定使用的商品包括：贵重金属艺术品、翡翠、首饰盒、项链（首饰）、戒指（首饰）、珠宝首饰、手镯（首饰）、宝石、表、贵重金属锭。国家知识产权局驳回某珠宝有限公司的注册申请后，某珠宝有限公司向国家知识产权局申请复审。国家知识产权局经复审认定诉争商标违反了《商标法》第十条第一款第七项的规定，故作出商评字[2020]第338884号《关于第32328313号“金六福尚美”商标驳回复审决定书》（以下简称被诉决定），决定驳回诉争商标在复审商品上的注册申请。某珠宝有限公司不服上述复审决定，诉至法院。

原告某珠宝有限公司诉称：（1）诉争商标经使用和宣传具有较高的知名度，未违反《商标法》第十条第一款第七项之规定。（2）原告已经注册“金六福尚美”系列商标，诉争商标的注册申请系原告对在先注册商标的保护性注册。（3）原告提起复审后，被告增加新的驳回理由，属于程序违

---

* 本案例入选《中国法院2023年度案例》。

法。综上，原告请求法院撤销被诉决定，并责令被告重新作出决定。

被告辩称：诉争商标使用在指定商品上易使公众对商品的来源产生误认，违反了《商标法》第十条第一款第七项之规定，故被诉决定认定事实清楚，适用法律正确，作出程序合法。

北京知识产权法院于2021年5月7日作出（2021）京73行初2445号行政判决：一、撤销被告国家知识产权局作出的商评字［2020］第338884号《关于第32328313号“金六福尚美”商标驳回复审决定书》。二、被告国家知识产权局就原告某珠宝有限公司针对第32328313号“金六福尚美”商标提出的驳回复审申请重新作出决定。

国家知识产权局不服一审判决，向北京市高级人民法院提起上诉。北京市高级人民法院经审理于2021年9月29日作出（2021）京行终6126号行政判决：驳回上诉，维持原判。

裁判理由

法院生效裁判认为：诉争商标整体上没有固定含义，也不包含超出其指定使用商品的固有属性的描述性用语。诉争商标用在指定使用的商品上，公众在通常情况下根据其一般认知不会对商品的特点或产地产生误认，并被误导消费。《商标法》第十条第一款第七项属于商标绝对禁用条款，该条款所禁止注册的标志是其本身具有欺骗性且足以导致相关公众对商品特点或内容产生错误认识的标志，并不包括与他人商品或服务来源产生混淆误认的标志，后者属于商标法相对条款的调整范围。因此，诉争商标并不违反《商标法》第十条第一款第七项的规定，被诉决定对此认定有误。

此外，《商标法实施条例》第五十二条第二款规定：“商标评审委员会审理不服商标局驳回商标注册申请决定的复审案件，发现申请注册的商标有违反商标法第十条、第十一条、第十二条和第十六条第一款规定情形，商标局并未依据上述条款作出驳回决定的，可以依据上述条款作出驳回申请的复审决定。商标评审委员会作出复审决定前应当听取申请人的意见。”被告在被诉决定作出之前已就新的驳回事由依法听取了原告的意见，故被告根据《商标法》第十条第一款第七项进行审查并作出被诉决定，在程序上并无不当之处。

裁判要旨

《商标法》第十条第一款第七项属于商标绝对禁用条款，该条款所禁止注册的标志是其本身具有欺骗性且足以导致相关公众对商品特点或内容产生错误认识的标志，并不包括与他人商品或服务来源产生混淆误认的标志，后者属于商标法相对条款的调整范围。

关联索引

《中华人民共和国商标法》第十条第一款第七项

一审：北京知识产权法院（2021）京73行初2445号（2021年5月7日）

二审：北京市高级人民法院（2021）京行终6126号（2021年9月29日）

法官评析

根据《商标法》第十条第一款第七项规定，带有欺骗性，容易使公众对商品的质量等特点或者产地产生误认的，不得作为商标使用。也就是说，如果商标的标志本身或其构成要素容易使公众对其指定使用商品的质量等特点或者产地产生错误认识，并被误导消费，则构成《商标法》第十条第一款第七项规定的带有欺骗性的情形。审判实践中，商标被认定违反《商标法》第十条第一款第七项规定，包括以下几种常见情形：（1）商标的标志包含对商品或服务的质量、品质、功能、用途、原料、内容、重量、数量、价格、工艺、技术等特点进行不实描述或夸大宣传的用语，容易使公众对商品或服务的特点产生误认的；（2）商标的标志包含地名，而申请人并非来自该地，容易使公众对商品的产地产生误认的；（3）商标的标志包含主体名称，而该名称与商标申请人名义存在实质性差异，容易使公众对商品或服务的特点产生误认的；（4）商标或其构成要素与公众人物姓名、肖像等相同或近似，容易使公众对商品或服务的特点产生误认的；（5）商标或其构成要素与重要赛事、重要展会、重大考古发现的名称、标志相同或近似，而商标申请人未经主办方或主管单位授权，容易使公众对商品或服务的特点产生误认的。

从审判实践的常见情形与法条本身的文字表述均能看出，判断商标是否具有《商标法》第十条第一款第七项规定的欺骗性，主要以其已经发生或可能发生的危害后果定论，直接的危害后果是使公众（主要指消费者）产生误认并被误导消费，实质的危害后果是违背诚信原则、损害社会公共利益。具有欺骗性的商标正是因为损害的是社会公共利益，所以才被商标法规定为禁止注册、禁止使用的一类商标。

如果商标的注册和使用仅会损害某一特定主体的商标权或其他权利，而未损害社会公共利益，则该商标不具有《商标法》第十条第一款第七项规定的欺骗性。仅易使相关公众对商品或服务的来源产生误认而不致对商品或服务的特点或产地产生误认的，属于上述仅损害特定主体权益的典型情形。本案中，被告辩称诉争商标标志与其他商标标志近似，容易使相关公众对商品来源产生混淆、误认，虽然这样的危害后果可以说是在一定程度上损害了消费者权益，但其主要危害仍不是对社会公共利益的损害，而属于对某一特定主体权利的损害，被告不应适用《商标法》第十条第一款第七项驳回商标注册申请。被告还辩称与诉争商标近似的其他商标知名度较高，这种说法看似与社会公共利益紧密相关，因为如果诉争商标知名度低而其他商标知名度高，就会导致消费者对商品或服务的质量产生误认并被误导消费。但是，对商标知名度的认定需要程序公正的保障。在适用《商标法》第三十条、第三十一条驳回商标注册申请的商标授权行政案件中，由于引证商标权利人不可能作为当事人参与到该程序中，有关引证商标知名度的证据因而在该程序中无法得以出示，对于诉争商标与引证商标的知名度谁高谁低无法作出公正的判断，所以国家知识产权局、人民法院在这类案件审理过程中一般不考虑诉争商标与引证商标的知名度。同理，在涉及《商标法》第十条第一款第七项的商标授权行政案件中，在无法保证对诉争商标与其他商标的知名度谁高谁低进行公正判断的情况下，也不能以诉争商标的标志与其他知名度较高的商标的标志近似为由，认定诉争商标具有欺骗性。

《商标法》第十条第一款第七项属于禁止注册、禁止使用的绝对条款，国家知识产权局、人民法院在适用时应当更加审慎。对于与其他商标近似容易导致相关公众对商品或服务来源产生混淆的商标，应当适用相对条款（《商标法》第三十条、第三十一条）驳回注册申请，而尽量避免适用绝对条款予以驳回。如果诉争商标仅是与其他在先商标（引证商标）构成《商标法》第三十条或第三十一条的近似商标，诉争商标仍有使用或注册的可能，例如，引证商标被转让至诉争商标申请人名下，或引证商标被撤销注册或宣告无效，而一旦诉争商标被认定违反了《商标法》第十条第一款第七项这一绝对条款，诉争商标则被禁止注册、使用，无法通过与引证商标权利人进行协商或其他合法途径获得使用或注册的机会。当然，如果商标既损害社会公共利益，又损害某一特定主体的权利，也可以同时适用相对条款与绝对条款驳回注册申请，审判实践中也不乏这类案例。

一审法院合议庭成员 王建宏　张　博　张艳萍
二审法院合议庭成员 王东勇　吴　斌　郭　伟
编写人 王建宏　庞学硕

4. 北京某公司诉国家知识产权局商标申请驳回复审行政纠纷案

——不规范使用成语商标易被认定具有不良影响

关键词 不规范使用　成语　不良影响

基本案情

2019 年 10 月 31 日，原告北京某公司向被告国家知识产权局申请注册诉争商标。诉争商标的申请号是 42005562，商标标志由汉字“丰和日丽”构成，指定使用于国际分类第 42 类城市规划等服务项目上。2020 年 10 月 16 日，国家知识产权局作出商评字［2020］第 263028 号驳回复审决定（以下简称被诉决定）认定：诉争商标“丰和日丽”系对成语“风和日丽”的不规范使用，其指定使用在城市规划、环境保护领域的研究等服务上，易造成不良影响，已构成 2013 年《商标法》第十条第一款第八项所指情形。国家知识产权局决定：诉争商标在复审服务上的注册申请予以驳回。

北京某公司不服被诉决定，在法定期限向北京知识产权法院提起行政诉讼，诉称：（1）诉争商标来自北京某公司字号，“丰和日丽”属于臆造词汇，不构成 2013 年商标法第十条第一款第八项规定之情形。（2）类似商标已经获准注册，国家知识产权局应当遵循审查一致性原则。因此，请求法院撤销被诉决定并责令国家知识产权局重新作出决定。

国家知识产权局辩称：被诉决定认定事实清楚，适用法律正确，程序合法，请求判决驳回北京某公司诉讼请求。

2021 年 5 月 25 日，北京知识产权法院作出（2020）京 73 行初 16551

号行政判决：驳回北京某公司的诉讼请求。

北京某公司未提起上诉，一审判决已发生法律效力。

裁判理由

法院生效判决认为："丰和日丽"属于对成语"风和日丽"的不规范使用，作为商标使用，易使公众对于相关成语的正确认知造成不良影响，构成2013年《商标法》第十条第一款第八项规定之情形。北京某公司提到的其他案件的处理情形，与本案情形不同，不能成为诉争商标应予注册的依据。至于北京某公司提到的其他商标的注册情形，亦不能成为诉争商标应予注册的当然依据。因此，被诉决定并无不当，法院予以支持。

裁判要旨

"风和日丽"是文字固定搭配形成的固定成语，"丰和日丽"属于对成语"风和日丽"的不规范使用，作为商标使用，易使相关公众对"风和日丽"这个成语产生错误的认知，从而产生不良影响。

关联索引

2013年《中华人民共和国商标法》第十条第一款第八项

一审：北京知识产权法院（2020）京73行初16551号（2021年5月25日）

法官评析

随着我国市场经济的不断完善，创新正在成为全民的一个共识，而表现在商标领域，就是市场主体越来越注重品牌的建立和维护。但应当看到的是，随着市场经济的深入人心，市场主体的大量涌现，市场竞争表现出白热化状态。为了品牌的独树一帜，市场主体越来越倾向于选择"标新立异"的标识作为商标，以期能在众多的竞争对手中被人熟知、熟记，进而脱颖而出。

商标创新必须维持在合理的界限之内，如果突破到公共利益范畴，造成不良的社会影响，则会因为构成2013年《商标法》第十条第一款第八项规定之情形而被不予注册。考虑到大多数市场主体在一个商标注册成功之前往往已经开始对该商标进行推广使用，而商标注册需要必要的时间进行审查，故而一旦已花费了一定人力和物力进行推广宣传的商标因为突破到了公共利益范畴而不予注册，无论是对于市场主体本身，还是对于整个社会都是一种不必要的损失。

在商标标识中对成语进行不规范使用是一种典型的突破公共利益范畴的情形。成语，是中国汉字语言词汇中一部分定型的词组或短句，是中国传统文化的一大特色，对成语的正确规范使用，是对中国传统文化进行传承的应有之义。全国人大教科文卫委员会原副主任委员汪家镠在《关于〈中华人民共和国国家通用语言文字法（草案）〉的说明》（2000 年 7 月 3 日）中明确指出，社会中存在的“用词、用语的混乱状况”之一即“用谐音乱改成语对中小学生造成了误导”。《国家通用语言文字法》第六条明确规定“国家颁布国家通用语言文字的规范和标准”，国务院为此制定了《通用规范汉字表》。《教育部、国家语委关于印发〈国家语言文字工作委员会语言文字规范标准管理办法（2018 年修订）〉的通知》第二十七条亦明确要求，“语言文字应用的各领域及相关人员应依法自觉遵循和使用语言文字规范标准”；《国务院办公厅关于全面加强新时代语言文字工作的意见》（国办发〔2020〕30 号）第三条第八项关于“加强语言文字规范化标准化建设”亦指出：“加大行业系统语言文字规范化建设力度，强化学校、机关、新闻出版、广播影视、网络信息、公共服务等领域语言文字监督检查。将语言文字规范化要求纳入行业管理、城乡管理和文明城市、文明村镇、文明单位、文明校园创建内容。加强对新词新语、字母词、外语词等的监测研究和规范引导。加强语言文明教育，强化对互联网等各类新媒体语言文字使用的规范和管理，坚决遏阻庸俗暴戾网络语言传播，建设健康文明的网络语言环境。”

语言文字作为社会生活中沟通交流的工具与载体，在使用中应符合社会主义精神文明建设的要求，传承和弘扬中华优秀传统文化，不得含有对社会公众产生误导的内容。对于语言文字的规范性使用，不仅体现在对单个字的规范使用，也包括对成语、文字表达方式的规范使用。在一些网络段子或其他作品中，利用谐音梗通过变造现有成语的形式，进行成语的“活学活用”，因为有上下文的限制，以及其公共属性相对较弱，尚可接受，也并不需要严格的限制。但如果将这种行为用在商标标识中，则不应当被允许。原因在于，文字商标标识的相对简短性是其本色，不会有任何上下文对其限制，其表现往往就是不规范使用的成语本身，且考虑到商标本身具有一定的公共属性，如果任由不规范使用的成语用于商标标识中，易使公众尤其是未成年人对于相关成语的正确认知造成不良影响，进而影响整个传统文化的传承。故而在商标中对成语进行不规范使用，易被认定容易造成不良社会影响，构成《商标法》第十条第一款第八项规定之情形。本案是成语不规范使用的典型案例，本案裁判对类似案件的处理具有借鉴意义。

一审法院合议庭成员　司品华　闫　新　王青华

编写人　司品华　郝　倩

5. 上海某贸易有限公司诉国家工商行政管理总局商标评审委员会、第三人姚某商标权无效宣告请求行政纠纷案*

——“网络语言”有害于社会主义道德风尚或者有其他不良影响的认定

关键词 商标 商标权无效宣告 不良影响 网络语言

基本案情

诉争商标系第 8954893 号“MLGB”商标，由上海某贸易有限公司（以下简称上海某贸易公司）于 2010 年 12 月 15 日申请注册，2011 年 12 月 28 日核准注册，核定使用在第 25 类服装、婚纱、鞋、帽、袜、领带、围巾、皮带（服饰用）、运动衫、婴儿全套衣商品上。诉争商标有效期至 2021 年 12 月 27 日止。

2015 年 10 月 9 日，姚某向商标评审委员会提起注册商标无效宣告申请。主要理由为：“MLGB”容易让人想到不文明用语、粗话脏话等，作为商标使用在服装、帽子等商品上，有害于社会主义道德风尚，具有不良影响。请求依据 2013 年《商标法》第十条第一款第八项、第四十四条第一款的规定，对诉争商标予以宣告无效。

被诉裁定认为：诉争商标由英文字母“MLGB”构成，该字母组合在网络等社交平台上广泛使用，有“妈了个＊”的含义，该含义消极、格调

---

* 本案例入选最高人民法院评选的 2019 年全国法院 10 大知识产权案件。

不高，用作商标有害于社会主义道德风尚，易产生不良影响。上海某贸易公司称诉争商标意指“My Life’s Getting Better”，但上海某贸易公司提交的证据尚难以证明该含义已为社会公众所广为认知，相反，社会公众更易将“MLGB”认知为前述不文明用语。依照2013年《商标法》第十条第一款第八项，商标评审委员会裁定诉争商标予以宣告无效。

原告上海某贸易公司起诉称：（1）诉争商标“MLGB”系国内潮流文化服装品牌NPC店铺的原创品牌，其含义为“My Life’s Getting Better”，汉语译文为“我的生活会越来越好”，不存在有害于社会主义道德风尚的含义。（2）汉语拼音只在中国大陆使用，在其他国家和地区根本不使用，虽然诉争商标“MLGB”在网络环境下有人将它指代“妈了个＊”。但是，使用人限于少数素质较低者，远没有达到在社会公众中普遍流传、使用的程度。并且，网络用语通常含义并不固定，不能证明它们之间有固定的对应关系。汉语中并没有将首字母首先理解为汉语拼音缩写的思维习惯，司法机关应从善良的角度理解当事人和社会公众认知，不应当指引公众进行这种“低俗”的联想。（3）诉争商标“MLGB”在全部40类商品上均获得了注册，大量类似情况的商标已经获得商标局注册，商标评审委员会也应该采取相同标准。而且，在诉争商标“MLGB”核准注册后，基于对商标授权行为真实性、合法性的信赖，上海某贸易公司一直持续不断地投入大量资金进行品牌建设，被告撤销诉争商标，将使得上海某贸易公司多年积累的品牌商誉和市场价值面临毁损。请求法院判决撤销被诉裁定，并责令商标评审委员会重新作出裁定。

国家工商行政管理总局①商标评审委员会（以下简称商标评审委员会）辩称：（1）诉争商标由字母“MLGB”组成，该字母组合在网络社交平台上广泛使用，有了“妈了个＊”的含义，该含义消极，作为商标有害于社会主义道德风尚，容易产生不良影响。（2）原告上海某贸易公司主张“MLGB”的含义为“My Life’s Getting Better”，但是并没有证据证明该含义广为人知。（3）基于商标的个案审查原则，其他商标的注册情况不能作为本案审

---

① 2018年3月，全国人大表决通过关于国务院机构改革方案的决定，将国家工商管理总局的职责整合，组建国家市场监督管理总局，将国家工商管理总局的商标管理职责整合，重新组建国家知识产权局。下同。

查的依据。商标无效宣告请求程序基于当事人的申请启动，诉争商标在其他商品类别上未被撤销，不能作为本案审查的依据。诉争商标属于2013年《商标法》第十条第一款第八项规制的有害于社会主义道德风尚的商标。被诉裁定认定事实清楚，适用法律正确，作出程序合法，请求法院驳回原告的诉讼请求。

第三人姚某述称：（1）诉争商标使用范围是中国大陆，在中国大陆的语境中不会将诉争商标理解为“My Life's Getting Better”，而会理解为“妈了个*”的含义。（2）上海某贸易公司注册诉争商标具有恶意。除本案诉争商标外，上海某贸易公司同时注册了“caonima”“草泥马”等多个格调低下的商标。上海某贸易公司的实际控制人为知名媒体人，注册上述商标是为了利用自身优势“博眼球”，在青少年中营造“鄙陋低俗”的“时尚潮流”，牟取不当利益。（3）诉争商标注册在第25类鞋、帽等商品上，均为公众在公开场合使用的商品，容易扩大诉争商标本身的不良影响。综上，第三人请求法院驳回原告的诉讼请求。

北京知识产权法院经审理于2017年11月16日作出（2016）京73行初6871号行政判决：驳回原告上海某贸易公司的诉讼请求。宣判后，上海某贸易公司提出上诉。北京市高级人民法院于2019年2月3日作出（2018）京行终137号行政判决：驳回上诉，维持原判。

裁判理由

法院生效裁判认为：2013年《商标法》第十条第一款第八项规定，有害于社会主义道德风尚或者有其他不良影响的标志不得作为商标使用。国家工商行政管理总局商标局、商标评审委员会作为商标授权确权主管部门颁布的《商标审查及审理标准》[①] 第九条对“社会主义道德风尚”进行了界定，是指我国人民共同生活及其行为的准则、规范以及在一定时期内社会上流行的良好风气和习惯。从审查标准的视角理解2013年《商标法》第十条第一款第八项所涉及的道德风尚包括了人们日常生活中所形成的公认的行为准则和价值观念。由于行为准则和价值观念在一定时期内是相对稳定的。因此，传统上含义相对固定的标志作为商标申请注册时，是否违

① 已废止。

背道德风尚并不会引起判断上的分歧。比如，“黑社会”等词语就会因为有害于社会主义道德风尚而禁止予以核准注册。但是，伴随着互联网的发展，信息载体的变化导致人们表达的方式也发生了变化。具有新含义的文字组合，包括以拼音字母替代汉语词汇表达的方式不断出现。网络环境下语言使用的习惯、风格、方式形成了其自身鲜明的特点，甚至在特定群体中形成了具有相对固定含义的“网络语言”，并逐渐融入人们的日常语言环境中，产生为社会所广为接受的新词汇或者新含义。对这样的词语认定是否属于2013年《商标法》第十条第一款第八项所规定的“有害于社会主义道德风尚或者有其他不良影响”时，会有不同的考量。

少数意见认为，诉争商标“MLGB”的注册不违反2013年《商标法》第十条第一款第八项的规定，被诉裁定应予撤销。主要基于以下几方面的理由：(1) 作为网络流行语，用“MLGB”指代“妈了个*”的现象，形成的时间不长，局限在网络环境中，主要是年轻人群，在日常生活中并不常见，“MLGB”尚不能构成“妈了个*”的固定含义。社会道德风尚取决于大多数人的认知，不能因为有人将“MLGB”指代“妈了个*”，就认为二者建立了固定联系。汉语中并没有以汉语拼音首字母理解英文组合含义的习惯，用“MLGB”指代“妈了个*”是由于不正当的联想产生了危害社会道德风尚的含义，不能认为“MLGB”标志本身就具有了危害道德风尚的含义，否则会不适当地限制语言文字或者拼音字母的使用。(2) 在商标无效宣告请求程序中，诉争商标在取得注册之后，商标权人基于对行政授权行为的信赖，在商标的推广、宣传过程中投入了大量资源，诉争商标实际持续使用并有一定规模。对于商标核准注册日之后，诉争商标含义发展演变从而“有害于社会主义道德风尚”或者具有“其他不良影响”的，在证据的采信和认定上应当尤其慎重，采用较授权程序中相对严格的标准，以保护权利人对商标注册行为的信赖。(3) 2013年《商标法》第十条第一款第八项用于评价标志本身以及标志使用在核定商品上是否会对社会主义道德风尚造成危害，至于上海某贸易公司注册诉争商标是否有意迎合部分网络上的低级趣味，并不属于2013年《商标法》第十条第一款第八项调整的范围。

法院认为：诉争商标“MLGB”注册在第25类商品上属于2013年《商标法》第十条第一款第八项规定的有害于社会主义道德风尚的情形，应予宣告无效，被诉决定认定正确。主要是基于以下理由：（1）2013 年《商标法》第十条第一款第八项的立法目的在于维护社会生活中的伦理道德，属于商标禁用的绝对条款。从立法目的出发，在适用该条时关注的是裁判作出时的社会公共利益和道德秩序的维护。依据该条审查注册商标是否需要宣告无效时，应该充分考虑裁判作出时诉争商标标志的含义，确保商标的持续存续不与社会伦理道德相违背，而不仅仅限于商标标志在申请日或者核准注册日的含义。因此，对于产生于核准注册日之后，用于证明诉争商标标志现有含义的证据可以作为认定的根据。现有证据表明，“MLGB”最早出现即是用来指代“妈了个＊”，在诉争商标核准使用日之前这种用法已经存在，并在一定的群体范围特别是部分年轻的网络用户中使用并具有一定影响。在诉争商标核准注册后，这种指代使用和认知的范围随着网络的发展逐渐扩展，甚至扩大出现在日常生活中。上海某贸易公司虽然主张其使用的“MLGB”标志是“My life is getting better”的缩写，但并无证据表明这种缩写方式是英文中常见的表达，也没有证据表明这种用法为公众所知悉或者能够打消“MLGB”与“妈了个＊”之间的对应关系给人带来的厌恶感。（2）诉争商标核定使用商品是第 25 类服装、鞋、帽等商品，通过上海某贸易公司提供的广告宣传等证据可以看出，诉争商标在品牌定位上突出新奇前卫、与众不同，主要消费群体为猎奇心理较强、追求彰显个性的青年群体。恰恰这些群体几乎百分百是网络的使用者，几乎都知晓“MLGB”与“妈了个＊”之间的指代关系。从商品使用的群体定位看，诉争商标申请注册时即具有迎合低级趣味和叛逆心理的意图。虽然申请注册时的意图并不是构成违反 2013 年《商标法》第十条第一款第八项所需要的必要要件。但是，该认定进一步确定了诉争商标的注册造成危害社会主义道德风尚后果的可能性。（3）与少数意见相同，多数意见同样认为目前的证据表明，将“MLGB”与“妈了个＊”的含义之间建立联系的主要限于经常进行网络社交的青少年群体。对某些年龄阶段的人群来说，通常不会将“MLGB”识别为“妈了个＊”的含义。但是，与少数意见不同，多数意见认为标志含义的识别范围并不等同于该含义可能造成影响的范围，标志特定含义造成的影响并不局限于该含义被认知的范围。仅对特定群体而言具有负面含义的标志，同样可以波及整个社会的道德风气。现有证据表明，在青少年群体网络社交中，以“MLGB”指代“妈了个＊”比较普遍，他们看到“MLGB”，基本第一反应就是与“妈了个＊”建立联系，用“MLGB”指代“妈了个＊”已经形成了相对固定的含义。网络社交日益成为青少年生活不可缺少的部分，特别是青少年猎奇和叛逆心理强烈，三观尚在形成阶段，诉争商标注册使用在衣服、鞋帽等商品上，广告宣传等证据表明，主打的营销卖点为“时尚”“个性”“潮流”，其目标定位群体正是青少年。诉争商标对青少年群体而言含义低俗，维持注册，更容易产生将低俗另类当作追求时尚的不良引导，这种不良引导直接影响的是青少年群体，危害后果必将及于整个社会的道德风尚。互联网并不是法外之地，网络交往环境也是建立在真实的社会关系上。适用2013年《商标法》第十条第一款第八项评价基于网络语言形成的商标标志时，抵制低俗、恶俗，弘扬真善美、传播正能量，维护社会主义精神文明和道德风尚仍然是需要遵循的基本价值准则。商标评审委员会关于诉争商标属于2013年《商标法》第十条第一款第八项规制的有害于社会主义道德风尚和其他不良影响的商标认定正确，应当予以维持。

裁判要旨

2013年《商标法》第十条第一款第八项的立法目的在于维护社会生活中的伦理道德，属于商标禁用的绝对条款。从立法目的出发，在适用该条时关注的是裁判作出时的社会公共利益和道德秩序的维护。依据该条审查注册商标是否需要宣告无效时，应该充分考虑裁判作出时诉争商标标志的含义，确保商标的持续存续不与社会伦理道德相违背，而不仅仅限于商标标志在申请日或者核准注册日的含义。因此，对于产生于核准注册日之后，用于证明诉争商标标志现有含义的证据可以作为认定的根据。

关联索引

2013年《中华人民共和国商标法》第十条第一款第八项

《最高人民法院关于审理商标授权确权行政案件若干问题的规定》第五条

一审：北京知识产权法院（2016）京73行初6871号（2017年11月29日）

二审：北京市高级人民法院（2018）京行终137号（2019年2月3日）

法官评析

判断网络环境下形成了具有相对固定含义的“网络语言”是否符合2013年《商标法》第十条第一款第八项所规定的“有害于社会主义道德风尚或者有其他不良影响”时，可能存在不同意见。虽然，将“MLGB”与“妈了个*”之间建立联系的主要限于经常进行网络社交的青少年群体，不能普及整个社会，但是，标志含义的识别范围和该含义可能造成影响的范围是不同的含义，标志特定含义造成的影响并不局限于该含义被认知的范围，仅对特定群体而言具有负面含义的标志，同样可以波及整个社会的道德风气。诉争商标对青少年群体而言含义低俗，维持注册，更容易产生将低俗另类当作追求时尚的不良引导，这种不良引导直接影响的是青少年群体，危害后果必将及于整个社会的道德风尚。故属于2013年《商标法》第十条第一款第八项规定的情形。

本案由于涉及知名商标及网络流行用语，在裁判过程中受到一定的社会关注。法院坚持在知识产权司法裁判中体现正确的价值导向，增强司法的道德底蕴，提高公众对裁判的认同感，传播知识产权司法保护的正能量。商标法禁止具有不良影响的标志作为商标使用，避免具有不良影响的商标进入市场环境，在知识产权司法裁判中体现正确的价值导向，是人民法院担负的重要职责。本案判决对于净化网络环境，制止以擦边球方式迎合“三俗”行为具有良好的示范效应，充分发挥了司法裁判对主流文化意识传承和价值观引导的职责作用。本案还进一步明确了此类案件的审理思路，对于人民法院在适用2013年《商标法》第十条第一款第八项判断网络流行用语是否能够注册时，应当把握的判断时间点、判断主体、判断标准等问题进行了明确，对于准确适用《商标法》第十条第一款第八项具有示范意义。

一审法院合议庭成员 张晓霞 周 华 李来军
二审法院合议庭成员 陶 钧 孙柱永 陈 曦
编写人 高瞳辉

6. 某科技（山东）有限公司诉国家工商行政管理总局商标评审委员会、第三人张某某商标异议复审行政纠纷案*

——“其他不良影响”条款的特殊适用

关键词 先申请原则 其他不良影响 利益平衡 主观过错

基本案情

2010年11月12日，某科技（山东）有限公司（以下简称某科技公司）向国家工商行政管理总局商标局（以下简称商标局）提出第8840949号“微信”商标（以下简称诉争商标）的注册申请，该商标于2011年8月27日经商标局初步审定公告，指定使用服务为第38类信息传送、电话业务、电话通讯、移动电话通讯等。张某某在法定异议期内对诉争商标提出异议。商标局作出（2013）商标异字第7726号裁定，不予核准诉争商标注册。

某科技公司不服，向国家工商行政管理总局商标评审委员会（以下简称商标评审委员会）申请复审。商标评审委员会于2014年10月22日作出商评字［2014］第67139号关于第8840949号“微信”商标异议复审裁定（以下简称被诉裁定），认为如核准诉争商标注册，将会对多达4亿个的微信注册用户带来极大不便乃至损失，同时也可能使他们对某科技公司提供的“微信”服务的性质和内容产生误认，从而可能对社会公共利益和公共

* 本案被评为2015年中国十大最具研究价值知识产权案例。

秩序产生消极、负面的影响，故诉争商标已经构成2013年《商标法》第十条第一款第八项所禁止的情形，裁定诉争商标不予核准注册。

某科技公司不服被诉裁定，在法定期限内向北京知识产权法院提起行政诉讼。诉称：在诉争商标申请日之前，在相同或者类似服务上，没有在先申请或注册的相同或近似商标，且其早已将“微信”商标用于相关服务。两个多月后，腾讯公司才于2011年1月21日对外发布名为“微信”的聊天软件。我国商标注册体系采用的是申请在先原则，应当核准申请在先的诉争商标的注册。诉争商标并未违反2013年《商标法》第十条第一款第八项的规定，请求撤销被诉裁定。

被告商标评审委员会辩称：原告所称的先申请原则，是指两个或两个以上的商标注册申请人在同一种商品或者类似商品上，以相同或者近似的商标申请注册的，商标局受理最先提出的商标注册申请，对在后的商标注册申请予以驳回，涉及的是商标可注册性的在先性问题。而本案涉及的是诉争商标是否会对公共利益和公共秩序造成不良影响，属于商标可注册性的合法性问题。二者不能混为一谈。被告基于在案证据，对原告利益和公共利益进行充分衡量，认定诉争商标申请注册违反了2013年《商标法》第十条第一款第八项的规定正确，请求法院依法维持被诉裁定。

第三人张某某述称：被诉裁定从“其他不良影响”的立法目的出发，准确把握了判定“其他不良影响”应考量的因素，秉承实质正义的价值取向和“实质性解决纠纷”的思路，兼顾了对法律条文的正确解读和法律适用的社会效果，应予以维持。

法院经审理查明：根据某科技公司提交的计算机软件著作权登记证书的记载，某科技公司的“微信系统”软件于2011年2月23日开发完成。根据某科技公司的介绍，该软件是一项向被叫用户提供，当来电时，显示主叫号码及其归属城市的信息与资讯的服务。在2011年4月和6月，某科技公司就该软件产品签订了2份业务合作合同，其中2011年4月的合同缺乏实际履行的相关证据，2011年6月的合同虽然有合作单位的书面证言作为实际履行的证据，但该书面证言中明确表明相关软件产品被命名为“沃名片”，而非“微信”。因此，在案证据无法证明诉争商标已实际投入商业使用，并被消费者所认知。

张某某提交的证据显示，“微信”即时通讯服务应用程序于2011年1

月21日首次推出，之后注册用户急速攀升，根据相关报道，至2013年7月用户已达4亿个，至2014年11月用户更超8亿个，大量的政府机关、银行、学校开通了公共微信平台，并向社会公众提供各种公共服务。“微信”在信息传送等服务市场上已经具有很高的知名度和影响力，广大消费者对“微信”所指代的信息传送等服务的性质、内容和来源已经形成了明确的认知。

北京知识产权法院于2015年3月11日作出（2014）京知行初字第67号行政判决：维持国家工商行政管理总局商标评审委员会于2014年10月22日作出的商评字［2014］第67139号关于第8840949号“微信”商标异议复审裁定。

某科技公司不服一审判决，提起上诉。北京市高级人民法院于2016年4月20日作出（2015）高行（知）终字第1538号行政判决：驳回上诉，维持原判。

裁判理由

法院生效判决认为：北京知识产权法院经审理认为：“微信”即时通讯服务应用程序由腾讯公司于2011年1月21日首次推出，晚于诉争商标申请日2个月，早于诉争商标初审公告日7个月。此后，“微信”注册用户急速攀升，至2014年11月用户更超8亿个。“微信”在信息传送等服务市场上已经具有很高的知名度和影响力，广大消费者对“微信”所指代的信息传送等服务的性质、内容和来源已经形成明确的认知。在这种市场实际情况下，如果核准诉争商标注册，不仅会使广大消费者对“微信”所指代的信息传送等服务的性质、内容和来源产生错误认知，也会对已经形成的稳定的市场秩序造成消极影响。因此，商标评审委员会认定诉争商标的申请注册构成2013年《商标法》第十条第一款第八项所禁止的情形并无不当，故判决维持被诉裁定。

北京市高级人民法院二审认为：现有证据不足以证明诉争商标标志或者其构成要素有可能会对我国政治、经济、文化、宗教、民族等社会公共利益和公共秩序产生消极、负面影响。但诉争商标为“微信”，“微”具有“小”“少”等含义，与“信”字组合使用在“信息传送、电话业务、电话通讯”等服务上，易使相关公众将其理解为是比电子邮件、手机短信等常见通信方式更为短小、便捷的信息沟通方式，是对上述服务功能、用途或其他特点的直接描述，缺乏显著特征，属于2013年《商标法》第十一条第一款第二项所指情形。因此，诉争商标不应予以核准注册。原审判决的认定虽有不当，但裁判结论正确，二审法院在纠正其相关错误的基础上，对其结论予以维持。

裁判要旨

1. 判断诉争商标是否具有不良影响，应当考察诉争商标注册和使用可能产生的客观社会效果，而非诉争商标申请人申请注册商标或使用商标时的善意或恶意。

2. 先申请原则是我国商标注册制度的一般原则，但在尊重在先申请这个事实状态的同时，对于尚未被核准注册的诉争商标来说，判断其是否具有不良影响，不能仅考虑申请日之时的情况，还应当考虑行政裁决或判决作出之时的情况。

3. 商标申请行为本身不产生任何权利，商标申请行为仅产生对特定符号的先占利益和未来对特定符号的使用可能产生的期待利益。商标注册核准与否还应当考虑公共利益和已经形成的稳定市场秩序。当商标申请人的利益与公共利益发生冲突时，应当结合具体情况进行合理的利益平衡。当诉争商标申请注册虽然没有恶意，但核准诉争商标注册会影响不特定多数公众的利益，即商标申请人的利益与公共利益发生冲突时，选择保护不特定多数公众的现实利益具有更大的合理性。

关联索引

2013年《中华人民共和国商标法》第十条第一款第八项

一审：北京知识产权法院（2014）京知行初字第67号（2015年3月11日）

二审：北京市高级人民法院（2015）高行（知）终字第1538号（2016年4月20日）

法官评析

本案涉及善意在先申请的商标与善意在后使用并形成巨大市场声誉的

商标之间的利益平衡问题，该问题是商标注册制下的灰色地带，具有很大的论理空间和代表性。该案一审判决从诉争商标注册和使用可能产生的客观社会效果出发，尊重行政裁决和判决作出之时的事实状态，以利益平衡和不特定多数公众的现实利益优先为导向，最终认定某科技公司申请的“微信”商标不应予以核准注册。判决作出后，引起了社会广泛关注和讨论，对类似案件的审理具有重要参考价值。

根据2013年《商标法》第十条第一款第八项的规定，有害于社会主义道德风尚或者有其他不良影响的标志不得作为商标使用。2010年发布的《最高人民法院关于审理商标授权确权行政案件若干问题的意见》（以下简称《商标授权确权意见》）中指出，在审查判断有关标志是否构成具有其他不良影响的情形时，应当考虑该标志或者其构成要素是否可能对我国政治、经济、文化、宗教、民族等社会公共利益和公共秩序产生消极、负面影响。2017年施行的《最高人民法院关于审理商标授权确权行政案件若干问题的规定》（以下简称《商标授权确权规定》）第五条亦规定，商标标志或者其构成要素可能对我国社会公共利益和公共秩序产生消极、负面影响的，人民法院可以认定其属于《商标法》第十条第一款第八项规定的“其他不良影响”。

上述《商标授权确权意见》[①] 本身的字面意思是清楚的，《商标授权确权意见》作出这种解释是基于在此前的商标审查实践中，该条款曾出现被过度适用的倾向，甚至一度成为绝对理由的兜底条款，因此《商标授权确权意见》希望能严格限制该条款的适用范围。只是实践中的情况总是远比规则制定者预想的要复杂，要千变万化。

如“李某发案”中，最高人民法院认为：“争议商标由‘李某发’文字及图组成，根据查明的事实，李某发生前系茅台酒厂的副厂长，曾经研究完善茅台酒的传统工艺并获得多项奖励和荣誉，为茅台酒的酿造工艺作出一定贡献，在酒行业内具有一定的知名度和影响力，将其姓名作为商标注册在酒精饮料（啤酒除外）商品上，易使相关消费者将商品的品质特点

① “微信”案一、二审判决作出时，《商标授权确权意见》是具有指导作用的司法政策性文件。《商标授权确权规定》作为司法解释施行后，《商标授权确权意见》中的相关问题已在《商标授权确权规定》中体现，《商标授权确权意见》一般不再适用。

与李某发本人或茅台酒的生产工艺相联系，从而误导消费者，并造成不良影响。鉴此，原审法院认定争议商标的注册违反了商标法第十条第一款第（八）项的规定，并无不当。”[①] 之所以对于将有一定影响力的死者姓名申请注册为商标的，以“其他不良影响”为由不予准许，是由于一般认为死者不是民事权利主体，故不享有姓名权，而此类商标注册行为有“搭便车”之故意，有制止之必要，故而对“其他不良影响”的内涵作出适当解释。

再如“中国劲酒案”中，最高人民法院认为：“国家名称是国家的象征，如果允许随意将其作为商标的组成要素予以注册并作商业使用，将导致国家名称的滥用，损害国家尊严，也可能对社会公共利益和公共秩序产生其他消极、负面影响。因此，对于含有与我国国家名称相同或者近似的文字的标志，虽然对其注册申请不宜根据商标法第十条第一款第一项进行审查，但并不意味着属于可以注册使用的商标，而仍应当根据商标法其他相关规定予以审查。例如，此类标志若具有不良影响，仍可以按照商标法相关规定认定为不得使用和注册的商标。”[②] “中国劲酒案”的裁判规则后来在《商标授权确权规定》中得到体现，即“对于含有中华人民共和国的国家名称等，但整体上并不相同或者不相近似的标志，如果该标志作为商标注册可能导致损害国家尊严的，人民法院可以认定属于商标法第十条第一款第（八）项规定的情形”。之所以对含有国名但又包含其他显著识别部分的商标以“其他不良影响”为由不予准许，是由于《商标法》第十条第一款第一项的字面意思是清晰的，解释空间较小，而此类商标注册行为易引发国名的滥用，有制止之必要，故而对“其他不良影响”的内涵进行适当解释。

再如《商标授权确权规定》中将以政治、经济、文化、宗教、民族等领域公众人物姓名申请的商标归为“对公共利益和公共秩序产生消极负面影响的”标志，属于“有其他不良影响”。实践中对于哪些属于前述领域的公众人物，特别是文化领域，亦存在一定的解释空间。如“李小龙案”中，北京市高级人民法院认为：“已逝电影明星李小龙在中国武术的研习

① 参见最高人民法院（2012）知行字第11号行政判决书。

② 参见最高人民法院（2010）行提字第4号行政判决书。

推广、功夫电影的开创等方面具有重大贡献，在中国武术、电影表演等领域具有较高的知名度和重大的影响力，中国公众对其有广泛的知晓。在未经李小龙家族或者相关权利人许可的情况下，他人以‘李小龙’作为商标注册，必然会对我国文化领域的社会公共利益和公共秩序产生消极、负面影响。争议商标属于商标法第十条第一款第八项所指情形。”①

以上均表明，由于2013年《商标法》第十条第一款第八项表达上的特点，其相对于其他条款有一定的解释空间，且该条款可用于驳回、异议、无效等各个环节，可被用于尽早制止一些不正当的注册行为。

本案的客观情况是，2010年11月12日，某科技公司申请注册诉争商标。2个多月后的2011年1月21日，腾讯公司发布微信1.0 for iPhone（测试版）。2011年8月27日，诉争商标经商标局初步审定公告。据商标局工作人员介绍，在2014年之前，通过公开途径在商标局网站上能够查询到的商标申请信息大约滞后实际申请日6个月。也就是说，正常情况下，腾讯公司无从知晓诉争商标的申请情况。某科技公司和腾讯公司在互相不知情的情况下开始申请和使用“微信”。根据某科技公司提交的计算机软件著作权登记证书的记载，某科技公司的“微信系统”软件于2011年2月23日开发完成。该软件是一项向被叫用户提供当来电时显示主叫号码及其归属城市的信息与资讯的服务。但在案证据无法证明诉争商标已实际投入商业使用，并被消费者所认知。而张某某提交的证据显示，“微信”即时通讯服务应用程序自2011年1月21日首次推出后，注册用户急速攀升，根据相关报道的记载，至2013年7月用户已达4亿个，至2014年11月用户更超8亿个，大量的政府机关、银行、学校开通了公共微信平台，并向社会公众提供各种公共服务。“微信”在信息传送等服务市场上已经具有很高的知名度和影响力，广大消费者对“微信”所指代的信息传送等服务的性质、内容和来源已经形成明确的认知。在这样的现实情况下，如果核准诉争商标注册，不仅会使广大消费者对“微信”所指代的信息传送等服务的性质、内容和来源产生错误认知，也会对已经形成的稳定的市场秩序造成消极影响。这就是诉争商标注册和使用可能产生的客观社会效果。

本案中，“微信案”实质上涉及的是善意在先申请商标与善意在后使

---

① 参见北京市高级人民法院（2016）京行终字第5578号行政判决书。

用并形成巨大市场声誉的商标之间的利益平衡问题，在商标注册制下，这个问题确实存在一定的探讨空间。一审判决考虑到商标申请行为本身并不产生任何权利，仅产生对特定符号的先占利益和未来对特定符号的使用可能产生的期待利益，而本案中天平的另一端是8亿个微信用户已经形成的稳定认知和一旦改变这种稳定认知可能产生的较大社会成本，从诉争商标注册和使用可能产生的客观社会效果出发，尊重行政裁决和判决作出之时的事实状态，以利益平衡和不特定多数公众的现实利益优先为导向，维持了商标评审委员会关于2013年《商标法》第十条第一款第八项“其他不良影响”条款的适用，认定某科技公司申请的“微信”商标不应予以核准注册。

一审法院合议庭成员 陈锦川　姜庶伟　周丽婷
二审法院合议庭成员 焦　彦　莎日娜　周　波
编写人 周丽婷　朱小钰

7. 威斯康星某公司诉国家知识产权局商标申请驳回复审行政纠纷案*

——对含地名集体商标的注册申请不应适用《商标法》第十条第二款予以驳回

关键词 商标申请驳回复审 集体商标 公众知晓的外国地名

基本案情

原告威斯康星某公司系国际注册第 1434768 号“PROUDLY WISCONSIN CHEESE 及图”商标（以下简称诉争商标）的申请人。诉争商标的申请日期是 2018 年 11 月 22 日，商标标志由英文“PROUDLY”“WISCONSIN”“CHEESE”与图形组成（详见图 1）。诉争商标指定使用在“乳制品，即产自威斯康星州的奶酪、奶酪抹酱、加工过的奶酪和奶酪食品”商品上。

图 1

* 本案例入选《中国法院 2023 年度案例》。

原告向被告国家知识产权局申请诉争商标在中国的领土延伸保护申请被驳回后，向被告申请复审。被告经复审于 2020 年 1 月 3 日作出商评字［2020］第 1353 号《关于国际注册第 1434768 号“PROUDLY WISCONSIN CHEESE 及图”商标驳回复审决定书》（以下简称被诉决定）。被告在被诉决定中认为，诉争商标中含有公众所熟知的外国地名“WISCONSIN”（译为“威斯康星州”），且诉争商标整体未形成强于地名的特定含义，已构成《商标法》第十条第二款所指的不得作为商标使用的情形，故依照《商标法》第十条第二款、第三十条和第三十四条的规定，决定驳回诉争商标指定使用在第 29 类复审商品上在中国的领土延伸保护申请。原告不服该决定，于法定期限内诉至北京知识产权法院。

原告诉称：（1）诉争商标中包含的“WISCONSIN”为原告注册地和营业地，仅表示原告及其产品真实所在地，并不会造成公众的混淆误认；且除“WISCONSIN”以外，诉争商标还有其他显著部分，整体上含有其他含义，诉争商标可以作为商标使用和注册。（2）诸多公众知晓度很高的外国地名均已作为商标或商标的一部分获准注册，被告审查标准不一致。（3）法院也通过判决认可了多个包含公众知晓度很高的外国地名商标具有可注册性。（4）诉争商标是集体商标。原告请求法院撤销被诉决定，并判令被告重新作出决定。

被告在书面答辩状中辩称：被诉决定认定事实清楚，适用法律正确，作出程序合法，法院应判决驳回原告的诉讼请求。

北京知识产权法院经审理查明：诉争商标系集体商标，原告至今未向被告提交主体资格证明文件、使用管理规则等材料。原告在诉争商标审查阶段、复审阶段均未明确声明诉争商标是集体商标。

2021 年 12 月 13 日，北京知识产权法院经审理认定被告在被诉决定中认定事实不清，适用法律有误，依照《行政诉讼法》第五十八条，第七十条第一项、第二项的规定，作出（2021）京 73 行初 323 号行政判决：一、撤销被告作出的商评字［2020］第 1353 号《关于国际注册第 1434768 号“PROUDLY WISCONSIN CHEESE 及图”商标驳回复审决定书》；二、被告就原告威斯康星某公司针对国际注册第 1434768 号“PROUDLY WISCONSIN CHEESE 及图”商标提出的驳回复审申请重新作出决定。宣判后，各方当事人均未提出上诉，该判决已发生法律效力。

裁判理由

法院生效裁判认为：本案诉争商标中“CHEESE”的通常含义是“奶酪”，“PROUDLY”的中文含义是“骄傲地、得意地”等；“WISCONSIN”的中文含义系“威斯康星州”（美利坚合众国的州名），属于公众知晓的外国地名。由于诉争商标还包含显著性较强的英语单词“PROUDLY”，且外国地名“WISCONSIN”系集体商标的组成部分。因此，诉争商标未构成《商标法》第十条第二款规定的不得作为商标的情形，被诉决定适用法律有误。至于诉争商标作为集体商标在中国的领土延伸保护申请是否应当予以核准，被告可以在重新作出复审决定时适用相关法律规定进行审查。综上，被告在被诉决定中认定事实不清，适用法律有误，应当依法予以撤销。

裁判要旨

诉争商标虽包含公众知晓的外国地名，但诉争商标属于集体商标或证明商标，而申请人申请注册时未提交主体资格证明文件和使用管理规则，国家知识产权局在复审时适用《商标法》第十条第二款规定予以驳回的，属于适用法律错误，法院应当判决予以撤销。至于诉争商标作为集体商标的注册申请是否应当予以核准，国家知识产权局可以在重新作出复审决定时适用相关法律规定进行审查。

关联索引

《中华人民共和国商标法》第十条第二款

一审：北京知识产权法院（2021）京73行初323号（2021年12月13日）

法官评析

一、《商标法》第十条第二款规定的“除外”情形

《商标法》第十条第二款规定：“县级以上行政区划的地名或者公众知晓的外国地名，不得作为商标。但是，地名具有其他含义或者作为集体商标、证明商标组成部分的除外；已经注册的使用地名的商标继续有效。”

该法条规定的“除外”情形包括两种情形：一是地名具有其他含义，二是地名作为集体商标、证明商标的组成部分。

第一种情形具体是指地名本身或者包含地名的商标具有强于地名的其他含义，或者包含地名的商标经长期使用已经被相关公众视为商标，获得了法律上的第二含义。第二种情形是基于集体商标与证明商标的特殊性。集体商标是指以团体、协会或者其他组织名义注册，供该组织成员在商事活动中使用，以表明使用者在该组织中的成员资格的标志。证明商标是指由对某种商品或者服务具有监督能力的组织所控制，而由该组织以外的单位或者个人使用于其商品或者服务，用以证明该商品或者服务的原产地、原料、制造方法、质量或者其他特定品质的标志。许多集体商标与证明商标具有地域性，商标可能包含组织及其成员所在地，也可能包含商品的原产地，若一律禁止集体商标与证明商标使用县级以上行政区划的地名或者公众知晓的外国地名，将使上述商标无法充分发挥识别商品来源或证明商品特定品质的作用。

本案中，诉争商标所包含的“WISCONSIN”虽属于公众知晓的外国地名，但诉争商标属于集体商标，“WISCONSIN”只是作为诉争商标的构成要素之一，因此，诉争商标符合《商标法》第十条第二款规定的第二种“除外”情形。

二、包含地名的集体商标可能违反《商标法》其他禁止性规定

有观点认为，集体商标与证明商标构成《商标法》第十条第二款规定的第二种“除外”情形有一前提条件，即集体商标与证明商标除了地名之外还包含有显著性较强的其他构成要素，例如本案中，诉争商标还包含有显著性较强的构成要素“PROUDLY”，故符合该前提条件。

笔者认为，上述观点并无不当之处，但缺乏必要性。如果集体商标仅由显著性较弱的图形与“WISCONSIN”或仅由“WISCONSIN”构成，该商标可能缺乏显著性，构成《商标法》第十一条第一款第二项或第三项规定的不得作为商标注册的情形，没有必要在《商标法》第十条第二款规定的“除外”情形中再附加这一前提条件。

集体商标与证明商标构成《商标法》第十条第二款规定的第二种“除外”情形，并不代表集体商标与证明商标均能将县级以上行政区划的地名

或者公众知晓的外国地名作为标志的构成要素，包含地名的集体商标与证明商标还应当符合商标法的其他规定，比如《商标法》第十条第一款第七项、第十一条、第十六条等规定。也就是说，国家知识产权局审查包含地名的集体商标和证明商标的注册申请时，不应适用《商标法》第十条第二款驳回注册申请，但如果该商标存在具有欺骗性或缺乏显著性等情形，则应当适用《商标法》第十条第一款第七项、第十一条或第十六条等规定驳回其注册申请。

三、申请人自身过错不是包含地名的集体商标可以适用《商标法》第十条第二款予以驳回的理由

《商标法》第三条第四款规定："集体商标、证明商标注册和管理的特殊事项，由国务院工商行政管理部门规定。"《商标法实施条例》第十三条第六款规定："申请注册集体商标、证明商标的，应当在申请书中予以声明，并提交主体资格证明文件和使用管理规则。"《集体商标、证明商标注册和管理办法》对申请注册集体商标、证明商标应当提交的材料作了详细的规定。

本案中，诉争商标属于国际注册商标，且该商标是集体商标，原告在向国家知识产权局申请诉争商标在中国的领土延伸保护申请时，应当按照相关规定提交主体资格证明文件和使用管理规则。而原告未提交主体资格证明文件和使用管理规则，甚至在审查阶段、复审阶段均未明确声明诉争商标是集体商标，导致国家知识产权局将诉争商标视为普通商标进行审查，原告自身存在过错。但原告自身过错并不是诉争商标可以适用《商标法》第十条第二款予以驳回的理由。由于诉争商标确实是集体商标，被告在被诉决定中未查明该事实，进而适用法律错误，应当予以撤销。至于诉争商标作为集体商标在中国的领土延伸保护申请是否应当予以核准，被告可以在重新作出复审决定时适用《商标法实施条例》《集体商标、证明商标注册和管理办法》等相关规定进行审查。

一审法院合议庭成员 王建宏 李 希 崔永平

编写人 王建宏

8. 江西某股份有限公司诉国家工商行政管理总局商标评审委员会、第三人神农架林区人民政府商标权无效宣告请求行政纠纷案*

——商标法地名条款中“其他含义”的理解与适用

关键词 地名商标 其他含义 已经注册的使用地名的商标

基本案情

第8455622号“神农架”商标（以下简称诉争商标）由江西某股份有限公司（以下简称江西某公司）于2010年7月6日申请注册，于2012年2月21日获准注册，核定使用在第32类果汁、矿泉水、无酒精饮料、汽水、可乐、奶茶（非奶为主）、果子粉、纯净水（饮料）、乳酸饮料（果制品，非奶）商品上。

神农架林区人民政府（以下简称林区政府）以诉争商标违反2001年《商标法》第十条第一款第八项、第十条第二款、第四十一条第一款的规定为由，向被告国家工商行政管理总局商标评审委员会（以下简称商标评审委员会）请求撤销诉争商标的注册。商标评审委员会以“神农架”属于湖北省县级以上行政区划的名称，不得作为商标注册使用为由，适用2001年《商标法》第十条第二款的规定，作出商评字［2015］第19316号关于第8455622号“神农架”商标无效宣告请求裁定（以下简称被诉裁定），裁定诉争商标予以无效宣告。

* 本案判决书获评第二届北京法院优秀裁判文书百佳奖三等奖。

原告江西某公司不服被诉裁定，起诉至北京知识产权法院。诉称：江西某公司曾于1987年4月30日获准注册另一枚第285389号“神农架”商标（以下简称在先商标），当时的1982年《商标法》并未禁止县级以上行政区划的地名作为商标注册。诉争商标与在先商标是江西某公司在类似商品上注册的近似商标，是对在先商标的传承使用，系出于扩大生产、方便营销、区分等级的需要而申请注册的商标，亦应核准注册，未违反2001年《商标法》第十条第二款的规定。综上，请求法院撤销被诉裁定，并责令被告重新作出裁定。

被告商标评审委员会辩称：坚持被诉裁定的意见，原告的诉讼请求和理由不能成立。

第三人林区政府述称：诉争商标与第三人县级以上行政区划名称“神农架”相同，其注册违反了2001年《商标法》第十条第二款的规定，应予撤销。原告的在先商标与本案无关，且该商标从注册至今并无任何使用，第三人已对该商标提起了连续3年不使用的撤销申请。综上，请求法院依法驳回原告的诉讼请求。

法院经审理查明：为证明其主张，林区政府在行政阶段向商标评审委员会提交了《中华人民共和国行政区划简册》（2010）等证据。该行政区划简册显示，神农架林区为湖北省直辖县级行政单位。诉讼过程中，林区政府向法院另行提交了国务院于1970年5月28日发出的（70）国发文47号《国务院关于湖北省神农架林区行政区划问题的批复》复印件，批复中称同意将神农架林区划定为相当于县一级的行政区。

为证明诉争商标未违反2001年《商标法》的规定，江西某公司在行政阶段向商标评审委员会提交了以下主要证据：（1）第285389号“神农架”商标的注册、续展及转让证明。（2）江西某公司与湖北省房县人民政府签订的《神农架牌矿泉水投资协议书》。（3）房县润某神农架矿泉水有限公司（以下简称房县某公司）的工商登记信息打印件、车间照片、产品图片、产品条形码证书。（4）房县某公司就神农架矿泉水产品与石家庄永某商贸有限公司签订的河北省区域销售经销协议，与潘某新签订的江苏省无锡、常州、苏州区域销售经销协议，与赵某签订的湖北省神农架区域销售经销协议。诉讼过程中，江西某公司向法院另行提交了江西某公司许可房县某公司使用诉争商标的商标使用许可合同，房县某公司的矿泉水产品检验报告、增值税发票、出库单，其他市场主体注册的“神农架”商标的商标档案等证据。

庭审中，江西某公司表示对“神农架”属于县级以上行政区划的地名不持异议。但江西某公司主张，“神农架”作为原始森林的名称被公众所熟知，已经产生了强于其地名的其他含义。另外，江西某公司认为2001年《商标法》第十条第二款中有关“已经注册的使用地名的商标继续有效”的规定，应理解为只要是已经注册的使用地名的商标，就应继续有效。

北京知识产权法院于2015年8月20日作出（2015）京知行初字第2515号行政判决：驳回原告江西某公司的诉讼请求。本案一审判决后，各方当事人均未提起上诉，一审判决已生效。

裁判理由

法院生效裁判认为：虽然“神农架”除作为湖北省下辖的县级以上行政区划的地名之外，还是原始森林的名称，即具有“其他含义”，但由于作为原始森林名称的“神农架”依然具备表征特定地理位置的功能，且诉争商标指定使用的矿泉水等商品的特性与地理位置因素关系密切，故若将诉争商标注册使用在上述商品上，容易使相关公众认为相关商品来源于特定地理区域，甚至具备某种特定品质和功能，故无法发挥商标应当具有的区分不同商品来源的作用。在此基础上，考虑到“神农架”也是县级以上行政区划的地名，被告适用2001年《商标法》第十条第二款宣告诉争商标无效并无不当。

江西某公司主张诉争商标经过使用产生了有别于其地名的其他含义，但其并未提交证据证明相关公众在认知该地名商标时，能够首先意识到其指代了特定商品的来源而非地名，或者至少能在意识到其指代地名的同时，意识到其也指代了特定商品的来源。因此江西某公司的该项主张不能成立。

江西某公司另主张2001年《商标法》第十条第二款“已经注册的使用地名的商标继续有效”，应当理解为只要是已经注册的使用地名的商标就继续有效。法院认为：该条款包括2013年《商标法》第十条第二款均应当理解为，在1993年《商标法》施行之前，已经注册的使用地名的商标继续有效。关于江西某公司所称诉争商标是对其在先商标的传承使用的主张，法院认为："已经注册的使用地名的商标继续有效"原则上不得延及同一主体在后申请的相同或类似商品上的相同或近似商标。只有当在先注册的地名商标经过使用具有较高的知名度，为相关公众广泛知晓，足以排除相关公众对相关标志仅作为地名的认知时，才可视情予以考虑。而本案并不满足上述条件。

裁判要旨

1. 对于使用地名的商标标志具有除地名之外其他固有含义的，如果该"其他含义"与地理位置有关，则因可能使相关公众认为该标志所指示的系商品产地等特性，并非一定可以作为商标注册，而要结合指定使用的商品具体分析。

2. 2001 年《商标法》有关"已经注册的使用地名的商标继续有效"的规定，应当理解为在 1993 年《商标法》施行之前，已经注册的使用地名的商标继续有效。

3. "已经注册的使用地名的商标继续有效"原则上不得延及同一主体在后申请的相同或类似商品上的相同或近似商标。只有当在先注册的地名商标经过使用具有较高的知名度，为相关公众广泛知晓，足以排除相关公众对相关标志仅作为地名的认知时，才可视情予以考虑。

关联索引

2001 年《中华人民共和国商标法》第十条第二款

一审：北京知识产权法院（2015）京知行初字第 2515 号（2015 年 8 月 20 日）

法官评析

本案涉及如何解读 2001 年《商标法》第十条第二款有关"地名具有其他含义……的除外""已经注册的使用地名的商标继续有效"内容的问题。

一、如何理解"地名具有其他含义……的除外"条款的内容

2001 年《商标法》第十条第二款是对地名商标限制注册的特别规定，

之所以限制地名商标注册，是因为一般情况下，地名指示了特定的地理区域，若作为商标注册使用，易使相关公众认为其所指示的系商品的产地，而非商品的提供者，不具备商标应当具备的区分商品来源的显著特征，且可能影响同地域其他经营者对地名的合理使用。但该条款同时规定了“地名具有其他含义……的除外”，之所以有此例外规定，是因为如果地名含义不唯一，使用地名的商标客观上能够起到区分商品来源的作用，能够发挥商标的基本功能，则可以准予注册。

所谓“其他含义”，应当理解为包括以下两种情形：一种情形是该地名名称本身就有除地名之外的其他为相关公众所普遍知悉的固有含义，如“朝阳”“灯塔”“武夷山”“都江堰”。这里“朝阳”和“灯塔”的其他含义与地理位置完全无关，而“武夷山”“都江堰”是根据著名山脉和水利工程命名的地名，其“其他含义”也与地理位置有一定关联。对于地名的其他含义与地理位置完全无关的名称，因其不具备描述商品产地特性的功能，故一般可以考虑作为商标注册。但对于地名的其他含义与地理位置仍有关联的名称，因其可能使相关公众认为系对商品产地特性的描述，故并非一定可以作为商标注册，而要结合指定使用的商品具体分析。另一种情形是通过使用获得“其他含义”。即地名名称经过实际使用具有较高的知名度，已被相关公众广为知晓，相关公众在认知该地名商标时，能首先意识到其指代了特定商品的来源而非地名，或者至少能在意识到其指代地名的同时，意识到其也指代了特定商品的来源。虽然2001年《商标法》第十条第二款是禁用禁注条款，一般理解不能通过使用获得可注册性，但如果经过长期广泛使用的地名商标客观上已能起到指示特定商品来源的作用，不准许其注册也与商标法的立法宗旨有所不符。特别是那些在法律禁止地名作为商标使用之前就已经投入使用但未核准注册的地名商标。近年来的司法实践中已有多个案例支持了使用获得“其他含义”的主张。如在“老龙口案”① “中江国际案”② 中均认定相关商标经过广泛使用，整体上已经具有了区别于行政区划名称的其他含义，可以作为商标注册、使用，不属于《商标法》第十条第二款规定的不得作为商标注册的地名。

---

① 参见北京市高级人民法院（2010）高行终字第773号行政判决书。

② 参见北京市高级人民法院（2011）高行终字第686号行政判决书。

本案中，诉争商标“神农架”除作为湖北省下辖的县级以上行政区划的地名之外，还是原始森林的名称，即具有“其他含义”。且该“其他含义”甚至强于“神农架”作为县级以上行政区划的地名的含义。但如上所述，作为原始森林名称的“神农架”依然具备表征特定地理位置的功能，且诉争商标指定使用的“矿泉水、纯净水”等商品的特性与地理位置因素关系密切，故若将“神农架”注册使用在上述商品上，容易使相关公众认为相关商品来源于特定地理区域，甚至具备某种特定品质和功能，故无法发挥商标应当具有的区分不同商品来源的作用，不具备可注册性。

二、“已经注册的使用地名的商标继续有效”应以何时间点为准

《商标法》自1982年8月23日通过后，至本案判决作出之时历经了三次修正，分别为1993年2月22日第一次修正，2001年10月27日第二次修正，2013年8月30日第三次修正。其中，1982年《商标法》中没有关于地名商标的规定。1993年《商标法》第一次加入了地名商标的规定，该法第八条第二款规定，“县级以上行政区划的地名或者公众知晓的外国地名，不得作为商标，但是，地名具有其他含义的除外；已经注册的使用地名的商标继续有效”。2001年《商标法》延续了1993年《商标法》有关地名商标的规定，并增加了“地名……作为集体商标、证明商标组成部分的除外”的内容，该法第十条第二款规定：“县级以上行政区划的地名或者公众知晓的外国地名，不得作为商标。但是，地名具有其他含义或者作为集体商标、证明商标组成部分的除外；已经注册的使用地名的商标继续有效。”2013年、2019年《商标法》完全沿用了2001年《商标法》第十条第二款的内容，未作修改。

可见，“已经注册的使用地名的商标继续有效”是自1993年《商标法》第一次加入地名商标时就一直存续的规定，其目的是解决在法无明文禁止之前，已经注册的地名商标的有效性问题，1982年《商标法》在附则部分也提到“本法施行以前已经注册的商标继续有效”，这是法不溯及既往原则在商标法中的具体体现。因此，在1993年《商标法》施行期间内，该条款应理解为，在1993年7月1日之前，即1993年《商标法》施行之

前，已经注册的使用地名的商标继续有效。

2001 年《商标法》延续了 1993 年《商标法》有关地名商标的规定，包括禁止性规定和例外规定。根据法律的目的解释和体系解释方法，在 1993 年《商标法》有明确禁止性规定之后，除“地名具有其他含义”的情形之外，县级以上行政区划的地名已不得作为商标注册和使用。因此，2001 年《商标法》中“已经注册的使用地名的商标继续有效”应当理解为，在 1993 年《商标法》施行（1993 年 7 月 1 日）之前，已经注册的使用地名的商标继续有效，而不应理解为，在 2001 年《商标法》施行（2001 年 12 月 1 日）之前，已经注册的使用地名的商标继续有效。否则将会导致一枚 1998 年申请注册的地名商标违反 1993 年《商标法》的规定，不应核准注册或应予撤销注册，但如果该商标持续到 2001 年《商标法》施行期间，则变成了可以继续有效的商标，这是不合逻辑又违背常理的。

同理，2001 年《商标法》中“已经注册的使用地名的商标继续有效”也不能理解为，只要是已经注册的商标，就可以继续有效。否则还意味着 2001 年《商标法》第十条第二款只能用于对未注册商标的审查，而不能用于对已注册商标的审查。但事实上，根据 2001 年《商标法》第四十一条第一款的规定，违反第十条规定的已注册商标是应当被撤销注册的。

三、“已经注册的使用地名的商标继续有效”能否适用于在先注册的地名商标的延续商标

本案中，原告还主张其在先持有一枚“神农架”商标，诉争商标是对该在先商标的延续注册，本案属于“已经注册的使用地名的商标继续有效”的情形。

法院认为：首先，根据文义解释，“已经注册的使用地名的商标继续有效”，其含义是明确的，如前所述，其是指在 1993 年《商标法》施行（1993 年 7 月 1 日）之前，已经注册的使用地名的商标继续有效。不包括同一主体在相同或类似商品上，在 1993 年 7 月 1 日之后申请的与在先已经注册的使用地名的商标相同或近似的商标。

其次，即便对“已经注册的使用地名的商标继续有效”这一例外规定

作一定范围的扩大解释，从基础注册商标和在后商标[①]的一般关系上看，它们是相互独立的商标，并不存在当然的延续关系。如果一味准许商标权人在基础注册商标之上注册在后商标，则一方面可能会对基础商标注册后、在后商标申请前，申请注册近似商标的其他主体有失公平；另一方面也可能使得商标权人轻易规避“连续三年不使用的商标可被撤销”的规定。

司法实践中对基础注册商标和在后商标的关系并非一律不考虑。如《北京市高级人民法院关于商标授权确权行政案件的审理指南》（京高法发〔2014〕37号）第八条规定，商标注册人的基础注册商标经过使用获得一定知名度，从而导致相关公众将其在同一种或类似商品上在后申请注册的相同或者近似商标与其基础注册商标联系在一起，并认为使用两商标的商品均来自该商标注册人或与其存在特定联系的，基础注册商标的商业信誉可以在在后申请注册的商标上延续。即判断的关键在于，基础注册商标的知名度和影响力能否辐射到在后商标，相关公众能否在认知在后商标时即联想到基础注册商标，并认为两商标指代了相同的商品来源，而不是联想到其他商品来源，产生误认。

结合《商标法》第三十条及相关司法解释中对于商标近似认定中延续关系的判断要求，在基础注册的地名商标和在后申请的地名商标的关系上，应当把握如下标准：基础注册的地名商标经过实际使用具有较高知名度，已被相关公众广为知晓，相关公众在认知该地名商标时，能首先意识到其指代了特定商品的来源而非地名，或者至少能在意识到其指代地名的同时，意识到其也指代了特定商品的来源。只有基础注册的地名商标满足以上条件，在后申请的地名商标才具备注册的可能性。但本案中，现有证据不足以证明在先商标“神农架”经过实际使用在“矿泉水、纯净水”等商品上具有较高知名度，从而排除相关公众对“神农架”仅作为县级以上行政区划的地名或特定地理位置名称的认知，并在事实上发挥指示商品来源的功能。因此，在后申请的诉争商标不具备可注册性。

---

① 基础注册商标和在后商标并非法律概念，但学理上和司法实践中均有此说法。一般是指同一主体在相同或类似商品上先后申请注册的相同或近似的商标。本判决参考了《北京市高级人民法院关于商标授权确权行政案件的审理指南》（京高法发〔2014〕37号）中的提法。

本案对《商标法》第十条第二款的内容进行了深度解读，形成的裁判规则对同类案件的审理有一定的指导作用。同时注重判决的说理性，采用脚注的形式对在先相关案例以及举例论证的内容加以展示，进行了裁判文书撰写方式的有益探索。

一审法院合议庭成员 周丽婷 郭灵东 李新平

编写人 周丽婷 朱小钰

9. 雅安市某面包房诉国家知识产权局、第三人周某等商标不予注册复审行政纠纷案

——国家机关出具意见和事实证明的司法采信问题

关键词 国家机关意见 通用名称 商标显著性 商标不予注册

基本案情

2012年12月18日，雅安市某面包房向国家工商行政管理总局商标局（以下简称商标局）申请注册第11904911号“狗屎糖”文字商标（以下简称诉争商标）。在商标公告期间，周某、何某、成都某营销管理有限公司，以“狗屎糖”是一类糖果的通用名称为由，共同向商标局提出异议。商标局经审查决定不予注册。雅安市某面包房向国家工商行政管理总局商标评审委员会（以下简称商标评审委员会）提出复审申请，商标评审委员会作出商评字［2018］第76605号关于第11904911号“狗屎糖”商标不予注册复审决定（以下简称被诉决定）。

雅安市某面包房不服被诉决定，向北京知识产权法院提起行政诉讼，并诉称：诉争商标未违反2001年《商标法》第十一条第一款第一项等规定，而且相关国家机关已经出具了相关证明，请求法院依法撤销被诉决定，并判令被告重新作出决定。

被告国家知识产权局辩称：坚持被诉决定的意见，诉争商标违反了2001年《商标法》第十一条第一款第一项的规定。

第三人周某等未向法院陈述意见。

法院经审理查明：诉争商标系“狗屎糖”文字商标，使用商品为国际

分类第30类的“糖、糖果、巧克力、薄荷糖”等商品。原告在诉讼阶段提交了原告的食品生产许可证等证据共计9组46份证据，用于证明诉争商标的申请和驳回相关情况，原告的品牌创立发展的过程以及知名度，第三人所提供的证人身份存疑和相关事实认定有误，以及在先关于通用名称的司法案例情况。其中，雅安市食品总厂的工作者登记表显示，原告的负责人李某曾是该厂的员工；雅安市某食品有限责任公司2018年7月4日出具的证明显示李某于1984年12月在单位参加工作，在糖果车间从事糖果的豆香糖生产。雅安市雨城区工商局和商务局出具的证明显示，原告注册申请的“狗屎糖”商标是其独创的产品品牌。2015年12月22日，雅安市雨城区人民政府出具的《关于支持雅安市雨城区雅安市某面包房“狗屎糖”商标注册保护的函》显示，原告是下岗工人李某于1992年承包经营食品厂共青团鲜销店逐步发展而来，专业制作豆香糖等；在制作过程中，李某利用传统工艺，通过技术创新发现豆香糖在熬制过程中时间稍长，糖色变成褐黄，糖浆状如狗屎，遂取名狗屎糖，并向国家商标局提出商标注册申请；该企业拥有的“金岚岚”商标荣获雅安市知名商标。相关企业的企业登记信息显示，第三人与本案具有利害关系。此外，其他证据还显示了相关证人的身份情况，用于证明证人身份存疑，证明的事实与真实事实情况不符。2018年7月10日，雅安市某食品有限责任公司出具证明，显示该公司注册地雅安市雨城区城后路506号，原为雅安市食品厂，1956年建厂，2001年破产改制；经核查资料和与相关人员确认该公司从建厂至破产改制前从未生产过产品名或商标名为狗屎糖的糖果和糕点，也从未使用过狗屎糖商标。原告生产的“金岚岚”牌豆香糖、狗屎糖产品照片显示，产品包装上面，“金岚岚”文字标志和图形标志使用在产品标签的左上方，其中一个产品上“狗屎糖”突出显示在标签的正中间，下方显示宣传语“吃狗屎糖走狗屎运”，另外一个产品标签上，“豆香糖”显示在标签中间，下方括号显示“（狗屎糖）”。

被告向法院提交了诉争商标和引证商标档案、参加复审通知书、复审申请书、各方当事人向商标评审委员会提交的证据等作为证据。在第三人向被告提交的证据中，2015年8月26日雅安市烹饪协会出具的证明内容显示，20世纪50年代前后，雅安（原西康省）一些私家作坊用当地的黄豆、麦芽糖等作为原料，用自家锅灶手工制作的熟粉糖块，起初人们称这种简易糖块为麻糖、狗屎糖、糖果子等；在20世纪六七十年代，有一家国营雅安食品厂，后来改名为雅安羌江食品厂，该厂当时生产印刷有“乖乖乐”字样的糖纸包裹的狗屎糖，也叫豆香糖；“吃狗屎糖走狗屎运”是部分雅安人的民间流传语；狗屎糖是雅安人民叫了几十年的名称，是地方特产的代表，也是通用名称。2015年9月5日，雅安市公信咨询评估中心出具的《关于雅安“狗屎糖”商品名称为通用名的评估报告》显示，狗屎糖这个名称起源于20世纪50年代，大概是那一时期雅安人对一种炒熟黄豆粉、麦芽糖浆等原料混合制作而成的糖果的统称，是雅安地方特产，在雅安范围内约定俗成被普遍使用。2015年9月14日，雅安市雨城区乐美乐食品店出具的证明显示，20世纪六七十年代前后，雅安国营食品厂后来改名为雅安羌江食品厂生产的一种以纸质包装的糖果产品，名叫狗屎糖，狗屎糖是雅安地方特色产品。类似的证明还包括，2015年9月14日天全县运筹商贸有限责任公司出具的证明。2013年1月21日，北纬网刊登的一篇名为《听着臭、吃着甜、想着想着到童年——狗屎糖，老雅安人的甜蜜记忆》的文章显示，8分钱一个蛋奶冰糕，5分钱一瓶牛奶，一角钱7个的狗屎糖，对于土生土长的老雅安人来说，这些东西并不陌生，因为这些不仅是他们曾经的零食，也是一段不可磨灭的记忆；如今在雅安的食品小摊上，仍可看见包装精美的狗屎糖在销售；狗屎糖又叫豆香糖、麦芽糖，是雅安土特产之一，关于狗屎糖名字的由来，在老百姓口中有两种说法。2015年3月13日，人民网转发的显示来源于《钱江日报》的《四川雅安特产狗屎糖小白领：形状和颜色都像狗屎》文章显示：“得到惊叹最多的特产是来自四川雅安的狗屎糖，大家一看到这个名字就笑翻当场，这个糖的糖纸还自带特别好玩的广告词‘吃狗屎糖走狗屎运’。”

第三人周某向法院提交《麦芽糖的记忆》等文章打印页、雅安食品厂制作的狗屎糖照片和厂址及门市街道照片等作为证据。

在案件审理过程中，2020年3月13日，法院依职权调查雅安市相关地方政府网站关于“狗屎糖”的记载。在 www. yaan. gov. cn（雅安市人民政府）网站，搜索关键词“狗屎糖”，在搜索结果中出现以下内容：在2013年1月21日《雅安日报》中《听着臭、吃着甜、想着想着到童年——

狗屎糖，老雅安人的甜蜜记忆》文章记载：“八分钱一个蛋奶冰糕，五分钱一瓶牛奶，一角钱七个的狗屎糖……对于土生土长的老雅安人来说，这些东西并不陌生，因为这些不仅是他们曾经的零食，也是一段不可磨灭的记忆。如今在雅安的食品小摊上，仍可看见包装精美的狗屎糖在销售……狗屎糖又叫豆香糖、麦芽糖，是雅安土特产之一，关于狗屎糖名字的由来，在老百姓口中有两种说法。……小时候家里穷，买不起狗屎糖，我跟小伙伴们便去捡破烂，然后换钱买糖吃。……很少有80后、90后来购买狗屎糖，即使有，都是听着大人们说，然后买回家孝敬老人的。”2017年3月16日来源于《雅安日报》的《糖果界网红华丽转身——雅安金岚岚牌狗屎糖的发展故事》显示，李某将这一升级版的豆香糖命名为狗屎糖。2018年11月1日，来源于（雅安）市旅发委的文章《狗屎糖》显示：“狗屎糖又叫豆香糖、麦芽糖，是雅安土特产之一，关于狗屎糖名字的由来，在老百姓口中有两种说法。”

北京知识产权法院于2020年3月25日作出（2018）京73行初6359号行政判决：驳回原告雅安市某面包房的诉讼请求。一审判决作出后，各方当事人均未在法定期限内提出上诉，一审判决已生效。

裁判理由

法院生效裁判认为：本案的争议焦点为诉争商标的注册申请是否违反2001年《商标法》第十一条第一款第一项的规定。该条款规定，仅有本商品的通用名称、图形、型号的标志不得作为商标注册。诉争商标由汉字“狗屎糖”三字构成。现有证据不足以证明“狗屎糖”属于法律规定或者国家标准、行业标准规定的通用名称，故关键在于“狗屎糖”是否构成约定俗成的通用名称。

根据2017年《最高人民法院关于审理商标授权确权行政案件若干问题的规定》第十条，相关公众普遍认为某一名称能够指代一类商品的，应当认为约定俗成的通用名称。约定俗成的通用名称，一般以全国范围内相关公众的通常认为作为判断标准，对于由于历史传统、风土人情、地理环境等原因形成的相关市场固定的商品，在该相关市场内的通用称谓，可以被认定为通用名称。对于审查判断诉争商标是否属于通用名称，一般以商标申请日时的事实状态为准；核准注册时事实状态发生变化的，以核准注册时的事实状态判断其是否属于通用名称。本案诉争商标尚未核准注册，且自申请至今已近8年，因此应当以申请日即2012年时的事实状态为准，并考虑目前的市场情况。

本案中，第三人提交的相关证据包括雅安市烹饪协会、雅安市公信咨询评估中心等的证明材料、媒体报道和相关交易主体的证言和其他证人证言，用于证明“狗屎糖”是四川地区尤其是雅安地区土特产之一，是用黄豆、花生、麦芽糖等原料制作而成的糖，颜色与狗屎类似，故称狗屎糖。原告提交的证据包括雅安市雨城区人民政府和相关机构出具的说明、第三人所提供的证人身份存疑相关证据、雅安国营食品厂（雅安羌江食品厂）未生产“狗屎糖”商品等其他证据，用于证明原告品牌创立发展的过程以及知名度，其中关于“狗屎糖”来源的直接证据是雅安市雨城区人民政府和相关机构出具的说明，显示“狗屎糖”是原告经营人李某自创的名称或商标标志。

鉴于缺乏地方志记载等具有较高客观性、权威性的直接证据来证明“狗屎糖”的来源和指向，法院仅能基于原告和第三人提交的证据，并结合法院依职权在雅安市人民政府网站上调查取得的证据，综合考虑举证责任分配、相关证据的证明力等因素进行判断。法院认为：根据现有证据可以认定，狗屎糖也叫豆香糖，是一种用黄豆、麦芽糖等原料熬制而成的糖，因为颜色和造型原因而被称为狗屎糖，是对一种糖果约定俗成的通用名称。理由在于：

一是从商标标志“狗屎糖”本身来看，从原告和第三人提交的相关证据均可看出，“狗屎”和“糖”的组合，是对相关糖果的像狗屎一样形状、颜色等特点的形象描述，相关公众对该标志的理解更容易将其理解为一种糖的名称，而非将其作为商标识别。

二是从原告自己使用相关商标标志的情况来看。原告生产的“金岚岚”牌豆香糖、狗屎糖产品照片显示，产品包装上面的“金岚岚”文字标志和图形标志使用在产品标签和包装的左上方，其中一个产品上“狗屎糖”突出显示在标签的正中间，下方显示宣传语“吃狗屎糖走狗屎运”，另外一个产品标签上“豆香糖”显示在标签中间，下方括号显示“（狗屎糖）”，故原告明显地将“狗屎糖”作为商品名称使用，而非商标使用。同时，其产品标签上“豆香糖（狗屎糖）”，以及“狗屎糖（豆香糖）”的展示方式，明显是将“豆香糖”和“狗屎糖”相对应使用，进一步表明“豆香糖”和“狗屎糖”的对应关系。对此，对于一般消费者来讲，亦会形成前述认知。此外，原告产品上使用“童年的味道”的宣传语，暗指相关产品是具有一定历史传承特点或口味，这与第三人提交的相关证据中显示“狗屎糖”是老一辈人经常食用的糖果的相关事实可以互相佐证。

三是从市场使用和认知的情况看。约定俗成的通用名称，一般以全国范围内相关公众的通常认知作为判断标准，在相关市场内的通用称谓，还应当对历史传统、风土人情、地理环境等因素进行考量。根据现有证据中关于市场上出现的类似产品的报道，商标申请时和被诉决定作出时，出现了大量标注有其他商标标志的“狗屎糖”产品，可以证明市场客观上已经将“狗屎糖”作为具有历史传承的、具有特产特征的商品名称广泛使用。

四是从各方提交证据的形成时间看，关于“狗屎糖”源于20世纪中期的相关报道时间最早可追溯到2013年《雅安日报》和北纬网，明显早于包括雅安市雨城区人民政府出具证明中关于李某命名“狗屎糖”的时间，且雅安市人民政府网站显示的文字内容是“李某将这一升级版的豆香糖命名为狗屎糖”“金岚岚牌狗屎糖”，即“狗屎糖”是一种商品名称，是指“豆香糖”。

裁判要旨

国家机关出具的证明材料如果是其职权范围内的文书，应当视为书证；如果是超出其职权范围的书面材料，应当视为证人证言。但无论是何种性质的证据，法院均应当对其真实性、合法性和关联性进行审查认定。

关联索引

2001年《中华人民共和国商标法》第十一条第一款第一项

《中华人民共和国行政诉讼法》第三十三条

2015年《最高人民法院关于适用〈中华人民共和国民事诉讼法〉的

解释》第一百一十四条①

一审： 北京知识产权法院（2018）京73行初6359号（2020年3月25日）

法官评析

本案例引发的思考在于两点：一是在国家机关出具书面意见明确支持一方当事人的情况下，该证据材料的法律定位和质证采信问题。二是认定约定俗成的通用名称时的标准，包括考虑通用名称与注册商标的关系、相关事实截止时间点、认识角度等问题。

一、关于国家机关出具支持一方当事人的意见材料的性质和采信问题

第一，关于该证明材料的法律定位。《行政诉讼法》第三十三条规定了包括书证、证人证言等8种证据类型，并规定前述证据经法庭审查属实才能作为认定案件事实的根据。2022年《最高人民法院关于适用〈中华人民共和国民事诉讼法〉的解释》（以下简称《民事诉讼法司法解释》）第一百一十四条规定，国家机关或者其他依法具有社会管理职能的组织，在其职权范围内制作的文书所记载的事项推定为真实，但有相反证据足以推翻的除外。必要时，人民法院可以要求制作文书的机关或者组织对文书的真实性予以说明。根据前述规定，国家机关出具的证明材料如果是其职权范围内的文书，应当视为书证。如果是超出其职权范围的书面材料，应当视为证人证言。但无论是何种性质的证据，法院均应当对其真实性、合法性和关联性进行质证认证。本案中，雨城区人民政府、工商局、商务局均属于地方政府机关，对市场秩序具有监管职能，其作出的某面包房独创"狗屎糖"商标的书面意见，可视为其根据市场监管职能作出的书证。但该书证记载的事实存在客观的反证，因此法院未采信该书证。

第二，国家机关出具意见和证明材料应当更加慎重。国家机关在其职权范围内出具的证明材料客观证明力较高，在没有反证的情况下应当采信，但相关国家机关应当以事实为依据，客观陈述相关事实供法院质证。

① 该条规定，国家机关或者其他依法具有社会管理职能的组织，在其职权范围内制作的文书所记载的事项推定为真实，但有相反证据足以推翻的除外。

对于超出自身职责或判断能力的事项，更应当谨慎。本案中，雅安市雨城区人民政府、工商局、商务局出具的《证明》内容被反证推翻，严重影响了政府权威性。

二、关于约定俗成通用名称认定的角度和因素

商品的通用名称，是基于商品的功能用途、特点、材质等特点或属性而对某种商品的称呼，起到区分商品种类的作用，包括法定的商品名称和约定俗成的商品名称。司法实践中，一般涉及以下几个问题：

第一，通用名称和注册商标之间存在排斥关系。首先，在授权确权过程中，通用名称与注册商标的有效性存在排斥关系。将仅有通用名称的商标使用在相关商品上，不具有商标法意义上的显著性，无法起到区分该商品来源的作用，不应被核准注册为注册商标而享有专有使用权。在授权前，可以依据显著性条款予以驳回或不予注册；在授权后，还可以依据显著性条款认定为无效；另外，对于核准注册时并非通用名称的商标，但由于市场认知的变化导致其成为核定使用的商品的通用名称，可能依据《商标法》相关条款予以撤销。其次，在注册商标使用过程中，如果该商标含有本商品的通用名称，注册商标专用权人无权禁止他人正当使用该通用名称。本案中，第三人周某等以"狗屎糖"为约定俗成通用名称为由，提起不予注册申请具有事实和法律依据。

第二，通用名称一般难以通过使用获得商标显著性。显著性是商标获准注册的前提条件之一，分为固有显著性和获得显著性。所谓固有显著性是从商标标志文字本身出发，获得显著性是从商标实际使用过程中市场认可的角度出发。一般情况下，没有固有显著性的标志可以通过长期使用获得显著性。但对通用名称而言，通常无法通过使用获得显著性。本案中，市场上各种商标的"狗屎糖"商品，进一步强化了其商品名称属性。

第三，关于判断时间节点。对于审查判断诉争商标是否属于通用名称，一般以商标申请日时的事实状态为准；核准注册时事实状态发生变化的，以核准注册时的事实状态判断其是否属于通用名称。本案中，"狗屎糖"商标尚未核准注册，且自申请至审结已近 8 年，因此应当以申请日即 2012 年时的事实状态为准，并适当考虑审理时的市场情况。

第四，约定俗成的通用名称应当以普通相关公众的角度为标准。约定俗成的通用名称，一般以全国范围内相关公众的通常认为作为判断标准，对于由于历史传统、风土人情、地理环境等原因形成的相关市场固定的商品，在该相关市场内的通用称谓，可以被认定为通用名称。本案中，大量证据证明“狗屎糖”是四川地区尤其是雅安地区土特产之一；而对其他地区的相关公众而言，更会将“狗屎糖”视为一种糖果，而非商标。

一审法院合议庭成员 陈　栋　丁　敏　白　玲

编写人 陈　栋

10. 上海某大学诉国家工商行政管理总局商标评审委员会商标申请驳回复审行政纠纷案

——期刊名称进行商标注册的显著性认定问题

关键词 商标驳回复审 期刊名称 显著性 商标使用

基本案情

2013年12月25日，上海某大学向国家工商行政管理总局商标局就“交大法学”（以下简称诉争商标，江平教授曾题词“交大法学院”，诉争商标标志取自题词中的前四字“交大法学”）申请注册商标，使用的商品类别为第16类，包括小册子、印刷品、书籍、印刷出版物、证书、杂志（期刊）等。国家工商行政管理总局商标评审委员会（以下简称商标评审委员会）经复审认为该标志违反了《商标法》第十条第一款第七项、第十一条第一款第二项的规定，故作出商评字［2015］第0000092865号关于第13803205号“交大法学”商标驳回复审决定书，驳回了诉争商标复审申请。上海某大学不服上述复审决定，诉至法院。

上海某大学诉称：(1) 诉争商标不构成《商标法》第十条第一款第七项之情形。与“法学”相关的杂志消费者具有特定性，其具有充分的辨识度，不会导致误认。与指定商品有一定关联的商标被授权注册不仅符合商标法的规定，也是世界各地及我国商标注册的一贯标准。“法学”二字不仅不会误导消费者，反而是表明“杂志（期刊）”内容与“法学”相关。如果使用“交大体育”等作为商标，杂志内容却与“法学”相关才是真地带有欺骗性。(2) 诉争商标也不构成《商标法》第十一条第一款第二项之情形。诉争商标指定使用的“教学材料（仪器除外）、学校用品（文具）”等商品的内容包罗万象，其中可能一小部分内容与“法学”的含义相关，但显然不可能只是“法学”二字。若以此为标准判断内容，则任何与某一领域相关的文字均不可在上述商品上作为商标。诉争商标并非既有词组，“交大法学”的独特书法字体是我国著名法学家江平教授的书法作品，上海某大学将诉争商标的字样进行了文字字体及版面的设计，竖排的整体视觉效果可以起到与他人商品相区别的作用。“交大”是上海某大学的简称，即使商标评审委员会认为“法学”与内容相关，但诉争商标作为一个商标整体具有显著特征，不构成《商标法》第十一条第一款第二项的情形。(3）诉争商标经过长期使用，取得了显著特征，可以识别并起到区分商品来源的作用，符合《商标法》第十一条规定的“所列标志经过使用取得显著特征，并便于识别的，可以作为商标注册”的规定。综上，请求法院撤销被诉决定并核准注册诉争商标。

商标评审委员会辩称：被诉决定认定事实清楚，适用法律正确，作出程序合法，上海某大学的诉讼请求和理由不能成立，请求驳回上海某大学的诉讼请求。

法院经审理查明：《交大法学》是上海某大学公开发行的期刊。2012年1月和2月，新闻出版总署、上海市新闻出版局发函同意创办《交大法学》杂志。该杂志由上海某大学主管、主办，办刊宗旨为：服务于中国特色社会主义民主法制建设，反映我国法学研究和法律实践最新成果，刊载重大复杂法律问题相关主题论文和法律实践最新成果，开展国内外学术交流、促进法学学科健康发展。2012年2月21日获《期刊出版许可证》，期刊名称为《交大法学》，刊期为季刊。截至本案开庭审理时该期刊共计出版了15期。

2011年至2013年，上海某大学就期刊《交大法学》与万律网westlaw、北大法宝、中国知网CNKI等均存在合作关系。在2013年度中国人文社科学术期刊、科研机构排行榜“复印报刊资料”转载学术论文指数180余种期刊排名中，《交大法学》2013年和2014年转载率名次为第13名和第10名，2014年转载量排名为第22名，综合指数排名为第17名。2014年起《交大法学》被《中文科技期刊数据库》全文收录。2015年8月28日，《交大法学》入选2015年《中国学术期刊影响因子年报》统计源期刊。

北京知识产权法院经审理于2016年5月25日作出（2016）京73行初134号行政判决：一、撤销国家工商行政管理总局商标评审委员会作出的商评字［2015］第0000092865号关于第13803205号“交大法学”商标驳回复审决定书；二、国家工商行政管理总局商标评审委员会就上海某大学对第13803205号“交大法学”商标所提出的复审请求重新作出决定。判决作出后，双方均未上诉，该案一审判决已生效。

裁判理由

法院生效裁判认为：

一、诉争商标是否构成《商标法》第十条第一款第七项之情形

《商标法》第十条第一款第七项规定的是“带有欺骗性，容易使公众对商品的质量等特点或者产地产生误认”的标志不得作为商标使用。该条规定系商标拒绝注册的绝对事由，规定的是标志本身或者其构成要素具有欺骗性，容易使相关公众对商品的产地、内容、质量、品质等产生错误的认识的情形。带有欺骗性的标志以虚假信息掩盖了商品的真实情况，其申请注册行为在主观上具有恶意。本案中，从标志本身来看，虽然我国存在多所以“交通大学”命名的高校，如西安交通大学、北京交通大学等，“交大”不能直接对应上海某大学，但“交大”亦来自“上海某大学”的学校名称，且“交大”为上海某大学的注册商标，申请人上海某大学主观上并无与其他“交通大学”混淆的故意，相关公众对商品的来源不会产生误认。从诉争商标的实际使用来看，“交大法学”亦是使用在法学类杂志期刊上，相关公众对商品的内容也不会产生错误认识。故该标志在指定商品上的使用在客观上不会使相关公众对商品的来源和内容产生误认，该标志不属于《商标法》第十条第一款第七项规定的情形，商标评审委员会适用该条法律系法律适用不当。

二、诉争商标是否构成《商标法》第十一条第一款第二项之情形

《商标法》第十一条第一款第二项规定的是“仅直接表示商品的质量、主要原料、功能、用途、重量、数量及其他特点”的标志不得作为商标注

册。符合该条规定的情形的标志因为容易被识别为对商品特征的描述，而不是识别为具有区分意义的商标，不具有显著特征，故不得作为商标注册。本案中，“交大”是高校名称简称，“法学”亦是常见学科，从“交大法学”四个字本身来说，使用在小册子、印刷品、书籍、印刷出版物、杂志（期刊）、书籍封皮、教学材料（仪器除外）等商品上，易被相关公众识别为对商品内容的描述，属于描述性标志。但诉争商标并非简单的文字组合商标，“交大法学”四字系江平教授的书法作品，在整体呈现方式上具有独特性，增加了该标志的固有显著特征。且“交大”作为上海某大学在第16类印刷品、印刷出版物、教学材料（仪器除外）等商品上的注册商标，已经和上海某大学建立了较为稳定的对应关系，相关公众能够识别商品的来源。此外，期刊《交大法学》从创刊到正式发行，已与上海某大学之间建立了较为紧密的联系。“交大法学”使用在本案指定的商品类别上并不容易导致混淆误认。

综上，法院认为，“交大法学”指定使用在第16类印刷品、印刷出版物、教学材料（仪器除外）等商品上具有显著特征，并便于识别，可以作为商标注册。商标评审委员会认定事实有误，适用法律错误，应予撤销。

裁判要旨

期刊名称一般在于简要提示内容，而商标的意义则在于发挥区分出版物来源的功能。出版物名称和商标在保护范围上不能等同，出版物名称不能当然注册为商标，但符合《商标法》显著性条款等规定的期刊名称可以注册为商标。本身不容易使相关公众对商品的质量等特点或者产地产生误认，且与其使用主体建立了较为稳定的对应关系的期刊名称，相关公众能够识别商品来源的，可以注册为商标。

关联索引

2013年《中华人民共和国商标法》第十条第一款第七项、第十一条第一款第二项

一审：北京知识产权法院（2016）京73行初134号（2016年5月25日）

法官评析

本案涉及的注册商标是期刊名称。出版物名称可否注册为商标？有学者提出将出版物划分为“非连续性出版物（monographs）”（如单行本、丛书）和“连续性出版物（serials）”（如报纸、期刊）两类，并认为单行本书名实际上起到了对书籍内容提示的作用，丛书名乃是对系列书籍共同特征的一个简要概括。期刊或报纸的名称可以在一定程度上折射出期刊或报纸的风格，但并不能向读者提示期刊或报纸中作品内容的主题。①

一、诉争商标从固有显著性角度的分析

非连续出版物和连续出版物在功能上存在一定差异，在能够注册为商标的问题上也存在差异。判断出版物名称是否可注册为商标应当回归到商标法的本义，也即从显著性角度考察出版物的可注册性。首先是固有显著性问题，如果出版物名称属于《商标法》第十一条规定的“（一）仅有本商品的通用名称、图形、型号的；（二）仅直接表示商品的质量、主要原料、功能、用途、重量、数量及其他特点的；（三）其他缺乏显著特征的”三种情形，属于先天显著性不足的情形，不能作为商标注册。作为“名称”的出版物名称和作为“商标”的出版物名称作用也是不同的。出版物名称恰恰主要目的在于简要提示内容，而商标的意义则在于发挥区分出版物来源的功能。因此，出版物名称和商标在保护范围上是不能等同的，出版物名称不能当然注册为商标。出版物名称首先要面对的是上述显著性的考察。非连续性出版物名称因为与内容存在密切关系，在显著性问题上面临的考察可能更为严格。

《商标法》第十一条第一款第二项规定的是“仅直接表示商品的质量、主要原料、功能、用途、重量、数量及其他特点”的标志不得作为商标注册。符合该条规定的情形的标志因为容易被识别为对商品特征的描述，而不是识别为具有区分意义的商标，不具有显著特征，故不得作为商标注册。本案中，“交大”是高校名称简称，“法学”亦是常见学科，从“交大法学”四个字本身来说，使用在小册子、印刷品、书籍、印刷出版物、

① 黄武双：《书名、商标与商号三者功能之辨析》，载《法学杂志》2007 年第 6 期。

杂志（期刊）、书籍封皮、教学材料（仪器除外）等商品上，易被相关公众识别为对商品内容的描述，属于描述性标志。

描述性标志能否注册为商标，应当对标志进行综合全面的考量。《最高人民法院关于审理商标授权确权行政案件若干问题的意见》第五条规定："人民法院在审理商标授权确权行政案件时，应当根据诉争商标指定使用商品的相关公众的通常认识，从整体上对商标是否具有显著特征进行审查判断。标志中含有的描述性要素不影响商标整体上具有显著特征的，或者描述性标志是以独特方式进行表现，相关公众能够以其识别商品来源的，应当认定其具有显著特征。"故描述性标志并非绝对属于《商标法》第十一条第一款第二项规定的不得作为商标注册的情形。本案中，基于以下两点因素，法院认为，不应机械适用《商标法》第十一条第一款第二项处理诉争商标的注册问题：一是诉争商标并非简单的文字组合商标，"交大法学"四字系江平教授的书法作品，在整体呈现方式上具有独特性，增加了该标志的固有显著特征。二是"交大"作为上海某大学在第16类印刷品、印刷出版物、教学材料（仪器除外）等商品上的注册商标，已经和上海某大学建立了较为稳定的对应关系，相关公众能够识别商品的来源。故商标评审委员会仅从文字组成上判断诉争商标构成《商标法》第十一条第一款第二项规定之情形，在法律适用上亦属不当。

二、诉争商标从获得显著性角度的分析

《商标法》第十一条第二款同时规定，经过使用取得显著特征并便于识别的上述类型的标志（即《商标法》第十一条第一款规定的固有显著特征先天不足的标志），可以作为商标注册。上海某大学还主张诉争商标经过长期使用，取得了显著特征，可以识别并起到区分商品来源的作用。根据上海某大学提交的使用证据，"交大法学"主要的使用方式是以期刊名称进行使用。故本案还需要审查期刊名称的使用能否认定为商标意义上的使用。出版物（包括期刊）的名称一般在于简要提示内容，而商标的意义则在于发挥区分出版物来源的功能。因此，出版物名称和商标在保护范围上不能等同，出版物名称不能当然注册为商标。

但期刊是一种具有连续性的出版物，在使用上具有反复性和一贯性。正是这种连续性，让期刊名称和期刊的主办单位建立了较为紧密的联系，

能够发挥商标所应有的区分作用。本案中，期刊《交大法学》从创刊到正式发行，从纸质期刊到电子期刊，不断通过各种途径增强《交大法学》的知名度，在涉及180余种期刊的相关排名中亦相对较为靠前，与上海某大学之间建立了较为紧密的联系。诉争商标“交大法学”与期刊《交大法学》同名，使用在“教学材料（仪器除外）”“杂志（期刊）”等商品上，相关公众能够识别其提供者即上海某大学，亦不会与其他相同或类似商品的提供者产生混淆。同时，一般来说，教学类、期刊类相关公众的专业性程度较高，注意力亦较高，对“交大法学”使用在本案指定的商品类别上并不容易导致混淆误认。

上海某大学提交的诉争商标的使用证据主要集中于“杂志（期刊）”，但基于“杂志（期刊）”与“小册子、印刷品、书籍、印刷出版物、书籍封皮、教学材料（仪器除外）”具有一定的重合性以及联系甚为紧密，属于相同或类似商品，法院认为，上海某大学在“杂志（期刊）”上通过使用获得的显著特征可以及于“小册子、印刷品、书籍、印刷出版物、书籍封皮、教学材料（仪器除外）”等商品上。

本案既考虑了诉争商标本身具有一定的显著特征，同时也考虑了诉争商标的实际使用状况。诉争商标作为期刊名称，进行了连续性的使用，在使用上具有反复性和一贯性。正是这种连续性，让期刊名称和期刊的主办单位建立了较为紧密的联系，能够发挥商标所应有的识别和区分作用，具有显著特征，可以注册为商标。

一审法院合议庭成员 吴园妹　周　平　苏　品

编写人 吴园妹

11. 某（深圳）公司诉国家工商行政管理总局商标评审委员会商标申请驳回复审行政纠纷案*

——声音商标显著性的司法审查标准

关键词 行政诉讼　商标申请驳回复审行政纠纷　商标注册　声音商标

基本案情

2014年5月4日，原告某（深圳）公司向原工商行政管理总局商标局（以下简称商标局）申请注册诉争商标。诉争商标申请号是14502527，商标由“嘀嘀嘀嘀嘀嘀”（声音商标）构成，指定使用在国际分类第38类的下列服务项目上：电视播放；新闻社；提供互联网聊天室；电子邮件；信息传送；在线贺卡传送；数字文件传送；计算机辅助信息和图像传送；提供在线论坛；电话会议服务。针对诉争商标的注册申请，商标局于2015年8月11日作出商标驳回通知，依据2013年《商标法》第十一条第一款第三项作出不予注册的决定，其理由为：诉争商标由简单、普通的音调或旋律组成，使用在指定使用项目上缺乏显著性，不得作为商标注册。某（深圳）公司对商标局作出的上述商标驳回通知不服，于法定期限内向国家工商行政管理总局商标评审委员会（以下简称商标评审委员会）提出复审申请，并提交相关证据。商标评审委员会作出商评字［2016］第35304号关于第14502527号“嘀嘀嘀嘀嘀嘀”（声音商标）商标驳回复审决定（以下

* 本案例入选最高人民法院评选的2018年全国法院50件知识产权典型案例，入选北京法院2018年度知识产权司法保护十大案例。

简称被诉决定）认定，诉争商标的注册申请构成了 2013 年《商标法》第十一条第一款第三项所指的情形。某（深圳）公司提交的证据虽能证明其 QQ 软件享有知名度，但诉争商标的声音仅为软件包含的标识某一功能的声音，在案证据不能证明诉争商标经使用已起到区别服务来源的作用。综上，决定对诉争商标的注册申请予以驳回。

某（深圳）公司不服被诉决定，于法定期限内向北京知识产权法院提起行政诉讼，诉称：（1）诉争商标“嘀嘀嘀嘀嘀嘀”是某（深圳）公司名下 QQ 软件在运行过程中，新消息传来时播放的提示音，诉争商标所表现的内容与第 38 类“提供互联网聊天室、信息传送”等服务之间没有内在的联系，既非“功能性”也不具备描述性，并且诉争商标为六声音响，不冗长也不简单，该声音特点鲜明、简短突出，具有声音商标应有的显著性。（2）QQ 软件是中国市场用户数最多的即时通讯工具，用户数量庞大，诉争商标经过长期、广泛的使用，已经成为相关公众识别服务来源的标志，某（深圳）公司的 QQ 软件于 1999 年 2 月上线至今，持续使用诉争商标近 18 年。诉争商标经过长期、大量、广泛使用后，用户听到诉争商标声音后就知道是 QQ 软件的消息提示音，诉争商标能够直接对应 QQ 软件提供的即时通讯服务，其知名度及显著性进一步增强。（3）被诉决定将“独创性”作为声音商标是否具有显著性的审查标准缺乏法律依据，“独创性”是著作权概念，2013 年《商标法》也不要求诉争商标具有独创性。（4）国外已经获得注册的声音商标实例包括 NBC“三声钟声”商标、英特尔“登登登”商标、苹果 MAC 电脑“开机声音”商标、微软系统“启动声音”商标、米高梅“狮吼”商标、爱普生声音商标等声音商标的时长较短，多数不到 3 秒，几乎全部都在 6 秒以内，声音表现简明、无语音。由于声音商标的注册在我国刚刚开始，声音商标审查标准不够完善，有必要参考国际上比较公认的声音商标注册实例。综上，请求法院撤销被诉决定，并责令商标评审委员会重新作出审查决定。

商标评审委员会辩称：（1）商标评审委员会审查声音商标的依据是显著性，作为非传统商标，商标必须通过使用才能取得显著性，而某（深圳）公司提供的证据只能显示 QQ 软件具有较高的知名度，并不能证明诉争商标具有显著性。（2）诉争商标“嘀嘀嘀嘀嘀嘀”仅是一个急促、单调的重复音，比较简单，缺乏商标应有的显著性。（3）独创性只是商标评审委员会审查声音商标是否具有显著性时考量的一个参考因素，商标评审委员会并未将其作为判断诉争商标是否具备显著性的标准适用。故请求法院判决驳回某（深圳）公司的诉讼请求。

诉讼阶段，某（深圳）公司提交了诉争商标的音频文件（诉争商标的声音样本）、诉争商标注册申请书及诉争商标的光谱表、频谱表、波形图、国家图书馆检索文献152篇、某（深圳）公司2004~2015年年报、QQ软件获奖情况、商标驰字［2009］第14号《关于认定“QQ”商标为驰名商标的批复》等证据以支持其诉讼请求。

2018年4月27日，北京知识产权法院作出（2016）京73行初3203号行政判决：认定诉争商标的声音整体上在其指定使用的服务项目上能够起到标识服务来源的功能，商标评审委员会认定其不具备显著性缺乏事实及法律依据，判决撤销被诉决定，责令商标评审委员会重新作出审查决定。商标评审委员会不服上述判决，提起上诉。2018年9月27日，北京市高级人民法院作出（2018）京行终3673号行政判决：驳回上诉，维持原判。

裁判理由

法院生效裁判认为：2013年《商标法》第八条规定：“任何能够将自然人、法人或者其他组织的商品与他人的商品区别开的标志，包括文字、图形、字母、数字、三维标志、颜色组合和声音等，以及上述要素的组合，均可以作为商标申请注册。”第十一条规定：“下列标志不得作为商标注册：（一）仅有本商品的通用名称、图形、型号的；（二）仅直接表示商品的质量、主要原料、功能、用途、重量、数量及其他特点的；（三）其他缺乏显著特征的。前款所列标志经过使用取得显著特征，并便于识别的，可以作为商标注册。”

商标法是商标注册审查的基本法律依据，在商标注册申请的审查过程中，无论具体商标标志是由何种要素构成，只要其符合2013年《商标法》第八条的规定，都应当采用相同的审查标准予以同等对待。尤其是在2013年《商标法》修改时，删除了商标构成要素必须属于“可视性标志”的原有要求，使得任何能够发挥商品或服务来源识别作用的标志都有可能作为商标获准注册，从而拓宽了商标类型，为今后更好地保护经营者合法权益、维护市场竞争的良好秩序、保护消费者合法权益提供了更大的可能。但与此同时，为了平等地对待有不同商标注册需求的市场经营者、平等地保护已经获准注册的不同类型商标的商标权人，除非《商标法》有特殊规定，否则不应对声音商标以及今后可能出现的其他新类型商标作出特殊对待。

就本案而言，诉争商标由连续的六声"嘀"音构成，各"嘀"音之间音色基本相同、时间间隔短促且基本相同，指定使用在第 38 类"电视播放；新闻社；信息传送；电话会议服务；提供在线论坛；计算机辅助信息和图像传送；提供互联网聊天室；在线贺卡传送；数字文件传送；电子邮件"服务上。虽然诉争商标构成要素的选取体现了某（深圳）公司的特定创意，但是，商标标志在其指定使用服务上是否具有显著特征，仍然需要结合相关公众的一般认知加以具体判断。具体而言，由于诉争商标仅由单一而重复的"嘀"音构成，相关公众通常情况下不易将其作为区分商品或者服务来源的标志加以识别，诉争商标属于 2013 年《商标法》第十一条第一款第三项规定的缺乏显著特征的标志。

特定的标志其本身在特定的商品或者服务上可能缺乏商标注册所需的显著特征，但是当其经过使用而能够发挥识别作用时，则可以根据 2013 年《商标法》第十一条第二款的规定予以核准注册。由于这种显著特征的取得建立在使用的基础之上，因此，此类商标获准注册的商品或者服务范围，也应当以其实际使用的商品或者服务为限。通常情况下，不存在在一个商品或者服务项目上经过使用而取得显著特征的标志，即可仅因其在该商品或者服务上的使用行为，而在其他商品或者服务项目上当然获得显著特征。对于通过使用而取得显著特征的商标的审查，必须遵循"商品和服务项目特定化"之审查原则，避免显著特征使用取得认定过程中的泛化处理和以偏概全。

本案中，某（深圳）公司提供的证据能够证明诉争商标"嘀嘀嘀嘀嘀嘀"声音通过在 QQ 即时通讯软件上的长期持续使用，具备了识别服务来源的作用。诉争商标在与 QQ 即时通讯软件相关的"信息传送、提供在线论坛、计算机辅助信息和图像传送、提供互联网聊天室、数字文件传送、在线贺卡传送、电子邮件"服务上具备了商标注册所需的显著特征，诉争商标可以在上述服务项目上予以初步审定。但是，诉争商标并未在"电视播放、新闻社、电话会议服务”上实际使用，以“电话会议服务”与“超级群聊天”服务功能完全相同以及综合性即时通讯软件服务平台存在提供电视播放、新闻服务的可能性为由，认定诉争商标在上述三个服务项目上亦具有显著特征，显然不符合诉争商标经过使用方才取得显著特征的案件事实，不适当地为诉争商标预留了申请注册的空间。

裁判要旨

关于声音商标显著性审查，首先，对于声音商标是否具有显著性的判断，除应遵循对传统商标是否具有显著性的基本判断原理、标准与规则外，即应考虑指定使用的商品或服务、相关公众的认知习惯及指定使用商品或服务所属行业的实际情况等因素外，还应结合声音商标声音的时长及其构成元素的复杂性等因素，综合考察其整体在听觉感知上是否具有可起到识别作用的特定节奏、旋律、音效，从而对其可否起到区分商品或服务来源的作用作出判断。其次，在判断声音商标是否经使用获得显著性时，应综合考虑声音商标宣传和使用持续的时间、范围及相关公众的认知等因素。最后，关于声音商标获准注册的商品或服务范围，应当遵循“商品和服务项目特定化”审查原则，以实际使用的商品或服务为限。

关联索引

2013年《中华人民共和国商标法》第八条、第十一条第一款第三项、第十一条第二款

一审：北京知识产权法院（2016）京73行初3203号（2018年4月27日）

二审：北京市高级人民法院（2018）京行终3673号（2018年9月27日）

法官评析

相对于传统类型的通过视觉识别的商标而言，声音商标为《商标法》于2013年修正时新规定的商标类型。本案涉及声音商标显著性的司法审查标准问题，为类似案件司法裁判提供了参考。

一、对声音商标的理解

我国《商标法》于2013年修正时，删除了对“可视性”的要求，声

音商标纳入可注册范围。《商标审查审理指南》（2021 年）第八章第二条规定："声音商标，是指由用以区别商品或者服务来源的声音本身构成的商标。声音商标可以由音乐性质的声音构成，例如一段乐曲；也可以由非音乐性质的声音构成……"从前述规定可以看出，声音商标通常不应包括将文字商标朗读出来的声音，其本身自成体系，单独构成商标。

二、声音商标显著性的审查

对于声音商标而言，国外授权的实例相对较多，但目前国内注册申请成功比例较低。本案中，法院围绕"嘀嘀嘀滴滴滴"商标显著性进行审查。

第一，关于声音商标固有显著特征的审查。声音商标只是形式较为新颖的一种商标，仅意味着从传统的视觉识别方式到听觉识别方式的转换，其本质与普通商标并无实质不同，均属于将商品或者服务的主体与商标之间建立联系从而起到识别作用的介质，或者说均属于使相关公众能够区分商品或者服务来源的介质，同样存在固有显著性和获得显著性。对声音商标是否具有固有显著性的判断同样遵循普通商标的一般判断标准：（1）含义是否指向本商品的通用的名称、型号等；（2）是否直接属于商品的功能性声音；（3）是否过于简单（如单音节、单音调或者属于纯自然的声音）或者过于复杂（如一首完整的曲子，又如复杂到无意义的嘈杂或者接近无意义的嘈杂）从而不能或不易作为商标识别。

具体而言，对于声音商标是否具有显著性的判断，除应遵循对传统商标是否具有显著性的基本判断原理、标准与规则外，即应考虑指定使用的商品或服务、相关公众的认知习惯及指定使用商品或服务所属行业的实际情况等因素外，还应结合声音商标声音的时长及其构成元素的复杂性等因素，综合考察其整体在听觉感知上是否具有可起到识别作用的特定节奏、旋律、音效，从而对其可否起到区分商品或服务来源的作用作出判断。本案中，判断诉争商标是否具有显著性，不能仅考虑其构成元素单一、整体持续的时间较短等因素，而应当综合考察诉争商标整体在听觉感知上是否具有可起到识别作用的特定的节奏、旋律、音效。本案诉争商标虽然仅由同一声音元素"嘀"音构成且整体持续时间较短，但诉争商标包含六声"嘀"音，且每个"嘀"音音调较高、各"嘀"音之间的间隔时间短且呈连续状态，诉争商标整体在听觉感知上形成比较明快、连续、短促的效果，具有特定的节奏、音效，且并非生活中所常见，本身具有一定的显著性。

第二，声音商标的使用问题。由于声音商标作为非可视性商标，且由于相关公众对于商标的认知习惯问题，一般情况下，无法直接与商品和服务对应起到识别商品和服务来源的作用，因此声音商标需经长期使用才能取得显著特征。在判断声音商标是否经使用获得显著性时，应综合考虑声音商标宣传和使用持续的时间、范围及相关公众的认知等因素。就本案而言，20 世纪 90 年代后期是我国互联网发展迅猛的阶段，QQ 软件自 1999 年 2 月即以 OICQ 软件的形式在我国互联网上开始使用，使得诉争商标的声音在使用之初即对相关公众的听觉产生强烈的冲击力，从而使得其极易被相关公众所感知、记忆，起到识别服务来源的作用。

三、声音商标的可注册范围

关于声音商标经使用获得显著性是否只能及于实际使用的具体服务项目，本案一、二审法院之间存在分歧。二审法院的观点认为，由于这种显著特征的取得建立在使用的基础之上，因此，此类商标获准注册的商品或者服务范围，也应当以其实际使用的商品或者服务为限。对于通过使用而取得显著特征的商标的审查，必须遵循“商品和服务项目特定化”之审查原则，避免显著特征使用取得认定过程中的泛化处理和以偏概全。

一审法院合议庭成员 张　剑　司品华　宋启才
二审法院合议庭成员 周　波　佘惠斌　苏志甫
编写人 司品华　郝　倩

12. 北京某餐饮管理有限公司诉国家知识产权局商标申请驳回复审行政纠纷案*

——文字商标显著性的判断主要考虑文字标志的语境含义

关键词 商标申请驳回复审 文字商标 商标的显著性

基本案情

原告北京某餐饮管理有限公司系第 24608515 号“脏脏包”商标（以下简称诉争商标）的申请人。诉争商标的申请日期系 2017 年 6 月 9 日，标志仅由文字“脏脏包”构成。诉争商标指定使用在第 30 类“面包；小圆面包；馅饼（点心）；三明治；布丁；多谷物面包；葡萄干面包；羊角面包；谷类制品；甜食（糖果）”商品上。

原告向国家工商行政管理总局商标局（以下简称商标局）申请注册诉争商标被驳回，后向国家工商行政管理总局商标评审委员会（以下简称商标评审委员会）申请复审。商标评审委员会经复审认为，申请商标“脏脏包”多被理解为巧克力可颂面包的别称，其用作商标使用在面包、多谷物面包等商品上直接表示了商品的内容特点，不具有商标识别作用，已构成《商标法》第十一条第一款第二项所指的不得作为商标注册的情形。申请人提交的在案证据尚不足以证明申请商标具有可注册性。依照《商标法》第十一条第一款第二项、第三十条和第三十四条的规定，商标评审委员会决定如下：申请商标在复审商品上的注册申请予以驳回。原告不服该决定（以下简称被诉决定），于法定期限内诉至法院。

---

* 本案例入选《中国法院 2021 年度案例》，并被《中国法院年度案例集成丛书》采用。

原告北京某餐饮管理有限公司诉称：（1）脏脏包用于一种新形态的用巧克力和面的起酥面包，并在起酥面包上撒满巧克力粉，吃起来因为嘴巴和手都会沾上巧克力而变“脏”，因此得名，脏脏包并不是对商品内容特点的直接表示，不违反《商标法》第十一条第一款第二项的规定，被告在审查过程中依据的是百度百科的内容，而百度百科不是法律。（2）“脏脏包”是由韩国商品翻译而来，系原告首创使用在面包上，经使用已在相关公众中产生了较高影响力。（3）脏脏包创立时间短，不可能成为巧克力可颂面包的别称，也不可能成为通用名称。（4）鉴于原告商标较高的知名度和影响力，自 2017 年 9 月下旬开始，陆续有不法商家在看到“脏脏包”火爆的人气后恶意跟风模仿，如果不能及时获得商标权，原告无奈之下只能依据《反不正当竞争法》的有关规定进行维权，维权的难度和成本将大幅增加；此外，其他含有“脏脏包”字样的商标已获准注册，如果诉争商标无法获准注册，原告还有可能被第三方提起侵权诉讼。综上，原告请求法院撤销被诉决定，并责令被告重新作出决定。

被告国家知识产权局辩称：被诉决定认定事实清楚，适用法律正确，作出程序合法，请求判决驳回原告的诉讼请求。

在评审阶段，原告提交了下列证据：（1）原告与北京某丽餐饮管理有限公司于 2017 年 6 月 10 日签订的《商标使用授权合同》、北京某丽餐饮管理有限公司的营业执照、“天眼查”企业关系图、北京某丽餐饮管理有限公司“OUR_ Bakery”的微博首页、“Bad Farmers & Our Bakery”店的大众点评网首页，用于证明诉争商标的许可使用情况；（2）“脏脏包”的百度百科页面和搜狗百科页面，用于证明“脏脏包”从原料、制作方法上应归类于巧克力起酥（或巧克力可颂）；（3）面包起名的文档截图、经公证保存的大众点评网账号“纯洁的美食家”所有人的点评内容、“纯洁的美食家”所有人的证词、面包的六面图等，用于证明“脏脏包”创意时间为 2017 年 3 月，最早使用时间为 2017 年 4 月；（4）从 2009 年 8 月 16 日至 2017 年 4 月 22 日“脏脏包”在新浪微博的搜索页面，用于证明在 2017 年 4 月 22 日以前从未有人将“脏脏包”作为商品名称、商业标识或非商业标识使用，“脏脏包”与巧克力起酥的结合系原告首创；（5）从 2016 年 1 月 1 日至 2018 年 7 月 1 日“OUR Bakery”在新浪微博的搜索页面、从 2017 年 4 月至 2018 年 7 月在大众点评网上关于“脏脏包”的评论页面，用于证明“OUR Bakery”生产的巧克力起酥形态独特、用料考究，在韩国的名称为“Dirty Choco”，是原告首先将这种巧克力起酥命名为“脏脏包”，并将“OUR Bakery”以及包括“脏脏包”在内的产品在中国做成时尚的代名词，产品自2017年5月开始一直处于供不应求的状态，购买北京三里屯的“脏脏包”已经成为一种文化和情调，诉争商标在相关公众中具有较高的知名度和影响力；（6）“OUR_ Bakery”的新浪微博页面、部分知名博主与该微博的互动内容，用于证明诉争商标在相关公众中具有较高的影响力，消费“脏脏包”已经成为一种文化和情调；（7）某德餐饮管理软件销售统计的公证文件，用于证明诉争商标最早使用的时间和持续使用的情况；（8）北京市朝阳区人民法院受理案件通知书，证明北京某丽餐饮管理有限公司已经开始采用反不正当竞争的方式进行维权。

诉讼过程中，原告向法院提交了北京某丽餐饮管理有限公司与北京某亮图文设计中心于2018年2月4日签订的《图文输出制作委托协议》、“OUR Bakery”连锁店在北京和上海的分布图、“桒茶君的脏脏包”商标信息等证据，用于支持其诉讼主张。

诉讼过程中，被告向法院提交了诉争商标档案，《商标驳回通知书》，《驳回商标注册申请复审申请书》，原告在评审阶段提交的证据，百度百科关于“脏脏包”的释义，“脏脏奶茶”“脏脏蛋糕”“脏脏泡芙”“脏脏卷”“脏脏咖啡”的百度搜索页面，北京“脏脏包”商号排行网页等证据，用于支持其答辩意见。

北京知识产权法院经审理查明：2017年6月10日，原告与北京某丽餐饮管理有限公司签订《商标使用授权合同》，原告许可北京某丽餐饮管理有限公司使用诉争商标。北京某丽餐饮管理有限公司经营的“Bad Farmers & Our Bakery”店从2017年4月开始销售名为“脏脏包”的食品，该店销售的“脏脏包”受到许多网友好评，具有一定的知名度。

另查，近年来，随着“脏脏包”的热销，各商家纷纷推出“脏脏”系列食品。

再查，根据中央机构改革部署，商标局、商标评审委员会的相关职责由国家知识产权局统一行使。

2019年5月28日，北京知识产权法院经审理作出（2019）京73行初2116号行政判决：驳回原告北京某餐饮管理有限公司的诉讼请求。

北京某餐饮管理有限公司不服一审判决，上诉至北京市高级人民法院。二审法院经审理维持了一审法院裁判意见，于2019年11月15日作出（2019）京行终6417号行政判决：驳回上诉，维持原判。

裁判理由

法院生效裁判认为：诉争商标为汉字“脏脏包”，指定使用在第30类“面包、馅饼（点心）”等商品上。汉字“脏”本义为“不洁净”，根据在案证据可知，“脏脏包”因面包外表撒满巧克力粉，吃起来嘴和手会沾上黑色巧克力变得“脏”而得名。此外，根据百度百科网页打印件的查询，还有名为“脏脏奶茶”“脏脏蛋糕”“脏脏泡芙”“脏脏卷”“脏脏咖啡”等其他食品亦因类似情形而得名。将“脏脏包”指定使用在“面包、馅饼（点心）”等商品上，相关公众会将其视为直接表示知名商品原料、样式等特点的描述性用语，缺乏固有显著性，属于直接描述性标志。即使该词语系由其率先使用，其亦无法起到区分商品或服务来源的作用，不属于诉争商标应予注册的当然理由。因此，诉争商标违反了《商标法》第十一条第一款第二项的规定。此外，在案证据尚不能证明相关公众认可“脏脏包”与其指定使用的商品之间形成了可相互指代的稳定对应关系，诉争商标尚未经过广泛使用取得显著特征并便于识别。

裁判要旨

判断文字商标是不是直接描述性的商标，应当考虑特定语境下相关公众对文字含义的通常认知，即使该文字在使用之初是对商品特点的暗示或间接描述，经过原告和同业经营者的广泛使用亦可转化为特定语境下的直接描述性文字。

关联索引

《中华人民共和国商标法》第十一条

一审：北京知识产权法院（2019）京73行初2116号（2019年5月28日）

二审：北京市高级人民法院（2019）京行终6417号（2019年11月15日）

法官评析

一、文字商标的含义与可注册性

在商标申请驳回复审行政纠纷案件中，由于当事人仅为作为原告的商标申请人与作为被告的国家知识产权局，引证商标权利人或其他与诉争商标的注册有利害关系的案外人无法作为当事人参与到诉讼中来，在判断诉争商标是否具有可注册性时，诉争商标与其他商标的知名度比较、申请注册人是否具有抢注或模仿他人商标的恶意、诉争商标是否侵犯他人合法权益等情况，实际上均无法予以考量，故法院应主要从诉争商标的音、形、义本身出发，考虑该商标是否具备识别商品来源的显著性和区分商品来源的可区分性，以及该商标的使用或注册是否有损社会公共利益和公共秩序。对于文字商标来说，其含义是其是否具有可注册性首要考虑的因素。

（一）固有含义与语境含义

文字商标的固有含义指的是文字标志在字典或辞典中的含义。文字的含义往往不是唯一的，大多数文字的固有含义是很多的，必须结合其语境来确定文字的含义。同样的文字在不同的语境中，其含义可能会有巨大的差别，甚至截然相反。也有一些文字，其固有含义和语境含义是完全不同的，有的本无含义，在一定语境中产生了含义；有的是在固有含义的基础上产生了新的含义。当文字商标的固有含义与语境含义不同时，应立足于语境含义判断该商标是否具有显著性、欺骗性、不良影响等。

（二）直接含义与间接含义

直接含义与间接含义的区别在于：间接含义是相关公众需要通过一定程度的想象或推论才能得知该含义，而直接含义是相关公众能直接感知的。间接描述性的商标仍具有显著性。在一定语境下，相对于其固有含义是间接描述性的商标，实际上已经转化为直接描述性的商标，仍然缺乏固有显著性。文字商标仅间接含义有欺骗性或不良影响的，只要是相关公众根据其一般认知能力能够得知的，也不能作为商标使用或注册。如果语境含义具有欺骗性或不良影响，即使该语境含义是间接含义，也不具有可注册性。

二、根据文字商标的含义认定其显著性强弱

人们对文字的理解和记忆，在很大程度上取决于他们对该文字语境含义的掌握，看到文字标志的相关公众亦是如此。但是，对于文字标志应当具体考虑哪些语境因素，涉及的商标法条款不同，所考虑的语境因素也可能有所不同。

涉及《商标法》第十一条的案件主要是认定诉争商标是否具有显著性。对于文字商标，就是要结合文字的语境含义分析该文字是不是通用名称，是不是对指定使用商品特点的直接描述，是否会被相关公众视为商标等。语境分为文化语境与情境语境。文化语境指看文字的人生活于其中的社会文化背景。情境语境指文字所处的具体情景。对于文字商标语境含义的把握，也要考虑其文化语境和情境语境，在判断文字商标是否具有显著性时，对于该商标语境含义的把握，具体来说，主要考虑以下三个因素：一是相关公众的社会文化背景和认知水平；二是商标指定使用的商品；三是诉争商标的权利人及其同业经营者在市场中对该文字标志的使用情况。第三个因素与许多法官和学者所说的商标标志是否缺乏显著性应当考虑该标志是不是同业经营者的常用表达方式具有相似之处，但立足点不同，第三个因素立足于商标的含义，强调的仍是商标识别来源主体的作用，而考虑商标标志是否是同业经营者的常用表达方式则立足于公共利益的保护，为了避免同业经营者作为常用表达方式的文字被个别主体通过注册商标的方式所垄断。《商标法》第十一条第二款的规定也可以用商标的语境含义进行诠释，直接描述性的商标经过商标权利人的大量使用，足以使相关公众对该商标标志在指定使用商品上产生了比直接描述性含义更强的第二含义即商标的含义，则该商标仍然具有可注册性。

既无固有含义也无语境含义的臆造词在作为商品标志的语境下只会被相关公众视为商标，所以其显著性最强；而相反，通用名称在作为商品标志的语境下很难被相关公众视为商标，所以其显著性最弱。直接描述商品特点的直接描述性文字和广告用语用在商品上也不易被视为商标，显著性也比较弱。由于语境因素并非一成不变，文字商标的语境含义也会发生变化。例如，有的商标经过同业经营者的广泛使用成为通用名称，如“U盘”“金骏眉”等。

回到本案，在诉争商标“脏脏包”三个字中，“包”字用在“面包”等商品上表示了商品的种类没有显著性，这是毫无疑问的，但“脏脏”二字是否是直接描述商品特点的词语呢？“脏脏”二字的含义成了本案审理的关键。对“脏脏”二字含义的认定，应当考虑特定语境下相关公众对该文字的通常认知。诉争商标指定的商品都是食品类商品，目前的市场上已经出现了各种热销的“脏脏”系列食品，除了“脏脏包”，还有“脏脏咖啡”“脏脏蛋糕”“脏脏茶”“脏脏披萨”等。也就是说，经过同业经营者的广泛使用，“脏脏”从间接描述性的词语逐渐变成了相关公众所熟知的直接描述食物配料呈现出的浓黑色，或食物沾满黑色粉末或泡沫的形态，以及食客们食用后手上、嘴上沾满黑色食物的“吃相”的词语。而北京某餐饮管理有限公司虽然也在大力推广使用诉争商标，但其使用程度尚未使诉争商标取得作为商标识别的显著特征，也可以说是，尚未使相关公众对该商标标志产生强于直接描述性文字含义的商标含义的认知。所以，诉争商标根据其当前的语境含义就是直接描述性的商标，缺乏显著性，不得作为商标注册。

一审法院合议庭成员 王建宏 毛艾越 芮玉奎
二审法院合议庭成员 苏志甫 俞惠斌 陈 曦
编写人 王建宏

13. 湖南某重工公司诉国家知识产权局、某股份公司商标权无效宣告请求行政纠纷案

——颜色组合商标取得显著特征予以注册的认定标准

关键词 商标无效宣告 颜色组合商标 显著特征

基本案情

2015年11月16日，第三人某股份公司向被告国家知识产权局申请注册诉争商标。诉争商标的申请号是18338885，为颜色组合商标，商标标志由绿色、冷灰色、暖灰色三种颜色组成，指定使用的商品是第7类农业机械、挖掘机、推土机等，于2019年6月21日获准注册。湖南某重工公司针对诉争商标，于2020年3月17日向国家知识产权局提出无效宣告请求，请求对诉争商标的注册予以宣告无效。国家知识产权局认为：诉争商标的注册并未违反2013年修正的《商标法》第十一条第一款第一项、第二项、第三项的规定，裁定诉争商标予以维持。湖南某重工公司不服该无效宣告裁定，诉至北京知识产权法院。

原告湖南某重工公司诉称：（1）诉争商标指定的颜色组合同在先行业规定用色相一致且申请注册前亦被众多同行知名企业所使用，无法实现区分商品来源的作用，缺乏显著性，根据2013年《商标法》第十一条第一款的规定，诉争商标不得作为商标注册。（2）诉争商标未明确其具体使用方式，仅备注使用于机械表面的说明方式属于无效说明，不符合《商标评审规定》和2014年《商标法实施条例》第十三条形式审查的规定，不应获准注册，被诉裁定认定诉争商标符合颜色组合商标形式审查规定错误。

（3）对于颜色组合商标的保护不应超出合理的范畴。因此，请求撤销被诉裁定，并判令被告重新作出裁定。

被告国家知识产权局答辩称：被诉裁定认定事实清楚，适用法律正确，作出程序合法，原告的诉讼请求和理由不能成立，请求驳回原告诉讼请求。

第三人某股份公司答辩称：（1）诉争商标并非核定第7类机械商品的本身颜色，固有显著性极强，并且是第三人首次作为颜色组合商标使用在第7类机械商品上，具备区分商品来源的功能。（2）诉争商标经过第三人实际有效地商业使用，进一步增强显著性，并且在机械行业具有极高的市场声誉和知名度，与第三人产生了稳定的对应关系。（3）第三人申请注册诉争商标时，以抽象色块表示颜色组合并以文字说明颜色名称和色号以及使用方式，符合2013年《商标法》、2014年《商标法实施条例》及2005年《商标审查及审理标准》[①] 关于颜色组合商标形式审查的规定。（4）诉争商标并非第7类机械商品的本身颜色或行业规定的标准颜色，也不具有技术方面的功能，其核准注册不会限制其他经营者的竞争利益。综上，被诉裁定认定事实清楚、适用法律正确，应当予以维持，请求驳回原告的诉讼请求。

法院经审理查明：诉争商标申请注册时进行了颜色组合商标的声明，并提交了彩色商标图样以及商标说明，商标说明为：颜色组合商标，其中绿色为PANTONE潘通国际标准色号2290CP；冷灰色为PANTONE潘通国际标准色号COOLGRAY11C；暖灰色为PANTONE潘通国际标准色号WARMGRAV4C。使用方式：三种颜色在机械设备上作为外观使用。

在行政阶段，原告提交了以下主要证据：（1）诉争商标的有关信息资料；（2）第三人官网页面及相关公证书；（3）《第一机械工业部 部标准 矿山、工程、起重运输机械产品涂漆颜色和安全标志》；（4）同行业相同或类似商品的外观图片。

第三人提交了以下主要证据：（1）企业注册登记资料、公司简介、工业园区报道、品牌榜单、第三人及其产品荣誉资料、证书等证明第三人的

① 已废止，下同。

经营规模和知名度证据；（2）诉争商标设计合同、账单、发票、新涂装发布媒体报道，显示第三人2013年委托他人设计颜色组合商标，2015年4月15日在长沙、6月19日在意大利米兰面向全球发布“颜色组合”产品新涂装以及企业新VI，湖南新闻联播、人民网、中国新闻网等主流媒体对此进行了专题报道；（3）中国工程机械工业协会证明；（4）使用诉争商标的升降机、挖掘机等产品照片及宣传单页、广告宣传图及应用案例、第三人官网、微信VI应用图片、新VI制作合同及发票、园区照片；（5）诉争商标档案及申请文件；（6）销售合同及发票、审计报告；（7）展会合同、参展照片、广告合同及发票；（8）部分电视报道视频及截图、国家图书馆检索报告、部分网络媒体报道，显示诉争商标及使用该商标的工程机械产品被湖南卫视、中央电视台、人民日报、搜狐网等媒体广泛宣传报道，第三人还在2015年9月3日纪念中国人民抗日战争暨世界反法西斯战争胜利70周年阅兵仪式上展示了新涂装的车辆，第三人还助力了建军90周年、中华人民共和国成立70周年阅兵仪式等国家盛大庆典。

诉讼中，原告向法院提交了以下主要证据：（1）其他厂商产品照片；（2）《建筑机械》2006年第16期；（3）《建筑机械》2010年第20期；（4）《商用汽车》2011年第2期；（5）《商用汽车》2012年第24期；（6）卡车之家网页；（7）（2019）湘长麓证民字第7129号公证书；（8）（2019）湘长麓证民字第7653号公证书；（9）（2014）高民终字第382号判决书；（10）第18338885号颜色组合商标档案；（11）《商标审查及审理标准》；（12）矿山、工程、起重运输机械产品涂漆颜色和安全标志（JB 2299-78）；（13）《颜色对人体生理和心理的影响》《基于色彩数据分析的高空作业车产品色彩设计研究》；（14）欧盟普通法院第T-101/15和第T-102/15号判决。

第三人向法院提交了以下主要证据：（1）2017~2018年全球起重机制造商10强榜单（国内榜）、2019~2020年全球起重机械制造商20强榜单（国外榜）、2018年全球塔式起重机制造商10强榜单、2020年全球挖掘机制造商20强榜单，证明第三人及诉争商标在第7类挖掘机、起重机上的极高知名度和市场份额；（2）“中联”商标被认定为驰名商标的批复、他案判决；（3）诉争商标核定使用商品的照片、国家知识产权局的决定；（4）国家图书馆检索报告、诉争商标核定商品的部分网络媒体报道。

在本案开庭审理过程中，原告明确表示在诉讼阶段主张诉争商标的注册违反2013年《商标法》第十一条第一款第一项、第三项的规定。第三人当庭向北京知识产权法院提交了北京知识产权法院作出的（2020）京73行初10527号行政判决、原告法定代表人向某与第三人签订的劳动合同书，证明与诉争商标类似的其他颜色组合商标已被法院认定为具有显著性并符合商标形式审查规定，以及原告存在主观恶意。另查，针对上述判决，北京市高级人民法院已作出（2021）京行终1605号二审判决，维持原判。

北京知识产权法院经审理于2021年7月19日作出（2021）京73行初2051号行政判决：驳回原告湖南某重工公司的诉讼请求。一审判决作出后，各方当事人均未上诉，判决已发生法律效力。

裁判理由

法院生效裁判认为：原告提交的证据亦不能证明诉争商标已被相关国家标准、行业标准所记载，成为农业机械等商品上法定的通用名称。原告提交的其他企业产品图片大部分未显示形成时间，相关杂志、网页显示的商品外观颜色与诉争商标颜色组合不近似，不能证明在诉争商标申请日前，由绿色、冷灰色和暖灰色组成的诉争商标颜色组合在全国范围内由诸多企业广泛使用，已经成为相关公众普遍认知的农业机械等商品上约定俗成的通用名称。第三人提交的在案证据可以证明在诉争商标申请日之前，第三人使用在混凝土机械、起重机械、环境产业、土方机械、工业车辆、路面机械、基础施工等车辆上的该颜色组合商标已经通过较为持续和广泛的宣传使用，在相关公众中享有一定知名度，并与第三人形成了唯一、固定关系，可以起到区分商品来源的作用，具备商标应有的显著特征。本案诉争商标核定使用的农业机械、压路机、推土机、挖掘机、起重机等商品在功能用途、销售对象等方面与上述商品相同或相近，可以认定诉争商标在其核定使用的商品上亦可以起到区分商品来源的作用，诉争商标的申请注册并不违反2013年《商标法》第十一条第一款的规定。

第三人在诉争商标申请注册时明确了商标标志为颜色组合商标，提交了彩色商标图样以及商标说明，在相关公众已经能够将诉争商标与第三人联系对应的情况下，因其已具有显著性而应当予以维持注册。故对于诉争商标的申请注册不符合商标注册的形式审查要求的相关主张，不予支持。

裁判要旨

由于颜色组合商标的特殊性，在判断该颜色组合商标是否具备显著特征时，除应遵循普通商标的判断标准外，还应着重审查使用证据，考察是否能够证明该颜色组合商标经过持续和广泛的宣传使用，在相关公众中享有一定知名度，并与权利人形成了稳定的对应关系，可以起到区分商品来源的作用。

关联索引

2013 年《中华人民共和国商标法》第十一条第一款第一项、第三项

一审：北京知识产权法院（2021）京 73 行初 2051 号（2021 年 7 月 19 日）

法官评析

一、颜色组合商标的法律属性问题

2013 年《商标法》第八条规定："任何能够将自然人、法人或者其他组织的商品与他人的商品区别开的标志，包括文字、图形、字母、数字、三维标志、颜色组合和声音等，以及上述要素的组合，均可以作为商标申请注册。"

从上述法律规定可以看出，颜色组合商标是商标法中明确规定可以授予注册商标专用权的一种商标类型，可以作为商标申请注册，但是，其属于一种较为特殊的商标类型，其使用方式与传统类型的商标不同。《商标审查及审理标准》规定："颜色组合商标是指由两种或两种以上颜色构成的商标。"

在常见的商标标志中，文字（含字母）、图形商标占绝对多数，大家在对某一项商品或服务的标识进行识别时，已习以为常。

颜色组合商标通常由若干种颜色组合而成，其颜色固定但组合形式不固定，并不限定商标的具体形状，而是随着商品本身形状的变化而不同，

其保护范围一般以其申请注册时声明的使用方式为依据。需要说明的是，颜色组合商标不属于指定颜色的图形商标。

颜色组合商标在日常生活中较为少见，甚至相关公众在见到时，并不认为它是商标，不认为它出现在商品包装上或服务中是为了起到识别商品或服务来源的作用。在市场环境下，商品或其包装上采用了不同颜色，相关公众的感受会截然不同，基于颜色能够释放出情调、观念，相关公众往往不会把颜色作为区别产源的标志，即不会将颜色作为商标予以认知。

二、颜色组合商标的显著性问题

仅仅以颜色为构成要素的商标，其固有显著性对比其他传统类型的商标而言相对较弱。此外，与传统类型的图形商标不同，颜色商标的保护并不限定具体的形状，而是随着商品本身形状的变化而不同。因此对于颜色组合商标而言，如何确定及描述不同颜色之间的比例和位置关系始终是令人困扰的问题。但这恰恰又是确定其保护范围的关键问题，是颜色组合商标相对于其他传统类型商标若要获得注册保护所面临的特殊挑战。

《商标审查及审理标准》规定："颜色组合商标仅有指定使用商品的天然颜色、商品本身或者包装物以及服务场所通用或者常用的颜色，判定为缺乏显著特征。"以上规定不仅对颜色组合商标进行了定义，而且对不具有显著性的颜色组合商标作出了排斥性的限定。2013 年《商标法》第十一条第一款规定："下列标志不得作为商标注册：（一）仅有本商品的通用名称、图形、型号的；……（三）其他缺乏显著特征的。"从上述法律规定看出，颜色组合商标受制于其特殊的组合形式，容易因为缺乏显著特征而予以无效。即使把不同的颜色进行组合，在一般情况下，消费者并不会感觉到与众不同，原因在于，我们所处的自然环境中本身就是五颜六色、绚烂多彩的，颜色或其组合是人们平时投眼驻足时随时都可以观察到的，并不会认为具有显著性特征。

三、颜色组合商标取得注册的条件

实践中，颜色组合商标难以取得注册的原因在于其固有的显著性较低，但固有显著性低的商标未必不能取得注册。2013 年《商标法》第十一条第二款规定，前款所列标志经过使用取得显著特征，并便于识别的，可以作为商标注册。

由此可以看出，颜色组合商标虽然固有显著性较低，但完全可以通过使用获得显著性，从而取得注册，即在进行具体判断时，应遵循普通商标的判断标准，看其是否构成商品的通用名称，并在此基础上着重考察其行业标准，以及是否通过长期大量使用，使得相关公众在固定商品上看到该颜色组合时，就能想到其商标权人，在商标与商品来源上建立联系。

本案对于诉争颜色组合商标考察的重点就在于，看其是否属于行业标准规定的机械产品的涂装颜色。在案证据或属于已经废止的行业标准，或证据形式和内容不合格，不能证明在诉争商标申请日前，由绿色、冷灰色和暖灰色组成的诉争商标颜色组合在全国范围内由诸多企业广泛使用，已经成为相关公众普遍认知的农业机械等商品上约定俗成的通用名称。

同时，根据第三人提交的在案证据可知，其对混凝土机械、起重机械、环境产业、土方机械、工业车辆、路面机械、基础施工等产品采用诉争商标的颜色组合进行了新涂装，并于 2015 年 4 月 15 日在长沙、6 月 19 日在意大利米兰面向全球发布“颜色组合”产品新涂装以及企业新 VI，湖南新闻联播、人民网、中国新闻网等主流媒体对此进行了专题报道，新涂装的车辆还参加了多个展会，诉争商标及使用该商标的工程机械产品被湖南卫视、中央电视台、人民日报、搜狐网等媒体广泛宣传报道；第三人还在 2015 年 9 月 3 日纪念中国人民抗日战争暨世界反法西斯战争胜利 70 周年阅兵仪式上展示了新涂装的车辆，并助力了建军 90 周年、中华人民共和国成立 70 周年阅兵仪式等国家盛大庆典。上述证据可以证明在诉争商标申请日之前，第三人使用在混凝土机械、起重机械、环境产业、土方机械、工业车辆、路面机械、基础施工等车辆上的该颜色组合商标已经通过较为持续和广泛的宣传使用，在相关公众中享有一定知名度，并与第三人形成了唯一、固定关系，可以起到区分商品来源的作用，具备商标应有的显著特征。本案诉争商标核定使用的农业机械、压路机、推土机、挖掘机、起重机等商品在功能用途、销售对象等方面与第三人实际使用的上述商品相同或相近，可以认定诉争商标在其核定使用的商品上亦可以起到区分商品来源的作用，即通过大量使用行为取得了显著特征，达到了核准注册的条件，因此，诉争商标的申请注册并不违反2013年《商标法》第十一条第一款关于缺乏显著特征的规定。

颜色组合商标并不常见，司法实践中通常需要确定其保护范围，并将其与普通商标进行近似性比对，鲜少涉及对其显著性的认定。而本案系对颜色组合商标是否具备显著特征进行审查判断，因此对类似案件的审理具有一定的借鉴意义。

一审法院合议庭成员 何 暄 李 利 王 佳

编写人 张凌博

14. 重庆市陈某食品有限公司诉国家知识产权局、第三人重庆市互某食品有限公司等商标权无效宣告请求行政纠纷案*

——《商标法》第十一条“其他缺乏显著特征的标志”的认定

关键词 《商标法》第十一条 通用名称 显著性 欺骗性

基本案情

重庆市磁器口陈某食品有限公司（以下简称陈某公司）与国家知识产权局，第三人重庆市沙坪坝区互某食品有限公司（以下简称互某公司）、重庆市沙坪坝区磁器口老街陈某某食品有限公司（以下简称老街陈某某公司）、冯某、重庆陈记某食品开发有限公司（以下简称陈记某公司）、重庆大某食品有限责任公司（以下简称大某公司）商标权无效宣告行政纠纷案中，诉争商标系第13488202号“陈麻花”商标，于2013年11月5日由陈某公司申请注册，核定使用在第30类“麻花；怪味豆；琥珀花生”等商品上。

互某公司于2017年12月4日针对诉争商标提出无效宣告请求，老街陈某某公司、冯某、陈记某公司以及大某公司于2018年1月31日针对诉争商标提出无效宣告请求，国家工商行政管理总局商标评审委员会（以下简称商标评审委员会）对上述无效宣告请求合并审理。互某公司的主要理由为诉争商标构成“麻花”商品的通用名称，诉争商标的注册违反诚信原

---

* 本案例入选“新时代推动法治进程2022年度十大案件”。

则，易造成不良社会影响，违反了2013年修正的《商标法》第七条，第十条第一款第七项、第八项，第十一条第一款第一项、第三项的规定。老街陈某某公司、冯某、陈记某公司以及大某公司的主要理由为诉争商标缺乏显著特征，使用在“糕点”等商品上易使消费者对商品的性质、内容、原料等产生误认，也违反了诚信原则，违反了2013年《商标法》第七条，第十条第一款第七项，第十一条第一款第一项、第二项及第四十四条第一款的规定。

商标评审委员会于2019年3月4日作出商评字［2019］第42763号关于第13488202号“陈麻花”商标无效宣告请求裁定，认定诉争商标违反了2013年《商标法》第十条第一款第七项、第十一条第一款第一项的规定，裁定诉争商标予以无效宣告。陈某公司不服，提起行政诉讼，理由为诉争商标具有显著性，没有成为商品的通用名称，也没有欺骗性，被诉裁定认定有误，应予撤销。

北京知识产权法院于2019年9月20日作出（2019）京73行初3833号行政判决：驳回原告陈某公司的诉讼请求。陈某公司不服，上诉至北京市高级人民法院。北京市高级人民法院于2020年2月20日作出（2019）京行终9347号行政判决：一、撤销北京知识产权法院（2019）京73行初3833号行政判决；二、撤销国家工商行政管理总局商标评审委员会作出的商评字［2019］第42763号关于第13488202号“陈麻花”商标无效宣告请求裁定书；三、国家知识产权局就互某公司、老街陈某某公司、冯某、陈记某公司、大某公司针对第13488202号“陈麻花”商标提出的无效宣告请求重新作出裁定。互某公司、老街陈某某公司、冯某、陈记某公司、大某公司不服，向最高人民法院申请再审。最高人民法院于2021年12月17日作出（2021）最高法行再255号行政判决：一、撤销北京市高级人民法院（2019）京行终9347号行政判决；二、维持北京知识产权法院（2019）京73行初3833号行政判决。

裁判理由

法院生效裁判认为：本案再审审理的焦点问题是诉争商标的注册是否违反《商标法》第十一条的规定。

《商标法》第十一条规定：“下列标志不得作为商标注册：（一）仅有

本商品的通用名称、图形、型号的；（二）仅直接表示商品的质量、主要原料、功能、用途、重量、数量及其他特点的；（三）其他缺乏显著特征的。前款所列标志经过使用取得显著特征，并便于识别的，可以作为商标注册。”

商标是在生产经营活动中使用的，用于识别商品或者服务来源的标志，应当具备帮助消费者将其所代表的生产、经营者的商品或者服务同其他生产、经营者的商品或者服务区分开来的能力，此即商标的显著特征。本案中，互某公司等在再审期间提交了包含 2006 年第 6 期《台声》的《两岸作家西部采风之旅——全国台联、华艺出版社、重庆市台联举办两岸作家采风活动》、2013 年 10 月《公民导刊》的《“活”着的古镇磁器口》等 20 余篇期刊、报刊文章，上述文章中已将“陈麻花”作为重庆磁器口古镇的美食予以介绍。而 2007 年第 8 期《时代经贸》期刊上的《旅游景区之旅游商品设计探析——A 景区重庆磁器口为例》、2012 年第 2 期《旅游》期刊的《磁器口从前的故事》、2011 年第 28 卷第 7 期《重庆与世界》期刊上的《探寻磁器口陈麻花发展之路》，内容记载重庆磁器口有陈某银陈麻花、陈某健陈麻花、老街陈麻花等多个经营主体或门店提供的麻花商品。上述文章包含学术文章、新闻报道、散文、诗歌等多种形式，发表的时间在 2006 年至 2013 年，相关内容能够证明在陈某公司申请注册诉争商标时，相关公众已将“陈麻花”与重庆磁器口联系起来，并有相当一部分公众将其认知为一种重庆小吃。

互某公司等和陈某公司均提交了形成于 2001 年至 2004 年间重庆磁器口地区部分麻花经营者的工商登记资料等信息，证明在 2001 年至 2004 年间至少有重庆古镇陈某麻花店、重庆市沙坪坝区陈某健麻花店、重庆市沙坪坝区磁器口老街陈某平麻花店等麻花经营者在重庆市磁器口使用包含“陈”和“麻花”的字号；互某公司等提交的重庆磁器口古镇管理委员会、重庆市沙坪坝区磁器口街道金蓉社区居民委员会于 2018 年 1 月 15 日出具的《情况说明》，亦记载了重庆市沙坪坝磁器口陈某平麻花食品有限公司三家门店、重庆市沙坪坝区健某雄食品经营部一家门店、重庆市陈某林麻花食品有限公司经营门店在重庆磁器口生产经营麻花，其所属门店店招及食品包装上均有“陈麻花”字样沿用至今等内容，双方当事人所提交证据中包含的大量照片等能够与上述期刊等内容相互印证，证明在 2001 年以后，在重庆市磁器口地区有多家麻花经营者以包含“陈”和“麻花”的字号开展经营，直至诉争商标申请时，在重庆磁器口有多家麻花经营者在生产经营的麻花商品上突出使用“陈麻花”标志。

互某公司等提供了多份落款日期为2007年至2015年、受检单位包括陈某公司在内的多个企业、个人的检验报告，检验委托单位包括重庆市质量技术监督局、重庆市食品药品监督管理局、重庆市沙坪坝区卫生局卫生监督所等，报告中将产品或样品名称写为“陈麻花”“陈某平陈麻花”“陈某银陈麻花”等，结合（2015）渝一中法民终字第1977号民事判决书的相关认定，证明当地从事麻花经营的多个生产主体以及有关监管部门，已将陈麻花指称为一种产品，这种使用在诉争商标申请注册前后均存在。

虽然在案证据不能证明相关公众普遍认为“陈麻花”所具体指代的是哪一类麻花商品，“陈麻花”尚不足以构成麻花类商品的通用名称，但基于上述相关公众对“陈麻花”的认识和当地经营者对“陈麻花”标志的使用状况等事实，证明本案诉争商标申请注册时，“陈麻花”已不能区别具体的麻花商品的生产、经营者，从而发挥商标应有的识别功能，故其构成2013年《商标法》第十一条第一款第三项其他缺乏显著特征的标志，不得作为商标注册。虽然被诉裁定及原审法院对此未审理确认，但互某公司等申请无效宣告以及再审诉讼中均提出此项主张，再审审理中陈某公司亦对此陈述了意见，故法院对此进行审理符合法律规定。

此外，诉争商标核定在麻花以外的“怪味豆、琥珀花生、黑麻片、糕点”等商品上使用，构成2013年《商标法》第十条第七项“带有欺骗性，容易使公众对商品的质量等特点或者产地产生误认的”规定的不得作为商标使用的情形，原审判决对此认定正确。

被诉裁定及一审判决关于诉争商标“陈麻花”构成一种麻花商品的通用名称虽认定不当，但被诉裁定宣告诉争商标无效以及一审判决驳回陈某花公司的诉讼请求正确，法院对此予以维持。

裁判要旨

商标是在生产经营活动中使用的，用于识别商品或者服务来源的标志，应当具备帮助消费者将其所代表的生产、经营者的商品或者服务同其他生产、经营者的商品或者服务区分开来的能力，此即商标的显著特征。

互某公司等在再审期间提交的证据能够证明在诉争商标申请注册时，相关公众已将“陈麻花”与重庆磁器口联系起来，并有相当一部分公众将其认定为一种重庆小吃。且在2001年以后，在重庆磁器口有多家麻花经营者在生产经营的麻花商品上突出使用“陈麻花”标志，而且当地从事麻花经营的多个生产主体以及有关监管部门，已将陈麻花指称为一种产品。虽然“陈麻花”尚不足以构成麻花类商品的通用名称，但基于上述相关公众对“陈麻花”的认识和当地经营者对“陈麻花”标志的使用状况等事实，证明诉争商标申请注册时，“陈麻花”已不能区别具体的麻花商品的生产、经营者，从而发挥商标应有的识别功能，构成《商标法》第十一条第一款第三项其他缺乏显著特征的标志。

关联索引

《中华人民共和国商标法》第十条第一款第七项

一审：北京知识产权法院（2019）京73行初3833号（2019年9月20日）

二审：北京市高级人民法院（2019）京行终9347号（2020年2月20日）

再审：最高人民法院（2021）最高法行再255号行（2021年12月17日）

法官评析

《商标法》第十一条第一款规定：“下列标志不得作为商标注册：（一）仅有本商品的通用名称、图形、型号的；（二）仅直接表示商品的质量、主要原料、功能、用途、重量、数量及其他特点的；（三）其他缺乏显著特征的。”申请注册的商标，应当有显著特征，便于识别。因为商标的基本功能，就是使人们通过商标区别不同生产经营者的商品和服务。商标如果不具有显著特征，就无法实现其功能，也就失去了其作为商标的意义。为此，《商标法》第十一条对缺乏显著特征的标志不得作为商标注册作了规定。

根据各方当事人的诉辩主张，本案主要涉及《商标法》第十一条第一款中几种缺乏显著性情形的区分和认定。

《商标法》第十一条第一款第一项规定了构成商品的通用名称不应作为商标注册。所谓通用名称不仅包括全称，也包括简称、缩写、俗称。一个名称如果构成了商品的通用名称，一般会指向同一类商品、同一类商品的共性特征等，相关公众将无法通过该名称区分商品的经营者，如果使用该通用名称作为某一经营者的商标，不仅对其他同类经营者不公平，对消费者也是不公平的。

《最高人民法院关于审理商标授权确权行政案件若干问题的规定》（以下简称《规定》）第十条对诉争商标是否构成通用名称进行了细化：首先，在形式上，通用名称分为两类，即法定的商品名称或者约定俗成的商品名称。广义的法定的商品名称不仅包括被写入法律规定构成商品通用名称，还包括写入国家标准、行业标准等；约定俗成的通用名称指相关公众普遍认为某一名称能够指代一类商品，被写入专业工具书、辞典的可以作为约定俗成的通用名称的参考。

其次，在判断主体方面，一般应以全国范围的相关公众为判断主体，但由于历史传统、风土人情、地理环境等原因形成的相关市场固定的商品在该相关市场内通用的称谓，也可以认定为通用名称。

最后，在判断时点方面，一般以商标申请日时的事实状态为准。核准注册时事实状态发生变化的，以核准注册时的事实状态判断。

根据相关规定，一个名称要构成通用名称，一般具有较高及较严格的判断标准，最高人民法院在“陈麻花”案中也指出，“在案证据不能证明相关公众普遍认为‘陈麻花’所具体指代的是哪一类麻花商品，‘陈麻花’尚不足以构成麻花类商品的通用名称”，可见，通用名称应当在相关公众的普遍认知中，与具体的某种商品具有明确指向，在案证据可以证明的是多家公司、店铺在重庆磁器口经营了含有“陈”及“麻花”字样的店铺并销售了相关麻花产品，而“陈麻花”尚不足以指向具体的某类麻花商品。但是，“陈麻花”确已无法区别具体的麻花商品的生产、经营者。

《商标法》第十一条第一款第三项规定了其他缺乏显著特征的不应作为商标注册。所谓其他缺乏显著特征的标志，是指除《商标法》第十一条第一款前两项所指标志以外，依照社会通常观念其本身或者作为商标使用在指定使用商品上不具备表示商品来源作用的标志，包括过于简单的线条、普通几何图形，过于复杂的文字、图形、数字、字母或上述要素的组合，一个或者两个普通表现形式的字母，普通形式的阿拉伯数字指定使用于习惯以数字作型号或货号的商品上，指定使用商品的常用包装、容器或者装饰性图案，单一颜色，非独创的表示商品或者服务特点的短语或者句子，本行业或者相关行业常用的贸易场所名称，本行业或者相关行业通用的商贸用语或者标志，企业的组织形式、本行业名称或者简称等。《规定》第七条规定，人民法院审查诉争商标是否具有显著特征，应当根据商标所指定使用商品的相关公众的通常认识，判断该商标整体上是否具有显著特征。

该项所指缺乏显著性虽然是该条的兜底条款，但实践中的适用仍遵循一定的规则，缺乏显著性的本质在于无法区分商品或服务的来源，这是判断的基本原则及最终评价标准。"陈麻花"案中，最高人民法院从三个方面进行了论述。第一，"陈麻花"指代的商户或商品共性及公众认知情况。在诉争商标申请日前，相关的期刊、报刊等，将"陈麻花"作为重庆磁器口古镇美食之一予以介绍，并记载了重庆磁器口有陈某银陈麻花、陈某健陈麻花、老街陈麻花等多个经营主体或门店提供的麻花商品，发布形式多样，持续时间长，"陈麻花"已不能指代具体的某一经营者，而是作为一种当地特色美食，指向了特殊的地点以及在此地点经营的多家商户。期刊、报道的持续时间长，发行范围广，形式多样，都可以侧面反映相关公众的认知情况。第二，"陈麻花"的使用情况。工商登记显示，2001 年至 2004 年有多家经营者在当地使用了含有"陈"和"麻花"的字号；在商品包装方面，亦有不同经营者的多家门店在店招和食品包装上印有"陈麻花"字样，可见，"陈麻花"已被多家主体运用在字号、招牌及食品包装等多个场景，并非某一经营者所独享。第三，相关部门的认定。"陈麻花"不仅在事实上已经为当地"麻花"经营者所"共享"，在多个相关部门出具的检验报告以及在先判决中记载了"陈麻花""陈某平陈麻花""陈某银陈麻花"，证明相关经营主体和监管部门亦已将"陈麻花"指代为一种产品，而非某一经营者的某一具体产品。

由此可以看出，"陈麻花"案中的证据虽不足以证明其构成通用名称，但在案证据已经从相关公众认知、当地经营者对其使用情况等方面，证明"陈麻花"无法区分具体的生产和经营者，无法发挥商标应有的识别作用。

关于 2013 年《商标法》第十一条第一款的三种情形能否并列适用，《北京市高级人民法院商标授权确权行政案件审理指南》9.3 指出，《商标法》第十一条第一款第一项、第二项、第三项分别规定了诉争商标标志不具有显著特征的情形，认定相同商标在同一商品上是否具有显著特征时，一般不宜并列适用。这是因为，诉争商标标志不具有显著特征虽系通过在案证据推导出的结论，但仍为一个事实状态，大多数情况下，该条列举的情况无法共存，即使出现共存的情况，亦无需重复进行否定性评价。

一审判决及再审判决还认为，诉争商标"陈麻花"含有"麻花"字样，核定在麻花以外的"怪味豆、琥珀花生、黑麻片、糕点"等商品上，构成《商标法》第十条第七项"带有欺骗性，容易使公众对商品的质量等特点或者产地产生误认的"规定的不得作为商标使用的情形。

值得一提的是，诉争商标申请人及无效宣告申请人均为重庆磁器口当地的麻花经营者，认定"陈麻花"缺乏显著特征，防止其被注册为商标而为某一主体所独占，从而妨碍其他同业经营者正当使用，依法保障了从事麻花经营的中小微企业和个体工商户权益，具有重要意义，正如"新时代推动法治进程 2022 年度十大案件"专家案评团所点评的："推动了新时代法治进程，加强知识产权司法保护，激发社会创新活力"。

一审法院合议庭成员 张　阳　孙京伟　蒋莉莉
二审法院合议庭成员 樊　雪　王晓颖　宋　川
再审法院合议庭成员 张志弘　白雅丽　许常海
编写人 范晓玉

15. 上海某文具股份有限公司与国家知识产权局商标申请驳回复审行政纠纷案

——商品形状类三维标志显著特征的认定

关键词　三维标志　商品形状　显著特征

基本案情

上海某文具股份有限公司（以下简称上海某公司）于2020年8月18日向国家知识产权局提出第49029840号三维标志图形商标（以下简称诉争商标）注册申请，指定使用在第16类“笔”商品上。2020年12月25日，国家知识产权局以诉争商标标志仅直接表示了指定使用商品的通用图形，违反2019年《商标法》第十一条第一款第一项为由，决定驳回诉争商标注册申请。上海某公司不服该驳回决定，向国家知识产权局申请复审。2021年8月30日，国家知识产权局作出被诉复审决定，认定诉争商标整体表现为笔杆部分的外观视图，指定使用在笔商品上仅表示了商品的通用图形，已构成2019年《商标法》第十一条第一款第一项所指情形，不宜作为商标注册。上海某公司提交的证据不足以证明诉争商标经过使用已取得可以作为商标注册的显著特征。因此，驳回诉争商标在复审商品上的注册申请。

上海某公司不服被诉决定起诉至法院，请求撤销被诉决定。理由是：（1）诉争商标系三维立体标志，由独特设计的月牙镂空圆筒及S型装饰圈组合而成，为上海某公司于2002年创作完成并长期使用在K-35笔上的特定组合部件。该特定组合部件虽附着于指定使用商品“笔”之上，但并非笔的本身形状，更不属于笔的通用形状。（2）诉争商标设计独特，具有内在显著性，诉争商标的特殊表现形式能够使其整体给消费者带来一种特别的视觉效果，可起到识别商品来源的作用。（3）K-35 笔自上市以来在全国持续销售已近 20 年，累计销售量超过 11 亿支。凭借 K-35 笔巨大的销售量和独特设计，附着在其上的诉争商标已经具备了商标应有的识别作用和显著特征，为一般消费者所熟知，并与上海某公司形成了稳定且明确的对应关系。

国家知识产权局答辩坚持被诉决定的意见，认为被诉决定认定事实清楚，适用法律正确，作出程序合法，原告的诉讼请求和理由不能成立，请求法院驳回原告的诉讼请求。

法院经审理查明：诉争商标系第 49029840 号“图形”（三维标志）商标（商标图样见图 1），指定使用在第 16 类“笔”商品上。

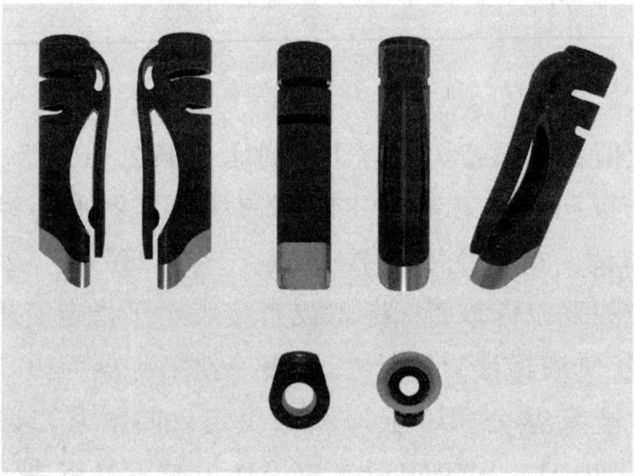

图 1

上海某公司为证明诉争商标具备显著特征，向国家知识产权局提交了其公司年度报告、其公司在全国的一级经销商门店照片、K-35 笔销售发票、广告合同、市场调研报告、专项审计报告、媒体宣传材料、相关行业协会出具的书面证明、所获荣誉等证据。其中市场调研报告显示，2016~2019 年共调研 17 个省 45 个城市 5736 个样本，K-35 笔在广西、北京、江西、江苏等地位列学生使用产品第一名，其市场占有率在多个省份亦位列第一名。专项审计报告指出，2010~2020 年 K-35 系列产品合计含税收入超过 13 亿元。中国制笔协会出具的情况说明称，K-35 中性笔是上海某公司笔类产品中的主营品种，占公司细分种类的市场份额最大，K-35 中性笔自 2002 年初上市销售以来，市场反响热烈，销售金额在全国制笔行业中名列第一。多篇媒体报道提到“国内第一支按动式中性笔 K-35，经典畅销 20 年”等内容。

一审庭审中，国家知识产权局代理人展示了一款其他品牌的中性笔，其在相同部位采用了与诉争商标高度近似的设计。庭审结束后，国家知识产权局补充提交了网络检索的其他品牌中性笔图片，显示“BAOKE 宝克”“GENVANA 金万年”“GuangBo 广博”“现代美”等多个品牌中性笔在相同部位采用了与诉争商标相同或者近似的设计。对于上述补充证据，上海某公司认为前述图片来源不明、形成时间不明，无法证明诉争商标标志构成通用图形。上海某公司认为，K-35 中性笔畅销市场多年，知名度极高，市场上确实存在仿冒产品，上述证据所示正是仿冒 K-35 中性笔的产品，但仿冒产品的存在并不等于相关公众已经无法对诉争商标建立市场认知。

关于诉争商标是否属于《商标法》第十一条第一款第三项所指“其他缺乏显著特征”的情形，上海某公司认为，该理由不属于本案审理范围，且诉争商标设计新颖独特，亦不属于该项所指“其他缺乏显著特征”的情形。国家知识产权局认为，根据常识，一般消费者往往不会凭借中性笔笔杆上的部分细节去选购中性笔，因此诉争商标至少构成《商标法》第十一条第一款第三项所指情形。

北京知识产权法院于 2022 年 12 月 26 日作出（2021）京 73 行初 18158 号行政判决：驳回原告上海某公司的诉讼请求。宣判后，上海某公司提起上诉。北京市高级人民法院于 2023 年 9 月 28 日作出（2023）京行终 5315 号行政判决：驳回上诉，维持原判。

裁判理由

法院生效裁判认为：本案的争议焦点在于诉争商标标志是否具备商标应有的显著特征，从而可以作为商标注册。

一、诉争商标标志是否构成《商标法》第十一条第一款所指情形

（一）诉争商标标志是否仅表示了指定使用商品的通用图形，并构成《商标法》第十一条第一款第一项所指情形

诉争商标由三维标志构成，指定使用在“笔”商品上。该标志系上海某公司 K-35 中性笔特定组件的形状，由月牙镂空圆筒及 S 型装饰圈组合而成，呈现出一定的独特设计。虽然被告补充提交的证据材料能够表明，多个不同品牌的中性笔在相同部位采用了与诉争商标相同或者近似的设计，但原告提交的证据也表明，还有很多品牌的中性笔在相同部位采取了不同于诉争商标的设计。诉争商标标志并未体现同业经营者的普遍选择，相关公众亦不会认为“笔”普遍具有诉争商标所示形状。因此，在案证据尚无法证明诉争商标所示三维标志属于“笔”的通用形状，被告认定诉争商标构成《商标法》第十一条第一款第一项所指情形，认定事实和适用法律有误。

（二）诉争商标标志是否属于其他缺乏显著特征的标志，并构成《商标法》第十一条第一款第三项所指情形

诉争商标标志是笔杆上部的形状，原告主张诉争商标并非完整的“笔”，相关公众不会将诉争商标认知为笔，既然并非“笔”本身，也就未表示指定商品的形状。对此法院认为：对于以商品的局部形状申请注册的三维标志立体商标而言，考察相关公众是否会将该三维标志认知为商品的形状，应当将该局部形状放到使用场景下去判断。诉争商标所示三维标志在实际使用中是笔的一部分，而非独立于笔之外的装饰件，根据相关公众的通常认识，会将诉争商标识别为笔的形状。以商品的整体形状还是部分形状申请注册立体商标，差异仅在于前者是商标标志与商品完整重叠，而后者是部分重叠，它们在判断显著性时的规则并无明显不同。具体到本案中，虽然难以认定诉争商标属于笔的通用形状，但诉争商标通常会被认知为笔的形状或部分形状，指定使用在“笔”商品上，相关公众不易将其识别为指示商品来源的标志。同时，并无证据显示以商品形状指代商品来源

是笔类商品经营者的常见选择，生活经验亦未提供此种信息。因此，相关公众无法根据诉争商标所示形状判断其表征了不同的商品提供者，故其不具备商标应当具备的显著特征，属于《商标法》第十一条第一款第三项所指“其他缺乏显著特征”的标志。

二、诉争商标标志是否构成《商标法》第十一条第二款所指情形

根据《商标法》第十一条第二款的规定，缺乏固有显著特征的标志经过使用取得显著特征，并便于识别的，可以作为商标注册。判断商品形状类三维标志是否通过使用取得显著特征并能够作为商标注册，关键在于判断相关公众是否能够并已经将商品形状与商品来源产生对应性认知。这种对应性认知，可以结合标志使用的时间和强度、标志使用的方式能否帮助相关公众建立商品形状与商品来源之间的联系、是否存在其他市场主体使用相同或近似形状等因素综合判断。

商品形状应当具备一定的使用时间和使用强度，这是使用取得显著特征的必要条件，但并非充分条件。经营者自身是否具有将商品形状作为区分产源的标识使用的意图，是否主动为相关公众呈现了商品形状的个性特征并传递了特定商品形状具备辨识产源作用的信息，这些都是判断相关公众是否足以将商品形状与商品来源产生对应性认知的重要因素。同时，如果其他同业经营者也使用了相同或近似的商品形状且使用行为不是偶发、少量的，阻碍或者破坏了该商品形状与特定经营者之间的对应性联系，则该商品形状亦难以满足使用取得显著特征的要求。

第一，从标志的使用时间和使用强度看，原告提交的 K-35 系列产品收入情况专项审计报告、商品销售发票及销货清单、公司年度报告、媒体宣传材料等证据能够证明，K-35 中性笔销售时间长、销售数量大，K-35 中性笔取得了商业上的成功。诉争商标作为 K-35 中性笔的局部形状，伴随着商品的销售和宣传推广，具备被相关公众认知并将其与原告建立联系的可能性。

第二，从标志的使用方式看，原告虽然提交了 K-35 中性笔的销售数据及广告宣传证据，但广告宣传中鲜有强调商品形状的个性特征的情况，更未主动提示相关公众可以根据商品形状特征辨别商品来源。考虑到 K-

35 中性笔在商品销售和宣传推广时，商品之上均标有其他平面商标，在案证据不足以证明原告对诉争商标标志的使用方式能够让相关公众在购买商品的过程中注意到形状元素，从而帮助相关公众建立商品形状与商品来源的联系。在案证据中亦没有反映相关公众已将商品形状与商品来源产生对应性认知的证据。从主观意图和客观效果两个层面，现有证据都无法反映对应性认知的建立。

第三，从其他市场主体的使用情况看，现有证据显示，至迟在本案审理之时，有多个不同品牌的中性笔在相同部位采用了与诉争商标相同或者近似的设计，诉争商标所示商品形状已无法与原告形成唯一对应关系。无论这种唯一对应关系是从未形成还是受到破坏，基于法律要求标志必须具备区分商品来源的功能才能作为商标注册，故当诉争商标在注册审查之时不能满足该要求，则无法获准注册。

第四，从利益平衡的角度考量，一方面，根据前述查明的事实，K-35 中性笔产品外观曾作为外观设计专利予以保护，该外观设计专利因未缴纳年费于 2005 年 10 月 12 日终止。外观设计专利权的终止，至少使社会公众收到了该设计可能已经进入公有领域的信号，在其他经营者已经使用相同或者近似设计的情况下，如果再核准诉争商标注册，赋予原告专用权，将对其他经营者的使用行为形成干扰和负担，对其他经营者不甚公平。另一方面，从 K-35 中性笔连续多年销售量高位增长的实际情况看，其他经营者使用与 K-35 中性笔的局部商品形状相同或近似的设计，并未对原告的经营状况形成明显不利影响。

综上，K-35 中性笔虽然取得了商业上的成功，但现有证据尚不足以证明原告对其商品形状即诉争商标标志的使用，给了相关公众直接、充分的作为商品来源标记的信号，且多个不同品牌的中性笔在相同部位采用与诉争商标相同或者近似设计的事实，阻却了诉争商标与原告之间形成唯一对应关系的可能性。诉争商标未构成《商标法》第十一条第二款所指情形。

裁判要旨

1.《商标法》第十一条第一款第一项所指的商品的通用图形，是指相关公众普遍认为一类商品所具有的图形或形状。考虑到商品形状通常仅由商品的提供者定义，相关公众的认知取决于商品提供者的选择，故商品的通用形状，也指一类商品的提供者普遍采用的商品形状。

2. 对于以商品形状申请注册的立体商标来说，由于商标标志与商品本身为一体，相关公众对商标标志通常难以形成超出商品内涵之外的其他认知。因此，商标标志本身是否具有不同于常规设计的特征，只是发挥识别作用的必要前提，但尚不能成为发挥识别作用的充分条件，还需要考虑相关公众的认知习惯、相关商品所属行业的商业实践现状等因素。

3. 判断商品形状类三维标志是否通过使用取得显著特征并能够作为商标注册，关键在于判断相关公众是否能够并已经将商品形状与商品来源产生对应性认知。商品形状具备一定的使用时间和使用强度是使用取得显著性的必要条件，但非充分条件。经营者自身是否具有将该商品形状作为产源标记使用的意图，是否主动为相关公众呈现了商品形状的个性特征并传递了该商品形状具备辨识产源作用的信息，相同或近似的商品形状是否被其他同业经营者使用以及使用的范围与程度，都是判断相关公众能否、是否将商品形状与商品来源产生对应性认知的考量因素。

关联索引

《中华人民共和国商标法》第十一条

一审： 北京知识产权法院（2021）京73行初18158号（2022年12月26日）

二审： 北京市高级人民法院（2023）京行终5315号（2023年9月28日）

法官评析

本案涉及中性笔行业的明星产品“K-35中性笔”的局部形状是否满足立体商标的显著性要求、能否授予注册商标专用权的判断。

国家知识产权局驳回诉争商标注册的理由是《商标法》第十一条第一款第一项，认定诉争商标仅表示了笔商品的通用图形。然而，这一认定的事实依据并不充分。诉争商标标志并未体现笔商品经营者的普遍选择，相关公众亦不会认为笔普遍具有诉争商标所示形状。

虽然难以认定诉争商标属于笔的通用形状，但是，诉争商标通常会被认知为笔的形状或部分形状，指定使用在“笔”商品上，相关公众不易将其识别为指示商品来源的标志。相关公众无法根据诉争商标所示形状判断其表征了不同的商品提供者，故其不具备商标应当具备的显著特征，属于《商标法》第十一条第一款第三项所指“其他缺乏显著特征的”标志。

那么，诉争商标是否满足《商标法》第十一条第二款的例外规定呢？本案中，原告提交了大量证据欲证明诉争商标经过使用获得了显著性，判决亦用了较大篇幅论证该问题。判决指出：商品形状应当具备一定的使用时间和使用强度，这是使用取得显著特征的必要条件，但并非充分条件。诉争商标作为K-35中性笔的局部形状，伴随着商品的销售和宣传推广，具备被相关公众认知并将其与原告建立联系的可能性。但是，诉争商标毕竟是笔的局部形状，判断商品形状类三维标志是否通过使用取得显著特征并能够作为商标注册，关键在于判断相关公众是否能够并已经将商品形状与商品来源产生对应性认知。在案证据无法证明原告对诉争商标标志的使用方式能够让相关公众在购买商品的过程中注意到形状元素，从而帮助相关公众建立商品形状与商品来源的联系。在案证据中亦没有反映相关公众已将商品形状与商品来源产生对应性认知的证据。从主观意图和客观效果两个层面，现有证据都无法反映对应性认知的建立。并且，除原告自身的因素外，已有多个其他品牌的中性笔采用了与诉争商标相同或者近似的形状设计，诉争商标所示商品形状客观上已无法与原告形成唯一对应关系。

本案在程序的处理上亦考虑了条款之间的内在逻辑关系，即，如果考虑到使用情况都无法使申请商标克服显著性的缺陷，则在不考虑使用情况而仅考虑商标标志本身的情况下，申请商标更不符合《商标法》第十一条第一款先天显著性的要求，从而在听取双方当事人意见的基础上，对法律适用直接予以纠正，最大程度避免程序循环往复，实质性及时解决争议。

“K-35中性笔”被称为“国内第一支按动式中性笔”，畅销市场20年。然而，“K-35中性笔”商业上的成功尚不足以证明上海某公司对其商品形状即诉争商标标志的使用，给了相关公众直接、充分的作为商品来源标记的信号，且多个不同品牌的中性笔在相同部位均采用与诉争商标相同或者近似设计的事实，阻却了诉争商标与上海某公司之间形成唯一对应关系的可能性。本案判决明确了商品形状类三维标志固有显著性的判断标准，并回应了商业上的成功与商品形状可商标性之间的关系，给出了商品形状类三维标志使用获得显著性的判断标准。判决既严格适用了法律，又客观尊重了市场实际，避免了授予一家企业独占使用权而可能引发的竞争秩序的失序，较好地平衡了商标申请人与其他同业经营者之间的利益。

一审法院合议庭成员 靳学军 周丽婷 彭霄鹏
二审法院合议庭成员 杨绍煜 毛天鹏 刘君婕
编写人 周丽婷

16. 北京达某信息技术有限公司诉国家知识产权局、第三人贵州仁怀快某酒业销售有限公司商标无效宣告行政纠纷案*

——恶意跨类抢注他人网络环境下驰名商标的司法规制

关键词 商标无效宣告 移动互联网 驰名商标

基本案情

诉争商标系第26123096号“快手老铁”商标，由第三人贵州仁怀快某酒业销售有限公司（以下简称贵州某酒业销售公司）于2017年8月29日申请注册，于2020年3月28日获准注册，核定使用在第35类会计服务上。

原告北京达某信息技术有限公司（以下简称北京某信息技术公司）于2020年9月2日对诉争商标提起无效宣告请求，国家知识产权局于2021年4月29日作出商评字［2021］第115275号关于第26123096号“快手老铁”商标无效宣告请求裁定（以下简称被诉裁定），认定诉争商标的注册未违反《商标法》第十三条、第三十一条、第十条第一款第八项等规定，故裁定对诉争商标予以维持。

北京某信息技术公司不服被诉裁定，起诉至北京知识产权法院，主要理由为：原告提交的证据能够充分证明第14439351号“快手及图”商标（以下简称引证商标五）、第14439348号“快手及图”商标（以下简称引

---

* 本案例入选北京知识产权法院规制商标恶意注册十大典型案例。

证商标六）在诉争商标申请日前，在“节目制作、娱乐、娱乐信息、录像剪辑”等服务上已经为相关公众所熟知，构成驰名商标。诉争商标系对引证商标五、六的复制、摹仿，且诉争商标核定使用的“会计”服务与引证商标五、六构成驰名的“节目制作、娱乐、娱乐信息、录像剪辑”等服务之间具有较强的关联性，诉争商标的注册和使用易导致相关公众对服务来源产生混淆和误认，进而减弱原告驰名商标的显著性，不正当地利用原告驰名商标的市场声誉，从而严重损害原告作为驰名商标所有权人的合法权益。故诉争商标的注册违反了《商标法》第十三条第三款规定，依法应当予以无效宣告。综上，原告请求法院依法撤销被诉裁定，判令被告重新作出裁定。

被告国家知识产权局答辩称：被诉裁定认定事实清楚，适用法律正确，审理程序合法，故请求法院判决驳回北京某信息技术公司的诉讼请求。

第三人贵州某酒业销售公司经法院合法传唤未到庭参加庭审，亦未提交书面陈述意见。

法院经审理查明：引证商标五由原告北京某信息技术公司于 2014 年 4 月 23 日申请注册，核定使用在第 41 类录像剪辑；音乐制作；娱乐；娱乐信息；节目制作；录像带制作等服务上。

引证商标六由原告北京某信息技术公司于 2014 年 4 月 23 日申请注册，核定使用在第 41 类录像剪辑；音乐制作；娱乐；娱乐信息；节目制作；录像带制作等服务上。

北京某信息技术公司在本案行政阶段和诉讼阶段提交了大量证据证明引证商标五、六在节目制作、娱乐、娱乐信息等服务上的知名度，包括七麦数据中显示的 2016~2018 年快手 App 下载量排行、2017~2020 年快手 App 在 App Store 下载量统计，原告经营快手平台的广告收入发票，原告 2016~2018 年度审计报告节选，2011~2017 年“快手”国图检索报告，有关“快手”用户量、DAU、MAU、App 排行等相关媒体报道，原告 2016~2018 年度广告宣传费专项审计报告，原告及其“快手”品牌自 2016 年以来所获得的众多荣誉，被告国家知识产权局及我国多地法院作出的相关裁定和判决等。

北京知识产权法院于 2022 年 3 月 25 日作出（2021）京 73 行初 10055 号

行政判决：一、撤销被告国家知识产权局作出的商评字［2021］第115275号关于第26123096号“快手老铁”商标无效宣告请求裁定；二、被告国家知识产权局针对原告北京达某信息技术有限公司就第26123096号“快手老铁”商标所提无效宣告请求重新作出裁定。宣判后，各方当事人均未提起上诉，本案一审判决已生效。

裁判理由

法院生效裁判认为：《商标法》第十三条第三款规定，就不相同或者不相类似商品申请注册的商标是复制、摹仿或者翻译他人已经在中国注册的驰名商标，误导公众，致使该驰名商标注册人的利益可能受到损害的，不予注册并禁止使用。当事人主张诉争商标构成对其已注册的驰名商标的复制、摹仿或者翻译而应予无效的，应当综合考虑如下因素，以认定诉争商标的使用是否足以使相关公众认为其与驰名商标具有相当程度的联系，从而误导公众，致使驰名商标注册人的利益可能受到损害：（1）引证商标的显著性和知名程度；（2）商标标志是否足够近似；（3）指定使用的商品情况；（4）相关公众的重合程度及注意程度；（5）与引证商标近似的标志被其他市场主体合法使用的情况或者其他相关因素。

本案的焦点问题主要在于：引证商标五、六在诉争商标申请日前是否构成驰名商标；如果引证商标五、六构成驰名商标，诉争商标的注册是否会误导公众，致使该驰名商标注册人的利益可能受到损害。

本案中，原告在本案行政阶段和诉讼阶段提交的七麦数据中显示的2016~2018年快手App下载量排行、2017~2020年快手App在App Store下载量统计，原告经营快手平台的广告收入发票，原告2016~2018年度审计报告节选，2011~2017年“快手”国图检索报告，有关“快手”用户量、DAU、MAU、App排行等相关媒体报道，原告2016~2018年度广告宣传费专项审计报告，原告及其“快手”品牌自2016年以来所获得的众多荣誉，被告国家知识产权局及我国多地法院作出的相关裁定和判决等大量证据，其内容能够相互印证，足以证明原告的引证商标五、六于诉争商标申请日之前在我国已经进行了长期、广泛的使用和宣传，为我国相关公众所广为知晓，已构成使用在“节目制作、娱乐、娱乐信息”等服务上的驰名商标。

诉争商标为文字“快手老铁”，引证商标五、六由文字“快手”及图构成，其中文字“快手”构成其显著识别部分。诉争商标完整包含引证商标五、六的显著识别文字“快手”，且在案证据表明“老铁”亦为原告在先注册、使用的商标，故诉争商标显然构成对引证商标五、六的复制、摹仿。虽然诉争商标核定使用的第35类“会计”服务与引证商标五、六核定使用的第41类“娱乐、娱乐信息”等服务存在差异，但考虑到引证商标五、六核定的“节目制作、娱乐、娱乐信息”等服务均为快手平台提供的面向普通消费者的服务。其中“节目制作”主要面向平台内视频制作者，“娱乐、娱乐信息”服务主要面向全体快手普通观众。鉴于“快手”注册用户高达7亿，几乎为全民参与的短视频平台，故其服务的对象必然包含“会计”服务的对象，上述服务的对象具有重合性。此外，基于“快手”平台的巨大流量，从事“会计”服务的主体亦有可能通过快手平台进行宣传，故“会计”服务依托“节目制作、娱乐、娱乐信息”等服务进行宣传，在服务内容上亦可能存在联系。

因此，相关公众看到使用在“会计”服务上的诉争商标时，容易将其与原告构成驰名商标的引证商标五、六建立相当程度的联系，误认为其服务来源于原告或与原告存在特定联系，进而破坏引证商标五、六与原告提供的“节目制作、娱乐、娱乐信息”等服务之间的密切联系，削弱原告引证商标五、六的显著性，致使原告作为驰名商标权利人的利益受到损害。因此，诉争商标的注册构成《商标法》第十三条第三款所指情形，依法应当予以无效宣告。被诉裁定对此认定有误，法院依法予以纠正。

裁判要旨

在认定网络环境下的商标是否构成驰名商标时，应当充分考虑移动互联网环境下信息传播的特点和传播速度、品牌影响力的建立和辐射范围等因素，综合考虑商标法规定的认定商标驰名的各项要素，结合案件具体情况对商标是否驰名进行全面、客观认定，不应片面、机械地考虑商标使用的时间长短等因素。针对行为人恶意跨类抢注他人网络环境下驰名商标的行为，应充分考虑互联网环境下行为人的主观恶意程度、相关商品或服务的受众是否高度重合等因素，合理确定驰名商标跨类保护的范围，加大对恶意抢注行为的规制力度。

关联索引

《中华人民共和国商标法》第十三条第三款

《中华人民共和国行政诉讼法》第七十条第一项、第二项

一审：北京知识产权法院（2021）京73行初10055号（2022年3月25日）

法官评析

根据《保护工业产权巴黎公约》和《与贸易有关的知识产权协定》的相关规定，结合我国实际情况，《商标法》第十三条从保护驰名商标所有人利益和维护公平竞争及消费者权益出发，对利用驰名商标的知名度和声誉，造成市场混淆或者公众误认，致使驰名商标所有人的利益可能受到损害的商标注册行为予以禁止，以弥补严格实行注册原则可能造成不公平后果的不足。

本案对《商标法》第十三条第三款的适用从以下两方面给司法规制恶意注册侵害他人驰名商标权以启示。

一、驰名商标的认定以及网络环境下驰名商标认定的特点

《商标法》第十四条第一款第一项至第五项规定："驰名商标应当根据当事人的请求，作为处理涉及商标案件需要认定的事实进行认定。认定驰名商标应当考虑下列因素：（一）相关公众对该商标的知晓程度；（二）该商标使用的持续时间；（三）该商标的任何宣传工作的持续时间、程度和地理范围；（四）该商标作为驰名商标受保护的记录；（五）该商标驰名的其他因素。"

该条明确了驰名商标的内涵和"个案认定、被动保护"的原则。当事人主张在先商标构成驰名商标的，负有提交相关知名度证据的举证责任。企业在个案中请求法院认定其商标构成驰名商标的，需要提供充分证据证明该商标在诉争商标申请日之前已被我国相关公众广为知晓。企业在搜集、保全证明其商标驰名的证据时，应当按照《商标法》及相关司法解释规定，从作为驰名商标受到保护的记录、商品销售情况、企业品牌宣传情况、市场占有率情况、获奖情况等各方面，尽可能全面地向法院提供证

据。如法院、国家知识产权局就该商标作出的判决书、裁决书等可以证明其曾作为驰名商标保护的情况；涉案商品的销售持续时间、销售范围、销售金额及纳税情况等，可以证明企业的经营规模、市场份额及其商标为相关公众所知晓的范围；相关媒体对企业及其商标的宣传报道，广告合同的签订情况、广告投放范围、广告投放形式、广告持续时间及支出金额等，企业及其商品所获荣誉等，可以证明企业及其品牌的市场声誉情况及辐射范围等。

在当今经济、社会和科技不断发展的情况下，在先商标是否构成驰名商标，不应片面、机械地考虑商标使用的时间长短等因素，还应结合商标核定使用商品或服务类别及相应的特点、知名度传播方式等因素综合考虑。本案中，原告北京某信息技术公司主张的引证商标五、六核定使用在第 41 类“娱乐、娱乐信息”等服务上，在移动互联网环境下，信息传播的辐射范围更广、速度更快，之前需要积累几年甚至几十年的知名度，在网络载体的传播环境下，极短时间内就可以积攒相当规模的知名度。原告在本案提交了下载量排行榜、媒体报道、宣传费用、认驰记录等，事实上，上述证据主要集中在 2016~2018 年，虽然仅显示了诉争商标使用时间的两年至三年的情况，但在网络环境下信息传播范围广，传播速度快，知名度积累也相应“提速”，在案证据足以证明引证商标五、六已为我国相关公众所广为知晓，已构成使用在“节目制作、娱乐、娱乐信息”等服务上的驰名商标。此外，对于当事人提交的知名度证据，应全面综合考虑，不应因系诉争商标申请日后的证据而简单不予采信，《北京市高级人民法院商标授权确权行政案件审理指南》第 11. 1 条也指出，当事人提交诉争商标申请日后形成的证据，足以证明在先商标在诉争商标申请日前已处于驰名状态的，可以予以采纳。

二、因恶意注册可以适度扩大驰名商标的保护范围

《商标法》第十三条第三款规定，就不相同或者不相类似商品申请注册的商标是复制、摹仿或者翻译他人已经在中国注册的驰名商标，误导公众，致使该驰名商标注册人的利益可能受到损害的，不予注册并禁止使用。

该条规定了驰名商标的跨类保护，但跨类保护不等于全类别保护，如

果将近似商标使用在跨度较远的商品或服务上，消费者不会对商品或服务来源产生误认，即不会误导公众，则不应将驰名商标的保护范围扩展到该类别。驰名商标的保护范围应当与其显著性和知名度相适应，并应当结合具体案件情况，综合考量诉争商标核定使用的商品或服务与驰名商标核定使用的商品或服务之间的关联性等因素。①

本案中，生效判决对驰名商标的跨类保护进行了详细论述，诉争商标核定使用的是第35类“会计”服务，而引证商标五、六核定使用的是第41类“娱乐、娱乐信息”等服务，属不同类别的服务，但从知名度角度来看，“快手”注册用户高达7亿，经宣传和广泛使用，几乎成为全民参与的短视频平台；从关联性角度来看，引证商标五、六核定的“节目制作、娱乐、娱乐信息”等服务均为快手平台提供的面向普通消费者的服务。其中“节目制作”主要面向平台内视频制作者，“娱乐、娱乐信息”服务主要面向全体快手普通观众。“快手”平台服务的对象必然包含“会计”服务的对象，上述服务的对象具有重合性。此外，基于“快手”平台的巨大流量，从事“会计”服务的主体亦有可能通过快手平台进行宣传，故“会计”服务依托“节目制作、娱乐、娱乐信息”等服务进行宣传，在服务内容上亦可能存在联系。

诚信原则是经营者在市场经营活动中应当遵循的基本准则，当事人申请注册和使用注册商标均应当遵循诚信原则。在具有一定关联性的商品或服务类别上申请注册与在先具有较高知名度的驰名商标相近似的商标，误导公众，致使该驰名商标注册人的利益可能受到损害的，应当认定违反了《商标法》第十三条第三款的规定。事实上，在互联网环境下，快手作为拥有7亿注册用户的短视频App，知名度较高，而第三人申请注册包含有“快手”字样的诉争商标，该行为明显具有攀附原告知名商标的意图，违反诚信原则，属于恶意注册诉争商标的情形，在此情况下应当对驰名商标的保护范围予以适当扩大。

根据诚信原则的要求，一方面，企业在申请注册商标时应当尽到审慎注意义务，尽量避让他人在先注册或使用并已具有一定知名度的商标，不得恶意攀附他人商标的商誉，否则即使该商标被国家知识产权局核准注

① 参见陈锦川主编：《商标授权确权的司法审查》，中国法制出版社2014年版，第315页。

册，后续仍可能被权利人或利害关系人提起无效宣告。另一方面，企业在经营活动中应当保障商品和服务质量，努力维护商标声誉，加强商标管理、使用和品牌建设，通过诚信经营不断提升企业和商标品牌的知名度和美誉度，并自行或通过第三方工具，对网络、报刊及公司内部涉及自身商标知名度的证据进行定期搜集、整理，并利用时间戳认证、公证等方式做好证据固定工作，以便在纠纷发生时能够充分举证证明其商标的知名度和美誉度，有效维护自身合法权益。

一审法院合议庭成员 刘义军　焦京虎　胡应模

编写人 范晓玉

17. 重庆江某酒业有限公司诉国家工商行政管理总局商标评审委员会、第三人重庆市江某酒厂（集团）有限公司商标权无效宣告请求行政纠纷案*

——《商标法》第十五条的司法适用

关键词 《商标法》第十五条 经销关系

基本案情

重庆江某酒业有限公司（以下简称江某公司）与国家工商行政管理总局商标评审委员会（以下简称商标评审委员会）、重庆市江某酒厂（集团）有限公司（以下简称江某酒厂）商标权无效宣告行政纠纷案中，诉争商标系第10325554号“江小白”商标，于2011年12月19日由成都某广告有限责任公司（以下简称格某广告公司）申请注册，核定使用在第33类酒类商品上，经核准，权利人先后变更为四川某商贸有限公司（以下简称新某商贸公司）、江某公司。

重庆市江津区糖某有限责任公司（包括江某酒厂等关联单位）与新某商贸公司（包括下属各地子公司、办事处等关联单位）于2012年2月20日签订销售合同和定制产品销售合同。定制产品销售合同明确约定授权新某商贸公司销售的产品为“几江”牌系列酒定制产品，其中并未涉及“江小白”商标，而且定制产品销售合同第一条约定，“甲方（江某酒厂）授权乙方（新某商贸公司）为‘几江牌’江津老白干‘清香一、二、三号’

* 本案例入选最高人民法院第28批指导性案例。

系列超清纯系列、年份陈酿系列酒定制产品经销商”。第六条之 2 明确约定：“乙方负责产品概念的创意、产品的包装设计、广告宣传的策划和实施、产品的二级经销渠道招商和维护，甲方给予全力配合。乙方的产品概念、包装设计、广告图案、广告用语、市场推广策划方案，甲方应予以尊重，未经乙方授权，不得用于甲方直接销售或者甲方其他客户销售的产品上使用。”

2016 年 5 月，江某酒厂针对诉争商标向商标评审委员会提出无效宣告请求。商标评审委员会认为，在诉争商标申请日之前，江某公司对江某酒厂的“江小白”商标理应知晓，诉争商标的注册已构成 2001 年《商标法》第十五条所指的不予注册并禁止使用之情形。故裁定对诉争商标予以宣告无效。江某公司不服，提起行政诉讼。

北京知识产权法院于 2017 年 12 月 25 日作出（2017）京 73 行初 1213 号行政判决：一、撤销商标评审委员会作出的商评字［2016］第 117088 号关于第 10325554 号“江小白”商标无效宣告请求裁定；二、商标评审委员会针对江某酒厂就第 10325554 号“江小白”商标提出的无效宣告请求重新作出裁定。商标评审委员会、江某酒厂不服，上诉至北京市高级人民法院。北京市高级人民法院于 2018 年 11 月 22 日作出（2018）京行终 2122 号行政判决：一、撤销北京知识产权法院（2017）京 73 行初 1213 号行政判决；二、驳回江某公司的诉讼请求。江某公司不服，向最高人民法院申请再审。最高人民法院于 2019 年 12 月 26 日作出（2019）最高法行再 224 号行政判决：一、撤销北京市高级人民法院（2018）京行终 2122 号行政判决；二、维持北京知识产权法院（2017）京 73 行初 1213 号行政判决。

裁判理由

法院生效裁判认为：本案的主要争议焦点在于，诉争商标的申请注册是否违反 2001 年《商标法》第十五条的规定。2001 年《商标法》第十五条规定：“未经授权，代理人或者代表人以自己的名义将被代理人或者被代表人的商标进行注册，被代理人或者被代表人提出异议的，不予注册并禁止使用。”代理人或者代表人不得申请注册的商标标志，不仅包括与被代理人或者被代表人商标相同的标志，也包括相近似的标志；不得申请注册的商品既包括与被代理人或者被代表人商标所使用的商品相同的商品，也包括类似的商品。本案中，江某酒厂主张，新某商贸公司是其经销商，新某商贸公司是为其设计诉争商标，其在先使用诉争商标，因此诉争商标的申请注册违反了2001年《商标法》第十五条规定。

首先，江某酒厂提供的证据不足以证明其在先使用诉争商标。江某酒厂主张其在先使用诉争商标的证据绝大多数为诉争商标申请日之后形成的证据，涉及诉争商标申请日之前相关行为的证据有江某酒厂与重庆森某酒类销售有限公司（以下简称森某公司）的销售合同、产品送货单、审计报告。江某酒厂与森某公司的销售合同已在诉争商标异议复审程序中提交，因未体现森某公司的签章、缺乏发票等其他证据佐证而未被商标评审委员会采信。江某酒厂在本案中提交的销售合同虽然有森某公司的公章，但该合同显示的签订时间早于工商档案显示的森某公司的成立时间，而且江某酒厂也认可该合同签订时间系倒签。根据江某公司提交的再审证据即北京盛唐司法鉴定所出具的笔迹鉴定意见，江某酒厂给森某公司送货单上的制单人笔迹真实性存在疑点，且没有发票等其他证据佐证，故上述证据无法证明江某酒厂在先使用诉争商标。江某酒厂在一审法院开庭后提交了审计报告作为在先使用证据。但在缺少原始会计凭证的情况下，仅凭在后受江某酒厂委托制作的审计报告中提到“江小白”白酒，不足以证明江某酒厂在诉争商标申请日前使用了“江小白”商标。此外，江某酒厂提交的其于2012年2月15日与重庆宝某玻璃制品有限公司（以下简称宝某公司）签订的购买“我是江小白”瓶的合同金额为69万元，远高于审计报告统计的销售额和销售毛利，也进一步表明无法认定审计报告的真实性。

其次，虽然江某酒厂与新某商贸公司存在经销关系，但双方的定制产品销售合同也同时约定定制产品的产品概念、广告用语等权利归新某商贸公司所有。在商标无效宣告和一、二审阶段，江某酒厂提供的证明其与新某商贸公司为经销关系的主要证据是双方于2012年2月20日签订的销售合同和定制产品销售合同。定制产品销售合同明确约定授权新某商贸公司销售的产品为“几江”牌系列酒定制产品，其中并未涉及“江小白”商标，而且定制产品销售合同明确约定，乙方（新某商贸公司）的产品概念、包装设计、广告图案、广告用语、市场推广策划方案，甲方（江某酒厂）应予以尊重，未经乙方授权，不得用于甲方直接销售或者甲方其他客户销售的产品上使用。综上，应当认为，江某酒厂对新某商贸公司定制产品上除“几江”外的产品概念、广告用语等内容不享有知识产权，亦说明新某商贸公司申请注册“江小白”商标未损害江某酒厂的权利。本案证据不足以证明诉争商标是江某酒厂的商标，因此仅根据上述证据尚不能认定诉争商标的申请注册违反了2001年《商标法》第十五条规定。

最后，江某酒厂与新某商贸公司合作期间的往来邮件等证据证明，“江小白”的名称及相关产品设计系由时任新某商贸公司的法定代表人陶某在先提出。根据江某公司向法院提交的相关证据能够证明“江小白”及其相关产品设计是由陶某一方在先提出并提供给江某酒厂，而根据双方定制产品销售合同，产品概念及设计等权利属于新某商贸公司所有。现有证据不足以证明新某商贸公司是为江某酒厂设计商标。

综上，在诉争商标申请日前，“江小白”商标并非江某酒厂的商标，根据定制产品销售合同，江某酒厂对定制产品除其注册商标“几江”外的产品概念、广告用语等并不享有知识产权，新某商贸公司对诉争商标的申请注册并未侵害江某酒厂的合法权益，未违反2001年《商标法》第十五条规定。

裁判要旨

当事人双方同时签订了销售合同和定制产品销售合同，虽然存在经销关系，但诉争商标图样、产品设计等均由代理人一方提出，且定制产品销售合同明确约定被代理人未经代理人授权不得使用定制产品的产品概念、广告用语等，在被代理人没有在先使用行为的情况下，不能认定诉争商标为《商标法》第十五条所指的“被代理人的商标”。

关联索引

2001年《中华人民共和国商标法》第十五条

一审：北京知识产权法院（2017）京73行初1213号（2017年12月25日）

二审：北京市高级人民法院（2018）京行终2122号（2018年11月22日）

再审：最高人民法院（2019）最高法行再224号（2019年12月26日）

法官评析

2001 年《商标法》第十五条的目的在于制止违反诚信原则的抢注行为，保护在先商标所有人的利益。该条规定并未绝对禁止代理人或者代表人在相同或类似商品上申请注册商标。如果代理人或者代表人在相同或类似商品上申请注册的商标，并非被代理人或者被代表人的商标，未违反诚信原则，亦未侵害被代理人或者被代表人的商标的利益的，则该申请注册行为应受到法律保护。另外，被代理人或者被代表人在诉争商标申请日前已经注册或者申请的商标，不属于第十五条规定的“被代理人或者被代表人的商标”；如果属于已经注册或者申请的商标，对于代理人或代表人申请在后的商标，构成相同或类似商品或服务上的相同或近似商标的，应通过《商标法》第三十条予以规制。

“江小白”案的主要争议焦点在于诉争商标是否构成代理人或代表人在相同或类似商品上申请注册商标。根据法条和判决的审理思路，构成 2001 年《商标法》第十五条规定的情形，需作出如下判断：

一、代理人或者代表人与被代理人或者被代表人的关系

根据该条的规定，双方具有代理关系是本条成立的前提，代理人或者代表人基于对于被代理人或者被代理人商品或服务以及商标的熟知，利用被代理人或者被代表人商标的声誉和积累的商誉，不正当地注册被代理人或者被代表人的商标，影响了被代理人或者被代表人对于其商标的正常经营使用，损害了市场秩序，应当予以禁止注册使用。

在判断双方的代理关系时，应根据证据进行判断，双方签订的代理合同、定制产品销售合同等可以对此事实进行证明。该案中，江某酒厂主张新某商贸公司系其经销商，并提交了双方于 2012 年 2 月 20 日签订的《定制产品销售合同》。

虽然《定制产品销售合同》可以证明江某酒厂与新某商贸公司具有代理和被代理的关系，但不能仅因存在此种关系就断定构成 2001 年《商标法》规定的情形，还应考虑合同签订日期与诉争商标申请日的关系，也应审查合同内容是否涉及诉争商标的设计、概念、广告用语以及知识产权归属等问题，也不能因双方具有代理经销关系而直接认定注册商标即归被代

理人所有。

根据在案证据，诉争商标由格某广告公司于2011年12月19日申请注册，2013年2月21日被核准注册。2012年12月6日，商标局核准该商标转让给新某商贸公司。2016年6月6日，商标局核准该商标转让给江某公司。

可以看出，双方建立代理关系晚于诉争商标申请日，一审指出，在案并无直接证据证明江某酒厂、新某商贸公司于诉争商标申请日前已经建立了代理经销、业务往来等关系。最高人民法院结合合同内容进行了进一步说明，根据定制产品销售合同，江某酒厂对定制产品除其注册商标“几江”外的产品概念、广告用语等不享有知识产权。

最高人民法院对于在申请注册过程中转让商标权，且该变更权利人的日期晚于经销代理合同的签订，能否直接认定新某商贸公司违反2001年《商标法》第十五条的规定，给出了否定的结论。诉争商标申请日与经销代理关系作为该条的形式要件，法律并未对二者时间先后作出明确规定，但根据立法本意进行判断，2001年《商标法》第十五条的立法之意在于防止代理人不正当地抢占被代理人的经营资源，在商标申请注册日之后才形成了代理关系，代理人不存在抢占的可能和前提。但是，无论是经销代理合作关系存续期间还是关系已经结束，均存在可能构成该条的情形，因此应对案件全貌进行综合考虑，才能作出符合实际情况的判断。

在考虑该条时，还应注意代理或者代表关系并非狭义的代理或者代表关系，代理人或者代表人委托他人注册商标，而后进行商标权移转，具有串通合谋的行为，亦构成该条所禁止的情形。

二、被代理人或者被代表人是否在先使用了诉争商标

虽然《北京市高级人民法院商标授权确权行政案件审理指南》（以下简称《审理指南》）中指出，被代理人或者被代表人是否实际使用该商标，不属于该条认定的要件。但基于当事人的主张，北京知识产权法院及最高人民法院均对此进行了考虑。这是因为，虽然在先使用并非认定要件，但被代理人或者被代表人在先使用了诉争商标，存在对诉争商标享有权利的可能性，亦存在代理人或者代表人接触被代理人或者被代表人的商标的可能性。因此，在先使用可以作为判断被代理人或者被代表人拥有该

商标权益的理由之一。实际案件中，往往根据实际情况及当事人提交的证据进行判断。

在诉争商标申请日之前对商标进行使用，包括真实、合法、有效的销售合同、发票等证据，可以证明被代理人或者被代表人对诉争商标的在先使用。在本案一审程序中，江某酒厂提交了其与森某公司签订的“几江”牌江小白（系列）的销售合同及产品送货单，该证据在异议复审程序中经审查，没有体现森某公司的签章，缺乏发票等其他证据佐证；在无效宣告程序中提交的合同虽然有森某公司的签章，但合同签订日期早于森某公司的成立日期，亦没有发票予以佐证。因此，一审法院认定江某酒厂在诉争商标申请日前，对“江小白”商标不享有在先权利。可见，真实、合法、有效的使用证据，是认定被代理人或被代表人是否在先使用商标的重要依据。

最高人民法院在判决中亦对此进行了详细分析，除对一审判决评述过的证据进行了认定外，江某公司在再审期间提交了司法鉴定所出具的笔迹鉴定意见，江某酒厂向森某公司的送货单上制单人“刘之某”、品名“江小白”字样与江某酒厂提交的其与新某商贸公司的送货单上制单人“刘之某”、品名“江小白”字样的笔迹并非出自同一人。而江某酒厂与新某商贸公司之间的定制产品销售合同，定制产品“江小白”酒由新某商贸公司独家销售，其与新某商贸公司之间的送货单是正式履行的单据，新某商贸公司送货单上的笔迹真实。虽然江某酒厂解释签字为“刘元某”，但并未提交刘元某的身份证据。最高人民法院认为上述证据不能证明江某酒厂在先使用了诉争商标。

对于江某酒厂在一审庭审后提交的证据，北京知识产权法院及最高人民法院表达了相同的观点，审计报告在缺少原始会计凭证的情况下，仅凭在后受江某酒厂委托制作的审计报告中提到的“江小白”白酒，不足以证明江某酒厂在诉争商标申请日前使用了“江小白”商标。即使江某酒厂提交了 2012 年 2 月 15 日与宝某公司签订的购买“我是江小白瓶”的合同金额远高于审计报告统计的销售额和销售毛利，无法进一步表明审计报告的真实性。

可以看出，在证明被代理人或者被代表人在先使用了诉争商标时，提交的证据应当符合一般的交易习惯，提交证明力较高的发票等，同时，多份证据之间应当能够互相印证，方能达到证明在先使用诉争商标的目的。

三、被代理人或者被代表人是否在先设计了诉争商标

“江小白”案中，江某酒厂提交了多份涉及“江小白”形象的往来邮件，包括诉争商标申请注册日当天新某商贸公司法定代表人陶某发给设计师付某的邮件，以及后续多份邮件。首先，在案最早的一份邮件中有“另外发了几张照片的意思的，琢磨着能给江小白做个卡通人物形象……”的内容，体现的是陶某提出“江小白”的设计文稿，在后的多篇邮件能够证明“江小白”及其相关产品设计是陶某一方在先提出并提供给江某酒厂，而非江某酒厂提出。

代理人或者代表人与被代理人或者被代表人就诉争商标的邮件往来也不能一概而论，应当考虑邮件往来的最初时间、内容，判断诉争商标的概念、设计出自何方，并作为判断诉争商标权属的依据之一。

《审理指南》规定，代理人或者代表人未经授权申请注册的商标，与被代理人或者被代表人的商标相同或者近似，指定使用的商品与被代理人或者被代表人的商标指向的商品相同或者类似，属于《商标法》第十五条第一款规定的情形。指出了 2001 年《商标法》第十五条第一款适用的要件，但结合“江小白”案，可以看出，实践中应综合考虑诉争商标的设计过程、诉争商标申请日与代理关系的先后、诉争商标的使用情况等因素综合判断。

因“江小白”案诉争商标的核准注册时间处于 2001 年《商标法》施行期间，根据“程序从新、实体从旧”原则，该案的实体问题的审理适用 2001 年《商标法》。2013 年修正的《商标法》及 2019 年修正的《商标法》第十五条都增加了第二款：“就同一种商品或者类似商品申请注册的商标与他人在先使用的未注册商标相同或者近似，申请人与该他人具有前款规定以外的合同、业务往来关系或者其他关系而明知该他人商标存在，该他人提出异议的，不予注册。”补充了除代理、代表关系之外的能够知道他人商标，应当予以避让的情况，体现了我国立法技术的进步、经济环境的发展和复杂，以及法律打击抢注、恶意行为的决心。

此外，最高人民法院在判决中提到，金六福、浏阳河均是由五粮液代工、由经销商拥有的白酒品牌。代理人或者代表人与被代理人或者被代表

人就商标事宜不应“一刀切”地判断，代理人或代表人无论是否在合同有效期内，都可以拥有自己的商标，签订代销等代理关系的合同并不意味着被代理人或被代表人拥有了商标的“免死金牌”。

作为代理人或者代表人，应当对自己设计的商标采取一定的保密措施，对设计过程进行记录，减少与被代理人或者被代表人的纠纷。对于被代理人或者被代表人，应当对自有品牌及时注册维护，妥善留存使用证据，注重证据的真实性、合法性。

一审法院合议庭成员 崔　宁　蒋莉莉　刘　韦
二审法院合议庭成员 刘晓军　樊　雪　蒋　强
再审法院合议庭成员 秦元明　郎贵梅　马秀荣
编写人 范晓玉

18. 原告保靖县某办公室诉被告国家知识产权局、第三人吉首市某推广站商标权无效宣告请求行政纠纷案

——地理标志证明商标的近似性判断应以相关公众能否识别商品地理来源为依据

关键词 地理标志证明商标 商标近似性判断 产地范围 质控标准 社会公共利益

基本案情

2018 年 3 月 23 日，保靖县某办公室以吉首市某推广站的诉争商标的注册违反 2013 年《商标法》第七条、第十条第一款第七项、第十条第一款第八项、第十六条、第三十条、第三十二条、第四十四条第一款之规定为由，请求国家知识产权局宣告诉争商标无效。诉争商标的申请号是 15887938，商标标志为“湘西黄金茶”，核定使用商品为“茶”。

2019 年 4 月 29 日，国家知识产权局作出商评字［2019］第 89294 号关于第 15887938 号“湘西黄金茶”商标权无效宣告请求裁定（以下简称被诉决定），认定：（1）诉争商标与引证商标均为地理标志证明商标，在案证据不足以证明诉争商标的申请注册违反《商标法》第十六条的规定。（2）诉争商标与引证商标未构成《商标法》第三十条所指使用在同一种或类似商品上的近似商标。（3）诉争商标的申请注册未违反《商标法》第十条第一款第七项、第十条第一款第八项、第四十四条第一款之规定。综上，裁定对诉争商标予以维持。

保靖县某办公室不服被诉裁定，于法定期限内向法院提起行政诉讼，诉称：（1）诉争商标不符合《商标法》第十六条关于地理标志证明商标获准注册的法定情形。诉争商标在申报原农业部地理标志时因不具备地理标志产品的特定品质而被驳回。诉争商标的申请注册违反了《商标法》第十六条的规定。（2）诉争商标的注册违反了《商标法》第三十条，第十条第一款第七项、第八项，第三十二条的规定。（3）“湘西黄金茶”是“人为成果”，并非商标法意义上的地理标志商标，吉首市某推广站注册阶段提供的历史文件及指定产地的证明文件存在不客观的虚假情形，欺骗审查机关，属于以不正当手段取得注册的情形，违反了《商标法》第四十四条第一款的规定。综上，被诉裁定认定事实错误，请求法院依法撤销被诉裁定，并判令国家知识产权局重新作出裁定。

国家知识产权局辩称：被诉裁定认定事实清楚，适用法律正确，作出程序合法，原告诉讼理由和请求不能成立。

吉首市某推广站述称：被诉裁定认定事实清楚，适用法律正确，作出程序合法，原告诉讼理由和请求不能成立。

法院经审理查明：2014 年 12 月 9 日，吉首市某推广站将“湘西黄金茶”作为地理标志证明商标申请注册在“茶”商品上，2018 年 2 月 14 日核准注册，划定的产区范围为湖南省土家族苗族自治州（以下简称湘西州），包括吉首市（湘西州首府）、保靖县等 8 县。该商标为本案诉争商标。

保靖县某办公室的“保靖黄金茶”地理标志证明商标于 2011 年 7 月 28 日核准注册，指定使用在“茶”商品上，划定的产区范围为湘西州保靖县辖区。该商标为本案引证商标。

“保靖黄金茶”于 2010 年 4 月 2 日被原农业农村部认定为农产品地理标志。

诉讼中各方均向法院提交大量证据，经当庭及庭后质证，可确认以下事实：“保靖黄金茶”与“湘西黄金茶”申请注册地理标志证明商标时提交关于黄金茶的历史记载均源于《明世宗嘉靖实录》，其中载明两岔河（今冷寨河）苗寨（今保靖县葫芦镇黄金村）为黄金茶源产地。黄金茶重要交易地为今距黄金村 5 公里外的位于冷寨河源头的吉首市隘口村。《保靖黄金茶揭秘》书中载明黄金茶古道边分布多片古茶园，黄金茶古道途经湘西州多县市。中华人民共和国成立以来，保靖县不断向其所在的湘西州其他市县输出“黄金茶”树种，发展“黄金茶”经济。资料记载显示，2006年“保靖黄金茶”即为湖南省审定和登记的农作物品种，在保靖县茶叶办公室多年的育种培育中，保靖黄金茶1号、黄金茶2号等品种已成为湘西州当地普遍种植的茶树品种。

北京知识产权法院于2021年12月2日作出（2019）京73行初6928号行政判决：认定被诉裁定认定事实清楚，适用法律正确，判决驳回原告保靖县某办公室的诉讼请求。保靖县某办公室不服上述判决提起上诉，二审中申请撤回上诉。北京市高级人民法院于2022年2月28日作出（2022）京行终479号行政裁定：准予保靖县某办公室撤回上诉。

裁判理由

法院生效裁判认为：

一、诉争商标与引证商标未构成《商标法》第三十条所指相同或类似商品上的近似商标

原告及第三人提交的证据均显示，中华人民共和国成立以来，保靖县不断向其所在的湘西州其他市县输出“黄金茶”树种，发展“黄金茶”经济。在原告多年的育种培育中，保靖黄金茶1号、黄金茶2号等品种已成为湘西州当地普遍种植的茶树品种。在诉争商标与引证商标同为地理标志证明商标的情况下，诉争商标与引证商标中共同包含的“黄金茶”部分显著性已逐步减弱，在此情形下，应当将两商标的其他构成要素作为近似性比对过程中的显著识别部分加以比对。诉争商标中的“湘西”与引证商标中的“保靖”作为上下级行政区域地名在两商标中起到了地理标志证明商标中标识商品产地的作用，在两商标构成中显著性均强于“黄金茶”部分。加之茶叶商品，尤其是优质茶叶商品受众具有一定的特殊性，对产区、生产时间等因素会有较为精准的认知，对茶叶品牌的选择亦会施以更高的注意力。诉争商标与引证商标不仅标识了不同范围产地的黄金茶，亦可根据其商品质量、特点彰显不同的产品特性，引导消费者根据需求选择，不会造成相关公众的混淆误认，诉争商标与引证商标未构成《商标法》第三十条所指相同或类似商品上的近似商标。

二、诉争商标的申请注册未违反《商标法》第十六条之规定

地理标志和商标在本质上都是用来区分产品来源（地理来源或者商业来源）的商业标记。未获得农产品地理标志认证并不影响其注册为地理标志证明商标并获得保护。

在案证据均显示，关于黄金茶的历史记载源于《明世宗嘉靖实录》，其中载明两岔河（今冷寨河）苗寨（今保靖县葫芦镇黄金村）为黄金茶源产地。黄金茶重要交易地为今距黄金村 5 公里外的位于冷寨河源头的吉首市隘口村。《保靖黄金茶揭秘》中载明黄金茶古道边分布多片古茶园，黄金茶古道途经湘西州多县市。2009 年以来黄金茶的种植已由保靖县逐步扩展至周边的吉首、古丈等湘西州其他县市。

诉争商标申请注册的相关文件结合前述论文载明事实，可以认定诉争商标产区划定和质量管理的相关申请材料符合地理标志证明商标的相关要求和质控标准。诉争商标与引证商标两个地理标志证明商标，虽产区覆盖范围存在重叠，但分别具有自身的使用管理规则、质量管控体系。诉争商标茶叶产品虽与引证商标产品同根同源，但经现代科学技术不断培育发展后，已经形成了自有特色和质量管理体系，具备地理标志证明商标特点。

三、诉争商标的申请注册未构成《商标法》第四十四条第一款之规定所指“以欺骗手段取得注册”，第十条第一款第七项、第十条第一款第八项所指情形

《吉首年鉴》仅是地理标志证明商标核准注册过程中的参考材料之一，并非决定性因素。政府部门对年鉴进行修订并重新编印属于当地政府主导的行政事务，不能仅以修订前后的表述不一致否认该证据的真实性，并据此认定该商标的申请注册属于“以欺骗手段取得注册”。保靖县某办公室提交的证据 9 中的《中共湖南省委、湖南省人民政府关于加快湘西地区开发的决定》（湘发〔2004〕12 号）中将湘西简称为湖南省张家界市、湘西州、怀化市、邵阳市西部等县市区，据此主张申请含“湘西”的商标应当附送湖南省人民政府批准文件，产区划定应当由湖南省农委批准确认。法院认为：“湘西”既为湖南省湘西土家族苗族自治州的地名简称，亦为湖南西部地区的简称，在与不同的文字组合后，可能会赋予“湘西”不同的

含义。《农产品地理标志管理办法》第七条明确指出，申请地理标志登记的农产品称谓由地理区域名称和农产品通用名称构成。地理标志证明商标中，地理区域名称作为产地标识，是地理标志证明商标的重要组成部分，相对于泛指湖南西部地区的“湘西”，诉争商标中的“湘西”显然是明确指代产地的自然因素和人文因素。在案证据亦不足以证明诉争商标的申请注册构成《商标法》第十条第一款第七项、第十条第一款第八项所指情形。

裁判要旨

1. 地理标志证明商标的近似性比对及混淆的判断规则有别于普通商标。产地名称加产品名称是地理标志常见的命名方式，以产地命名地理标志反映了地理标志保护的本意。因此地理标志证明商标与普通商标相比，从文字构成上看显著性较弱，且基于地理标志证明商标的特点，其主要是识别产品的产地来源以及归功于产地的良好品质和特点以及积累的商誉。因此在地理标志证明商标领域，商标近似的判断标准除整体结构、外观、呼叫外，是否会导致消费者对商品来源产生混淆应为最终判断标准，而导致消费者混淆应建立在消费者不能识别产品商标中的地名进而不能正确识别该产品地理来源的前提条件下。

2. 未获得农产品地理标志认证并不影响其注册为地理标志证明商标获得保护。我国目前有2005年国家质量监督检验检疫总局①（以下简称国家质检总局）发布的《地理标志产品保护规定》、农业部2007年发布的《农产品地理标志管理办法》②、国家工商行政管理总局2003年制定的《集体商标、证明商标注册和管理办法》三个独立的地理标志保护体系。在这种地理标志多部门、多模式保护的情况下，不同的行政管理机关在受理、审批、注册登记等具体环节上依据不同的法律法规和部门规章、规范性管理办法，审批流程和结果亦存在一定差异性，获得农产品地理标志认定并非核准地理标志证明商标注册的必要条件。

---

① 2018年3月，根据第十三届全国人民代表大会第一次会议批准的国务院机构改革方案，不再保留国家质量监督检验检疫总局。

② 2018年3月，根据第十三届全国人民代表大会第一次会议批准的国务院机构改革方案，不再保留农业部。农业村部于2019年对该办法进行了修正。

3. 地理标志证明商标是产品质量的保障，在促进特色产业发展、精准扶贫方面一直发挥着独特优势。地理标志证明商标所标示产品的质量标准、产地要求是地理标志证明商标申请注册时的必要条件，在商标申请初审公告时即已向社会公示，对地理标志证明商标中产地名称加产品名称的构成不会使相关公众对商品的质量等特点或者产地产生误认。

关联索引

2013 年《中华人民共和国商标法》第十六条、第三十条

一审：北京知识产权法院（2019）京 73 行初 6928 号（2021 年 12 月 2 日）

法官评析

一、地理标志证明商标之间适用《商标法》第三十条的规定进行混淆判断的标准

首先，《商标法》第三十条的规定旨在保护在先申请注册的商标权利，并未将地理标志证明商标排除在外，因此，无论属于何种类型的商标，只要其申请在先，均构成在后的相同或者近似商标在相同或类似商品上注册的权利障碍，两个地理标志商标也可以适用该规定进行近似性比对。

其次，因地理标志证明商标在商标标志构成及商标的功能作用等方面与普通商标存在差异，地理标志证明商标的申请人，并非出于自身商业经营所需，而是出于表明商品有特定产地以及具有特定品质的目的，近似性比对及混淆的判断规则和标准会有所不同。产地名称加产品名称是地理标志常见的命名方式，以产地命名地理标志反映了地理标志保护的本意。因此，地理标志证明商标与普通商标相比，从文字构成上看显著性较弱，且基于地理标志证明商标的特点，其主要是识别产品的产地来源以及归功于产地的良好品质和特点以及积累的商誉。因此，在地理标志证明商标领域，商标近似的判断标准除整体结构、外观、呼叫外，是否会导致消费者对商品来源产生混淆应为最终的判断标准，而导致消费者混淆应该建立在消费者不能识别产品商标中的地名进而不能正确识别该产品的地理来源的前提条件下。

原告及第三人提交的证据均显示，中华人民共和国成立以来，保靖县不断向其所在的湘西州其他市县输出“黄金茶”树种，发展“黄金茶”经济。在原告多年的育种培育中，保靖黄金茶1号、黄金茶2号等品种已成为湘西州当地普遍种植的茶树品种。在诉争商标与引证商标同为地理标志证明商标的情况下，诉争商标与引证商标中共同包含的“黄金茶”部分显著性已经逐步减弱，在此情形下，应当将两商标的其他构成要素作为近似性比对过程中的显著识别部分加以比对。诉争商标中的“湘西”与引证商标中的“保靖”作为上下级行政区域地名在两商标中起到了地理标志证明商标中标识商品产地的作用，在两商标构成中显著性均强于“黄金茶”部分。且我国已有产区覆盖的地理标志商标共存的先例，包括“杭州龙井”和“西湖龙井”，“芜湖大米”和“南陵大米”等产区交叉地理标志共存的情况，加之茶叶商品，尤其是优质茶叶商品受众具有一定的特殊性，对产区、生产时间等因素会有较为精准的认知，对茶叶品牌的选择亦会施以更高的注意力。诉争商标与引证商标不仅标识了不同范围产地的黄金茶，亦可根据其商品质量、特点彰显不同的产品特性，引导消费者根据需求选择，不会造成相关公众的混淆误认。

二、关于地理标志证明商标无效宣告请求的事实认定

关于诉争商标是否符合地理标志证明商标申请的条件。

首先，未获得农产品地理标志认证并不影响其注册为地理标志证明商标获得保护。地理标志和商标在本质上都是用来区分产品来源（地理来源或者商业来源）的商业标记。我国目前有《地理标志产品保护规定》《农产品地理标志管理办法》《集体商标、证明商标注册和管理办法》三个独立的地理标志保护体系。其中，商标行政管理部门核准注册的地理标志商标为“证明商标”，质量监督检验检疫部门批准的为“地理标志保护产品”，农业主管部门登记的为“农产品地理标志”。三类地理标志产品认证及管理保护体系存在一定差异。在这种地理标志多部门、多模式保护的情况下，不同的行政管理机关在受理、审批、注册登记等具体环节上依据不同的法律法规和部门规章、规范性管理办法，审批流程和结果亦存在一定的差异性。

根据《商标法》第三条第四款的规定，集体商标、证明商标注册和管

理的特殊事项，由国务院工商行政管理部门规定。国家工商行政管理总局2003年制定的《集体商标、证明商标注册和管理办法》第七条要求在申请书中说明地理标志所标示商品的特定质量、信誉或者其他特征、该商品的特定质量、信誉或者其他特征与该地理标志所标示地区的自然因素和人文因素的关系以及该地理标志所标示地区的范围。与农业主管部门的审核要求和流程相比，商标行政管理机关对地理标志商标申请注册的审查主要是申请材料形式上的审查，且日趋简易，这既体现了不同部门对地理标志进行管理与保护的差异，也反映了商标行政机关推进商标注册便利化、促进经济发展的价值取向。因此，获得农产品地理标志认定并非核准地理标志证明商标注册的必要条件，“湘西黄金茶”商标未获得农产品地理标志认证并不影响其注册为地理标志证明商标并获得保护。

其次，诉争商标的申请符合行政法规的相关规定。法院调取的诉争商标申请注册阶段证据包括：诉争商标注册申请书、诉争商标图样、诉争商标申请人身份证明，诉争商标使用管理规则、品质特点及原产地域证明，“湘西黄金茶”品质特点及原产地域证明，管辖“湘西黄金茶”所标示地区的人民政府的批准文件，“湘西黄金茶”质量控制技术规范、产品质量检验委托协议书及附件，“湘西黄金茶”历史资料及发展情况等，符合《集体商标、证明商标注册和管理办法》的相关要求。在案证据均显示，关于黄金茶的历史记载源于《明世宗嘉靖实录》，其中载明两岔河（今冷寨河）苗寨（今保靖县葫芦镇黄金村）为黄金茶源产地。黄金茶重要交易地为今距黄金村5公里外的位于冷寨河源头的吉首市隘口村。《保靖黄金茶揭秘》书中载明黄金茶古道边分布有多片古茶园，黄金茶古道途经湘西州多县市。2009年以来黄金茶的种植已由保靖县逐步扩展至周边的吉首、古丈等湘西州其他县市。

组合诉争商标申请注册的相关文件和在案其他证据，可以认定诉争商标产区划定和质量管理的相关申请材料符合地理标志证明商标的相关要求和质控标准。诉争商标与引证商标两个地理标志证明商标，虽产区覆盖范围存在重叠，但分别具有自身的使用管理规则、质量管控体系，诉争商标茶叶产品虽与引证商标产品同根同源，但经现代科学技术不断培育发展后，已经形成了自有特色和质量管理体系，具备地理标志证明商标特点。

三、地理标志证明商标不宜轻易认定违反绝对条款

地理标志的保护与公共利益关系密切，其本身即是特定地区集体智慧和自然环境的结晶，因此其使用亦具有公共性。一般情况下，不允许地理标志证书持有人进行排他性使用，在地理标志保护的生产区域内，只要产品符合地理标志的保护条件，就可以申请免费使用地理标志，地理标志证明商标的注册及使用亦不应违反符合地理标志的本来属性，农产品是地理标志证明商标保护的重要对象，地理标志证明商标是产品质量的保障，在促进特色产业发展、精准扶贫方面一直发挥着独特优势。本案涉及湘西州、保靖县茶叶经济发展及茶农的切身利益。中华人民共和国成立以来，保靖县不断向湘西州其他市县输出“黄金茶”树种，发展“黄金茶”经济，湘西州政府出于做大茶叶品牌的理念，授权吉首市经果推广站申请注册诉争商标，目前湘西州各市县茶叶种植范围不断扩大，品牌已经取得一定知名度，品牌利益涉及百万茶农。在这种情况下，为维护商标注册秩序的稳定性，在无确凿证据证明商标权利人虚构申请材料、存在扰乱商标注册秩序、损害公共利益、不正当占用公共资源的行为的情况下，不宜认为诉争商标的申请违反了《商标法》禁止注册的相关绝对条款。

一审法院合议庭成员 张琳琳　王立群　潘宝霞
二审法院合议庭成员 陶　钧　吴　斌　曹丽萍
编写人 张琳琳

19. 天津某网络有限公司诉国家知识产权局商标申请驳回复审行政纠纷案

——《商标法》第十九条第四款规定中“商标代理机构”的认定

关键词 行政纠纷 商标申请驳回复审 商标 商标代理机构

基本案情

2019 年 5 月 8 日，天津某科技发展有限公司向国家知识产权局申请注册第 38056341 号“牛商”商标（以下简称诉争商标），诉争商标指定使用服务为“会计；寻找赞助；广告；特许经营的商业管理；商业信息服务；组织商业或广告交易会；替他人推销；市场营销；人事咨询；商业文档管理”，商标标志仅由“牛商”二字构成。经国家知识产权局核准，诉争商标于 2019 年 12 月 27 日被转让给本案原告天津某网络有限公司。

天津某科技发展有限公司曾于 2018 年 3 月 13 日变更了经营范围，在变更之前其经营范围包含“知识产权代理”，2018 年 3 月 13 日后，“知识产权代理”一项被删除。天津某网络有限公司也曾于 2018 年 3 月 13 日变更了经营范围，在变更之前其经营范围包含“知识产权代理”，2018 年 3 月 13 日后，“知识产权代理”一项被删除。

2019 年 9 月 26 日，国家知识产权局根据《商标法》第十条第一款第八项、第十九条第四款、第三十条的规定，决定驳回诉争商标的注册申请。天津某科技发展有限公司不服驳回决定，向国家知识产权局申请复审。国家知识产权局经复审于 2020 年 4 月 15 日作出商评字［2020］第 80670 号关于第 38056341 号“牛商”商标驳回复审决定（以下简称被诉决定）。由于在复审过程中诉争商标发生转让，国家知识产权局在被诉决定中将诉争商标申请人变更为天津某网络有限公司。国家知识产权局在被诉决定中认定：（1）诉争商标与引证商标（注册号：7294484）构成《商标法》第三十条规定的使用在相同或类似服务上的近似商标。（2）诉争商标的注册申请已构成《商标法》第十九条第四款规定之情形。（3）诉争商标使用在指定服务项目上，易产生不良社会影响，属于《商标法》第十条第一款第八项所规定的不得作为商标使用的标志。国家知识产权局决定如下：驳回诉争商标的注册申请。天津某网络有限公司不服被诉决定，诉至北京知识产权法院。北京知识产权法院于 2020 年 7 月 8 日受理此案。

原告诉称：（1）诉争商标与引证商标在构成要素、整体外观等方面存在区别，未构成近似商标，且引证商标已因连续三年不使用被国家知识产权局撤销在全部核定使用服务上的注册。（2）诉争商标使用在指定服务不会产生不良社会影响，未违反《商标法》第十条第一款第八项之规定。（3）诉争商标的原申请人天津某科技发展有限公司已于 2018 年 3 月 13 日变更了经营范围，删除了“知识产权代理”项目，该变更发生在诉争商标申请注册日（2019 年 5 月 8 日）之前，诉争商标于 2019 年 12 月 27 日被转让至原告名下，原告的经营范围也不包含商标代理服务。诉争商标的原申请人天津某科技发展有限公司与权利人天津某网络有限公司均不属于商标代理机构，诉争商标未违反《商标法》第十九条第四款之规定。

被告辩称：被诉决定认定事实清楚，适用法律正确，作出程序合法，请求判决驳回原告的诉讼请求。

北京知识产权法院经审理于 2021 年 9 月 26 日作出（2020）京 73 行初 8673 号行政判决：一、撤销被告国家知识产权局作出的商评字［2020］第 80670 号《关于第 38056341 号“牛商”商标驳回复审决定书》；二、被告国家知识产权局就原告天津某网络有限公司针对第 38056341 号“牛商”商标提出的驳回复审申请重新作出决定。

被告国家知识产权局不服北京知识产权法院作出的上述一审判决，向北京市高级人民法院提起上诉。北京市高级人民法院于 2022 年 2 月 8 日作出（2021）京行终 9464 号行政判决：驳回上诉，维持原判。

裁判理由

法院生效裁判认为：由于引证商标在第35类全部核定使用服务上已被撤销注册，引证商标已不再构成诉争商标申请注册的权利障碍。此外，“牛商”作为商标使用在指定的“广告；商业管理辅助”等服务上，既不会有害于社会主义道德风尚，也不会对我国的政治、经济、文化、宗教、民族等社会公共利益和公共秩序产生消极、负面影响，故诉争商标未违反《商标法》第十条第一款第八项之规定。

关于诉争商标是否构成《商标法》第十九条第四款规定不应核准的情形，根据《商标法》第十九条第四款规定，商标代理机构原则上仅可以在代理服务上申请注册商标，以防止商标代理机构利用资源和专业优势恶意抢注和囤积商标，损害商标注册秩序及扰乱市场秩序。申请人是否属于“商标代理机构”，通常应以申请人申请注册诉争商标时的经营状态为准，即在申请诉争商标时，已经备案从事商标代理业务的主体、工商营业执照中记载经营范围包括商标代理业务的主体以及虽未备案但实际从事商标代理业务的主体，一般应认定为“商标代理机构”。在商标申请行政程序或诉讼过程中，诉争商标被转让给非商标代理机构的，判断诉争商标的注册申请是否违反《商标法》第十九条第四款之规定，一般仍应当以原申请人或诉争商标的转让人在申请日的经营状态为准。即使诉争商标已被转让给非商标代理机构，由于原申请人在商标申请时属于商标代理机构，诉争商标在除商标代理以外的商品或服务上的注册申请仍可能违反《商标法》第十九条第四款之规定。诉争商标由非商标代理机构转让给商标代理机构的，一般也应当适用《商标法》第十九条第四款予以规制。商标申请人工商营业执照曾记载有商标代理业务，但在商标申请日前已经依法删除了商标代理业务，在认定是否属于商标代理机构时，要审查其删除商标代理业务是否具有规避法律的故意，如其虽然删除了商标代理业务但仍实际从事商标代理业务，或者在申请日后又恢复商标代理业务的，可视为其不当规避《商标法》第十九条第四款规定。同样，商标受让人在受让商标前删除商标代理业务的，也要审查其是否具有不当规避《商标法》第十九条第四款规定的故意。本案中，在诉争商标申请之后被诉决定作出之前，天津某科技发展有限公司依法将诉争商标转让给天津某网络有限公司，而在诉争商标申请日以前天津某网络有限公司和天津某科技发展有限公司的经营范围也曾包含“知识产权代理”，但天津某网络有限公司和天津某科技发展有限公司均在诉争商标申请日前依法变更了经营范围，删除了“知识产权代理”业务。国家知识产权局有关申请人诉争商标申请注册之时的经营范围包括“商标代理、知识产权代理”项目的认定依据不足，同时国家知识产权局也未提交有效证据证明天津某网络有限公司和天津某科技发展有限公司从诉争商标申请日至今有实际从事商标代理业务。因此，天津某网络有限公司和天津某科技发展有限公司均不属于《商标法》第十九条第四款规定的“商标代理机构”，诉争商标的注册申请未违反《商标法》第十九条第四款之规定。

裁判要旨

商标申请人的经营范围在申请日之前曾经包含商标代理业务，但在申请商标时该业务项目已被删除，不能一律认定该申请人属于“商标代理机构”，还是要审查其删除商标代理业务是否具有规避法律的故意；在没有证据证明申请人的经营范围在申请日以后又增加了商标代理业务或申请人实际从事商标代理业务的情况下，不能仅因工商营业执照曾记载有商标代理服务，就禁止该主体在除商标代理以外的商品或服务上申请注册商标。

关联索引

《中华人民共和国商标法》第十九条第四款

一审：北京知识产权法院（2020）京73行初8673号（2021年9月26日）

二审：北京市高级人民法院（2021）京行终9464号（2022年2月8日）

法官评析

一、《商标法》第十九条第四款的立法目的

针对一些商标代理机构抢注、囤积商标的行为，2013年《商标法》增加了第十九条第四款的规定，即“商标代理机构除对其代理服务申请商标

注册外，不得申请注册其他商标”。

根据《商标法实施条例》第八十三条的规定，《商标法》所称商标代理，是指接受委托人的委托，以委托人的名义办理商标注册申请、商标评审或者其他商标事宜。根据《商标法实施条例》第八十四条第一款的规定，商标法所称商标代理机构，包括经工商行政管理部门登记从事商标代理业务的服务机构和从事商标代理业务的律师事务所。

结合上述规定，《商标法》第十九条第四款的含义是明确的，即商标代理机构仅可以在商标代理服务上申请注册商标，除此之外的商品和服务上不得申请注册商标。《商标法》第十九条第四款的立法目的是防止商标代理机构利用资源和专业优势进行恶意抢注和商标囤积。国家知识产权局与人民法院适用该条款时也应当注意保护从事生产经营活动的主体的商标权益，避免其被不合理地剥夺平等获得商标专用权的权利。

二、判断申请人是否属于“商标代理机构”通常以诉争商标申请时申请人的经营状态为准

诉争商标构成《商标法》第十九条第四款规定的禁止申请注册的情形，应当同时符合以下两个构成要件：第一，诉争商标的申请人属于“商标代理机构”；第二，诉争商标指定使用的商品或服务超出商标代理服务的范围。第一个构成要件的认定在审判实践中存在较大争议，笔者在本文中主要针对这个问题进行评述。如无特殊说明，下文所述的诉争商标均符合上述第二个构成要件。

审判实践中，判断诉争商标的申请人是否属于《商标法》第十九条第四款规定的“商标代理机构”，通常以诉争商标申请注册时申请人的经营状态为准。在诉争商标申请日，已经备案从事商标代理业务的主体、工商营业执照中记载经营范围包括商标代理业务的主体以及虽未备案但实际从事商标代理业务的主体，均属于“商标代理机构”。将商标申请日作为判断申请人是否属于“商标代理机构”的时间节点，主要出于以下三点考虑：一是申请人申请注册时的客观情况在一定程度上能反映其申请注册诉争商标的真实目的；二是为了防止申请人通过变更经营范围或备案信息达到规避《商标法》第十九条第四款规定的目的；三是划定一个相对合理的

界限，避免申请人被永久剥夺平等获得商标专用权的权利。

当然，在诉争商标申请日申请人经营范围不包含商标代理业务或尚未备案从事商标代理业务，但在申请注册过程或案件审理过程中，申请人成为备案从事商标代理业务的主体或工商营业执照中记载经营范围包括商标代理业务的主体的，应当认定该申请人属于“商标代理机构”。

实践中较为常见的案件是，申请人申请注册诉争商标时其工商营业执照中记载的经营范围包含商标代理业务，但在诉争商标申请注册过程中，申请人通过到工商行政管理部门变更经营范围删除了该业务，或申请人将诉争商标转让给非“商标代理机构”的主体。在上述两类案件中，国家知识产权局仍应当以申请人属于“商标代理机构”为由以《商标法》第十九条第四款的规定驳回诉争商标的注册申请，否则申请人就可以通过上述方法轻而易举地规避《商标法》第十九条第四款，长此以往，《商标法》第十九条第四款的规定必将形同虚设。

三、经营范围曾经包括商标代理业务的主体并不都属于“商标代理机构”

如果申请人的经营范围在诉争商标申请日之前曾经包含商标代理业务，但在申请商标时该业务项目已被删除，不能一律认定该申请人属于“商标代理机构”，还是要审查其删除商标代理业务是否具有规避法律的故意，如其虽然删除了商标代理业务但仍实际从事商标代理业务，或者在申请日后又恢复商标代理业务的，可视为其不当规避《商标法》第十九条第四款规定。在没有证据证明申请人的经营范围在申请日以后又增加了商标代理业务或申请人实际从事商标代理业务的情况下，不能仅因工商营业执照曾记载有商标代理业务，就禁止该主体在除商标代理以外的商品或服务上申请注册商标，否则就会使该主体即使实际从事非商标代理业务的生产经营活动，也永远无法获准注册其他商标。

还存在一种情况，即诉争商标被非“商标代理机构”的主体转让给商标代理机构，这很可能是商标代理机构规避《商标法》第十九条第四款规定的另外一种方式，应当同样适用《商标法》第十九条第四款予以制约。在这种情况下，认定诉争商标受让人是否属于“商标代理机构”，也应当以商标申请日为界，在申请日及申请日以后，其工商营业执照曾记载有商标代理业务的，应当认定该受让人属于“商标代理机构”。同样，为避免平等获得商标专用权的权利被不合理地剥夺，也不能仅因该受让人工商营业执照在申请日前曾记载有商标代理业务，就禁止该主体受让指定使用在除商标代理服务以外的商品或服务上的商标。

一审法院合议庭成员 王建宏 苑佳丽 李 丽
二审法院合议庭成员 刘晓军 王晓颖 宋 川
编写人 王建宏

20. 浙江某国际传媒有限公司诉国家工商行政管理总局商标评审委员会、第三人甲容量有限公司商标权无效宣告请求行政纠纷案*

——商标权无效宣告阶段共存协议的采纳

关键词 共存协议 商标权无效宣告

基本案情

第11591269号“蓝巨星好声音”商标（以下简称诉争商标）由原告浙江某国际传媒有限公司（以下简称浙江某公司）于2012年10月11日申请注册，2014年3月14日被核准注册，核定使用在第41类组织表演（演出）、娱乐、电视文娱节目等服务上。

第G1089326号“The Voice of及图”商标（以下简称引证商标）由第三人甲容量有限公司（以下简称甲公司）于2012年向商标局申请领土延伸保护，2012年4月26日经核准注册，核定使用在第41类娱乐、体育和文化活动、电影和录像带制作、音乐家和其他表演者的服务、广播节目和电视节目概念的设计等服务上。

2016年3月8日，甲公司针对诉争商标向被告国家工商行政管理总局商标评审委员会（以下简称商标评审委员会）提出无效宣告请求。其认为：首先，诉争商标与其在先注册的引证商标构成使用在类似服务上的近似商标；其次，浙江某公司作为浙江卫视网站运营者，明知甲公司与浙江

* 本案例入选2020年《人民法院案例选》。

卫视之间就“The Voice of…”节目模式存在代理关系而申请注册诉争商标，其行为违反了2001年《商标法》第十五条的规定；另外，诉争商标申请注册违反诚信原则，有害于公序良俗，已构成2001年《商标法》第四十一条第一款以“其他不正当手段取得注册”之情形。

商标评审委员会经审理认为：诉争商标申请注册违反2001年《商标法》第二十八条、第十五条、第四十一条第一款的规定，并裁定诉争商标无效。

浙江某公司不服该裁定，向北京知识产权法院提起诉讼，诉称：（1）诉争商标申请注册未违反2001年《商标法》第二十八条、第十五条、第四十一条第一款的规定。（2）原告现已与第三人达成商标共存协议，因此诉争商标与引证商标共存不会造成相关公众的混淆误认，诉争商标的注册应予维持。

商标评审委员会辩称：（1）被诉裁定认定事实清楚，适用法律正确，作出程序合法。原告与第三人在被诉裁定作出之后达成的商标共存协议，并非被诉裁定作出的事实依据。（2）关于诉争商标申请注册是否违反2001年《商标法》第二十八条、第十五条、第四十一条第一款等条款，鉴于原告和第三人签署和解协议后，第三人不再坚持原告申请注册诉争商标的行为违背合同义务，违反诚信原则的主张，同时，第三人的官方网站就和解事项对社会公众进行了公示声明，能从一定程度上消除不良社会影响。被告对双方和解表示认可。故被告不再坚持被诉裁定结论，请法院酌情裁判。

第三人甲公司未陈述意见。

法院经审理查明：浙江某公司在诉讼阶段向法院提交的《和解协议》显示，该协议系由甲公司与浙江某公司于2017年12月29日签订。协议约定：甲公司坚持对第G1089326号“The Voice of及图”商标（即引证商标）、第G1098388号图形商标等包含手势图形和“The Voice of”英文文字的注册商标享有商标专用权；甲公司同意浙江某公司持有的19枚“好声音”或包含“好声音”的中文商标（具体以双方协议附表为准）与甲公司在先注册商标不构成近似，双方商标能够共存，不会造成混淆误认；甲公司决定从2017年12月6日发布媒体声明之日起在中国放弃使用“中国好声音”五个中文汉字及商业标识，并不再对“中国好声音”中文汉字及商业标识提出任何权利主张和索赔。

另查，关于浙江某公司申请注册的 8 枚“V 手势加持话筒图形及 the Voice”商标，经甲公司提起无效宣告请求，被告作出裁定宣告相关商标无效后，浙江某公司不服相关裁定起诉至法院。2018 年 5 月 21 日，浙江某公司基于与甲公司和解的事实，就该 8 枚商标所涉案件申请撤回起诉，法院经审查后，已裁定准许撤诉。

一审庭审中，浙江某公司明确表示对于诉争商标核定使用服务与引证商标核定使用服务构成类似服务没有异议。

北京知识产权法院于 2018 年 12 月 27 日作出（2017）京 73 行初 449 号行政判决：一、撤销被告商标评审委员会作出的商评字［2016］第 103044 号关于第 11591269 号“蓝巨星好声音”商标无效宣告请求裁定书；二、被告商标评审委员会就第三人甲公司针对第 11591269 号“蓝巨星好声音”商标提出的无效宣告请求重新作出裁定。本案一审判决后，各方当事人均未提起上诉，一审判决已生效。

裁判理由

法院生效判决认为：

一、关于诉争商标申请注册是否违反 2001 年《商标法》第二十八条的规定

首先，诉争商标与引证商标虽在整体外观、呼叫等客观方面存在较大差异，但考虑到《中国好声音》电视节目标志系采用“V 手势加持话筒图形”“The Voice of China”“中国好声音”上下组合的使用方式，其中包含了引证商标“The Voice of 及图”和诉争商标的主要识别部分“好声音”。相关公众会将上述标识视为一体，认为它们之间存在固定的对应关系，并指向同一个服务来源。故结合引证商标的实际使用状态和相关公众的认知情况，诉争商标的注册使用容易使相关公众对其与引证商标所指代的服务来源产生混淆。此外，原告对于《中国好声音》电视节目模式来源于第三人的授权是明知的，其理应知晓第三人与被授权方关于本地节目标志的归属另有约定，故其主观上存在一定过错。综上，被诉裁定依据作出之时的事实状态认定诉争商标申请注册违反 2001 年《商标法》第二十八条的规

定，并无不当。

其次，原告和第三人在诉讼阶段就双方商标共存达成协议，故本案需要考虑该新事实对判断诉争商标是否违反2001年《商标法》第二十八条规定的影响。考虑到诉争商标标志与引证商标标志客观上存在较大差异，相关公众有区分的基础。本案作出混淆可能性的判断主要基于双方商标的实际使用状态及由此产生的相关公众认知情况，现原告与第三人协商约定，由原告持有19枚“好声音”或包含“好声音”的中文商标，第三人继续持有引证商标等包含手势图形和“The Voice of”英文文字的注册商标，双方确认其商标共存不会造成混淆误认。第三人在中国放弃使用“中国好声音”标识，也不再在中国就“The Voice of……”节目模式寻求新的授权合作。此意味着“中国好声音”或“好声音”将只指向原告及其关联主体，不会于未来产生新的混淆可能。对于可能已经产生的混淆，当事人对社会公众的公开声明及本案判决均能在一定程度上予以澄清，若有些许残留亦属可容忍的范围。

综上，综合考虑诉争商标标志与引证商标标志本身的差异程度，原告和第三人之间关于商标共存的意思表示和对避免相关公众混淆所作出的安排，应当认为，诉争商标的注册使用已经克服了易使相关公众混淆误认的缺陷，其注册已不违反2001年《商标法》第二十八条的规定。

二、关于诉争商标申请注册是否违反2001年《商标法》第十五条的规定

无论从立法目的的角度还是商标法体系解释的角度，均应得出2001年《商标法》第十五条所保护的权利客体是被代理人或者被代表人的未注册商标。第三人以已注册的引证商标作为权利基础主张诉争商标申请注册违反2001年《商标法》第十五的规定，不能成立。故被告认定诉争商标申请注册违反2001年《商标法》第十五条的规定，系适用法律错误，法院予以纠正。

三、关于诉争商标申请注册是否构成2001年《商标法》第四十一条第一款以“其他不正当手段取得注册”之情形

诉争商标注册行为主要损害的是第三人的利益，对商标注册秩序和公

共利益的影响有限。且第三人已表达谅解并同意诉争商标注册，应当认为诉争商标注册可能对第三人造成的损害已得到弥补。诉争商标申请注册未违反2001年《商标法》第四十一条第一款“以其他不正当手段取得注册”之规定。

裁判要旨

商标权无效宣告请求行政纠纷中，若原告和第三人在诉讼阶段就双方商标共存达成协议，则法院既需要评价被告依据行政审查阶段的事实作出被诉裁定是否正确，亦需评价诉讼阶段的新事实对于诉争商标能否维持注册的影响。因商标驳回程序中的混淆判断更多是从商标标志本身出发，而无效宣告程序中的混淆判断会考虑双方商标使用情况、商标申请人的主观状态等多种因素，故相对于驳回程序，无效宣告程序中的共存协议往往具有更大的可参考性。

关联索引

2001年《中华人民共和国商标法》第二十八条

一审：北京知识产权法院（2017）京73行初449号（2018年12月27日）

法官评析

本案涉及与浙江卫视知名电视节目《中国好声音》的节目标识有关的“蓝巨星好声音”商标确权行政纠纷，受到广泛关注。特别是，在被告作出诉争商标无效的行政裁决后，原告和第三人在行政诉讼阶段就双方商标共存达成协议，即诉讼阶段的事实基础相对于行政审查阶段已发生明显变化。故本案既需要评价被告依据行政审查阶段的事实作出被诉裁定是否正确，亦需要评价诉讼阶段的新事实对于诉争商标能否维持注册的影响。

关于共存协议的效力问题，我国法律没有明确规定，但司法实践中一直都有涉及。如“NEXUS”商标案中，最高人民法院认为，引证商标权利人通过出具同意书，明确对争议商标的注册、使用予以认可，实质上是引证商标权利人处分其合法权利的方式之一。在该同意书没有损害国家利益、社会公共利益或者第三人合法权益的情况下，应当予以必要的尊重。相较于尚不确定是否受到损害的一般消费者的利益，申请商标的注册和使用对于引证商标权利人利益的影响更为直接和现实。现引证商标权利人出具同意书，明确同意申请商标在我国注册和使用，表明引证商标权利人对申请商标的注册是否容易导致相关公众的混淆、误认持否定或者容忍态度。[①] "GROUPON" 商标案中，最高人民法院认为，引证商标作为本案申请商标注册的障碍，通过引证商标所有人的同意，已予以消除，申请商标可予以核准注册。[②]

从世界范围内来看，部分国家与我国一样，是通过司法案例对共存协议作出认定，也有一些国家是由法律明确规定共存协议的效力。如《英国商标法》第5条（5）规定："本条中的任何内容均不禁止经在先商标所有人或者其他在先权利所有人同意的某一商标的注册。"[③] 第5条共5款，前4款是与我国《商标法》第三十条、第三十二条的内容类似的规定。其中第一款是"如果一个商标与另一个在先商标相同，并且所申请的商品或服务与该在先商标被保护的商品或服务相同，则该商标不予注册"。这意味着在先商标所有人的同意将产生使相同商品或服务上的相同商标共存的法律后果。再如《美国商标法》第1052条（d）中规定："包含与已在专利商标局注册的商标，以致其使用在申请人的商品上易于造成混淆误认的，不得注册。除非专利商标局认为在使用方式、使用地域、使用商品的条件和限制下，两人以上对相同或近似商标的连续使用不会造成混淆误认，则这些商标将获得并存注册。如果待审申请或已注册的商标所有人同意授予申请人并存注册，则无须要求其在该待审申请或已注册的商标申请日之前已经使用。如果有管辖权的法院终审决定两人以上均有权在商业中使用相同或近似的商标，专利商标局将准予并存注册。在准予并存注册时，专利商标局应规定各商标的所有人使用其商标的方式、地域或商品的条件和限制。"[④]

由上可见，英国商标法的规则与"GROUPON"商标案的观点较为接近，即在先商标所有人的同意将直接产生消除注册障碍的后果。美国商标法的规则是将在先商标所有人的同意作为免除在后申请人使用证明义务的

---

① 参见（2016）最高法行再103号行政判决书。

② 参见（2017）最高法行再15号行政判决书。

③ 参见刘春田编著：《十二国商标法》，清华大学出版社2013年版，第415~416页。

④ 参见刘春田编著：《十二国商标法》，清华大学出版社2013年版，第483~484页。

条件，其更强调在并存注册时要有避免混淆的应对措施。在美国的司法实践中，那些过于简单而未就使用方式、地域、商品等内容作出详细约定的共存协议被称为“naked”，一般是不予认可的。

我国目前的司法实践中，提交商标共存协议的情形多发生在商标驳回复审案件中，因为商标驳回程序系单方程序，并非由在先商标权人启动，在先商标权人的意愿并不明朗，故诉争商标申请人有较大机会争取到在先商标权人关于双方商标共存的意思表示。而商标异议程序和无效宣告程序系由在先商标权人或利害关系人启动，诉争商标申请人此时再想争取双方商标共存，违背了在先商标权人的初始意愿，难度较大，故实践中较为少见。

本案即属于无效宣告程序中出现共存协议的情况，应该说，在判断双方商标能否在在先商标权人同意共存的情况下在法律上共存时，商标驳回程序和无效宣告程序既有一致之处，又有一定差异。

一致之处在于，均需要考虑双方商标标志之间的近似程度，相关公众根据双方商标标志之间的差异有无合理区分的可能性。商标法之所以禁止他人在相同或类似商品上注册与在先商标相同或近似的商标，一方面是对在先商标权利人合法权利的保护，避免其经济利益和市场声誉受损；另一方面是为了避免消费者因混淆产生误认误购，亦为了避免因商标之间过于近似而增加消费者的辨识负担。前者属于在先商标权人的私益，后者有公共利益的考量。正因为商标共存并非仅涉及双方当事人的私益，还会对广大消费者的利益造成影响，故通常来说，共存协议不能成为双方商标共存的当然理由，而是混淆判断的重要参考。

差异之处在于，因商标驳回程序中的混淆判断更多是从商标标志本身出发，而无效宣告程序中的混淆判断会考虑双方商标使用情况、商标申请人的主观状态等多种因素，故无效宣告程序中的共存协议往往具有更大的可参考性。具体分析如下：

混淆判断并非商标标志之间的近似性判断或商品自然属性之间的类似性判断，它与商标的显著性和知名度、商标的实际使用情况、相关公众的认知因素等密切相关。然而，商标驳回程序为单方程序，在先商标权利人并未进入审查程序，故在先商标的使用及知名度情况一般无法考虑。虽然不排除在一些司法实践中，裁判者可能根据其作为普通消费者的生活经验对在先商标的使用和知名度情况予以一定程度的考量，但这种考量是大而化之的，不够精细，一般会比较谨慎。由于无法考虑在先商标的使用情况，所以对于诉争商标的使用情况一般也是不予考虑的，否则有失公平。同时，诉争商标申请人亦不可能“自证有罪”，陈述自身存在“搭便车”之故意或其他恶意。因此，商标驳回程序中混淆与否的判断，一般情况下多从商标标志本身及商品的自然属性出发进行判断。以本案商标为例，诉争商标在驳回程序中，被认定与引证商标构成近似的可能性是很小的。

商标无效宣告程序由当事人启动，在先商标权利人和诉争商标权利人均参与程序，有提交证据、陈述意见的平等机会，故双方商标的使用情况和当事人的主观因素均可纳入考量范畴。也就是说，相较于驳回程序中较为单纯地考虑商标标志本身，无效宣告程序中，既存在因考虑引证商标的知名度较高、诉争商标申请人有“搭便车”或企图误导公众之故意等因素，从而认定客观上有一定差异的标识容易造成混淆的情况，也存在因考虑诉争商标经过使用具有较高知名度已形成稳定的市场认知、引证商标未投入实际使用等因素，从而认定客观上较为接近的标识不易造成混淆的情况。因后一种情况会准许诉争商标注册或维持诉争商标注册，故一般不会出现共存协议。前一种情况下，认定构成混淆虽考虑了相关公众的认知因素，但亦是出于对享有较高市场声誉的引证商标予以更大范围的保护之故，兼有对违反诚信者的惩罚。如果此时引证商标权利人同意诉争商标与之共存，则意味着其放弃了法律给予的与其市场声誉相关的更大范围的保护，或谅解了诉争商标申请人的非诚信行为，通常并无不可。而且，此种情况下，因双方商标标志之间客观上存在一定差异，相关公众有区分的基础，且双方在共存的协商中往往会对已经发生或可能发生的混淆采取补救或预防措施，故对消费者利益的损害亦可控。因此，在可能发生的真实案例中，无效程序中的在先商标权人关于商标共存的意思表示对混淆判断往往具有更大的可参考性。

具体到本案中，诉争商标标志与引证商标标志客观上存在较大差异，相关公众有区分的基础。本案作出混淆可能性的判断主要基于双方商标的实际使用状态及由此产生的相关公众认知情况，现原告与第三人就各自持有诉争商标和引证商标协商一致，第三人在中国放弃使用“中国好声音”标识，也不再在中国就“The Voice of…”节目模式寻求新的授权合作。此意味着“中国好声音”或“好声音”将只指向原告及其关联主体，不会于未来产生新的混淆可能。对于可能已经产生的混淆，当事人对社会公众的公开声明及本案判决均能一定程度上予以澄清。

因此，虽然被诉裁定依据作出之时的事实状态认定诉争商标申请注册违反2001年《商标法》第二十八条的规定并无不当，但综合考虑诉争商标标志与引证商标标志本身的差异程度，原告和第三人之间关于商标共存的意思表示和对避免相关公众混淆所作的安排，应当认为诉争商标的注册使用已经克服了易使相关公众混淆误认的缺陷，其注册已不违反2001年《商标法》第二十八条的规定。

本案的处理既充分尊重了行政机关的裁决，亦充分保护了原告和第三人双方的实际利益，各方当事人均服判息诉，社会效果良好。

一审法院合议庭成员 周丽婷　刘义军　张立伟

编写人 周丽婷　朱小钰

21. 浙江某某公司诉国家知识产权局以及某某技术公司商标权无效宣告请求行政纠纷案*

——非固有词汇的外文商标与中文商标的近似判断规则

关键词 行政 商标相关行政案件 外文商标

基本案情

诉争商标“思科国祥”注册人为浙江某某制冷公司（后名称变更为浙江某某公司），注册号为11798638，申请日期为2012年11月26日，专用权期限至2024年5月6日。诉争商标核定使用商品（第11类）：冷却设备和装置；冷冻设备和机器；液体冷却装置；空气调节设备；运载工具用通风装置（空气调节）；空调用过滤器；热气装置；消毒设备；水净化设备和机器；通风设备和装置（空气调节）。

引证商标“CISCO”注册人为某某技术公司，注册号为8209247，申请日期为2010年4月15日，核准日期为2013年12月14日，专用权期限至2023年12月13日。引证商标核定使用商品（第11类）：干燥设备；通风设备和装置（空气调节）；卫生器械和设备；手电筒；顶灯；电灯泡；电子照明装置；电轨道照明装置；太阳能集热器；太阳能热能装置；商业和工业用通风扇；太阳能收集器。

国家工商行政管理总局商标评审委员会（以下简称商标评审委员会）作出商评字［2017］第147495号关于第11798638号“思科国祥”商标无效宣告请求裁定，裁定诉争商标的申请注册违反了2013年《商标法》第

---

* 本案例入选《中国法院2023年度案例》。

三十一条的规定，诉争商标在“空气调节设备；运载工具用通风装置（空气调节）；空调用过滤器；通风设备和装置（空气调节）”商品上予以无效宣告，在“冷却设备和装置；冷冻设备和机器；液体冷却装置；热气装置；消毒设备；水净化设备和机器”商品上予以维持。

浙江某某公司不服被诉裁定，向北京知识产权法院提起行政诉讼，诉称：诉争商标核定使用的第11类商品与某某技术公司“思科”“CISCO”商标核定使用的第9类商品不构成类似商品，诉争商标与引证商标不构成相同或类似商品上的近似商标；某某技术公司提交的证据不足以证明“思科”商标和“CISCO”商标建立了紧密联系，形成对应关系；国家知识产权局对某某技术公司的引证商标没有认定为驰名商标，不能跨类保护；诉争商标经过长期使用和宣传，已经在业内享有较高知名度，具有较高的显著性和商品来源识别力；诉争商标的注册有历史渊源和正当理由；“思科”一词并不是某某技术公司的首创，某某技术公司不应享有独占权利，无权排除诉争商标的注册和使用。

国家知识产权局辩称：某某技术公司在案提交的证据可以证明“思科”与“CISCO”长期共同使用，二者已形成紧密对应关系，并为消费者所知晓，故争议商标“思科国祥”与引证商标一“CISCO”含义相近，二者已构成近似商标。争议商标核定使用的“空气调节设备；运载工具用通风装置（空气调节）；空调用过滤器；通风设备和装置（空气调节）”商品与引证商标一核定使用的“通风设备和装置（空气调节）”等商品属于同一种或类似商品。争议商标与引证商标一同使用在上述商品上，易使相关公众认为其属于系列商标或存在特定联系，从而对商品来源产生误认，已构成《商标法》第三十一条所指的使用在同一种或类似商品上的近似商标。被诉裁定认定事实清楚，适用法律正确。

某某技术公司述称：同意被诉裁定，请求驳回浙江某某公司的诉讼请求。

行政阶段，浙江某某公司提交了以下主要证据：（1）浙江某某公司企业名称变更证明；（2）浙江某某公司名下其他商标的异议决定书；（3）浙江某某公司纳税证明；（4）诉争商标及浙江某某公司所获荣誉证明；（5）浙江某某公司参与国家展览的照片；（6）诉争商标产品的销售合同；（7）百度百科、某某技术公司官网对某某技术公司经营范围的介绍。某某技术公司在行政阶段提交了以下主要证据：（1）某某技术公司及其关联公司主体证明材料；（2）关于某某技术公司的介绍；（3）某某技术公司及其产品所获荣誉；（4）百度及国家图书馆检索证据；（5）某某技术公司商标宣传使用证据；（6）关于某某技术公司商号知名度的相关证据；（7）某某技术公司在《财富》《福布斯》《商业周刊》等媒体上的企业排行证据；（8）某某技术公司商标受保护记录及相关裁定；（9）某某技术公司商标注册情况；（10）浙江某某公司简介及其恶意注册的证据；（11）其他相关证据。

诉讼阶段，浙江某某公司向法院提交以下证据：（1）浙江某某公司厂区车间照片；（2）浙江某某公司宣传视频；（3）浙江某某公司获得的部分荣誉称号；（4）浙江某某公司生产和销售的思科国祥产品通过的各项认证；（5）浙江某某公司获得的专利证书；（6）浙江某某公司 2015、2016、2017 年度税收完税证明；（7）思科国祥产品实物照片和宣传册；（8）思科国祥产品获得的部分荣誉；（9）第 653143 号“思科”商标注册公告；（10）第 3027171 号“SIKE 思科”商标信息；（11）第 3027171 号“SIKE 思科”商标连续三年停止使用撤销申请的结案通知；（12）其他“思科”商标在商品和服务国际分类不同类别上的注册情况；（13）浙江某某公司在商品和服务国际分类第 11 类上已经注册的其他商标。某某技术公司向法院提交以下证据：（1）常用英汉词典工具关于“CISCO”与“思科”的解释；（2）“CISCO”“思科”商标、域名受保护的决定、裁定、专家组裁决。

法院经审理查明：浙江某某公司认可诉争商标核定使用的“空气调节设备；运载工具用通风装置（空气调节）；空调用过滤器；通风设备和装置（空气调节）”商品与引证商标核定使用的“干燥设备；通风设备和装置（空气调节）”等商品属于相同或类似商品。

2020 年 2 月 26 日，北京知识产权法院作出（2018）京 73 行初 443 号行政判决：一、撤销国家工商行政管理总局商标评审委员会作出的商评字［2017］第 147495 号关于第 11798638 号“思科国祥”商标无效宣告请求裁定；二、被告国家知识产权局就第三人某某技术公司对第 11798638 号“思科国祥”商标提出的无效宣告申请重新作出裁定。国家知识产权局不服一审判决，提起上诉。2021 年 11 月 27 日，北京市高级人民法院作出（2020）京行终 3618 号行政判决：驳回上诉，维持原判。

裁判理由

法院生效裁判认为：2013 年《商标法》第三十一条规定："两个或者两个以上的商标注册申请人，在同一种商品或者类似商品上，以相同或者近似的商标申请注册的，初步审定并公告申请在先的商标；同一天申请的，初步审定并公告使用在先的商标，驳回其他人的申请，不予公告。"类似商品，是指在功能、用途、生产部门、销售渠道、消费对象等方面相同，或者相关公众一般认为其存在特定联系、容易造成混淆的商品。本案中，各方当事人对诉争商标核定使用的"空气调节设备；运载工具用通风装置（空气调节）；空调用过滤器；通风设备和装置（空气调节）"商品与引证商标核定使用的"干燥设备；通风设备和装置（空气调节）"等商品属于相同或类似商品不持异议，法院经审查并无不当，对此予以确认。

认定商标是否近似，既要考虑商标标志构成要素及其整体的近似程度，也要考虑相关商标的显著性和知名度、所使用商品的关联程度等因素，以是否容易导致混淆作为判断标准。本案中，诉争商标为中文"思科国祥"，引证商标为英文"CISCO"，二者在读音、构成、含义等方面存在较大差异，未构成近似商标。某某技术公司提交的证据不足以证明在第 11 类商品上"CISCO"与"思科"形成了唯一对应关系。因此，虽然二者核定使用的商品构成类似，但由于商标未构成近似，故二者共存于市场上，不易造成相关公众对商品来源产生混淆误认，国家知识产权局的相关上诉理由不能成立，不予支持。

综上所述，原审判决认定事实清楚，适用法律正确，程序合法，应予维持。国家知识产权局的相关上诉理由缺乏法律和事实依据，法院不予支持。

裁判要旨

对于外文标志，第一感觉是字母的组合，如果外文存在相关公众普遍知晓的明确、常见含义，可能因与相应的中文具有对应性而认定构成近似。判断时，应当从相关公众的角度进行，需要考虑中国相关公众对外语的实际认知能力。若外文标志为非固有外文词汇，在判断与中文标志是否构成近似时，应考虑外文标志是否经长期宣传使用而具有一定知名度，中国相关公众是否已在外文标志与中文标志间建立起对应关系，否则不应认定为近似商标。

关联索引

2013年《中华人民共和国商标法》第三十一条

《中华人民共和国行政诉讼法》第七十条第一项

一审：北京知识产权法院（2018）京73行初443号（2020年2月26日）

二审：北京市高级人民法院（2020）京行终3618号（2021年11月27日）

法官评析

根据商标法的规定，任何能够将自然人、法人或者其他组织的商品与他人的商品区别开的标志，均可以作为商标申请注册。因此，经营者申请的商标标志千变万化，中、外文商标是经营者使用最为常见的商标样式。不同经营者在同一商品或服务类别上申请的中、外文商标是否混淆性近似，常常是当事人争议的焦点。本案即是一起典型案例。某某技术公司在第9类商品上，使“思科”商标与“CISCO”商标形成了对应关系，其主张在第11类商品上“思科”商标与“CISCO”商标亦形成对应关系。对于是否应当支持某某技术公司的主张，主要有以下两种观点：

第一种观点认为，应当支持某某技术公司的主张。某某技术公司在第9类商品上的使用，已使“思科”商标与“CISCO”商标形成了对应关系，二者已形成一个整体，所以他人对其中一部分的使用也是对另一部分的使用。

第二种观点认为，不应当支持某某技术公司的主张。某某技术公司在第9类、第11类商品上均注册了商标，应当分别进行考虑，根据其各自的知名度及使用情况进行判定。若按第一种观点，将会导致对商标保护过度的情况出现。

笔者支持上述第二种观点，认为在判断相同商品或服务类别上的中、外文商标是否应认定近似时，应厘清如下问题：

第一，关于核定服务与核定商标的关系。商标是指示商品或服务来源的标志。商标注册、维持和保护，都是建立在相关商品或者服务基础上的。离开商品或者服务，商标无法定义、无从谈起。《商标注册用商品和服务国际分类》《类似商品和服务区分表》是划分商标和服务类别的重要依据，当然，在判断是否构成类似问题时，它们也是重要的参考。

第二，关于商标使用与相关公众的关系。通常认为商标权具有财产权的属性，因此，商标权人可凭自己意志决定使用或不使用商标。使用是商标的灵魂，使用对于商标权的形成、商标保护范围的确定及商标功能的发挥至关重要。[①] 相关公众是社会公众的一部分，是与商标使用的商品或者服务存在实际或者潜在联系的特定社会公众。相关公众的范围与商标使用的商标或者服务的性质有关。商品或者服务的特性决定了相关公众的多寡。

第三，关于中文商标与外文商标的关系。如果外文存在相关公众普遍知晓的明确、常见含义，可能因与相应的中文具有对应性而认定构成近似。判断时，应当从相关公众的角度进行，需要考虑中国相关公众对外语的实际认知能力。对于外文标志，第一感觉是字母的组合，即使知晓相应单词的含义，除非在先商标具有较高知名度，通常不会与相应的中文商标建立起同一来源的关系。[②]

综上，一、二审法院在审理本案时，厘清了上述关系，其判决结果是正确的。

一审法院合议庭成员　李志峰　周　华　陶　轩
二审法院合议庭成员　樊　雪　王晓颖　宋　川
编写人　李志峰

① 北京市高级人民法院知识产权审判庭编著:《商标授权确权的司法审查》，中国法制出版社 2014 年版，第 395 页。

② 周云川:《商标授权确权诉讼规则与判例》，法律出版社 2014 年版，第 288 页。

22. 上海某鞋业有限公司诉国家知识产权局、浙江某鞋业有限公司商标权无效宣告请求行政纠纷案

——商标共存协议对混淆可能性判断的影响

关键词 商标权无效宣告 混淆可能性 商标共存协议

基本案情

2020年1月20日，浙江某鞋业有限公司（以下简称浙江某鞋业公司）以上海某鞋业有限公司（以下简称上海某鞋业公司）名下的第19209434号“”商标（以下简称诉争商标）与其在先注册的第991632号“”商标（以下简称引证商标一）、第3020450号“”商标（以下简称引证商标二）构成2013年《商标法》第三十条所指情形为由向国家知识产权局提出无效宣告申请，请求宣告诉争商标无效。2021年2月3日，国家知识产权局作出商评字［2021］第32541号关于第19209434号图形商标无效宣告请求裁定（以下简称被诉裁定），认定诉争商标在鞋、运动鞋、服装、防水服、帽、袜、运动衫、头带（服装）、鞋垫商品上的注册违反2013年《商标法》第三十条规定，故对诉争商标在上述商品上的注册予以无效宣告。

上海某鞋业公司不服被诉裁定，在法定期限内向北京知识产权法院提起行政诉讼，诉称：诉争商标与引证商标一、二在细节设计、整体外观等方面不同，不构成近似商标，在实际使用中也不会造成消费者混淆或误认，诉争商标的注册未违反2013年《商标法》第三十条的规定，故请求法院依法撤销被诉裁定，判令国家知识产权局重新作出裁定。

国家知识产权局辩称：被诉裁定认定事实清楚，适用法律正确，作出

程序合法，请求法院依法驳回上海某鞋业公司的诉讼请求。

浙江某鞋业公司述称：被诉裁定认定事实清楚，适用法律正确，作出程序合法，请求法院依法驳回上海某鞋业公司的诉讼请求。

评审程序中，上海某鞋业公司向国家知识产权局提交了1934年《申报》相关报道，“F勾”鞋老照片，WB-1产品大事记，“回力WARRIOR及图”商标注册证，著名运动员、模特及影视明星穿WB-1型篮球鞋的照片及相关报道，店铺照片，销售地区汇总表，购销协议，发票，出口情况汇总表，行业排名，市场占有率证明，广告宣传费用汇总表，参展资料，国内外各大媒体新闻报道等证据。浙江某鞋业公司向国家知识产权局提交了商标注册信息、荣誉证书、纳税证明、销售合同、发票、在先裁定及判决等证据。

诉讼程序中，上海某鞋业公司向法院补充提交了以下主要证据：(1) 在先判决；(2) 诉争商标设计理念；(3) 关于诉争商标被呼叫为F勾，引证商标被呼叫为双箭头的相关报道；(4) 上海某鞋业公司第1116171号商标申请注册信息；(5) 诉争商标的销售、宣传等使用证据；(6) 回力F勾商标历史发展脉络的相关资料；(7) 2014~2021年回力品牌及其WB-1鞋产品参加各种展览会、博览会的参展照片；(8) 上海某鞋业公司及其产品所获荣誉；(9) 2015~2021年上海某鞋业公司参加各类展会、广告合同；(10) 1995年回力维权打假档案材料；(11)《商标共存同意书》。

法院经审理查明：诉争商标系由上海某鞋业公司于2016年3月3日申请注册，核定使用在第25类鞋、运动鞋、服装、防水服、帽、袜、手套（服装）、运动衫、头带（服装）、鞋垫商品上，商标专用权期限至2028年6月27日止。

引证商标一系由乐清市某鞋业有限公司于1995年9月27日申请注册，核定使用在第25类皮鞋、运动鞋、旅游鞋商品上，商标专用权期限至2027年4月27日止。2004年11月14日，该商标经核准被转让与浙江某鞋业公司。

引证商标二系由浙江某鞋业公司于2001年11月19日申请注册，核定使用在第25类服装、袜、帽子商品上，商标专用权期限至2024年7月6日。

诉讼中，2021年6月29日，上海某鞋业公司与浙江某鞋业公司签订《商标共存同意书》，载明：浙江某鞋业公司同意上海某鞋业公司的诉争商标用于第25类在鞋、运动鞋、服装、防水服、帽、袜、运动衫、头带

（服装）、鞋垫、手套（服装）商品或服务项目上的商标注册，与浙江某鞋业公司的引证商标一、二并存于世；浙江某鞋业公司愿意放弃对诉争商标提起的无效宣告请求。

庭审中，上海某鞋业公司明确认可诉争商标核定使用的鞋、运动鞋、服装、防水服、帽、袜、运动衫、头带（服装）、鞋垫商品与各引证商标核定使用的商品构成同一种或类似商品。

北京知识产权法院于2021年8月27日作出（2021）京73行初5806号行政判决：一、撤销国家知识产权局作出的被诉裁定；二、国家知识产权局就浙江某鞋业公司针对诉争商标提出的商标无效宣告申请重新作出裁定。判决作出后，各方当事人均未提出上诉，该案一审判决已生效。

裁判理由

法院生效裁判认为：本案中，上海某鞋业公司明确认可诉争商标核定使用的鞋、运动鞋、服装、防水服、帽、袜、运动衫、头带（服装）、鞋垫商品与各引证商标核定使用的商品构成相同或类似商品，法院经审查予以确认。

关于上海某鞋业公司所述其已与引证商标权利人达成商标共存协议，引证商标一、二不再构成诉争商标获准注册的权利障碍的诉讼主张，法院认为：诉争商标与引证商标一、二是否构成近似商标，二者并存是否会造成相关公众的混淆、误认，引证商标的注册人作为直接利害关系人较其他相关公众而言更为关切。因此，在判断诉争商标与引证商标一、二共存在类似商品上是否会导致相关公众的混淆、误认时，应当考虑引证商标注册人与诉争商标申请人达成的商标共存协议。一方面，在诉争商标标志与引证商标标志存在差异的情况下，商标共存协议可以作为排除混淆可能性的参考因素；另一方面，还应考虑商标专用权的私权属性，商标共存协议体现了引证商标注册人对其所享有的商标专用权部分权利空间的让渡和处分，根据意思自治原则，应当允许商标注册人自由处分其商标专用权。

本案中，诉争商标“ ”与引证商标一“ ”、引证商标二“ ”在构图、设计手法及整体视觉效果等方面存在一定差别，诉争商标与引证商标一、二的商标标志存在一定区别，且上海某鞋业公司与浙江某鞋业公司已签订《商标共存同意书》，浙江某鞋业公司明确表示同意诉争商标与各引证商标共存，该《商标共存同意书》并不违反法律、行政法规的相关规定，亦无证据显示诉争商标与各引证商标共存足以损害相关公众的利益。在此情况下，应当考虑《商标共存同意书》在判断排除混淆可能性方面的作用。因此，综合考虑上述情况，可以认定诉争商标与各引证商标共存于相同或类似商品上，不易引起相关公众的混淆、误认。诉争商标在鞋、运动鞋、服装、防水服、帽、袜、运动衫、头带（服装）、鞋垫商品上的申请注册未违反2013年《商标法》第三十条规定。国家知识产权局依据上海某鞋业公司在评审程序中提交的证据作出的被诉裁定并无不当，但鉴于上海某鞋业公司在诉讼中补充提交的《商标共存同意书》等证据足以影响案件结论，故法院对被诉裁定予以撤销。

裁判要旨

在商标授权确权行政案件中，在判断诉争商标与引证商标共存于同一种或类似商品上是否会造成相关公众对商品来源产生混淆或误认时，应当考虑引证商标注册人与诉争商标申请人达成的商标共存协议。一方面，在诉争商标标志与引证商标标志存在差异的情况下，商标共存协议可以作为排除混淆可能性的参考因素；另一方面，还应考虑商标专用权的私权属性，商标共存协议体现了引证商标权利人对其所享有的商标专用权部分权利空间的让渡和处分，根据意思自治原则，应允许商标注册人自由处分其商标专用权。

关联索引

2013年《中华人民共和国商标法》第三十条

一审： 北京知识产权法院（2021）京73行初5806号（2021年8月27日）

法官评析

本案涉及商标共存协议的效力认定问题，在商标授权确认行政案件司法实践中，当在后申请商标因与在先申请、初步审定或注册的商标相同或近似而被驳回、不予注册或宣告无效时，在后申请商标权利人经常会采取与引证商标权利人签订商标共存协议的方式，以此来排除混淆可能性的认定，消除在后申请商标的注册障碍。我国《商标法》及相关司法解释对商标共存协议并未进行明确规定，关于商标共存协议的效力认定标准仅体现在部分规范性文件中。如最高人民法院2011年发布的《关于充分发挥知识产权审判职能作用推动社会主义文化大发展大繁荣和促进经济自主协调发展若干问题的意见》第十九条规定："妥善处理商标近似与商标构成要素近似的关系，准确把握认定商标近似的法律尺度。认定是否构成近似商标，要根据案件的具体情况。通常情况下，相关商标的构成要素整体上构成近似的，可以认定为近似商标。相关商标构成要素整体上不近似，但主张权利的商标的知名度远高于被诉侵权商标的，可以采取比较主要部分决定其近似与否。要妥善处理最大限度划清商业标识之间的边界与特殊情况下允许构成要素近似商标之间适当共存的关系。相关商标均具有较高知名度，或者相关商标的共存是特殊条件下形成时，认定商标近似还应根据两者的实际使用状况、使用历史、相关公众的认知状态、使用者的主观状态等因素综合判定，注意尊重已经客观形成的市场格局，防止简单地把商标构成要素近似等同于商标近似，实现经营者之间的包容性发展。"国家工商行政管理总局于2014年修订的《商标评审规则》第八条规定："在商标评审期间，当事人有权依法处分自己的商标权和与商标评审有关的权利。在不损害社会公共利益、第三方权利的前提下，当事人之间可以自行或经调解以书面方式达成和解。对于当事人达成和解的案件，商标评审委员会可以结案，也可以做出决定或者裁定。"2019年北京市高级人民法院发布的《商标授权确权行政案件审理指南》中也对商标共存协议的属性、形式要件以及法律效果作出了相应规定。①

① 《北京市高级人民法院商标授权确权行政案件审理指南》第十五节第十条规定："判断诉争商标与引证商标是否构成近似商标，共存协议可以作为排除混淆的初步证据。"第十一条规定："引证商标权利人应以书面形式同意诉争商标申请注册，明确载明诉争商标的具体信息，但附条件或者附期限的共存协议一般不予采信。共存协议应当真实、合法、有效，且不存在损害国家利益、社会公共利益和第三人合法权益等情形，否则不应予以采纳。"第十二条规定："引证商标与诉争商标的商标标志相同或者基本相同，且使用在相同或者类似商品上的，不能仅以共存协议为依据，准予诉争商标的注册申请。引证商标与诉争商标的商标标志近似，使用在相同或者类似商品上，引证商标权利人出具共存协议的，在无其他证据证明诉争商标与引证商标的共存足以导致相关公众对商品来源发生混淆的情况下，可以认定诉争商标与引证商标不构成近似商标。引证商标权利人出具共存协议后，以诉争商标与引证商标构成近似商标为由，提起不予注册异议或者请求无效宣告的，不予支持，但该协议依法无效或者被撤销的除外。"

从上述规定可以看出，行政机关、司法机关对于商标共存协议的效力在一定程度上是持认可态度的，商标权具有私权的本质属性，私法领域的意思自治原则、契约自由原则通常也应当可以适用于商标法律制度中，商标共存协议作为引证商标权利人与在后商标申请人之间所达成的合意，是当事人意思自治、契约自由的表现，在不违反法律、行政法规的效力性强制性规定、不损害消费者利益及社会公共利益的前提下，应当得到肯定与尊重。如果诉争商标与引证商标存在一定差别，亦无证据显示诉争商标与引证商标共存足以损害相关公众的利益，则应当考虑商标共存协议在判断排除混淆可能性时的作用。

在判断商标共存协议对于排除混淆可能性的作用时，通常应当综合考虑诉争商标与引证商标的标志近似程度、两商标的知名度和显著性、诉争商标申请人的主观恶意等因素。本案中，诉争商标与引证商标一、二虽均为图形商标，但二者在构图要素、设计手法及整体视觉效果等方面存在一定差别，尚不足以被认定为近似商标。同时，上海某鞋业公司提交的相关媒体宣传报道等诉争商标宣传使用证据显示，该公司对于诉争商标标志“F 勾”图案具有较长的使用历史，其申请注册诉争商标并无攀附他人商誉等主观恶意，诉争商标经过持续使用积累了较高的知名度和影响力。因此，在双方已经签订商标共存协议、浙江某鞋业公司明确表示同意诉争商标与各引证商标共存的情况下，法院综合考虑上述情况，最终认定诉争商标与各引证商标共存于同一种或类似商品上，不易导致相关公众对商品来源产生混淆或误认，诉争商标在相关商品上的注册未违反 2013 年《商标法》第三十条规定。

但是，需要指出的是，从我国商标法的立法宗旨①来看，我国商标法律制度不仅保护生产经营者的利益，同时还保护消费者利益和公平的市场竞争秩序；《商标法》第三十条、第三十一条的立法目的不仅仅是保护在先申请、初步审定或注册商标，保护在先商标权人的利益、避免商标权利冲突，同时也是保护消费者利益，避免造成消费者混淆。商标权虽属于私

① 《商标法》第一条规定：“为了加强商标管理，保护商标专用权，促使生产、经营者保证商品和服务质量，维护商标信誉，以保障消费者和生产、经营者的利益，促进社会主义市场经济的发展，特制定本法。”

权利，权利处分尊重当事人意思自治，但同时商标制度也具有公共管理属性，还需保障消费者利益和公平的市场竞争秩序，因此对于商标共存协议的效力认定，不能仅从民事权利意思自治角度出发，还要考量对于消费者利益、市场秩序是否有所损害。若商标高度近似，相关公众无法区分商品来源，商标共存不能避免相关公众对商品的来源产生混淆的可能性，则此类商标共存协议的效力应予以否定。并且，从目前的行政、司法实践来看，在商标授权确权行政案件中，行政机关、司法机关对于商标共存协议的效力审查标准日趋严格，如果诉争商标与引证商标的标志相同或者基本相同，且使用在同一种或者类似商品上的，不能仅以引证商标权利人出具共存协议为由准予诉争商标的注册。符合下列情形的，通常会被认定为构成“诉争商标与引证商标的标志基本相同”：（1）诉争商标和引证商标均是由中文构成的文字商标，中文或中文显著识别部分的汉字构成、读音相同，或字形、整体外观基本无差别的；（2）诉争商标和引证商标均是由外文构成的文字商标，仅有个别字母存在差异的；（3）诉争商标和引证商标均是图形商标，图形的构成要素、表现形式、整体视觉效果基本无差别的；（4）诉争商标和引证商标均是图文组合商标，主要识别部分或整体视觉效果基本无差别的。此外，需要注意的是，诉争商标申请人与引证商标权利人之间是否具有关联关系，不应影响商标共存协议效力的认定。

一审法院合议庭成员 马兴芳 杨德山 宋 敏

编写人 马兴芳

23. 某有限公司甲诉国家知识产权局、某有限公司乙商标权无效宣告请求行政纠纷案*

——诉争商标知名度对商标近似判断的影响分析

关键词 商标近似 标志近似 知名度 市场秩序

基本案情

原告某有限公司甲诉称：其“鳄鱼恤”“CROCODILE”“鳄鱼图形”商标是中国公众熟知的驰名商标，也是在中国已经使用的有一定影响的商标，第G873725号“CROCS”商标（以下简称诉争商标）是对某有限公司甲的“鳄鱼恤”“CROCODILE”“鳄鱼图形”商标的恶意模仿和抄袭。某有限公司乙与某有限公司甲是同业经营者，某有限公司乙应当知晓某有限公司甲及“鳄鱼恤”“CROCODILE”“鳄鱼图形”商标，诉争商标是对某有限公司甲驰名商标的恶意模仿，故诉争商标的注册申请违反2001年《商标法》第十三条第二款的规定以及2001年《商标法》第三十一条“不得以不正当手段抢先注册他人已经使用并有一定影响的商标”的规定；诉争商标核定使用的商品与引证商标核定使用的商品构成类似商品，诉争商标与引证商标构成近似商标，故诉争商标的注册申请违反2001年《商标法》第二十八条的规定。因此，诉争商标应被宣告无效。据此，某有限公司甲诉至一审法院，请求：(1) 撤销被诉裁定；(2) 国家知识产权局重新作出裁定。

国家知识产权局、第三人某有限公司乙辩称：被诉裁定认定事实清

* 本案例入选《北京知识产权法院典型案例评析》。

楚，适用法律正确，作出程序合法，请求法院依法驳回某有限公司甲的诉讼请求。

法院经审理查明：诉争商标系第G873725号“CROCS”商标，于2003年5月27日在美利坚合众国首次被核准注册，商标权人为某有限公司乙。后某有限公司乙通过世界知识产权组织国际局向国家知识产权局提出了领土延伸保护申请。国家知识产权局于2006年11月20日作出予以驳回的决定，某有限公司乙于2007年1月8日提出商标驳回复审申请，国家知识产权局于2011年3月11日作出核准注册的决定，核定使用商品为第25类“鞋、服装即T恤衫、袜子，不包括时装和儿童服装、帽、轻质防滑鞋”，该商标专用权期限至2025年11月23日。

引证商标一系第246896号“鳄鱼恤”商标，由某有限公司甲于1985年4月11日向国家知识产权局提出注册申请，并于1986年3月30日被核准注册，核定使用在第25类“衬衫、裤子、汗衫及其他衣服”商品上，经续展，该商标专用权期限至2026年3月29日。

引证商标二系第246870号“鳄鱼恤”商标，由某有限公司甲于1985年4月11日向国家知识产权局提出注册申请，并于1986年3月30日被核准注册，核定使用在第25类“鞋”商品上，经续展，该商标专用权期限至2026年3月29日。

引证商标三系第246848号“鳄鱼恤”商标，由某有限公司甲于1985年4月11日向国家知识产权局提出注册申请，并于1986年3月30日被核准注册，核定使用在第25类“运动鞋”商品上，经续展，该商标专用权期限至2026年3月29日。

引证商标四系第233201号“鳄鱼EYU”商标，由某国际有限公司于1985年1月3日向国家知识产权局提出注册申请，并于1985年9月30日被核准注册，核定使用在第25类“服装”商品上，经续展，该商标专用权期限至2025年9月29日。

引证商标五系第246898号“CROCODILE”商标，由某有限公司甲于1985年4月11日向国家知识产权局提出注册申请，并于1986年3月30日被核准注册，核定使用在第25类“衬衫、裤子、汗衫及其它衣服”商品上，经续展，该商标专用权期限至2026年3月29日。

引证商标六系第246850号“CROCODILE”商标，由某有限公司甲于

1985 年 4 月 11 日向国家知识产权局提出注册申请，并于 1986 年 3 月 30 日被核准注册，核定使用在第 25 类“运动鞋”商品上，经续展，该商标专用权期限至 2026 年 3 月 29 日。

引证商标七系第 246872 号“CROCODILE”商标，由某有限公司甲于 1985 年 4 月 11 日向国家知识产权局提出注册申请，并于 1986 年 3 月 30 日被核准注册，核定使用在第 25 类“鞋”商品上，经续展，该商标专用权期限至 2026 年 3 月 29 日。

引证商标八系第 3799119 号“鳄鱼恤 CROCODILE 及图”商标，由某有限公司甲于 2003 年 11 月 14 日向国家知识产权局提出注册申请，并于 2011 年 4 月 21 日被核准注册，核定使用在第 25 类“内衣裤、游泳装、爬山鞋、鞋”等商品上，该商标专用权期限至 2021 年 4 月 20 日。

引证商标九系第 905474 号“鳄鱼仔”商标，由某有限公司甲于 1995 年 3 月 1 日向国家知识产权局提出注册申请，并于 1996 年 11 月 28 日被核准注册，核定使用在第 25 类“雨衣、领花、领结、背带”等商品上，经续展，该商标专用权期限至 2026 年 11 月 27 日。

引证商标十系第 3597784 号“CROCO”商标，由某有限公司甲于 2003 年 6 月 18 日向国家知识产权局提出注册申请，并于 2004 年 2 月 14 日被核准注册，核定使用在第 25 类“婴儿服装、雨衣、围巾、腰带”等商品上，经续展，该商标专用权期限至 2024 年 2 月 13 日。

引证商标十一系第 246891 号“CROCO”商标，由某有限公司甲于 1985 年 3 月 30 日向国家知识产权局提出注册申请，并于 1986 年 3 月 30 日被核准注册，核定使用在第 25 类“服装”商品上。引证商标十一因连续三年停止使用经撤销复审裁定于 2009 年 7 月 13 日予以撤销，现为无效商标。

引证商标十二系第 246863 号“CROCO”商标，由某有限公司甲于 1985 年 3 月 30 日向国家知识产权局提出注册申请，并于 1986 年 3 月 30 日被核准注册，核定使用在第 25 类“鞋、帽子”商品上。引证商标十二因连续三年停止使用经撤销复审裁定于 2009 年 7 月 13 日予以撤销，现为无效商标。

引证商标十三系第 881402 号“CROCO KIDS”商标，由某有限公司甲于 1994 年 10 月 17 日向国家知识产权局提出注册申请，并于 1996 年 10 月

14日被核准注册，核定使用在第25类“服装、鞋、帽”商品上，经续展，该商标专用权期限至2026年10月13日。

引证商标十四系第1636322号“CROCO BOY”商标，由某有限公司甲于2000年8月21日向国家知识产权局提出注册申请，并于2001年9月21日被核准注册，核定使用在第25类“服装、鞋、袜、帽”商品上，经续展，该商标专用权期限至2021年9月20日。

引证商标十五系第1636321号“CROCO GIRL”商标，由某有限公司甲于2000年8月21日向国家知识产权局提出注册申请，并于2001年9月21日被核准注册，核定使用在第25类“服装、鞋、袜、帽”商品上，经续展，该商标专用权期限至2021年9月20日。

引证商标十六系第3212913号“CROCO LADIES”商标，由某有限公司甲于2002年6月17日向国家知识产权局提出注册申请，并于2004年1月14日被核准注册，核定使用在第25类“内衣、衣领、帽、围巾”等商品上，经续展，该商标专用权期限至2024年1月13日。

引证商标十七系第3528455号“CROCO CLASSIC”商标，由某有限公司甲于2003年4月16日向国家知识产权局提出注册申请，并于2003年10月21日被核准注册，核定使用在第25类“婴儿服装、游泳装、雨衣”等商品上，经续展，该商标专用权期限至2023年10月20日。

某有限公司甲针对诉争商标提出无效宣告请求，其请求依据2001年《商标法》第十三条、第二十八条、第三十一条、第四十一条的相关规定对诉争商标予以无效宣告。2015年11月10日，国家知识产权局作出被诉裁定：诉争商标予以维持。

北京知识产权法院于2016年12月30日作出（2016）京73行初1395号行政判决：驳回某有限公司甲的诉讼请求。宣判后，某有限公司甲以诉争商标与各引证商标构成近似商标为由提起上诉。北京市高级人民法院于2017年12月12日作出（2017）京行终3268号行政判决：驳回上诉，维持原判。

裁判理由

法院生效裁判认为：

一、关于诉争商标与引证商标一至十、引证商标十三至十七是否构成使用在同一种或类似商品上的近似商标问题

根据2001年《商标法》第二十八条的规定，申请注册的商标，凡不符合本法有关规定或者同他人在同一种商品或者类似商品上已经注册的或者初步审定的商标相同或者近似的，由商标局驳回申请，不予公告。

鉴于各方当事人对诉争商标核定使用的商品与引证商标核定使用的商品构成类似商品不持异议，故法院仅对诉争商标与引证商标是否构成近似商标进行认定。

根据相关法律规定，商标近似是指商标文字的字形、读音、含义或者图形的构图及颜色，或者其各要素组合后的整体结构相似，或者其立体形状、颜色组合近似，易使相关公众对商品的来源产生误认或者认为二者之间有特定的联系。本案中，诉争商标系“CROCS”文字商标，引证商标一、二、三系“鳄鱼恤”文字商标，引证商标四系“鳄鱼 EYU”文字商标，引证商标五、六、七系“CROCODILE”文字商标，引证商标八系由“鳄鱼恤 CROCODILE”及图形组成的图文组合商标，引证商标九系“鳄鱼仔”文字商标，引证商标十系“CROCO”文字商标，引证商标十三系“CROCO KIDS”文字商标，引证商标十四系“CROCO BOY”文字商标，引证商标十五系“CROCO GIRL”文字商标，引证商标十六系“CROCO LADIES”文字商标，引证商标十七系“CROCO CLASSIC”文字商标。

将本案的诉争商标与引证商标一至十、引证商标十三至十七的文字部分比较，虽然在英文构成方面有部分字母相同，但整体存在一定的差异，相关公众施以一般注意力尚可区分；某有限公司乙提交的《牛津高阶英汉双解词典》《牛津实用英汉双解词典》《朗文当代高级英语辞典》以及上海交通大学出版社出版的《汉英辞典》、外语教学与研究出版社出版的《汉英词典》等词典并未收录“CROC”“CROCS”，某有限公司甲提交的《新英汉词典》第276页记载“croc = crocodile ［俚语］”，可见“CROC”“CROCS”并非英语的常见词汇，故相关消费者并不会将“CROCS”与“鳄鱼”含义联系起来；且诉争商标与某有限公司甲的“鳄鱼”“鳄鱼图形”“CROCODILE”商标在服装等商品上已在市场上共存多年，某有限公司乙提交的关于“crocs”或者“卡骆驰”的宣传报道，某有限公司乙在上

海、南京、无锡、西安、北京等地实体店的装潢展示照片，某有限公司乙2007~2012年的产品手册、网上店铺截图等证据可以证明诉争商标具有较高的知名度，诉争商标经过使用已经形成稳定的市场秩序，已经能够与引证商标相区分。且某有限公司甲亦未就此提交证据证明相关公众容易将诉争商标与引证商标相混淆，故诉争商标与引证商标未构成使用在同一种或类似商品上的近似商标。

二、关于诉争商标的注册是否违反2001年《商标法》第十三条第二款规定的问题

根据2001年《商标法》第十三条第二款的规定，就不相同或者不相类似商品申请注册的商标是复制、摹仿或者翻译他人已经在中国注册的驰名商标，误导公众，致使该驰名商标注册人的利益可能受到损害的，不予注册并禁止使用。

某有限公司甲提交的在案证据可以证明其申请注册的“鳄鱼恤”“CROCODILE”“鳄鱼恤 CROCODILE 及图”商标在中国大陆具有一定的知名度，但其并未提交市场排名、广告范围、广告投入、受保护记录等证据予以证明其驰名程度，故在案证据尚不足以证明在诉争商标申请注册之前引证商标一至三、引证商标五至八已经成为驰名商标。故诉争商标的注册未违反2001年《商标法》第十三条第二款的规定。

三、关于诉争商标的注册是否违反2001年《商标法》第三十一条“不得以不正当手段抢先注册他人已经使用并有一定影响的商标”的规定的问题

2001年《商标法》第三十一条“不得以不正当手段抢先注册他人已经使用并有一定影响的商标”针对的是未注册商标，而本案中的引证商标均为已核准注册的商标，故原告提出诉争商标的注册违反2001年《商标法》第三十一条“不得以不正当手段抢先注册他人已经使用并有一定影响的商标”的规定的主张，缺乏依据，法院不予支持。

四、关于对诉争商标提出无效宣告请求是否超出诉争商标核准注册之日起五年的期限的问题

2001 年《商标法》第四十一条第三款规定:“除前两款规定的情形外,对已经注册的商标有争议的,可以自该商标经核准注册之日起五年内,向商标评审委员会申请裁定。”2013 年《商标法》第四十五条第一款规定:“已经注册的商标,违反本法第十三条第二款和第三款、第十五条、第十六条第一款、第三十条、第三十一条、第三十二条规定的,自商标注册之日起五年内,在先权利人或者利害关系人可以请求商标评审委员会宣告该注册商标无效。对恶意注册的,驰名商标所有人不受五年的时间限制。”2014 年《商标法实施条例》第四十九条第三款规定:“依照商标法第四十五条第一款规定申请宣告国际注册商标无效的,应当自该商标国际注册申请的驳回期限届满之日起 5 年内向商标评审委员会提出申请;驳回期限届满时仍处在驳回复审或者异议相关程序的,应当自商标局或者商标评审委员会作出的准予注册决定生效之日起 5 年内向商标评审委员会提出申请。对恶意注册的,驰名商标所有人不受 5 年的时间限制。”

某有限公司乙于 2006 年 2 月 28 日通过世界知识产权组织国际局向国家知识产权局提出了领土延伸保护申请,国家知识产权局于 2006 年 11 月 20 日作出予以驳回的决定。某有限公司乙不服于 2007 年 1 月 8 日提出的商标驳回复审申请,国家知识产权局于 2011 年 3 月 11 日作出核准注册的决定。某有限公司甲于 2012 年 5 月 10 日针对诉争商标提起争议请求(即无效宣告请求),并未超过诉争商标核准注册之日即 2011 年 3 月 11 日起的五年期间。因此,某有限公司甲提出其对诉争商标提出无效宣告请求未超出诉争商标核准注册之日起五年期限的主张成立,法院予以支持。国家知识产权局对此程序事项认定有误,法院予以纠正。鉴于国家知识产权局在被诉裁定中认定某有限公司甲对诉争商标提出无效宣告请求超出诉争商标核准注册之日起五年期限的同时,还对诉争商标无效宣告请求的相关实体问题进行了审理,故该程序瑕疵并不影响本案的处理结果。

裁判要旨

在商标权无效宣告行政程序中,在判断商标是否近似时,除了考虑商

标本身标志是否构成近似外，还应当考虑商标的显著性、知名度以及申请注册人的恶意等因素。若诉争商标使用时间较长，取得了较高的知名度，已经形成了稳定的市场秩序，可以与引证商标相区分，那么诉争商标就有被核准注册或者维持有效的可能性。

关联索引

2001 年《中华人民共和国商标法》第十三条、第二十八条、第三十一条、第四十一条

一审：北京知识产权法院（2016）京 73 行初 1395 号（2016 年 12 月 30 日）

二审：北京市高级人民法院（2017）京行终 3268 号（2017 年 12 月 12 日）

法官评析

虽然商标近似问题在商标授权确权案件中占比较大，但我国商标法中并没有关于如何判定两商标构成近似商标的具体规定。商标授权确权行政案件的评审阶段和司法阶段均采用的是 2013 年《商标法》第三十条和第三十一条（即 2001 年《商标法》第二十八条和第二十九条）。但这两条法律规定均未明确商标近似的含义及判定标准。2002 年《最高人民法院关于审理商标民事纠纷案件适用法律若干问题的解释》[①] 第九条规定："商标法[②]第五十二条第（一）项规定的商标相同，是指被控侵权的商标与原告的注册商标相比较，二者在视觉上基本无差别；商标法第五十二条第（一）项规定的商标近似，是指被控侵权的商标与原告的注册商标相比较，其文字的字形、读音、含义或者图形的构图及颜色，或者其各要素组合后的整体结构相似，或者其立体形状、颜色组合近似，易使相关公众对商品的来源产生误认或者认为其来源与原告注册商标的商品有特定的联系。"该解释第十条规定："人民法院依据商标法第五十二条第（一）项的规定，认定商标相同或者近似按照以下原则进行：（一）以相关公众的一般注意

---

① 该解释已于 2020 年修正。

② 这里指 2001 年《商标法》。

力为标准；（二）既要进行对商标的整体比对，又要进行对商标主要部分的比对，比对应当在比对对象隔离的状态下分别进行；（三）判断商标是否近似，应当考虑请求保护注册商标的显著性和知名度。”

在商标注册和审查的前期，行政机关及司法机关在多数案件中仅从商标的音、形、意方面进行比对，即单纯地比较商标标识。但商标法意义上的近似不仅仅是构成要素上的近似，还应当考虑请求保护注册商标的显著性和知名度等因素。一般情况下，请求保护商标的知名度是必须考虑的因素，诉争商标的知名度只是在例外情况下予以考虑的情况。这是因为判断在后商标能否获得注册，考虑的是该商标申请注册日之前的事实，该商标申请注册后的使用情况并非判断混淆之虞的要素。比如，在（2015）京知行初字第1492号原告意大利某国际服装集团有限公司诉被告国家工商行政管理总局商标评审委员会、第三人某国际商标异议复审行政纠纷案中，法院认定诉争商标与引证商标在字母构成、读音及视觉效果上相近，加之引证商标在核定使用商品上具有较高的知名度，故诉争商标与各引证商标构成使用在相同或类似商品上的近似商标。

但是，对于使用时间较长、已建立较高市场声誉和形成相关公众群体的诉争商标，应当准确把握商标法有关保护在先商业标志权益与维护市场秩序相协调的立法精神，充分尊重相关公众已在客观上将相关商业标志区别开来的市场实际，注重维护已经形成和稳定的市场秩序。具体到本案，诉争商标与引证商标的文字部分在英文构成方面有部分字母相同，但整体存在一定的差异，相关公众施以一般注意力尚可区分；某有限公司乙提交的词典并未收录“CROC”“CROCS”，某有限公司甲提交的《新英汉词典》第276页记载“croc = crocodile［俚语］”，可见“CROC”“CROCS”并非英语常见词汇，故相关消费者并不会将“CROCS”与“鳄鱼”含义联系起来；且诉争商标与某有限公司甲的“鳄鱼”“鳄鱼图形”“CROCODILE”商标在服装等商品上已在市场上共存多年，某有限公司乙提交的关于“crocs”或者“卡骆驰”的宣传报道，某有限公司乙在上海、南京、无锡、西安、北京等地实体店的装潢展示照片，某有限公司乙2007~2012年的产品手册、网上店铺截图等证据可以证明诉争商标具有较高的知名度，诉争商标经过使用已经形成稳定的市场秩序，已经能够与引证商标相区分。故法院认定诉争商标与引证商标未构成使用在同一种或类似商品上的近似商标。

在判断两商标是否近似时，除了考虑商标本身标识是否构成近似外，还应当考虑商标的显著性、知名度以及注册人的恶意等因素。若诉争商标使用时间较长，取得了较高的知名度，已经形成了稳定的市场秩序，与引证商标相区分，那么诉争商标就有被核准注册或者维持有效的可能性。

一审法院合议庭成员 张晓津 贠桂玲 李新平
二审法院合议庭成员 陶 钧 王晓颖 孙柱永
编写人 张晓津 赵 楠

24. 福建某电驱动股份有限公司诉国家知识产权局、第三人临沂某商贸有限公司商标权无效宣告请求行政纠纷案

——民营实业企业拓展主营业务、完善主要标志、延续商业信誉的行为不应被轻易否定

关键词 民营实业企业 商业信誉 类似商品和服务区分表

基本案情

原告福建某电驱动股份有限公司（以下简称福建某公司）诉称：诉争商标未构成《商标法》第三十条所指情形。原告系一家专注于汽车减速起动机、扁线发电机、电控气喇叭以及驱动电机的汽车零部件产品研发、生产、销售和服务的大型现代化国家高新技术企业。诉争商标是原告在其具有较高知名度的自有注册商标基础上申请注册的，相关公众会将诉争商标与基础注册商标联系在一起，认为商品来源于原告，不会造成混淆误认。（1）原告的基础注册商标包括第13446××号“金笛及图”商标、第14551××号“金笛”商标、第176192××号“金笛及图”商标（以下简称基础注册商标一、二、三）。（2）原告早在1996年8月5日就在“汽车电启动器”等商品上申请注册了第10900××号“金笛及图”商标（已注销），其注册、使用“金笛”商标的时间远早于引证商标一、二的申请注册时间。（3）原告的基础注册商标通过持续使用和广告宣传，已经产生了较高的知名度和美誉度。（4）诉争商标与引证商标一、二不构成类似商品上的近似商标。（5）引证商标一、二即便存在使用，也是在后使用且使用时间较短，没有

知名度。据此，请求法院判决撤销被诉裁定，并判令被告重新作出裁定。

被告国家知识产权局辩称：坚持被诉裁定意见，请求法院判决驳回原告诉讼请求。

第三人临沂某商贸有限公司（以下简称临沂某公司）未提交书面意见。

法院经审理查明：本案涉及的各商标基本情况详见表1。

表1　案涉商标情况表

案涉商标	商标号	商标标志	权利人	申请日	注册日	状态	核定商品	备注
原告在先申请注册商标	10900××		原告	1996. 8. 5	1997. 8. 28	被权利人注销	/	/
引证商标二	11591××		第三人	1996. 12. 16	1998. 3. 14	有效	1203 摩托车 1204 自行车 1205 电缆车设备和装置 1206 手推车 1210 水用机动运载器 三轮车配件（不包括钢珠和内外车胎）	案外人保定某发展公司2016年12月20日转让至保定某工程公司，2017年7月6日再转让至临沂某公司
原告基础注册商标一	13446××		原告	1998. 7. 6	1999. 12. 14	有效	1202 车辆喇叭；汽车电启动器；车辆拐弯信号装置；陆地车辆传动马达；陆地车辆引擎 1203 摩托车 1204 自行车 1205 电缆车设备和装置 1208 车轮胎 1210 船	车辆喇叭；汽车电启动器 2008. 7. 7 商评委认驰。 2008～2011/2014～2017年度泉州市知名商标

（续表）

案涉商标	商标号	商标标志	权利人	申请日	注册日	状态	核定商品	备注
原告基础注册商标二	14551××	金 笛	原告	1998.11.20	2000.10.7	有效	1202 车辆喇叭；车辆拐弯信号装置；陆地车辆传动马达；陆地车辆引擎 1203 摩托车 1204 自行车 1205 电缆车设备和装置 1208 车轮胎 1210 船	/
引证商标一	45040××	金 速	第三人	2005.2.7	2008.2.28	有效	1202 电动车辆；越野车；小汽车；遥控车（非玩具）；轮毂架；车身；陆地车辆刹车；汽车减震器	案外人王某某 2016 年 6 月 6 日转让给临沂某公司
原告基础注册商标三	176192××	金 笛	原告	2015.8.7	2016.9.28	有效	1201.02.04.05.10 电动运载工具 1202 陆地车辆用电动机；陆地车辆变速箱 1204 脚踏车传动齿轮；脚踏车马达；电动自行车 1202.04 小型机动车 1201.02.04.09.10 陆、空、水或铁路用机动运载工具 1209 空间飞行器 1210 水上运载工具 1211 运载工具用喇叭	/

（续表）

案涉商标	商标号	商标标志	权利人	申请日	注册日	状态	核定商品	备注
诉争商标	254304××	金笛	原告	2017.7.20	2019.11.14	/	1201.02.04.05.10 电动运载工具 1202 陆地车辆用电动机；陆地车辆马达；陆地车辆变速箱；陆地车辆减速齿轮；陆地车辆用扭矩变速器 1201.02.04.09.10 陆、空、水或铁路用机动运载工具 1209 空间运载工具 1210 水上运载工具 1211 运载工具用喇叭	使用证据集中在起动机、气喇叭商品上

2019年12月31日，临沂某公司以诉争商标与引证商标一、二构成使用在同一种或者类似商品上的近似商标等为由，向国家知识产权局提出无效宣告申请，请求宣告诉争商标无效。

为支持其无效宣告理由，临沂某公司向国家知识产权局提交了相关证据，其中包括临沂某公司与案外人山东某车业公司签订的引证商标一授权委托书，山东某车业公司参加展览会的合同书、转账记录、发票、现场照片，杂志、报纸、网站文章及广告，江苏省自行车电动车协会出具的证明，电视台广告及发票，新媒体平台上的宣传资料，荣誉证书、认证证书，销售合同及单据等。福建某公司在规定期限内未予答辩。

2020年9月30日，国家知识产权局作出被诉裁定，宣告诉争商标无效。

福建某公司不服，向法院提起诉讼，并提交了以下证据材料：（1）第10900××号“金笛及图”商标，基础注册商标一、二、三以及本案引证商标一、二的商标档案，用以证明原告早于引证商标二申请、引证商标一转让时即已开始申请注册、使用“金笛”商标，且引证商标能与原告的基础注册商标共存，亦证明诉争商标与引证商标不构成近似。（2）商评字

［2011］第31414号关于第6826407号“金笛JINDI”商标争议裁定书，用以证明2008年7月7日前原告在第12类车辆喇叭、汽车电启动器商品上的第13446××号“金笛及图”商标（即基础注册商标一）为驰名商标。（3）泉州市工商行政管理局2009年10月13日颁发给福建某公司的证书，其中载明，其使用在“车辆喇叭、汽车电启动器”商品上的“金笛及图”商标被认定为2008年度泉州市知名商标，有效期三年。2014年12月，泉州市工商行政管理局予以延续认定至2017年。用以证明“金笛及图”商标的知名度。（4）原告所获得的各类证书，用以证明原告及诉争商标经过使用具有较高的市场知名度。（5）原告2014~2019年度审计报告，其中显示原告2014~2019年的营业收入分别为11368万元、7749万元、9818万元、14214万元、13884万元、18038万元；原告2019年度高新技术产品（服务）收入专项审计报告显示高新技术产品（新型散热起动机、驱动电机总成产线、防打齿电磁开关起动机等）的收入占2019年总收入的82%。（6）2017年8月11日，中国汽车工业协会车用电机电器电子委员会出具的《企业市场占有率行业证明》，其中显示原告2014~2016年减速起动机均位列国内起动机行业第三位，市场占有率分别为8.2%、6.1%、7.3%。（7）2014~2020年完税证明，其中显示原告2014~2020年的完税金额分别为：222.94万元、321.76万元、88.21万元、237.72万元、961.29万元、85.5万元、101.09万元。（8）2014~2020年气喇叭、起动机等商品的销售合同及发票。（9）广告宣传合同及发票、杂志页面、展位确认通知及展会照片等。

上述证据（5）~（9）用以证明经过原告的宣传和使用，使得原告的“金笛”商标及产品具有较高的市场知名度和美誉度。

另查一，1994年11月19日，福建某公司成立，2015年11月25日变更为原告现名，公司注册资本为人民币7740万元，营业范围包括电机及其控制系统研发；电机制造；电工器材制造；电工器材销售；汽车零部件研发；摩托车零配件制造等。临沂某公司2005年7月20日成立，公司注册资本为人民币1000万元，营业范围包括销售电动车、水泥、钢材、装饰材料。

另查二，福建某公司最早于1996年5月21日在第7类商品上申请注册了第1047530号“金笛及图”商标。

北京知识产权法院于2022年1月10日作出（2020）京73行初17306号行政判决：一、撤销国家知识产权局于2020年9月30日作出的商评字［2020］第2557××号关于第254304××号“金笛”商标无效宣告请求裁定书；二、国家知识产权局于本判决生效后针对临沂某商贸有限公司就第254304××号“金笛”商标提出的无效宣告请求重新作出裁定。

裁判理由

法院生效裁判认为：

第一，商标作为企业商誉的载体，应当结合企业的实际经营状况对其加以判断，且企业对商标的注册、使用并非静态，而是存在连续、扩展、优化的动态过程。本案中，福建某公司成立于1994年，经营范围包括电机制造、汽车及摩托车零配件的制造及研发，2014~2016年企业营业总收入近3亿元，其中起动机等产品所占比例较大，减速起动机连续三年位列国内起动机行业第三位，完税金额达600余万元。该公司最早于1996年5月21日在第7类机械加工装置商品上申请注册“金笛及图”商标，后于1998年7月6日开始在第12类商品上尤其是1202群组上申请“金笛及图”以及“金笛”文字商标，并将“金笛”系列商标作为企业主要标识进行持续宣传使用。福建某公司主张的基础注册商标一在“车辆喇叭；汽车电启动器”商品上曾被国家工商行政管理总局商标评审委员会认定于2008年7月7日以前达到驰名状态，并被泉州市工商行政管理局认定为2008~2011年、2014~2017年泉州市知名商标。

第二，从诉争商标本身注册情况来看，该商标于2017年申请，一方面，由于《类似商品和服务区分表》对基础注册商标一中所涉及的部分商品分类及规范化名称予以调整，福建某公司为适应区分表调整在基础注册商标的注册范围内重新申请诉争商标具有一定的合理性；另一方面，福建某公司作为主营高新技术的实业企业，其根据企业自身发展状况调整主营业务、完善主要标识、延续商业信誉的行为亦不应当轻易予以否定，且该公司在第12类商品上仅有4枚“金笛”商标，并未超出生产经营需要进行大规模扩张。

第三，从临沂某公司的商标注册及经营情况来看，该公司分别于2016

年及2017年受让本案引证商标一、二，且引证商标在1202群组上的申请注册时间晚于福建某公司的基础注册商标，其主要使用领域为电动篷车、电动三轮车，销售地域较为集中、销量亦不大，知名度不高。

第四，从诉争商标以及引证商标一、二的对比情况来看，诉争商标由中文“金笛”构成，引证商标一由较大的中部图形及较小的两侧文字“金迪”、下部拼音“JINDI”组成，引证商标二由较小的左侧文字“金迪”及较大的右侧图形组成。诉争商标与引证商标一、二尚存在一定的差别，且在案证据能够证明福建某公司在车辆喇叭、电动机、起动机等商品上的“金笛”商标经过使用具有一定的市场知名度，故虽然诉争商标核定使用的商品与引证商标一、二核定使用的商品具有相似性或关联性，但相关公众在接触到本案的诉争商标时易将其与福建某公司而非临沂某公司相联系。

因此，综合在案证据，诉争商标与引证商标一、二共存不会导致相关公众的混淆误认，国家知识产权局关于诉争商标违反《商标法》第三十条的结论错误，应当予以纠正。福建某公司的该项主张具有事实及法律依据，应当予以支持。

裁判要旨

适用《商标法》第三十条时，可以综合考虑商标标志的近似程度、商品的类似程度、引证商标的显著性和知名度、相关公众的注意程度以及诉争商标申请人的主观意图等因素，以及前述因素之间的相互影响，以是否容易造成相关公众混淆为标准。商标作为企业商誉的载体，应当结合企业的实际经营状况对其加以判断，且企业对商标的注册、使用并非静态，而是存在连续、扩展、优化的动态过程。实业公司根据企业自身发展状况调整主营业务、完善主要标识、延续商业信誉的行为亦不应当轻易予以否定，同时，其为适应《类似商品和服务区分表》调整在基础注册商标的注册范围内重新申请诉争商标具有一定的合理性。

关联索引

2013年《中华人民共和国商标法》第三十条

一审：北京知识产权法院（2020）京73行初17306号（2022年1月10日）

法官评析

通常来说，商标注册人对其注册的不同商标享有各自独立的商标专用权，其先后注册的商标之间并不当然具有延续关系。商标注册人的基础注册商标经过使用获得一定知名度，从而导致相关公众将其在同一种或类似商品上在后申请注册的相同或近似商标与其基础注册商标联系在一起，并认为使用两商标的商品均来自该商标注册人或与其存在特定联系的，基础注册商标的商业信誉可以在在后申请注册的商标上延续。基础商标注册后、在后商标申请前，他人在同一种或类似商品上注册与在后商标相同或者近似的商标并持续使用且产生一定知名度，在基础商标未使用或者虽然使用但未产生知名度、相关公众容易将在后申请的商标与他人之前申请注册并有一定知名度的商标相混淆的情况下，在后商标申请人主张其系基础商标的延续的，不予支持。

本案中，福建某公司作为起动机领域的民营实业企业，成立时间长、经营规模大、市场占比高，在其核心的第12类商品上仅有4枚“金笛”商标，主观上不存在超出生产经营需要大规模扩张的恶意。福建某公司最早在1996年就开始申请注册“金笛及图”商标，1998年开始在诉争商标类似的群组上申请“金笛及图”以及“金笛”文字商标，并将“金笛”系列商标作为企业的主要标识进行持续宣传使用，基础注册商标一还曾被认定为驰名商标及泉州市知名商标，具有一定的市场知名度。企业对商标的注册、使用本身存在连续、扩展、优化的动态变化，且由于《类似商品和服务区分表》对部分商品分类及规范化名称进行了调整，基础注册商标一对应的福建某公司核心业务如汽车电起动器等商品已不在规范化名称的序列中，该公司主动适应区分表的调整，在基础注册商标的原范围内申请其核心的“金笛”文字商标具有一定的合理性。

相较而言，临沂某公司于2016~2017年才受让引证商标，且主要使用在电动篷车、电动三轮车上，知名度不高，特别是在1202群组上还晚于福建某公司基础注册商标的申请注册时间。诉争商标与引证商标虽然均包含

“金笛”文字，但仍存在一定差别，综合考虑福建某公司基础注册商标的知名度，最终认定相关公众在接触到诉争“金笛”商标时还是更易将其与福建某公司联系在一起，不会导致相关公众的混淆或误认。可见，法院在商标授权确权行政案件中，对于民营实业企业根据自身发展状况不断拓展主营业务、完善主要标志、延续商业信誉的行为应当予以慎重考量，不宜轻易否定。

一审法院合议庭成员 宋鱼水　王怀章　陈柱佳

编写人 宋鱼水　肖俊逸

25. 王某诉国家工商行政管理总局商标评审委员会、第三人童某商标权无效宣告行政纠纷案*

——家族非物质文化遗产传承及相应的商业标识保护

关键词 商标权无效宣告 老字号 家族非物质文化遗产 在先权利

基本案情

2014年6月6日，王某针对第9912031号“童德大”商标（以下简称诉争商标）向国家工商行政管理总局商标评审委员会（以下简称商标评审委员会）提出无效宣告请求，主要理由为：（1）“童德大”牌中庄醉蟹是兴化市特色食品，该产品历史悠久且驰名于国内市场。（2）王某系“童德大”醉蟹制作工艺传人，在先使用“童德大”商标。（3）童某与王某处于同一地区和同一行业，且两人系亲属关系，童某以不正当手段抢先注册诉争商标具有主观恶意，易造成不良影响。（4）王某针对其他与诉争商标类似的商标所提出的异议申请均已获得商标局支持。（5）王某申请的引证商标已获准注册。综上，王某请求依据2001年《商标法》第三十一条等规定，对诉争商标予以无效宣告。

2015年10月26日，商标评审委员会作出商评字［2015］第75742号《关于第9912031号“童德大”商标无效宣告请求裁定书》（以下简称被诉裁定），认定童某在醉蟹等商品上申请注册诉争商标符合法律规定，王某

* 本案例入选《人民法院案例选》2020年第1辑。

提交的证据材料不足以证明诉争商标系恶意抢注，诉争商标的注册未构成2001年《商标法》第三十一条“以不正当手段抢先注册他人已经使用并有一定影响的商标”所指情形，故裁定诉争商标予以维持。原告王某不服，于法定期限内向法院提起行政诉讼。

原告王某诉称：王某系“童德大”老字号醉蟹制作工艺的代表性传承人，“童德大”是王某在先使用并具有一定影响的商标，诉争商标的注册损害了王某现有的在先权利，系童某以不正当手段抢先注册取得，违反了2001年《商标法》第三十一条等规定，应当予以无效宣告。被诉裁定认定事实不清、适用法律错误，故请求法院依法撤销被诉裁定，责令被告重新作出裁定。

被告商标评审委员会书面答辩称：被诉裁定认定事实清楚，适用法律正确，审理程序合法，故请求法院判决驳回王某的诉讼请求。

第三人童某述称：被诉裁定认定事实清楚，适用法律正确，审理程序合法，对诉争商标予以维持并无不当，故请求法院判决驳回王某的诉讼请求。

法院经审理查明：江苏省泰州市兴化市中堡镇，古称中堡庄，又称中庄，中堡镇范围内制作的醉蟹在当地被称为“中庄醉蟹”。2007年5月，江苏省泰州市人民政府、泰州市文化局认定“中庄醉蟹制作技艺”为“泰州市非物质文化遗产”。2010年1月，江苏省泰州市兴化市人民政府、兴化市文化局就“中堡庄童记醉蟹制作工艺”颁发“兴化市非物质文化遗产”证书。2013年1月，兴化市文化广电新闻出版局就“中庄醉蟹制作技艺”向兴化市中堡醉制品厂颁发“兴化市非物质文化遗产生产性保护基地”证书。

诉争商标由童某于2011年8月31日申请注册，于2014年3月14日获准注册，专用权期限至2024年3月13日，核定使用在国际分类第29类的醉蟹（非活）、甲壳动物（非活）、水产罐头、虾酱、鱼翅、虾（非活）、贝壳类动物（非活）、咸蛋、灌装水果、奶茶（以奶为主）商品上。

第536086号“童德大”商标于1989年12月9日申请注册，于1990年12月10日获准注册，专用权期限至2000年12月9日，核定使用在国际分类第29类的醉蟹商品上，权利人为兴化冷冻厂，因到期未续展，该商标已被注销。

第 11266172 号“童德大”商标（以下简称引证商标）由王某于 2012 年 7 月 27 日申请注册，于 2015 年 4 月 7 日获准注册，专用权期限至 2025 年 4 月 6 日，核定使用在国际分类第 29 类的醉蟹（非活）、甲壳动物（非活）、水产罐头、以果蔬为主的零食小吃、腌制蔬菜、咸蛋、干食用菌、精制坚果仁商品上。引证商标的申请日及注册日均晚于诉争商标的申请日。

北京知识产权法院于 2016 年 10 月 28 日作出（2015）京知行初字第 6344 号行政判决：驳回原告王某的诉讼请求。宣判后，王某不服一审判决，上诉至北京市高级人民法院。北京市高级人民法院于 2017 年 5 月 24 日作出（2017）京行终 1397 号行政判决：驳回上诉，维持原判。

裁判理由

法院生效裁判认为：根据本案查明的事实，其一，根据王某与童某提交的在案证据显示，王某的外曾祖父与童某的曾祖父系亲生兄弟，“童德大”系王某及童某共同的先辈始创并使用在醉蟹商品上的商标标识，经过童氏家族的历史传承及长期使用，在醉蟹商品上已具有一定的影响力。其二，关于王某是否系“童德大”醉蟹制作工艺的唯一传承人及该标识的所有人问题。根据王某提交的“兴化市非物质文化遗产项目中庄醉蟹制作技艺代表性传承人”相关证据材料、《人民日报》和《新华日报》的相关采访报道、王某的工作经历及江苏省粮油食品进出口（集团）公司兴华冷冻厂第 536086 号商标（已因未续展失效）的注册资料等证据材料，能够证明王某系童氏家族成员，传承了童氏家族的醉蟹制作工艺，且曾以其醉蟹制作技艺加入当地公有制企业担任技术指导等职务。但王某提交的采访报道及证人证言中提到的其家族醉蟹制作工艺“传女不传男”，缺乏历史传承脉络佐证，且无法合理解释王某的外曾祖父与童某的曾祖父兄弟二人获得技艺传承的来源，在并无其他证据证明王某的外曾祖父系“童德大”醉蟹制作工艺创始人或者合理解释其在所谓“传女不传男”规则下如何获得技艺传承的情况下，同时考虑到家族传承一般传给同姓子孙的中国民间传统，本案中，虽然王某提交的证据能够证明其传承了家族技艺，但无法认定其系“童德大”醉蟹制作工艺的唯一传承人及该标识的所有人。其三，根据童某提交的亲属关系证据、兴化市政府门户网站对“童德大”中庄醉蟹的介绍资料、童氏家族所在地居委会及镇人民政府出具的证明材料、童某生产经营证据等材料能够证明，童某亦为童氏家族子孙，其夫妻为童氏祖宅作坊的现持有人，童某正从事着传统工艺醉蟹产品的生产经营。依照前文分析的2001年《商标法》第三十一条规定的“以不正当手段抢先注册他人已经使用并有一定影响的商标”的构成要件，结合本案的事实情况，法院认为：一方面，鉴于商标注册以申请在先为基本原则，童某在醉蟹等商品上申请注册诉争商标在先，该注册行为符合法律规定。王某提交的证据材料不足以证明诉争商标系童某恶意抢注。另一方面，在处理家族非物质文化遗产传承及相应的商业标识保护问题时，应当综合考虑当事人家族技艺的历史传承脉络、中国民间传统、当地相关政府部门等对有关问题的认定及双方当事人的实际使用情况。本案中，王某与童某均为童氏后人，均具备“童德大”醉蟹制作工艺，在情理上双方当事人在其醉蟹商品上使用“童德大”商标均具有正当性，且不应排除对方的正当使用。同时，其他案外人恶意抢注“童德大”商标等事实亦说明该商标确有注册保护的实际需要。综上，诉争商标的注册并不属于2001年《商标法》第三十一条“以不正当手段抢先注册他人已经使用并有一定影响的商标”所指情形。商标评审委员会的相关认定符合法律规定，法院予以确认。

至于本案审理中折射出的家族非物质文化遗产传承中如何处理注册商标专用权与商标合理使用的冲突问题，虽不属于本案审理范围，但法院认为仍有进一步论述的必要。根据最高人民法院于2016年5月发布的第12批指导性案例58号成都同德福合川桃片有限公司诉重庆市合川区同德福桃片有限公司、余某华侵害商标权及不正当竞争纠纷案①中确立的如下规则：与老字号相同或近似的文字被他人注册为商标后，其传承人仍有权正当使用。举重以明轻，本案中王某与童某均为童氏后人，均具备“童德大”醉蟹制作工艺，当童某在醉蟹等商品上获准注册诉争商标的情况下，王某作为“童德大”醉蟹制作工艺的传承人之一，自然有权对其进行正当使用。

① 重庆市第一中级人民法院（2013）渝一中法民初字第00273号民事判决书、重庆市高级人民法院于（2013）渝高法民终字00292号民事判决书。

裁判要旨

在处理家族非物质文化遗产传承及相应的商业标识保护问题时，应当综合考虑当事人家族技艺的历史传承脉络、中国民间传统、当地相关政府部门等对有关问题的认定及双方当事人的实际使用情况。与老字号相同或近似的文字被家族内部非物质文化遗产传承人之一注册为商标后，其他传承人仍然有权对该老字号进行正当使用。

关联索引

2001 年《中华人民共和国商标法》第三十一条

一审：北京知识产权法院（2015）京知行初字第 6344 号（2016 年 10 月 28 日）

二审：北京市高级人民法院（2017）京行终 1397 号（2017 年 5 月 24 日）

法官评析

一、“老字号”的法律地位及其与注册商标相冲突的情形

“老字号”并非我国知识产权法中的规范法律术语，我国目前亦没有保护“老字号”的专门法律，对“老字号”是以企业名称或字号的形式予以保护。“老字号”一般是指历史悠久，拥有世代传承的产品、独特的技艺或服务，特殊的经营模式和理念，优质的配套服务、良好的品牌信誉，蕴含了深厚的文化底蕴和民族特色烙印，取得社会广泛认同，具有极高信誉的品牌。① 由于“老字号”的历史积淀，往往意味着蕴含了更高的商誉和更大的经济利益，代表着更多的竞争优势，往往成为相关利益主体争夺的目标。

商标的基本功能在于标示商品或服务的来源。商标权，通常指商标持有人对已注册商标享有的专有权。我国商标的注册机关是国家商标局，由其统一注册，统一在全国范围内检索，其效力范围及于全国。当前，由于我国现行企业名称登记实行的是“同行业、分级登记”管理制度，即经登

① 参见商务部《中国“老字号”认定规范（试行）》第二条。

记的企业字号在登记地同行业可以排他独占作用，但不能排除同行业不同地域或同地域不同行业的其他企业对该字号的使用。同时，《企业名称登记管理规定》第九条仅明确企业名称不得含有可能对公众造成欺骗或误解的内容和文字，并没有规定与注册商标相同或近似的文字不得登记为字号。因此，在没有恶意的前提下，将他人的注册商标作为企业名称的字号登记使用并不一定违法。[①] 由于市场主体均为特定商品或服务的提供者，而商标权和企业名称权均属可识别的标识性权利，其在发挥识别商品或服务来源及市场主体来源时发挥的作用是相互辐射、相互渗透的。可以说，商标权和企业名称权在不同程度上均承载着商品销售或服务推销的广告宣传功能，承载着特定市场主体的一定信誉，在不同程度上发挥着商品或者服务质量的保证和监督作用，致使相关消费者将商品或服务的质量与该商品或服务所使用的商标或其生产者的企业名称相联系。因此，不同的市场主体所分别使用的字号与商标文字相同或近似时，便极易导致企业名称权和商标权的冲突问题。实践中，此类案件中的焦点问题通常为在先权利是商标权抑或企业名称权、在后权利的获取及使用是否违反诚信原则及是否具有正当性等问题。而在涉及“老字号”的案件中，由于“老字号”作为或曾经作为字号的使用时间通常在先，商标经商标局获准注册的时间通常在后，且该获准注册的商标申请注册时是否属于善意以及是否具有正当理由在不同案件中的情形各不相同，故在不同案件中如何根据诚信原则妥善处理老字号与商标权的权利冲突、平衡保护各方的合法利益便成了审理涉“老字号”案件的重点。

通常而言，“老字号”和商标权的冲突问题主要包括两种情形：其一，基于老字号曾经享有的知名度，其后来被老字号传承人之外的他人注册为商标使用。由于老字号承袭和继承了中华民族优秀的文化传统，其相关品牌、技艺往往是代代相传的，老字号的传承人无论是基于自身经济利益诉求还是基于发扬光大家族传承的品牌和技艺，均具有很大动力去使用老字号开展经营活动，进而与他人的注册商标发生权利冲突。[②] 其二，基于老

① 肖艳、游中川：《老字号被他人注册为商标后其传承人仍可正当使用》，载《人民司法（案例）》2015 年第 16 期。

② 重庆市高级人民法院（2013）渝高法民终字 292 号民事判决书。

字号持续享有的知名度和世代传承的特征，其后来被老字号传承人之一申请注册为商标使用，而其他老字号传承人或声称的传承人亦需要使用老字号继续经营，进而与该传承人持有的注册商标产生权利冲突。上述两种权利冲突情形在侵害商标权民事纠纷及商标行政授权确权行政纠纷中均不罕见。

二、商标的注册和使用不得侵害他人的"老字号"商号权

我国《商标法》第七条第一款规定："申请注册和使用商标，应当遵循诚实信用原则。"第九条第一款规定："申请注册的商标，应当有显著特征，便于识别，并不得与他人在先取得的合法权利相冲突。"实践中，具有一定知名度的字号包括"老字号"通常属于他人在先取得的权利，他人申请注册商标不得与其相冲突。一旦产生冲突，则优先保护在先登记或使用的字号。即当"老字号"的权利人或利害关系人对诉争商标的注册申请提出异议或无效宣告的情况下，对其不予核准注册或宣告无效。

另一方面，如果权利人的在先商号包括"老字号"被他人注册为商标，则权利人可以以侵害企业名称权或商号权为由禁止在后注册商标的使用。《最高人民法院关于审理注册商标、企业名称与在先权利冲突的民事纠纷案件若干问题的规定》第一条第一款规定："原告以他人注册商标使用的文字、图形等侵害其著作权、外观设计专利权、企业名称权等在先权利为由提起诉讼，符合民事诉讼法第一百一十九条相关规定的，人民法院应当受理。"这意味着，如果他人的注册商标侵害了权利人的在先商号权包括"老字号"权利，在先商号权人包括"老字号"权利人并非必须通过行政授权确权程序请求宣告该商标无效，也可以通过民事诉讼维护其权益。

三、符合法定保护要件的"老字号"可以作为"他人已经使用并有一定影响"的未注册商标获得保护

2001 年《商标法》第三十一条后半段规定，申请商标注册不得以不正当手段抢先注册他人已经使用并有一定影响的商标。通常认为，该条规定的"以不正当手段抢先注册他人已经使用并有一定影响的商标"的构成要件包括：（1）在先商标已经使用并有一定影响。"已经使用"是对未注册

商标提供法律保护的最基本前提；“有一定影响”是指该未注册商标在一定地域范围内为一定范围内的相关消费者所知晓。“已经使用”“一定影响”等事实的判断应当结合案情，并根据该商标使用的持续时间和地理范围及广告宣传的时间、方式、程度、地理范围等因素予以综合考虑。(2）诉争商标与在先商标相同或近似。(3）诉争商标核定使用的商品与在先商标指定使用的商品相同或类似，诉争商标的注册可能造成相关消费者的混淆或误认。混淆或误认可能性的判定应综合考虑在先商标的知名度、诉争商标核定使用商品与无效宣告请求人所属行业或者经营范围的关联程度等因素。(4）诉争商标申请人具有以不正当手段抢先注册在先使用人商标的意图。2001 年《商标法》第三十一条规定的“不正当手段”即恶意，存在于当事人的内心，除非当事人明确承认，一般是不为外界所知的。但恶意的目的又是通过具体、外在的行为和事实表现出来的，而行为和事实是一种客观存在，是可以感知的。由于客观的行为和事实推断主观的目的，符合一般认知规律。因此，一般情况下，通过诉争商标申请人的客观行为是可以判断其主观是否具有恶意的。[①]

因此，“老字号”除了可以作为企业名称权或商号权获得在先权利保护之外，其如果在诉争商标申请日之前经过长期、持续使用已经具有一定的知名度，则在诉争商标与该“老字号”标识相同或近似的情形下，在诉争商标核定使用的商品与该“老字号”经营的商品相同或类似的范围内，“老字号”的权利人或利害关系人针对他人为攀附其“老字号”商誉而申请注册诉争商标、意图造成相关消费者混淆或误认之行为，有权依据 2001 年《商标法》第三十一条后半段对该诉争商标的申请注册提出异议或对其予以无效宣告。

事实上，“老字号”无论是作为在先商号权获得保护，还是作为“已经使用并有一定影响的商标”的未注册商标获得保护，均需具备一个共同的前提条件，即该“老字号”应当在先已具有一定知名度，他人此后将该与其相同或近似的标识作为商标进行注册或使用易引起相关消费者的混淆或误认。因此，某“老字号”如果在历史上曾经具有一定知名度，但后来

---

① 徐晓建：《〈商标法〉对“在先商号权”与“在先使用并具有一定影响商标”的保护——第 3839502 号“耀华商厦”商标异议复审案评析》，载《中华商标》2015 年第 1 期。

由于各种原因曾中断使用较长时间致使其知名度已经不能延续至今的，则由于该在先权利现已不复存在，他人此后将其申请注册为商标并进行使用，由于不会造成相关公众的混淆或误认，则并不违反2001年《商标法》第三十一条后半段的规定。

根据本案查明的事实，王某的外曾祖父与童某的曾祖父系亲生兄弟，“童德大”系王某及童某共同的先辈始创并使用在醉蟹商品上的商标标识，经过童氏家族的历史传承及长期使用，在醉蟹商品上已具有一定影响力，属于“老字号”标识。法院经审理认为：虽然王某的证据能够证明其传承了家族技艺，但无法认定其系“童德大”醉蟹制作工艺的唯一传承人及该标识的所有人。根据童某提交的诸多证据能够证明，童某亦为童氏家族子孙，其夫妻为童氏祖宅作坊的现持有人，童某正从事着传统工艺醉蟹产品的生产经营。依照前文分析的2001年《商标法》第三十一条规定的“以不正当手段抢先注册他人已经使用并有一定影响的商标”的构成要件，结合本案事实情况，法院认为：一方面，鉴于商标注册以申请在先为基本原则，童某在醉蟹等商品上申请注册诉争商标在先，该注册行为符合法律规定。王某提交的证据不足以证明诉争商标系童某恶意抢注。另一方面，在处理家族非物质文化遗产传承及相应的商业标识保护问题时，应当综合考虑当事人家族技艺的历史传承脉络、中国民间传统、当地相关政府部门等对有关问题的认定及双方当事人的实际使用情况。本案中，王某与童某均为童氏后人，均具备“童德大”醉蟹制作工艺，在情理上双方当事人在其醉蟹商品上使用“童德大”商标均具有正当性，且不应排除对方的正当使用。同时，其他案外人恶意抢注“童德大”商标等事实亦说明该商标确有注册保护的实际需要。综上，诉争商标的注册并不属于2001年《商标法》第三十一条“以不正当手段抢先注册他人已经使用并有一定影响的商标”所指情形，故驳回了王某的诉讼请求。

四、“老字号”被某一传承人注册为商标不影响其他传承人的正当使用

最高人民法院于2016年5月发布的第12批指导性案例58号成都同德福合川桃片有限公司诉重庆市合川区同德福桃片有限公司、余某华侵害商

标权及不正当竞争纠纷案[①]确立了如下规则：在老字号中断经营期间，与该老字号相同或近似的文字被他人注册为商标，老字号传承人将老字号作为企业名称或字号经营使用，只要不违反诚信原则、未引人误认且未突出使用该字号的，不构成侵犯注册商标专用权或不正当竞争。但与老字号无历史渊源的商标注册人，以老字号的历史进行宣传的，构成不正当竞争。因该案属于最高人民法院公布的指导性案例，其确定的相应规则对此后同类案件的审理具有重要的指导作用。根据该案确立的上述规则，与老字号相同或近似的文字被他人注册为商标后，其传承人仍有权正当使用。举重以明轻，在处理家族内部非物质文化遗产传承人之间因“老字号”商标的注册和使用问题产生的争议时，考虑到当事人家族技艺及“老字号”的历史传承往往经历数代乃至十余代，传承人往往人数较多，且可能分布在不同的地理区域，该“老字号”通常不应当被某一传承人所垄断宣传和使用，这不仅不符合公平原则，也不利于我国非物质文化遗产的保护和传承。因此，在此类案件的审理中，法院应当充分考量家族内部不同传承人对“老字号”标识的实际使用情况，原则上即使某一传承人已将该“老字号”注册为商标，其他传承人在不违反诚信原则的前提下，亦有权正当使用该“老字号”。本案的裁判遵循该前述裁判规则，由于王某与童某均为童氏后人，均具备“童德大”醉蟹制作工艺，在情理上双方当事人在其醉蟹商品上使用“童德大”商标均具有正当性。因此，当童某在醉蟹等商品上获准注册诉争商标的情况下，王某作为“童德大”醉蟹制作工艺的传承人之一，自然有权对其进行正当使用。

一审法院合议庭成员　刘义军　蒋莉莉　李红冰
二审法院合议庭成员　周　波　俞惠斌　苏志甫
编写人　刘义军

---

① 重庆市高级人民法院（2013）渝高法民终字 292 号民事判决书。

26. 李某诉国家知识产权局、第三人刘某商标权无效宣告请求行政纠纷案*

——抢注名人艺名属于损害他人现有的在先权利

关键词 商标无效宣告 姓名权 在先权利 混淆误认

基本案情

2017年10月11日，刘某以损害其在先姓名权为由，向国家工商行政管理总局商标评审委员会（以下简称商标评审委员会）针对第13029596号“金龟子”商标（以下简称诉争商标）提出无效宣告请求。商标评审委员会经过审理，作出商评字［2018］第158090号关于第13029596号“金龟子”商标无效宣告请求裁定（以下简称被诉裁定），裁定对诉争商标予以无效宣告。

李某不服该裁定，向北京知识产权法院提起行政诉讼，诉称：（1）被告认定刘某的艺名“金龟子”在教育领域有一定知名度，事实依据不足。刘某作为节目主持人和配音演员，“金龟子”只是其在电视节目中所扮演的角色名称，并非其艺名，且其知名度体现在影视娱乐领域，远未达到教育领域，不能将娱乐节目中角色名称的影响力与教育、培训混为一谈。（2）“金龟子”作为艺名，也是一种昆虫名称，显著性极低，能向外辐射的保护力度不宜人为扩大。刘某的影响力远没有达到将“金龟子”与其唯一对应的程度。（3）2005年11月14日，即有案外人最早在第41类服务上提出了“金龟子”商标的注册申请，此时“金龟子”作为商标性权利已

---

* 本案例入选《中国法院2021年度案例》。

经存在。(4)原告李某于2007年创业时，想到早教是针对小孩子，小孩子对昆虫都有好奇心，起个昆虫名字也很好，这就是原告最开始使用“金龟子”的缘起。(5)原告李某努力经营十几年，在南京地区将“金龟子”品牌的早教机构打出知名度，被告不顾事实对诉争商标予以无效宣告对原告李某的经营造成消极影响。综上，请求撤销被诉裁定，并依法重新作出裁定。

被告商标评审委员会辩称：第三人提交的证据可以证明，“金龟子”作为第三人的艺名，在诉争商标申请注册日之前，已经在教育、娱乐领域具有一定知名度，为相关公众所熟知，与第三人建立了较为稳定的关系。原告未经第三人授权，将与第三人艺名“金龟子”相同的文字申请注册商标，该行为难谓巧合，原告明显具有不正当利用第三人艺名“金龟子”知名度和影响力而实现经济利益的目的。由此，诉争商标的注册和使用易使相关公众误认为其所标识的服务和第三人具有某种特定关联，从而损害第三人享有的在先姓名权。综上，被诉裁定认定事实清楚，适用法律正确，符合法定程序，应依法驳回原告的诉讼请求。

第三人刘某述称：(1)“金龟子”是第三人使用20多年的艺名，已经成为第三人的第二个姓名符号，知晓程度甚至比第三人本名更为广泛，与第三人形成稳定的对应关系，属于第三人的艺名，第三人就“金龟子”享有姓名权。即便“金龟子”是第三人扮演的角色名称，也不影响成立第三人的艺名。(2)诉争商标核定的“教育、培训、娱乐”等服务在与第三人从事的儿童综艺节目、公益活动等关联性密切，在第三人“金龟子”姓名已具有很高知名度的情况下，原告对诉争商标的注册、使用必然会造成消费者的误认后果，客观上给第三人的姓名权造成了损害。且原告在实际经营过程中有诸多攀附“金龟子”声誉的行为，其主观意图也难谓正当。(3)原告的使用行为实为侵犯姓名权和不正当竞争的行为，建立在不正当利用第三人影响力的基础之上，该使用不能成为诉争商标维持有效的正当理由。基于“金龟子”所承载的积极正面的影响力，以及“金龟子”公益相关的社会责任，原告不法承担起“金龟子”商标所承载的积极声誉。综上，应依法驳回原告的诉讼请求。

北京知识产权法院经审理查明：诉争商标“金龟子”由原告李某于2013年8月5日申请注册，核定使用在第45类教育、培训、组织教育或娱乐竞赛、组织舞会、组织表演（演出）、游乐园、娱乐、提供娱乐设施、图书出版等服务上，专用权期限至2025年8月13日。评审中，第三人作为无效宣告请求人，向被告提交了央视网《“金龟子”刘纯燕：把快乐烙印在每个人的童年》等文章以及第三人作为少儿节目主持人“金龟子”出现在荧屏上的视频、第三人于2017年11月10日所作的关于“金龟子”为其艺名的声明等证据。诉讼中，第三人向法院补充提交了经公证认证的显示第三人主持或参加节目的视频截图，第三人所获荣誉、奖杯及证书照片打印件等证据。

北京知识产权法院于2019年6月12日作出（2018）京73行初10552号行政判决：驳回原告李某的诉讼请求。宣判后，原告李某不服提起上诉。北京市高级人民法院于2019年11月12日作出（2019）京行终7285号行政判决：驳回上诉，维持原判。

裁判理由

法院生效裁判认为：《商标法》所称的“在先权利”，包括“民法通则和其他法律规定的属于应予保护的合法权益”，其不仅涵盖了“姓名”所承载的自然人的人格权，也涉及反不正当竞争法层面上通过规制行为人明知他人姓名而采取盗用、冒用等手段造成相关公众对商品或服务来源发生混淆误认的不正当竞争行为进而产生的“姓名权益”。前者强调了对自然人人格尊严的保护，后者则侧重于造成相关公众混淆的不正当竞争行为的规制。故在商标确权行政案件中，在先姓名权益的保护应当从以下几方面综合考量：一是相关公众是否能够将所涉的姓名、艺名、绰号等主体识别标志与特定自然人建立起对应关系；二是相关公众是否容易认为标有诉争商标的商品或服务系经过该自然人许可或者与该自然人存在特定联系；三是诉争商标申请人是否具有明知他人姓名而盗用、冒用的主观恶意。本案中，根据在案证据显示，刘某在1994~2014年间，使用“金龟子”作为艺名主持《七巧板》《大风车》《动画城》等具有较高知名度的少儿节目，于2006年出版自传《我是金龟子》，并在其参加的活动中大量使用“金龟子”艺名，其提交的国家图书馆检索报告和刘某所获荣誉中亦使用“金龟子”指代刘某。因此，在案证据可以证明相关公众已将“金龟子”与刘某建立起对应关系，此为其一。其二，判断混淆与否系指具有发生混淆或者误认的可能性，而非要求必须实际发生混淆或者误认。结合刘某主持的少儿节目及其艺名“金龟子”的知名度，诉争商标核定使用的“教育、培训”等服务的相关公众在看到“金龟子”商标时，容易认为标有“金龟子”商标的服务系经过刘某许可或者与刘某存在特定联系。特别是刘某提交的相关微博用户留言以及李某所在区域的“南京零距离”媒体发表文章显示，诉争商标在实际使用中已导致部分相关公众对服务来源造成误认。因此，在案证据可以证明，相关公众容易认为标有诉争商标的服务系经过刘某许可或者与刘某存在特定联系。其三，根据在案证据中显示刘某主持的少儿节目及其艺名“金龟子”具有较高知名度，特别是考量诉争商标核定使用的服务对象、内容与“金龟子”艺名赖以知名的领域具有较高的重合度，且李某未能对其使用“金龟子”申请诉争商标作出合理解释。在此情况下，可以推定李某在申请注册诉争商标时，明知“金龟子”系刘某的艺名这一事实，具有较为明显的主观恶意。因此，诉争商标的申请注册损害了刘某在先的“金龟子”艺名的合法权益，违反了2013年《商标法》第三十二条的规定。

裁判要旨

在商标确权行政案件中，在先姓名权的保护客体不仅限于当事人的法定姓名，还包括其笔名、艺名等特定名称，但还应满足以下要件：一是当事人主张的笔名、艺名等特定名称在相关领域具有一定的知名度，与该自然人建立了稳定的对应关系，相关公众以其指代该自然人；二是相关公众容易误认为标有诉争商标的商品或服务系经过该自然人许可或者与该自然人存在特定联系；三是诉争商标申请人是否具有明知他人姓名而盗用、冒用的主观恶意。

关联索引

2013年《中华人民共和国商标法》第三十二条

一审：北京知识产权法院（2018）京73行初10552号（2019年6月12日）

二审：北京市高级人民法院（2019）京行终7285号（2019年11月5日）

法官评析

姓名是识别自然人主体的重要符号，具有一定知名度的姓名更蕴含着较大的商业价值，故知名人物的姓名被他人抢注为商标并用于经营的情况时有发生。随着近年来我国知识产权司法保护水平的提升，对于商标恶意抢注的规制力度也在不断加大。2001 年修正的《商标法》第三十一条规定，申请商标注册不得损害他人现有的在先权利。这是我国商标法中首次出现“在先权利”的规定。2010 年《最高人民法院关于审理商标授权确权行政案件若干问题的意见》（以下简称《商标授权确权意见》）第十七条规定：“……人民法院审查判断诉争商标是否损害他人现有的在先权利时，对于商标法已有特别规定的在先权利，按照商标法的特别规定予以保护；商标法虽无特别规定，但根据民法通则和其他法律的规定属于应予保护的合法权益的，应当根据该概括性规定给予保护。”2013 年《商标法》第三十二条属于直接规范商标恶意抢注的重要条款，其中所规定的“他人现有的在先权利”，亦包括自然人的在先姓名权。姓名权属于人格权，具有专属性，因而权利人可以主张对未经许可抢注其姓名的商标提出异议或无效宣告。

2017 年 1 月 10 日发布的《最高人民法院关于审理商标授权确权行政案件若干问题的规定》（以下简称《商标授权确权规定》）第二十条规定：“当事人主张诉争商标损害其姓名权，如果相关公众认为该商标标志指代了该自然人，容易认为标记有该商标的商品系经过该自然人许可或者与该自然人存在特定联系的，人民法院应当认定该商标损害了该自然人的姓名权。当事人以其笔名、艺名、译名等特定名称主张姓名权，该特定名称具有一定的知名度，与该自然人建立了稳定的对应关系，相关公众以其指代该自然人的，人民法院予以支持。”该规定明确了姓名权属于商标法规定的在先权利，并确定了相应的保护条件。2019 年 4 月 15 日，北京市高级人民法院审判委员会审议通过的《北京市高级人民法院商标授权确权行政案件审理指南》（以下简称《商标授权确权审理指南》）第 16.1 也规定，认定诉争商标的申请注册是否损害他人在先权利，一般以规定在先权利的法律为依据。实务难点在于，姓名作为一种专属的人身符号，该如何界定权利人所主张的客体是否属于其应当依法保护的姓名？是仅限于其法定姓名，还是可以将其所主张的笔名、艺名、译名等特定名称都囊括进来？本案即涉及名人的艺名在商标法中的保护问题。

在传统民事领域，对姓名权的保护主要体现在权利人有权决定、使用和依照规定改变自己的姓名；但知识产权领域则有所不同，譬如《商标授权确权规定》中规定：当事人主张诉争商标损害其姓名权，如果相关公众认为该商标标志指代了该自然人，容易认为标记有该商标的商品系经过该自然人许可或者与该自然人存在特定联系的，人民法院应当认定该商标损害了该自然人的姓名权。《反不正当竞争法》中也有类似规定：经营者不得擅自使用他人有一定影响的姓名（包括笔名、艺名、译名等）的混淆行为，引人误认为是他人商品或者与他人存在特定联系。不难发现，传统民事领域对姓名权的保护并不要求姓名具有知名度，但知识产权领域则要求姓名要与该自然人建立紧密的对应关系，甚至要具有一定知名度。这是因为，知识产权领域对他人姓名的侵害主要原因在于该姓名所附着的商业价值，因此，知识产权领域实质上是将姓名权作为一种商品化权益来保护了。

在“金龟子”案中，两审裁判均从不同的角度体现出上述审理逻辑，即通过在案证据，认定刘某的艺名“金龟子”在诉争商标申请日之前在少儿类节目中已建立起一定知名度和与刘某之间的紧密对应关系，李某在申请诉争商标时，应当知晓“金龟子”系刘某艺名这一事实，却仍然在与该艺名具有知名度的相关服务上注册诉争商标，损害了刘某对其艺名“金龟子”享有的在先姓名权。在商标授权确权行政案件中，人民法院对于在先姓名权的保护主要考量以下三方面因素：一是相关公众是否能够将所涉的姓名、艺名、绰号等主体识别标志与特定自然人建立起对应关系；二是相关公众是否容易认为标有诉争商标的商品或服务系经过该自然人许可或者与该自然人存在特定联系；三是诉争商标申请人是否具有明知他人姓名而盗用、冒用的主观恶意。

具体而言，其一，《商标授权确权审理指南》第16.13规定，姓名包括户籍登记中使用的姓名，也包括别名、笔名、艺名、雅号、绰号等。能够与特定的自然人建立起对应关系的主体识别符号可以视为该自然人的姓名。对于户籍登记中使用的姓名，主张权利的当事人很容易就能证明其对该姓名享有姓名权，再结合其相关知名度的证据证明相关公众已经建立起对应关系。但是对于别名、笔名、艺名、雅号、绰号等名称，主张权利人应当如何证明在特定自然人与主体识别符号之间相关公众已经建立起对应关系呢？《商标授权确权规定》第二十条规定，当事人以其笔名、艺名、译名等特定名称主张姓名权，该特定名称具有一定的知名度，与该自然人建立了稳定的对应关系，相关公众以其指代该自然人的，人民法院予以支持。即在认定自然人与特定名称之间是否建立对应关系这一问题上要从知名度因素上予以判断。知名度越高越容易使相关公众将所涉的笔名、艺名、译名等特殊名称与该自然人建立稳定的对应关系，即该自然人的知名度需要能够覆盖诉争商标核定使用商品或服务的相关公众。例如本案中，先判断“金龟子”在少儿节目相关领域具有较高知名度，再认定诉争商标核定使用的服务对象、内容与“金龟子”艺名赖以知名的领域具有较高的重合度。其二，《商标授权确权审理指南》第 16.12 规定，相关公众容易认为标有诉争商标的商品与该自然人存在许可等特定联系的，可以认定属于《商标法》第三十二条规定的情形。即该自然人的知名度覆盖了诉争商标核定使用商品或服务的相关公众，容易使相关公众混淆即可。判断混淆与否系指具有发生混淆或者误认的可能性，而非要求必须实际发生混淆或者误认。本案即认为，结合刘某主持的少儿节目及其艺名“金龟子”的知名度，诉争商标核定使用的“教育、培训”等服务的相关公众在看到“金龟子”商标时，容易认为标有“金龟子”商标的服务系经过刘某许可或者与其存在特定联系。其三，《商标授权确权审理指南》第 16.12 规定，当事人主张诉争商标的申请注册损害其在先姓名权的，一般应举证证明诉争商标申请人明知其姓名而采用盗用、冒用等手段申请注册商标。这一规定其实是在判断商标的申请是否基于不正当目的。其中“明知其姓名”是指已将该自然人与姓名建立对应关系，是否知晓的判断方式往往是该姓名知名度较高，广为相关公众所知晓，进而推定诉争商标申请人理应知晓该姓名。“盗用、冒用他人姓名”是指姓名权人并未授权而诉争商标申请人使用其姓名且无法作出合理解释。诉争商标申请人进行上述行为是为了实现使相关公众误以为商品或服务与他人有关、吸引消费者注意进而牟利等不正当目的。在本案中，也是认定李某未能对其使用“金龟子”申请诉争商标作出合理解释。在此情况下，可以推定其在申请注册诉争商标时，明知“金龟子”系刘某艺名这一事实，具有较为明显的主观恶意。

综上可知，2013 年《商标法》以及现行《商标法》第三十二条规定的在先姓名权是具有商标法及反不正当竞争法色彩的姓名权。从实践中可以看出，损害在先姓名权的判断规则的实际考量因素不仅涵盖了姓名的人格权内容，也涉及反不正当竞争法层面上通过规制行为人明知他人姓名而采取盗用、冒用等手段造成相关公众对商品或服务来源发生混淆误认的不正当竞争行为进而产生的“姓名权益”。实践中，需要结合诉争商标申请人的主观恶意、姓名权人的知名度等因素综合判断是否损害在先姓名权。

一审法院合议庭成员 王　东　刘敬文　李淑云
二审法院合议庭成员 苏志甫　俞惠斌　陈　曦
编写人 逯　遥

27. 某株式会社诉国家知识产权局、泉州某体育用品有限公司商标权无效宣告请求行政纠纷案*

——商标授权确权案件中作品及角色名称的在先权益保护

关键词 商标权无效宣告 在先权益 作品名称 角色名称

基本案情

原告某株式会社诉称：某株式会社对“阿童木”以及相关的名称及图案享有著作权，经过对“阿童木”动漫形象的不断商品化，“阿童木”已与聪明、勇敢、正义、拥有十万马力的能量，且会说60种语言的可爱的机器人少年形象建立了唯一的对应关系。某公司将“阿童木”作为企业名称的核心组成部分，且在未获得某株式会社许可的情况下在其产品、注册商标及网站上大量使用某株式会社的“阿童木”动漫形象作品，主观恶意明显，上述行为对公众造成了欺骗或误解，损害了某株式会社的合法权益，违反了诚信原则，具有侵权的主观恶意，诉争商标侵犯了某株式会社的在先著作权；动漫角色商品化权的保护可以在《著作权法》中找到法律依据，根据某株式会社提供的有关动漫作品知名度方面的证据，某公司侵犯了某株式会社的商品化权益。本案法律适用错误，商标评审的实体问题应适用2013年《商标法》，国家知识产权局对法不溯及既往原则的理解有误。据此，某株式会社诉至法院，请求：（1）撤销被诉裁定；（2）国家知识产权局重新作出裁定。

国家知识产权局、第三人泉州市某体育用品有限公司均辩称：被诉裁

* 本案例入选《北京知识产权法院典型案例评析》。

定认定事实清楚，适用法律正确，作出程序合法，某株式会社的诉讼请求和理由不能成立，请求法院依法驳回某株式会社的诉讼请求。

法院经审理查明：诉争商标系第4553473号“铁臂阿童木”商标，由某体育用品有限公司于2005年3月22日向国家知识产权局提出注册申请，并于2009年12月28日被核准注册，核定使用在第25类“靴、运动靴、运动鞋”等商品上，该商标专用权期限至2019年12月27日。2011年11月16日经核准由某体育用品有限公司转让给某公司，2017年6月27日，经核准由某公司转让至泉州市某体育用品有限公司。

某株式会社于2014年12月18日向国家知识产权局提出无效宣告请求，其主要理由为：某株式会社对“阿童木”及相关的名称及图案享有著作权。某公司将“阿童木”作为企业名称的核心组成部分，且在未获得某株式会社许可的情况下在其产品、注册商标及网站上大量使用某株式会社的“阿童木”动漫形象作品，主观恶意明显，上述行为对公众造成了欺骗或误解，损害了某株式会社的合法权益，违反了诚信原则。综上，某株式会社请求依据2013年《商标法》第七条、第九条、第十条第一款第七项、第十条第一款第八项、第三十二条、第四十五条以及《著作权法》和《伯尔尼公约》等条款宣告诉争商标无效。

国家知识产权局经审理于2016年2月25日作出被诉裁定：诉争商标予以维持。

北京知识产权法院于2017年12月28日作出（2016）京73行初1823号行政判决：撤销被诉裁定，国家知识产权局重新作出裁定。宣判后，国家知识产权局以诉争商标未侵犯某株式会社的角色名称商品化权益为由提起上诉。北京市高级人民法院于2019年7月12日作出（2018）京行终1245号行政判决：驳回上诉，维持原判。

裁判理由

法院生效裁判认为：

一、关于被诉裁定法律适用是否正确的问题

鉴于本案诉争商标的申请日期和核准注册时间处于2001年《商标法》施行期间，而针对诉争商标的无效宣告申请时间处于2013年《商标法》

施行期间。对于当事人在2014年5月1日之后，针对在2014年5月1日前已经核准注册的商标提出无效宣告申请的情形如何适用法律的问题，《最高人民法院关于商标法修改决定施行后商标案件管辖和法律适用问题的解释》并未作出明确的规定。但根据2015年《立法法》第九十三条①之规定，法律、行政法规、地方性法规、自治条例和单行条例、规章不溯及既往，但为了更好地保护公民、法人和其他组织的权利和利益而作的特别规定除外。由于本案诉争商标被核准时的审查依据是2001年《商标法》，因此，依据法不溯及既往原则，本案相关实体问题适用2001年《商标法》。同时，依照程序法从新原则，本案程序问题应当适用2013年《商标法》。

二、关于诉争商标的注册是否违反2001年《商标法》第三十一条"不得损害他人现有的在先权利"规定的问题

根据2001年《商标法》第三十一条的规定，申请商标注册不得损害他人现有的在先权利，也不得以不正当手段抢先注册他人已经使用并有一定影响的商标。本条规定的在先权利，是指在诉争商标申请注册日之前已经取得的，除商标权以外的其他权利，包括姓名权、著作权等。

本案中，国家版权局于2006年6月21日出具的登记号为2006-F-05473的著作权登记证书载明，《铁臂阿童木样式指南》于2002年4月24日在日本首次发表，某株式会社以职务作品著作权人身份依法享有著作权。中国与日本均为《伯尔尼公约》的成员国，某株式会社所享有的与著作权有关的相关权利受中国《著作权法》保护。

根据本案现有证据，国信公证处出具的（2011）京国信内经证字第3215号公证书记载1963年电视卡通片《铁臂阿童木》在日本富士电视台放映，1965年《铁臂阿童木》获厚生大臣的表彰等；国信公证处出具的（2011）京国信内经证字第3219号公证书记载1980年《铁臂阿童木》作为第一部引进中国内地的进口动画片在中央电视台播出；国信公证处出具的（2011）京国信内经证字第1548号公证书记载中国中央电视台（CCTV）于2004年12月28日至2005年2月13日期间在其少儿频道播出了52集；2012年1月1日《扬子晚报》中图说历史板块刊登的《1月1

① 对应2023年《立法法》第一百零四条。

日〈阿童木〉开播》，记载日本最早的电视动画《铁臂阿童木》于1963年1月1日开播，《阿童木》也是最早引进中国内地的日本动画作品之一，播出后广受欢迎；科学普及出版社于20世纪80年代出版的《铁臂阿童木》漫画版本部分页面，其中显示有飞行状态的铁臂阿童木形象，且载明其名字就是铁臂阿童木；1981年1月10日于日本公开发行的出版物《手塚粉丝》杂志封面及部分页面和翻译件载明1980年12月《铁臂阿童木》动画片在中央电视台播放以及手某访问中国的相关情况。上述证据可以证明，在诉争商标的注册申请日之前，某株式会社对《铁臂阿童木》动漫作品享有在先著作权。但诉争商标仅为纯文字商标，并未体现阿童木的卡通形象，故诉争商标的注册申请并未侵犯某株式会社享有的著作权。

根据《最高人民法院关于审理商标授权确权行政案件若干问题的规定》第二十二条的规定，对于著作权保护期限内的作品，如果作品名称、作品中的角色名称等具有较高知名度，将其作为商标使用在相关商品上容易导致相关公众误认为其经过权利人的许可或者与权利人存在特定联系，当事人以此主张构成在先权益的，人民法院予以支持。

根据在案证据，“阿童木”既是某株式会社出品的动漫作品《铁臂阿童木》的片名，也是动漫作品中主要人物的名称。1963年电视卡通片《铁臂阿童木》在日本富士电视台放映，1965年《铁臂阿童木》获厚生大臣表彰，1980年《铁臂阿童木》作为第一部引进中国内地的进口动画片在中央电视台播出，中央电视台于2004年12月28日至2005年2月13日期间在其少儿频道播出了52集，以上证据均可以证明动漫作品《铁臂阿童木》以及“铁臂阿童木”的角色取得了一定的知名度。在诉争商标申请日前，该动漫已在中国大陆进行了广泛的宣传并已播出，“铁臂阿童木”“阿童木”作为动漫作品的名称以及动漫中的角色名称已为相关公众所了解，具有较高知名度，且该知名度的取得是某株式会社创造性劳动的结晶，其所带来的商业价值和商业机会亦是某株式会社投入大量劳动和资本所获得。因此，“铁臂阿童木”“阿童木”可以作为在先作品名称以及在先作品的角色名称进行保护。

但在先作品名称以及在先作品的角色名称权益的保护范围并不当然及于全部商品和服务类别，仍应以限于相同或类似商品或服务为原则。从现有证据来看，某公司在网站、西单商场、淘宝网上销售标有“阿童木”形象的童鞋等商品，虽然在诉争商标申请日之前某株式会社未在鞋等商品上使用阿童木形象，但某株式会社在第25类商品上注册有“铁臂阿童木”商标，且鞋等商品系生活必需品，某公司在销售诉争商标核定使用的鞋等商品时必定借用了在先作品名称及角色名称所形成的市场声誉或不当损害了其商业利益，使相关公众对诉争商标核定使用的商品来源与在先作品名称及角色名称的所有人产生混淆误认，从而挤占了在先作品名称及角色名称所有人基于该在先作品名称及角色名称而享有的市场优势地位和交易机会，故诉争商标的注册申请损害了某株式会社的在先权益。

某株式会社在无效宣告请求阶段和诉讼阶段均提出了“商品化权”的主张，且其已明确所主张的“商品化权”包括作品名称以及角色名称的在先权益，国家知识产权局以角色名称商品化权的权利来源、构成、权利边界范围、受保护程度等无明确的法律依据且在案证据难以认定诉争商标申请注册时某株式会社动漫作品的知名度状况，某株式会社亦未提交其权利之何种利益因诉争商标的注册使用而受到损害的事实证据为由，对某株式会社有关在先权益的主张未予支持，评述有误，法院予以纠正。

三、关于诉争商标的注册是否违反2001年《商标法》第十条第一款第八项规定的问题

2001年《商标法》第十条第一款第八项所指的“有害于社会主义道德风尚或有其他不良影响”指该标志或者其构成要素是否可能对我国政治、经济、文化、宗教、民族等社会公共利益和公共秩序产生消极、负面影响。诉争商标系“铁臂阿童木”文字商标，从商标本身来看，不具有有害社会道德风尚或妨害社会公共秩序的情形，故诉争商标不属于2001年《商标法》第十条第一款第八项规定之情形。

裁判要旨

动漫作品名称以及动漫作品的角色名称若已为相关公众所了解，具有较高知名度，将其作为商标使用在相关商品上容易导致相关公众误认为其经过动漫作品权利人的许可或者与权利人存在特定联系的，该作品名称以及作品的角色名称可以作为在先权益予以保护。

关联索引

2001 年《中华人民共和国商标法》第三十一条、第十条第一款第八项

一审：北京知识产权法院（2016）京 73 行初 1823 号（2017 年 12 月 28 日）

二审：北京市高级人民法院（2018）京行终 1245 号（2019 年 7 月 12 日）

法官评析

根据 2013 年《商标法》第八条的规定，任何能够将自然人、法人或者其他组织的商品与他人的商品区别开的标志，包括文字、图形、字母、数字、三维标志、颜色组合和声音等，以及上述要素的组合，均可以作为商标申请注册。动漫作品的作品名称和动漫角色名称均可依据商标法注册为文字商标，如果动漫角色有特有的形象，还可以将其被设计为平面的图形商标或立体商标要素加以保护。一旦将动漫作品的作品名称、动漫角色名称积极注册为商标，商标注册人可直接依据商标法相关规定来保护自身合法权利，从而可较好地解决现实中动漫角色被大量抢注、仿冒但因权属不清所产生的维权困境。同时，相较于著作权法对作品的“独创性”要求以及保护期限的限制，动漫角色诸多要素符号更容易满足商标法的显著性要求，商标权保护可以通过续展而不断得以延长，从而适应了角色形象吸引力可长期存在及可供持续商品化的利益需求。

但是如果未将动漫作品的作品名称、动漫角色名称直接注册为商标，当事人如何保护其合法权益呢？根据 2013 年《商标法》第三十二条的规定，申请商标注册不得损害他人现有的在先权利，也不得以不正当手段抢先注册他人已经使用并有一定影响的商标。本条规定的在先权利，是指在诉争商标申请注册日之前已经取得的，除商标权以外的其他权利，包括姓名权、著作权等。一般来说，动漫作品中的动漫角色形象可以作为美术作品进行著作权法保护，但是动漫作品的作品名称和动漫角色名称却难以通过著作权法进行保护。因此，司法实践中对动漫作品的作品名称和动漫角色名称的保护历程大体上经历了三个阶段，即由不保护到保护，由非在先权利保护到在先权利保护，再由称其为“商品化权”的权利保护到称其为“商品化权益”的利益保护历程。

司法实践中首次出现“商品化权”是在（2011）高行终字第374号行政判决书中。该案一审法院认为，基于谢某明知“007”“JAMES BOND”作为电影人物角色名称的知名度和该知名度可能在商业上产生的较高价值而申请注册被异议商标，认定其行为违反诚实信用的公序良俗，被异议商标属于商标法规定的“有其他不良影响的标志”。但北京市高级人民法院认为“007”“JAMESBOND”作为某有限公司甲“007”系列电影人物的角色名称已经具有较高知名度，已为相关公众所了解，其知名度的取得是某有限公司甲创造性劳动的结晶，由此知名的角色名称所带来的商业价值和商业机会，也是某有限公司甲投入大量劳动和资本所获得的。因此，作为在先知名的电影人物角色名称应当作为在先权利得到保护。之后在“功夫熊猫”系列案中，北京市高级人民法院在裁判文书中详细论述了保护“商品化权”的理由。北京市高级人民法院在（2016）京行终3508号上诉人国家知识产权局与被上诉人某动画影片公司、原审第三人上海某服饰有限公司商标异议复审行政纠纷案中认定，虽然“功夫熊猫KUNG FU PANDA”作为某动画影片公司知名电影的特有名称应受到保护，但其保护范围仍需明确。在判断他人申请注册的商标是否损害该在先知名电影名称权益时，需要综合考虑如下因素：一是影片知名度高低和影响力强弱。知名电影名称的保护范围，与其知名度及影响力相关。其保护范围与电影的知名度、影响力成正比，知名度越高、影响力越强，保护范围越宽，且随着知名度提高、影响力增强，其保护范围亦随之扩大；反之亦然。二是混淆误认的可能性。商标的主要功能在于标识商品或服务的来源，尽可能消除商业标志混淆误认的可能性。在目前的商业环境下，电影作品衍生品已涵盖了多类商品，但知名电影特有名称权益的保护范围并不当然及于全部商品和服务类别，仍应以限于相同或类似商品或服务为原则，但诉争商标的申请注册确实借用了在先知名电影名称所形成的市场声誉或不当损害了其商业利益，使相关公众对诉争商标指定使用的商品或服务来源与知名电影特有名称所有人产生混淆误认，从而挤占了知名电影特有名称所有人基于该电影名称而享有的市场优势地位和交易机会时，可以根据知名度及实际的利益要素影响范围进行保护。后北京市高级人民法院在裁判文书中又明确所保护的商品化权益是民事利益。在（2015）高行（知）终字第752号上诉人国家知识产权局与被上诉人某有限公司乙，原审第三人连某、陈某商标异议复审行政纠纷案中，北京市高级人民法院认定，《商标法》并无“商品化权”的规定，《民法通则》也无“商品化权”的规定，但文学艺术作品、作品名称、角色名称、某种标识性的名称、姓名等确实会使上述作品或名称的拥有者通过上述作品、姓名等取得声誉、信誉、知名度等，拥有者通过将上述声誉、信誉、知名度等与商品或服务的结合进行商业性的使用而实现经济利益，因此，上述作品或名称通过商业化使用，能够给拥有者带来相应的利益，可以作为“在先权利”获得保护。“商品化权”无明确规定，称为“商品化权益”并无不可。某有限公司乙所主张的“The BEATLES”乐队名称可以作为“商品化权益”的载体。

根据2017年3月1日施行的《最高人民法院关于审理商标授权确权行政案件若干问题的规定》第二十二条的规定，对于著作权保护期限内的作品，如果作品名称、作品中的角色名称等具有较高知名度，将其作为商标使用在相关商品上容易导致相关公众误认为其经过权利人的许可或者与权利人存在特定联系，当事人以此主张构成在先权益的，人民法院予以支持。该规定首次在司法解释中肯定了作品名称和角色名称可以作为商标授权确权纠纷中的在先权利，并规定了相应的构成条件，但并未明确说明作品名称和角色名称所形成的合法权益为“商品化权益”。以本案为例，“阿童木”既是动漫作品《铁臂阿童木》的片名，也是动漫作品中主要人物的名称，在诉争商标申请日前，“铁臂阿童木”“阿童木”作为动漫作品的名称以及动漫的角色名称已为相关公众所了解，具有较高知名度，且该知名度的取得是某株式会社创造性劳动的结晶，其所带来的商业价值和商业机会亦是某株式会社投入大量劳动和资本所获得。因此，“铁臂阿童木”“阿童木”可以作为在先作品名称以及在先作品的角色名称进行保护，加之某公司在销售商品时必定借用了在先作品名称及角色名称所形成的市场声誉或不当损害了其商业利益，使相关公众对诉争商标核定使用的商品来源与在先作品名称及角色名称的所有人产生混淆误认，从而挤占了在先作品名称及角色名称所有人基于该在先作品名称及角色名称而享有的市场优势地位和交易机会，故诉争商标的注册申请损害了某株式会社的在先权益。本案某株式会社在无效宣告请求阶段和诉讼阶段均提出了“商品化权”的主张，而且明确其所主张的“商品化权”包括作品名称以及角色名称的在先权益，但是法院并未直接认定该项权益为“商品化权”或者“商品化权益”。虽然最高人民法院出台了司法解释，在满足某些条件的情况下作品名称和角色名称构成可受保护的一种合法在先权益，但是我国法律中并未明确规定“商品化权”或者“商品化权益”，故司法实践中仍需要保持审慎的态度，慎用“商品化权”或者“商品化权益”的字样。

司法实践中，作品名称以及角色名称的商品化权益保护一波三折，期间历经多个阶段的尝试和调适，也经历了多种不同观点的交锋，但是最终司法解释给出了定论，即对于著作权保护期限内的作品，作品名称、作品中的角色名称等具有较高知名度，将其作为商标使用在相关商品上容易导致相关公众误认为其经过权利人的许可或者与权利人存在特定联系，当事人以此主张构成在先权益的，人民法院应当予以支持。

一审法院合议庭成员 张晓津 崔 宁 丁艳玲
二审法院合议庭成员 岑宏宇 戴怡婷 马 军
编写人 张晓津 赵 楠

28. 某（集团）股份有限公司、上海某生物科技有限公司诉国家知识产权局、第三人某企业公司商标权无效宣告行政纠纷案

——对电影领域“有一定影响的商品名称”进行保护时应注意其保护范围

关键词 商标权无效宣告 有一定影响 商品名称 保护范围

基本案情

2014年4月10日，原告某（集团）股份有限公司（以下简称某股份公司）向被告国家知识产权局申请注册诉争商标。诉争商标的申请号是14351596，商标标志为文字“冰雪奇缘”，后经核准使用在第2类“颜料，染料，食用色素，印刷油墨，计算机、打印机、文字处理机墨盒，皮肤绘画用墨，印刷膏（油墨），防腐蚀剂，天然树脂”商品上，专用权期限至2025年6月6日。

2016年4月29日，某企业公司请求国家知识产权局宣告诉争商标无效。2017年8月31日，国家知识产权局作出商评字［2017］第107730号关于第14351596号“冰雪奇缘”商标无效宣告请求裁定（以下简称被诉裁定），认定诉争商标违反2013年《商标法》第三十二条“申请商标注册不得损害他人现有的在先权利”之规定，裁定诉争商标予以无效宣告。2017年11月21日，诉争商标经核准由某股份公司转让给上海某生物科技有限公司（以下简称上海某公司）。某股份公司、上海某公司不服被诉裁定，诉至北京知识产权法院。

某股份公司、上海某公司诉称：（1）某股份公司并无抢注之恶意。某股份公司名下的“自然堂”商标被认定为中国驰名商标和上海市著名商标，品牌具有很高知名度。诉争商标系“自然堂”的一个附属子品牌，除“冰雪奇缘”外，某股份公司还拥有“雪域”“雪域冰肌”“冰肌圣水”等凸显冰雪、雪域概念的商标。“冰雪奇缘”商品与某企业公司在中国大陆影片译名之一相一致纯属巧合，且某股份公司从无恶意抢注记录。某股份公司注册诉争商标系合理运用商标权的行为，不会造成相关公众混淆误认。在45个类别注册是对原告名下商标强化保护的习惯性行为。（2）某企业公司主张“冰雪奇缘”的“商品化权”毫无根据。（3）“冰雪奇缘”一词并非某企业公司首创。“冰雪奇缘”一词在诉争商标申请日前已属于公有领域，不能由某企业公司垄断。（4）某企业公司不具有权利主体资格。综上，请求法院依法撤销被诉裁定。

被告国家知识产权局辩称：被诉裁定认定事实清楚，适用法律正确，作出程序合法，请求法院依法驳回原告的诉讼请求。

第三人某企业公司述称：被诉裁定认定事实清楚，适用法律正确，作出程序合法，请求法院依法驳回原告的诉讼请求。

法院经审理查明：

第一，在评审阶段，某企业公司向被告提交以下主要证据：（1）某企业公司简介、排名、获奖情况；（2）某企业公司商标的相关宣传报道、获奖情况；（3）国家图书馆所出具的关于“冰雪奇缘”的中文媒体报道文献的《检索报告》，以及《检索报告》附件中所列某企业公司通过国家图书馆所下载和复制的有关“冰雪奇缘”品牌的具有代表性的185篇报纸文献和49篇期刊文献的复印件；（4）某企业公司“冰雪奇缘”系列产品宣传及销售资料；（5）相关商标行政及司法案例及某股份公司名下商标列表及其主要业务介绍等。

第二，某股份公司向被告提交以下主要证据：（1）某股份公司名下与“冰雪”相关联的商标信息及全类注册商标信息；（2）某股份公司及其商标所获荣誉；（3）相关文字解释及商标异议裁定文件等。

第三，诉讼中，上海某公司向法院提交了如下证据：（1）百度百科“冰雪奇缘”词条打印件；（2）上海市商标战略年度发展报告（2016年及2017年上半年）。

第四，诉讼中，某企业公司向法院提交了如下证据：（1）（2018）京中信内经证字第24780~24784号公证书，显示某企业公司基于《冰雪奇缘》动画电影已经推出了众多衍生商品与服务，在中国大陆，衍生商品和服务的销售、宣传平台包括了某企业公司中国官网、新浪微博、天猫两家官方店铺、多家京东网第三方店铺、诸多第三方网站等；（2）某股份公司申请的模仿他人享有在先权利的知名歌曲名称、音乐奖项名称、艺人姓名等的商标列表；（3）16份有关电影名称、角色名称的在先权利的生效行政判决；（4）关于电影《冰雪奇缘》在爱奇艺、腾讯视频等观看次数的公证书。

第五，某股份公司于2014年4月将文字“冰雪奇缘”申请注册在全部45个商品或服务类别上，总计申请注册“冰雪奇缘”商标50枚，其中8枚商标被驳回，42枚被核准注册。某企业公司针对已注册的42枚商标提起无效宣告，被告以与本案相同理由对包括本案诉争商标在内的36枚商标作出予以无效宣告的裁定。某股份公司对上述裁定均不服，均向法院提起诉讼。

北京知识产权法院于2019年9月20日作出（2017）京73行初7996号行政判决：驳回原告某股份公司、上海某公司的诉讼请求。一审判决作出后，原告不服上诉至北京市高级人民法院，后撤回上诉。现一审判决已生效。

裁判理由

法院生效裁判认为：将“有一定影响的商品名称”作为在先权利，适用2013年《商标法》第三十二条规定予以保护，必须以该商品名称在中国相关公众中具有一定的知名度，诉争商标标志与商品名称较为接近能够形成对应关系，诉争商标指定使用的商品或服务与该商品名称所处领域相同或者类似或具有较大关联，诉争商标的注册与使用将损害在先商品名称所有人利益为要件。

第一，就在先商品名称的知名度而言，本案中“冰雪奇缘”是某企业公司投资拍摄的动画电影《冰雪奇缘》的电影名称。在案证据能够证明在诉争商标申请注册日前《冰雪奇缘》电影已于2014年2月5日在中国大陆上映，并获得了第86届奥斯卡最佳动画长片奖和最佳原创歌曲奖、第

71届金球奖最佳动画长片奖等奖项，原定2014年3月5日下档的《冰雪奇缘》在中国的上映期也延长至2014年3月20日。因此，法院认为，《冰雪奇缘》已为相关公众所了解，具有一定知名度，可以认定为“有一定影响的”商品名称。

第二，就诉争商标与“有一定影响的商品名称”的近似程度而言，诉争商标标志为普通字体的文字商标“冰雪奇缘”，其与《冰雪奇缘》电影名称相同，相关公众在看到诉争商标时，容易将其与在先电影的名称建立联系，有造成混淆和误认的可能性。

第三，就诉争商标核定使用的商品与“有一定影响的商品名称”所处领域的关系而言，从“有一定影响的商品名称”角度保护在先权利应注意保护范围，即应限于与“有一定影响的商品名称”所处领域相同、类似或者具有较大的关联性的商品或服务。在具体判断时应考虑以下因素：电影《冰雪奇缘》的知名度及影响范围；诉争商标使用在相关商品或服务上是否容易导致相关公众误认为其经过电影《冰雪奇缘》权利人的许可或者与权利人存在特定联系；是否足以影响相关公众对其核定使用的商品或服务来源的识别、品质的认可、信誉的保证等。本案中，《冰雪奇缘》是具有较高知名度的电影名称，但其保护范围并不当然及于全部商品或服务，而应与电影衍生商品或服务密切相关。诉争商标核定使用的“防腐蚀剂”商品，与目前商业环境下电影衍生品的覆盖范围差距较大，不易导致相关公众误认为其经过电影《冰雪奇缘》权利人的许可或者与权利人存在特定联系，从而影响相关公众对其核定使用的商品来源的认知。除“防腐蚀剂”外的其他商品，易导致相关公众误认为其经过电影《冰雪奇缘》权利人的许可或者与权利人存在特定联系，从而影响相关公众对其核定使用商品来源的认知。

第四，就是否会损害“有一定影响的商品名称”的所有人利益而言，鉴于诉争商标核定使用的“防腐蚀剂”商品与《冰雪奇缘》电影衍生品的覆盖范围差距较大，将“冰雪奇缘”注册在上述商品上，不会造成某企业公司基于其电影名称本应获得的交易机会的减少，降低知名电影名称的价值，进而损害权利人的利益。而除“防腐蚀剂”商品外的其他商品，与《冰雪奇缘》电影衍生品的覆盖范围较为接近，将“冰雪奇缘”注册在上述商品上，会造成某企业公司基于其电影名称本应获得的交易机会减少，降低知名电影名称的价值，进而损害权利人的利益。

综上，诉争商标注册在“防腐蚀剂”商品上并未损害某企业公司“有一定影响的商品名称”的在先权利。在其他商品类别上的注册构成对某企业公司“有一定影响的商品名称”的在先权利的损害。

裁判要旨

在商标行政诉讼中，对电影领域“有一定影响的商品名称”进行保护时，应注意其保护范围，即应限于与“有一定影响的商品名称”所处领域相同、类似或者具有较大的关联性的商品或服务。在具体判断时应考虑以下因素：电影的知名度及影响范围；诉争商标使用在相关商品或服务上是否容易导致相关公众误认为其经过电影权利人的许可或者与权利人存在特定联系；是否足以影响相关公众对其核定使用的商品或服务来源的识别、品质的认可、信誉的保证等。即便是具有较高知名度的电影名称，其保护范围也并不当然及于全部商品或服务，而应与电影衍生商品或服务密切相关。

关联索引

2013 年《中华人民共和国商标法》第三十二条

一审：北京知识产权法院（2017）京 73 行初 7996 号（2019 年 9 月 20 日）

法官评析

该案为涉“冰雪奇缘”系列商标权无效宣告行政纠纷案件之一，在该系列案件中，北京知识产权法院将涉案作品名称“冰雪奇缘”认定为“有一定影响的商品名称”，作为在先权利予以保护，并将其保护范围限于与电影衍生商品或服务存在较大关联的商品或服务上。

一、电影名称“冰雪奇缘”构成“有一定影响的商品名称”

《商标法》第三十二条规定：“申请商标注册不得损害他人现有的在先权利，也不得以不正当手段抢先注册他人已经使用并有一定影响的商标。”该条立法目的是在商标授权确权程序中，避免或解决其他民事权利与商标权之间的权利冲突问题。本案涉及诉争商标申请注册是否损害他人在先权利。关于在先权利，《最高人民法院关于审理商标授权确权行政案件若干问题的规定》（以下简称《规定》）第十八条规定："商标法第三十二条规定的在先权利，包括当事人在诉争商标申请日之前享有的民事权利或者其他应予保护的合法权益。诉争商标核准注册时在先权利已不存在的，不影响诉争商标的注册。"该司法解释对"在先权利"进行了扩大解释，既包括如著作权、姓名权等法定民事权利，也包括其他应予以保护的合法权益，如反不正当竞争法所规定的权益，《规定》第二十二条第二款规定的作品名称、作品中的角色名称①等在先权益。

本案涉及的电影作品名称权益一般被视为"商品化权"范畴。作品名称受制于表达有限性，不受著作权法保护；从商标法路径对作品名称进行保护的基础在于权利人对作品名称进行了商业化使用或商品化活动。司法实践中，法院对"商品化权"的态度数次发生变化，从不保护到通过反不正当竞争法予以保护，到"商品化权""商品化权益"予以保护，再到目前实行谨慎保护。经过司法实践经验的积累，法院认识到确定作品名称、角色名称保护条件及范围的复杂性，对该权益应进行谨慎保护。《北京市高级人民法院商标授权确权行政案件审理指南》第16.18规定：在法律尚未规定"商品化权益"的情况下，不宜直接在裁判文书中使用"商品化权益"等称谓；第16.19条"'商品化权益'认定的限制"第一款规定：当事人主张的"商品化权益"内容可作为姓名权、肖像权、著作权、一定影响商品（服务）名称等法律明确规定的权利或者利益予以保护的，不宜对当事人所主张的"商品化权益"进行认定。

本案中，某企业公司在行政评审阶段主张的在先权利是"商品化权"，但在诉讼过程中主张将其在先权利变更为"有一定影响的商品名称"。对此，法院认为，《商标法》第三十二条旨在避免注册商标权与他人在先权利发生冲突，某企业公司将其在先权利的内容由"商品化权"变更为"有一定影响的商品名称"系出于其真实意思表示，其保护的均为基于将电影名称进行商业性使用而产生的商业利益，且在本质上解决的均为其他权利

---

① 《规定》第二十二条第二款规定："对于著作权保护期限内的作品，如果作品名称、作品中的角色名称等具有较高知名度，将其作为商标使用在相关商品上容易导致相关公众误认为其经过权利人的许可或者与权利人存在特定联系，当事人以此主张构成在先权益的，人民法院予以支持。"

或权益与商标权之间的冲突问题，对某企业公司的变更予以接受，并从涉案电影名称“冰雪奇缘”是否构成“有一定影响的商品名称”角度进行审理。

“有一定影响的商品名称”这一权益来源于《反不正当竞争法》第六条第一项之规定，该项规定经营者不得擅自使用与他人有一定影响的商品名称、包装、装潢等相同或者近似的标识，引人误认为是他人商品或者与他人存在特定联系的混淆行为。在判断某商品名称是否构成“有一定影响的商品名称”时，一般考量其使用、广告宣传的连续的时间、形式、深度以及覆盖范围等因素。鉴于电影作品的特殊性，应重点考量电影作品投入市场前后的宣传情况、所获得的票房成绩、相关公众的评价以及是否具有持续的影响力①等相关因素。本案中，电影《冰雪奇缘》获得第86届奥斯卡最佳动画长片奖和最佳原创歌曲奖、第71届金球奖最佳动画长片奖等奖项，放映时间也延长半个月，至2014年7月16日成为全球动画电影史票房冠军，媒体报道量大，已满足“有一定影响的商品名称”的构成要件，构成“有一定影响的商品名称”，应作为在先权利予以保护。

二、确定保护范围时注重混淆之可能性

对电影领域“有一定影响的商品名称”进行保护时应注意其保护范围，注意权利人利益与社会公共利益之间的平衡。对“有一定影响的商品名称”这一权益进行保护的基础在于权利人对该商品名称进行了使用、宣传，付出了人力、物力等成本，使其具有一定的知名度和影响力，应防止他人不劳而获，实施侵害权益人权益的行为。在处理商标权与此权益的冲突时，既要保护权利人利益、防止不正当占用他人经营成果，也要避免损害公众使用公共社会资源的权利。有一定影响的电影，可衍生设计玩具、游戏、服装等日用品，甚至扩展至主题公园等领域，与日常生活具有较为紧密的关联；对构成“有一定影响的商品名称”的电影名称的保护，存在跨商品类别保护的可能，但对此权益的保护并不能延伸至所有商品和服务类别上。

在确定保护范围时，重点考量诉争商标与商品名称之间混淆的可能性

---

① 参见最高人民法院（2015）民三终字第4号民事判决书。

等因素。对此，需要考量诉争商标标志与商品名称的近似程度，诉争商标指定使用的商品或服务与该商品名称所处类别类似或关联程度，商品名称的知名度和影响力等因素。如二者标志相同或近似，商品相同或类似，则往往容易使消费者对商品或服务来源产生混淆误认，诉争商标的注册使用会损害“有一定影响的商品名称”权益人的利益。一般而言，商品名称的影响力越大、知名度越高，则该商品名称的保护范围越大。

本案中，从商标标志看，诉争商标标志为普通字体的文字商标“冰雪奇缘”，其与《冰雪奇缘》电影名称相同，申请诉争商标的行为难谓善意；相关公众在看到诉争商标时，容易将其与在先电影名称建立联系。从商品类别看，诉争商标核定使用的“颜料、染料”等与人们的日常生活密切相关，诉争商标使用在上述服务上，容易使相关公众误认为诉争商标核定使用的商品经过电影《冰雪奇缘》权利人的许可或者与权利人存在特定联系，从而影响相关公众对商品来源产生混淆误认，并降低电影名称“冰雪奇缘”的知名度和影响力，挤占了权利人基于该电影作品名称所应当享有的商业价值和交易机会，故在上述商品上损害了权利人的在先权利，应予以无效宣告。诉争商标核定使用的“防腐蚀剂”商品，与目前商业环境下电影衍生品的覆盖范围差距较大，不易导致相关公众误认为其经过电影《冰雪奇缘》权利人的许可或者与权利人存在特定联系，从而影响相关公众对其核定使用的商品来源的认知，故在“防腐蚀剂”商品上的注册未损害某企业公司的“有一定影响的商品名称”权益。

一审法院合议庭成员 杨　潇　刘敬文　周　华

编写人 杨　潇　柴　鹏

29. 上海某公司诉国家知识产权局、第三人迪某公司商标权无效宣告请求行政纠纷系列案*

——作品名称可以作为“有一定影响的商品名称”适用《商标法》第三十二条“在先权利”条款予以保护

关键词 商标权无效宣告 有一定影响的商品名称 商品化权 在先权利

基本案情

诉争系列商标“冰雪奇缘”原由伽某公司于2014年4月10日申请注册，专用权期限至2025年6月6日。核定使用在42个类别的商品或服务上。2017年11月20日，诉争商标由伽某公司转让给上海某公司。

迪某公司电影《FROZEN》（中文名称为“冰雪奇缘”）于2013年11月27日在美国上映，后于2014年2月5日在中国大陆上映，曾获得第86届奥斯卡最佳动画长片奖和最佳原创歌曲奖、第71届金球奖最佳动画长片奖等奖项。原定2014年3月5日下档的《冰雪奇缘》在中国的上映期也延长至2014年3月20日。至2014年7月16日，《冰雪奇缘》以全球12.74亿美元的票房成为全球动画史票房冠军，成为影史票房榜第五名，在全球及中国范围内产生了一定的影响力。中文媒体对《冰雪奇缘》进行了广泛的报道。迪某公司基于《冰雪奇缘》动画电影已经推出了众多衍生商品与服务，在中国大陆，销售、宣传平台包括了迪某公司中国官网、新浪微博、天猫两家官方店铺、多家京东网第三方店铺、诸多第三方网站

---

* 本案例入选2022年《中国法院年度案例》。

等。多份在先生效判决曾经在十多个类别的商品或服务上保护了电影名称、角色名称的在先“商品化权”。

伽某公司作为一家主营化妆品业务的公司，共申请注册了2000余枚商标，且在全部45个商品或服务类别上申请注册了50枚“冰雪奇缘”商标。

迪某公司向国家知识产权局提起无效宣告请求，请求认定其对电影名称“冰雪奇缘”具有在先“商品化权”，并依据《商标法》第三十二条前半段“在先权利”予以保护。

国家知识产权局对其中的36件诉争商标作出无效宣告请求裁定，认定：（1）诉争商标利用了迪某公司知名电影《冰雪奇缘》的知名度及影响力，挤占了迪某公司基于该电影名称而享有的市场优势地位和交易机会，故诉争商标的注册损害了迪某公司对“冰雪奇缘”享有的在先商品化权，违反了《商标法》第三十二条“申请商标注册不得损害他人现有的在先权利”之规定。（2）诉争商标未构成对迪某公司在先使用并有一定影响的商标的抢注。（3）迪某公司提出诉争商标注册违反了《商标法》第四十四条第一款规定的主张缺乏事实依据，不予支持。（4）诉争商标未违反《商标法》第十条第一款第八项之规定。综上，国家知识产权局作出裁定：在36个类别的商品或服务上对系列诉争商标予以无效宣告。上海某公司不服，向北京知识产权法院提起行政诉讼。

上海某公司诉称：（1）上海某公司并无抢注之恶意。该公司还拥有系列凸显冰雪、雪域概念的商标。“冰雪奇缘”商标与迪某公司在中国大陆影片译名相一致纯属巧合。在45个类别注册是对上海某公司名下的商标强化保护的习惯性行为。（2）迪某公司主张“冰雪奇缘”的“商品化权”毫无根据。影片《FROZEN》的中文译名“冰雪奇缘”，其人物角色设定、故事情节等与诉争商标指定使用的商品之间无关联性。迪某公司提交的证据也不能证明影片译名在诉争商标核定使用的商品上享有极高的知名度。而且，“商品化权”的概念在相关法律中并无明确依据，法律上认定需谨慎和条件完备。（3）“冰雪奇缘”一词并非迪某公司首创，亦不能由其垄断。综上，请求人民法院依法撤销商评字［2017］第90350号关于第14352137号“冰雪奇缘”商标（以下简称诉争商标）无效宣告请求裁定等36份裁定。

国家知识产权局辩称：被诉裁定认定事实清楚，适用法律正确，作出程序合法，请求人民法院依法驳回原告的诉讼请求。

迪某公司述称：被诉裁定认定事实清楚，适用法律正确，作出程序合法，请求人民法院依法驳回原告的诉讼请求。

一审诉讼过程中，迪某公司主张：（1）请求依照行政诉讼的全面审查原则，对伽某公司申请的36枚“冰雪奇缘”商标是否构成《商标法》第四十四条第一款规定的“以其他不正当手段取得注册”的情形予以进一步审查，并对该36枚商标在全部商品和服务上的注册予以无效宣告。（2）在诉争商标申请注册日2014年4月10日前，“冰雪奇缘”作为知名动画电影的名称，在中国大陆取得了极高知名度，已经构成了“有一定影响的商品名称”。迪某公司作为该电影的合法权利人享有在先权利，“冰雪奇缘”属于《商标法》第三十二条保护的在先权利。

北京知识产权法院于2019年6月27日作出（2017）京73行初6818号等行政判决：驳回上海某公司的诉讼请求。宣判后，上海某公司不服提起上诉。二审过程中，上海某公司撤回了上诉。2020年6月23日，北京市高级人民法院作出（2020）京行终1869号等行政裁定：准许上海某公司撤回上诉。

裁判理由

法院生效裁判认为：本案中，迪某公司在行政阶段主张其在先权利是“商品化权”，但在诉讼过程中，其主张将在先权利变更为“有一定影响的商品名称”。《商标法》第三十二条的立法目的是在商标授权确权程序中避免或解决其他民事权利与商标权之间的权利冲突问题。商品化权并非我国现行法律明确规定的民事权利或者权益类型，而“有一定影响的商品名称”属于受《反不正当竞争法》第六条明确规定予以保护的民事权益，故其属于《商标法》第三十二条规定的“在先权利”的范围。迪某公司将其在先权利的内容由“商品化权”变更为“有一定影响的商品名称”系出于其真实意思表示，其保护的均为基于将电影名称进行商业性使用而产生的商业利益，且在本质上解决的均为其他权利或权益与商标权之间的冲突问题，故对于上述变更，一审法院予以接受。

将“有一定影响的商品名称”作为在先权利，适用《商标法》第三十二条规定予以保护，必须满足下述四个要件。

第一，该商品名称在中国相关公众中是否具有一定的知名度。本案中“冰雪奇缘”是迪某公司投资拍摄的动画电影《冰雪奇缘》的电影名称。该影片在中国大陆的上映情况及其获奖情况可以证明，《冰雪奇缘》已为相关公众所了解，具有一定知名度，可以认定为“有一定影响的”商品名称。

第二，诉争商标标识与商品名称是否较为接近能够形成对应关系。诉争商标标识为普通字体的文字商标“冰雪奇缘”，其与《冰雪奇缘》电影名称相同，相关公众在看到诉争商标时，容易将其与在先电影的名称建立联系，从而造成混淆和误认的可能性。

第三，诉争商标指定使用的商品或服务与该商品名称所处领域是否相同或者类似。在具体判断时应考虑以下因素：电影《冰雪奇缘》的知名度及影响范围；诉争商标使用在相关商品或服务上是否容易导致相关公众误认为其经过电影《冰雪奇缘》权利人的许可或者与权利人存在特定联系；是否足以影响相关公众对其指定使用的服务来源的识别、品质的认可、信誉的保证等。本系列案中，《冰雪奇缘》是具有较高知名度的电影名称，但其保护范围并不当然及于全部商品或服务，而应考虑与电影衍生商品或服务关联程度逐一进行认定。本系列案中，诉争商标核定使用的“服装”等部分商品，属于目前商业环境下电影衍生品的覆盖范围之内，易导致相关公众对商品来源的误认。而诉争商标核定使用的“树木、活家禽”等部分商品，与目前商业环境下电影衍生品的覆盖范围差距较大，不易导致相关公众对商品来源的误认。

第四，诉争商标的注册与使用是否会损害在先商品名称的所有人利益。本系列 36 案对此进行了逐一认定。诉争商标核定使用在“服装”等商品上，属于目前商业环境下电影衍生品的覆盖范围之内，会造成迪某公司基于其电影名称本应获得的交易机会的减少，降低知名电影名称的价值，进而损害迪某公司的利益。而诉争商标核定使用在“树木、活家禽”等商品上，则不会损害迪某公司的利益。

综上，核定使用在“服装”等商品上的诉争商标，损害了迪某公司“有一定影响的商品名称”的在先权利，相关被诉裁定认定正确，一审法院予以支持。但核定使用在“树木、活家禽”等商品上的诉争商标并未损害迪某公司“有一定影响的商品名称”的在先权利，相关被诉裁定认定该部分诉争商标违反《商标法》第三十二条规定是错误的，应当予以纠正，但由于上海某公司申请注册上述系列商标，远远超出了实际使用的范围，故一审法院依职权适用《商标法》第四十四条第一款的规定，依法予以无效宣告。

裁判要旨

“商品化权”并非我国现行法律框架内的法定权利，将其作为《商标法》第三十二条前半段的在先权利进行保护，有“司法设权”之嫌。迪某公司将就作品名称主张的在先权利由“商品化权”变更为《反不正当竞争法》第六条中明确规定的“有一定影响的商品名称”，符合《商标法》第三十二条的立法目的，即在商标授权确权程序中避免或解决其他民事权利与商标权之间的权利冲突问题。在商品或服务类别上，只有符合“具有较大关联性”，容易导致相关公众误认为其经过作品权利人的许可或者与权利人存在特定联系，进而足以影响相关公众对其指定使用的商品或服务来源的识别、品质的认可、信誉的保证等产生误认时，才能进行保护，从而纠正了依据在先权利条款予以全类保护的做法。

关联索引

2013 年《中华人民共和国商标法》第三十二条、第四十四条第一款

《中华人民共和国反不正当竞争法》第六条

一审：北京知识产权法院（2017）京 73 行初 6818 号等（2019 年 6 月 27 日）

二审：北京市高级人民法院（2020）京行终 1869 号等（2020 年 6 月 23 日）

法官评析

近十年的司法实践中，如何对作品名称、作品中的角色名称进行保护经历了一个漫长的探索和调适的过程，权利人特别是涉外权利人，开始引入美国司法实践中比较流行的“商品化权”这一概念，并以此为理由寻求救济。在“哈利·波特 HaLiBoTe”系列案中，两审法院认为申请人抢注诉

争商标，违反了诚信原则和公序良俗，选择适用《商标法》第十条第一款第八项“不良影响”条款予以保护。但是，随着“不良影响”条款适用范围的逐渐规范化，人民法院开始尝试通过《商标法》第三十二条前半段“在先权利”条款对当事人主张的“商品化权”进行回应。在这一阶段的初期，由于“商品化权”并非法定权利，在“邦德 007 BOND”案和“TEAMBEATLES 添·甲虫”案中，法院从法理上进行论述，认为相关角色名称、乐队名称已经衍生出商品化权益，可以作为在先权利获得保护。而在随后的“驯龙高手”案中，法院更是直接认定诉争商标的注册损害了权利人就作品名称依法享有的“商品化权”。

应该说，上述案例在个案中维护了实体正义，但是也凸显出了商品化权（益）自身的不足：首先，商品化权（益）并非法定权利，亦无明确定义，故其权利边界不清，直接在裁判文书中使用这一概念违反“权利法定”的基本原则。其次，商品化权（益）的保护条件尚不明晰，个案认定中存在一定的差别，降低了相关公众对自己行为是否侵犯这一民事权益的可预期性。再次，商品化权（益）的保护范围具有不确定性，在部分司法案例中其禁注权范围已经包括第 11、12、16、17、18、12、21、25、27、34、44 等商品或服务类别，大有超越驰名商标进行全类别保护的趋势。最后，从现有支持保护的判决说理上看，无论是基于劳动、智慧和资本的投入，还是激发创作热情，推动文学、艺术创作的繁荣发展的需要，无论是制止“搭便车”，还是避免市场混淆，将此类商品化权益作为由原作品衍生的既有静态利益的保护，在立法政策和利益衡量上都缺乏正当性依据，有超出权利范围保护溢出利益的可能。

随着实践探索的不断积累，人民法院也越来越意识到“商品化权”在我国法律语境下的先天不足，以及确定作品名称、角色名称保护条件及范围的复杂性，于是在司法政策层面上也更趋向于审慎保护。

北京市高级人民法院民三庭在《当前知识产权审判中需要注意的若干法律问题》（2016 年 5 月 6 日发布）中指出，对形象的商业化利益的保护，不是对法定权利的保护，只有对形象的商业化利益进行分析确定其属于可受法律保护的利益时，才能纳入《商标法》第三十二条在先权利的保护范围。对形象的商业化利益的保护范围应当慎重研究、严格划定，除非必要，对该利益的保护不应超出未注册驰名商标的保护。

2017 年 1 月 10 日，最高人民法院发布了《关于审理商标授权确权行政案件若干问题的规定》，其中第二十二条第二款规定：对于著作权保护期限内的作品，如果作品名称、作品中的角色名称等具有较高知名度，将其作为商标使用在相关商品上容易导致相关公众误认为其经过权利人的许可或者与权利人存在特定联系，当事人以此主张构成在先权益的，人民法院予以支持。

特别是北京市高级人民法院于 2019 年 4 月 24 日发布《北京市高级人民法院商标授权确权行政案件审理指南》，这种收紧的态势更为明显。其中，第 16.8、16.9 条进一步明确：在法律尚未规定“商品化权益”的情况下，不宜直接在裁判文书中使用“商品化权益”等称谓。当事人主张的“商品化权益”内容可作为姓名权、肖像权、著作权、一定影响商品（服务）名称等法律明确规定的权利或者利益予以保护的，不宜对当事人所主张的“商品化权益”进行认定。若依据除《商标法》第三十二条“在先权利”之外的其他具体条款不足以对当事人提供救济，且无法依据前款所规定的情形予以保护的，在符合特定条件时，可以依据当事人的主张适用《商标法》第三十二条“在先权利”予以保护，但一般应依据《反不正当竞争法》第六条的规定进行认定。

本系列案中，一审法院正是依据当事人的申请将国家知识产权局认定的在先“商品化权”进行了修正，将在先权利变更成《反不正当竞争法》第六条第一项规定的“有一定影响的商品名称”进行了保护，使其更符合权利法定的要求。

进而，一审法院提出了适用该条款的法律要件：（1）该商品名称在中国相关公众中具有一定的知名度；（2）诉争商标标识与商品名称较为接近能够形成对应关系；（3）诉争商标指定使用的商品或服务与该商品名称所处领域相同或者类似；（4）诉争商标的注册与使用将损害在先商品名称的所有人利益。

其中第三点的判断是本案的又一难点所在，一审法院给出了自己的答案，即仅在相同、类似或具有较大的关联性的“服装”等部分商品或服务上对核定使用的注册商标予以无效宣告，纠正了国家知识产权局依据“商品化权”进行全类保护的做法。而对于在关联性较远且无实际使用意图的“植物、活家禽”等其他商品和服务上核定使用的注册商标，法院为了保障当事人的利益，保证被诉裁定兼具程序合法性和实体合法性，依职权适用《商标法》第四十四条第一款进行了审理，维持了国家知识产权局对上述商标予以无效宣告的结论。二审过程中，上诉人撤回了对本系列案的上诉。

本系列案对于今后作品名称、角色名称的保护路径进行了有益的探索，希望能对最终的权益定性以及保护要件、保护范围的设定提供更多的研究素材。

一审法院合议庭成员 赵 明 高 睿 毛艾越

二审法院合议庭成员 刘 辉 亓 蕾 闻汉东

编写人 赵 明

30. 北京某科技有限公司诉国家知识产权局、第三人邱某某商标权无效宣告请求行政纠纷案

——法院在无效宣告请求案件中对商标实质合法性的审查

关键词 商标权无效宣告 实质合法性 恶意抢注

基本案情

原告北京某科技有限公司（以下简称某科技公司）诉称：（1）第三人系中国人民大学知识产权法博士，明知“iCourt”系原告在先商标，涉嫌以欺骗手段取得商标注册，违反2013年《商标法》第四十四条第一款的规定。（2）原告“iCourt”商标在诉争商标申请日前在中国法律职业培训领域享有较高知名度，第三人系商标法专业人士，应知明知，涉嫌恶意抢注，违反《商标法》第三十二条规定。（3）第三人与原告存在“其他关系”，根据《最高人民法院关于审理商标授权确权行政案件若干问题的规定》第十六条，原告住址位于北京市海淀区农大南路，与第三人住所地北京市海淀区中关村大街59号邻近，故诉争商标违反《商标法》第十五条第二款的规定。据此，请求法院判决撤销被诉裁定，并判令被告重新作出裁定。

被告国家知识产权局辩称：坚持被诉裁定意见，请求法院判决驳回原告诉讼请求。

第三人邱某某述称：被诉裁定认定事实清楚，适用法律正确，请求法院判决驳回原告诉讼请求。

法院经审理查明：诉争商标为第207521××号“icourt”商标（商标图样见图1），由邱某某于2016年7月25日提出注册申请，并于2019年2月

21日获准注册，核定使用在第41类服务上，具体包括：教育；培训；函授课程；安排和组织培训班；安排和组织学术讨论会；出借书籍的图书馆；电视文娱节目；提供在线电子出版物（非下载）；提供在线录像（非下载）；为艺术家提供模特服务。商标权专用期限至2027年9月13日，现商标权人为邱某某。

图1 诉争商标

2020年1月21日，某科技公司以诉争商标违反《商标法》第十五条第二款、第三十二条、第四十四条第一款等为由，向国家知识产权局提出无效宣告申请，请求宣告诉争商标无效。

为支持其无效宣告理由，某科技公司向国家知识产权局提交了案外人北京某法律咨询有限公司与某科技公司签订的“icourt”未注册商标使用许可合同，其他iCourt商标档案信息，知产库LEGAL版权群发表的微信公众号文章，北京某科技有限公司有关“icourt”的专项审计报告、“icourt”培训活动、icourt微信公众号数据及发布文章、新闻报道、国图检索报告等相关证据。

2020年5月27日，国家知识产权局作出《商标评审案件答辩通知书》并邮寄送达邱某某，邱某某在规定期限内未予答辩。

2020年10月28日，国家知识产权局作出被诉裁定，对诉争商标予以维持。

某科技公司不服，向法院提起诉讼，并补充提交了中国人民大学律师学院发布的提及“icourt”的文章。

诉讼过程中，邱某某向法院提交了与icourt有关的域名注册信息、国外商标注册信息及网页信息、丹麦学术机关icourts官网截图、美国爱达荷州电子在线司法系统icourt. idaho. gov网页截图，邱某某发表的文章及媒体报道等证据。

庭审过程中，法院询问各方当事人如何判断“icourt”的含义，国家知识产权局认为“icourt”的含义不属于本案审理范围，故未进行审理，申请人如果认为含义存在问题可以提出其他条款；原告认为 icourt 不是固有词汇，经过使用显著性进一步增强；第三人认为其注册诉争商标是源于国外法庭信息化，但对诉争商标进行了变形，降低了公众对法庭的印象，且诉争商标使用领域与国外州法院智能系统不同。关于“icourt”是否容易指向互联网时代的法院、法庭，是否具有不良影响，原告庭后提交代理词表示，icourt 非英文固有词汇，社会公众不会从“icourt”中抽出“court”单独识别为“法庭”，更不会产生有损法庭形象，除 icourt 外，国内外均有大量含有“court”的注册商标存在；第三人庭后提交答辩意见表示，我国法院信息化已推广多年，目前未在中国出现以“icourt”指代法院信息化的报告或说法，诉争商标的注册在教育培训上，与法院智能化、信息化相差甚远，且诉争商标设计卡通，不会产生不良影响。

另查，我国包含“court”的商标注册申请共计 200 余件，其中大多已被核准注册；“court”在牛津词典中意为“法院，法庭，审判庭；球场；朝臣，侍臣；公司的董事会，理事会”；美、德、日、韩等国家均有与“icourt”相同或近似的商标注册。

北京知识产权法院于 2021 年 12 月 3 日作出（2020）京 73 行初 17319 号行政判决：一、撤销国家知识产权局于 2020 年 10 月 28 日作出的商评字［2020］第 271853 号关于第 207521××号“icourt”商标无效宣告请求裁定书；二、国家知识产权局于本判决生效后针对北京某科技有限公司就第 207521××号“icourt”商标提出的无效宣告请求重新作出裁定。宣判后，邱某某以事实认定有误为由提起上诉。北京市高级人民法院于 2022 年 5 月 23 日作出（2022）京行终 1362 号行政判决：驳回上诉，维持原判。

裁判理由

法院生效裁判认为：2013 年《商标法》第三十二条规定：申请商标注册不得以不正当手段抢先注册他人已经使用并有一定影响的商标。

本案中，根据在案的会计师事务所专项审计报告，某科技公司及万法通公司在其微信公众号、微博上对“iCourt”集训营的推广宣传，搜狐网、《新法制报》《芜湖日报》等媒体以及其他律师事务所微信公众号对“iCourt”公开课、集训营的宣传报道，以及各地律协发布的“icourt 集训营”培训通知及宣传报道能够认定，某科技公司及万法通公司最早于2013年在培训服务上使用“iCourt”标识，用以识别服务来源，并与国内各省市律师协会及律所联合举办“iCourt”公开课，自开始使用至诉争商标申请日前，其培训场次及参加人数多、营业额高、覆盖范围广；诉争商标申请日前，某科技公司微信公众号累计关注人数10万余人，并早在2013年即开始发布“iCourt”培训相关文章，使得一定范围内的相关公众已经将“iCourt”标识与某科技公司的培训服务建立起对应关系。

是否恶意抢注，应当从诉争商标权利人是否明知或应知他人在先使用的商标进行判断。本案在案证据显示，邱某某学习、从事的领域为知识产权领域，且在商标法领域有所涉猎，其在2016年7月7日的“高杉LEGAL”线上沙龙中接触过“icourt”标识，且其在中国人民大学求学期间，中国人民大学律师学院网站亦有提及“icourt”的文章，上述“icourt”标识显然具有识别服务来源的作用，因此在icourt具有一定影响的情况下，其在诉争商标申请日前应当知道某科技公司的“iCourt”商标。诉争商标由经过艺术化设计的字母“icourt”构成，其文字组成与某科技公司在先使用的“iCourt”相同。虽然“icourt”标识本身的显著性较弱，邱某某主张其注册意图来自国外法庭信息化建设，但是在诉争商标获准注册后，邱某某在其微信公众号文章中对诉争商标的使用形式与某科技公司在先使用形式之一高度近似，加之，二者从事的服务均为教育培训服务，故认定邱某某具有利用某科技公司“iCourt”商标商誉的恶意。此外，虽然邱某某主张其并未参加线上沙龙、并不知晓某科技公司“iCourt”商标，但该线上沙龙记录系第三方提供，具有一定的客观性，而邱某某并未提交相反证据，故对其主张不予采信。本案中尚未发现某科技公司存在虚假陈述的情形，邱某某主张某科技公司在其他案件中的陈述内容与事实不符不属于本案审理范围，对此亦不予采信。

由于注册商标的保护范围一般以相同或类似服务为限，因此对普通未注册商标的保护范围亦不能突破相同或类似服务的界限。某科技公司的“培训”服务与诉争商标核定使用的“教育；培训；函授课程；安排和组织培训班；安排和组织学术讨论会”服务在服务的目的、方式、内容、对象等方面均相近，构成同一种或类似服务；“培训”服务与诉争商标核定使用的“出借书籍的图书馆；电视文娱节目；提供在线电子出版物（非下载）；提供在线录像（非下载）；为艺术家提供模特服务”服务在上述方面差别较大，不构成类似服务。故诉争商标在“教育；培训；函授课程；安排和组织培训班；安排和组织学术讨论会”服务上构成“以不正当手段抢先注册他人在先使用并有一定影响的商标”。被诉决定对此认定有误，予以纠正。原告的该项主张具有事实及法律依据，予以支持。

裁判要旨

我国虽然采取商标注册制度，但未注册商标如果经过使用发挥了识别商品或服务来源的作用，使得相关公众能够将其与商品或服务来源建立起对应关系，则能够产生相应的商标权益。为了保护享有该权益的生产经营者以及防止消费者混淆误认，《商标法》第三十二条在一定范围内对该未注册商标进行保护。同时，虽然我国商标法鼓励生产经营者注册商标，但是市场主体在使用、注册的过程中需遵循诚信原则。对于他人付出劳动、凝结商誉的商标不得基于不正当目的进行抢注，否则将会侵占他人商誉，并且容易导致消费者混淆。

关联索引

2013 年《中华人民共和国商标法》第三十二条

一审：北京知识产权法院（2020）京 73 行初 17319 号（2021 年 12 月 3 日）

二审：北京市高级人民法院（2022）京行终 1362 号（2022 年 5 月 23 日）

法官评析

本案中，无效宣告请求人与商标权人争议的内容主要围绕《商标法》第三十二条等相关条款展开，而“icourt”标识本身的实质合法性[①]在法院审理中易产生疑问，由于该商标与“法院”的英文“court”仅一字之差，在智慧法院建设、法院信息化快速发展的背景下，其使用在“教育”等服

---

① 注册商标的“合法性”分为“形式合法”和“实质合法”，前者是指涉案商标已被核准注册且仍然处于有效状态，具有合法的权利外观；后者是指涉案商标并未违反社会公共利益和公共秩序所指向的绝对条款，主要包括《商标法》第十条、第十一条、第十二条。

务上是否容易让相关公众对服务的内容、质量等特点产生误认，甚至对社会公共利益、公共秩序产生消极、负面影响值得讨论。[①] 在随后展开的案件研讨中，针对司法机关能否就涉案商标的实质合法性进行审查产生了两种观点：否定意见认为司法机关不应审理行政机关未予审理的内容；肯定意见则认为对于涉及公共利益的绝对条款，司法机关应当采取全面审查，包括考量行政机关是否尽到审查义务。

否定意见认为，司法机关不应审理行政机关未予审理的内容，源于我国商标确权后续采取行政诉讼审查模式，司法机关的审查对象是行政行为的合法性。而《商标法实施条例》将依请求无效案件的审理范围限于当事人申请和答辩的范围内，以划分商标授权程序与商标确权程序的不同功能，保障商标私权的稳定性。基于对商标私权的尊重以及对公权审慎行使的要求，行政机关应当遵守评审规则关于"不诉不理"的规定，在后续行政诉讼中，司法机关亦不能超越行政行为的审查范围。在"icourt"案中，对于无效请求人并未提起、国家知识产权局并未审理的标识合法性问题，司法机关同样不能进行审查。

虽然否定意见的理由在现行商标法框架下有其自身的道理，但TRIPS协议制定的基础包括"认识到各国知识产权保护制度的基本公共政策目标，包括发展目标和技术目标"，其目标在于"知识产权的保护和实施应有助于促进技术革新及技术转让和传播，有助于技术知识的创造者和使用者的相互利益，并有助于社会和经济福利及权利与义务的平衡"。即该协议为成员国所提供的知识产权行政保护和司法保护均需以"不克减公共利益"[②] 为前提，最终实现私权保护与社会福祉的平衡。

因此，肯定意见认为，公权对私权限制的最终目的在于保护私权及社会的正常高效运转，知识产权特有的公共政策属性更使得商标的保护需服从于增加国家竞争优势、提升国家核心竞争力的公共政策部署。考虑到商标含义的动态发展、行政机关的审查职责以及司法审查的内容和逻辑，绝对条款适用标准虽仍需探索但不能裹足不前，审理机关尤其是司法机关在

---

① 例如美国爱达荷州电子在线司法系统的网址为 icourt. idaho. gov；再如丹麦国家研究基金会的国际法院英才中心的网址为 jura. ku. dk/icourts/about/。

② 杨武松：《TRIPS 协议知识产权保护的原旨解读及未尽事宜》，载《学习与实践》2016 年第 3 期。

对涉案商标的实质合法性产生质疑时应当先对其实质合法性进行审查。在“icourt”案中，虽然行政机关辩称“不诉不理”，但其与司法机关的争议实质在于对涉案商标是否具有实质合法性的价值判断，行政机关经评审认为“icourt”标识本身并未违反绝对条款。可见在本案中，行政机关其实已经就涉案商标的合法性展开审查并作出判断。此时，司法机关可以进入“行政行为是否正确”的司法审查环节。

从 TRIPS 协议与我国商标司法审查的扩张探索来看，TRIPS 协议及世界主要国家均确立了司法保护在知识产权取得、维持和保护中的决定性地位。我国政治文明水平和对外开放水平的提升、依请求案件的“准司法”特点使得司法机关在该类型案件中的司法审查强度不断扩张，进而能够对涉案商标的实质合法性作出独立判断。

对此我国司法实践已经作出了较多探索，如在“陈麻花”商标权无效宣告请求行政纠纷一案①中，针对二审判决认定“陈麻花”使用在“麻花”商品上未违反《商标法》第十一条第一款第一项的结论。再审申请人在再审中主张诉争商标即便不构成“通用名称”，也违反了《商标法》第十一条第一款第三项规定。最高人民法院认为虽然“陈麻花”尚不足以构成麻花类商品的通用名称，但诉争商标申请注册时已不能区别具体的麻花商品的生产、经营者，违反了《商标法》第十一条第一款第三项之规定。在“大姨妈及图”商标权无效宣告请求行政纠纷一案②中，针对二审法院认定“大姨妈及图”使用在“提供在线论坛”等服务上未违反《商标法》第十一条第一款第二项、第三项的结论，再审申请人在再审中主张诉争商标违反《商标法》第十条第一款第八项情形，最高人民法院认为《商标法》第十条第一款第八项系商标注册的绝对条款，如果商标的注册违反此条规定，应当被禁止，最终认定涉案商标违反了《商标法》第十条第一款第八项。上述案例虽然在程序上引发了广泛的争议和讨论，但也侧面印证了司法机关对涉及公共利益和公共秩序事实认定的独立判断。同时，司法机关在商标民事案件中同样可就涉案商标的实质合法性进行审查及判断，

---

① 参见最高人民法院（2021）最高法行再 255 号行政判决书，行政阶段及一、二审在“麻花”商品上的争议条款为《商标法》第十一条第一款第一项。

② 参见最高人民法院（2019）最高法行再 240 号行政判决书，行政阶段争议条款为《商标法》第十一条第一款第二项和第三项。

并体现为对损害公共利益和公共秩序注册商标的拒绝保护。

因此，在“icourt”案中，法院有权对该商标是否具有实质合法性进行独立判断，只是经多方论证后最终认为该商标符合实质合法性要求，故在判决中仅体现了《商标法》第三十二条等条款的审理。

一审法院合议庭成员 宋鱼水 袁 伟 马瑞玲

二审法院合议庭成员 王东勇 吴 斌 曹丽萍

编写人 宋鱼水 肖俊逸

31. 某药业集团公司诉国家知识产权局、第三人上海某药业公司商标权无效宣告请求行政纠纷案

——双方长期使用同一未注册商标，其中一方将该商标申请注册是否构成抢注

关键词 商标无效宣告 抢注 共存 《商标法》第三十二条

基本案情

某药业集团公司诉称：某药业集团公司最先使用“雷允上”标识，并具有极高的知名度及市场影响力，形成了稳定的市场格局，诉争商标的申请注册并不属于《商标法》第三十二条所指情形。请求法院判决撤销被诉裁定，并判令被告重新作出裁定。

被告国家知识产权局辩称：上海某药业公司在诉争商标申请注册之前在“中药零售”服务上使用“雷允上”标识并具有一定知名度，诉争商标的申请注册构成《商标法》第三十二条“以不正当手段抢注他人已经使用并有一定影响的商标”所指情形，请求驳回原告的诉讼请求。

第三人述称：同国家知识产权局答辩意见。

法院经审理查明：清代名医雷允上于1734年在苏州开设药铺“诵芬堂”，经多年发展，至1939年，共有苏州雷允上诵芬堂总号、上海雷允上诵芬堂北号、上海雷允上诵芬堂南号、上海雷允上诵芬堂北支号等多家分支。本案某药业集团公司、上海某药业公司均源于上述分支，二者均曾被认定为“中华老字号”。

中华人民共和国成立后，某药业集团公司以“前店后厂”模式经营，

在从事药品生产的同时，还开设雷允上门市部面向广大消费者零售本厂生产的药品。1956 年，某药业集团公司实行公私合营，1978 年，恢复“雷允上制药厂”的名称。至 20 世纪 90 年代，除药品生产外，某药业集团公司及其子公司发展了数十家“雷允上”门店从事药品零售。相关审计报告显示，2000 年、2005 年、2010 年、2015 年其销售收入分别约为 5612 万元、7633 万元、1. 03 亿元、1. 52 亿元。

上海某药业公司的经营方向一直集中在药品零售领域。“公私合营雷允上国药中心店”于 1956 年开业。1980 年 7 月，恢复使用原店面“雷允上中药店西号”。历经多次改制变更，其经营范围一直涵盖中药材、中成药、西药、医疗器械等。2006~2012 年间其“雷允上”品牌多次获得“上海名牌”等荣誉。审计报告显示其 2003 年、2005 年、2010 年、2015 年销售收入约为 2. 49 亿元、2. 81 亿元、5. 29 亿元、7. 50 亿元。

2013 年 1 月 1 日国家工商行政管理总局商标局开放注册新增的“药品零售或批发服务”等项目，某药业集团公司于 2013 年 1 月 4 日在第 35 类“药品零售或批发服务”等项目上申请注册了第 11987639 号“雷允上”商标（以下简称诉争商标）。

上海某药业公司针对诉争商标提出无效宣告请求，理由主要是诉争商标的注册违反了 2013 年《商标法》第三十二条“不得以不正当手段抢注他人已经使用并有一定影响的商标”的规定。国家知识产权局作出被诉裁定，认定上海某药业公司已经在诉争商标申请注册之前在“中药零售”服务上使用“雷允上”标志并具有一定知名度，诉争商标的注册构成“以不正当手段抢注他人已经使用并有一定影响的商标”之情形，裁定诉争商标予以无效宣告。某药业集团公司不服，向北京知识产权法院提起行政诉讼。

北京知识产权法院于 2020 年 4 月 28 日作出（2019）京 73 行初 1680 号行政判决：一、撤销被诉裁定；二、被告国家知识产权局重新作出裁定。国家知识产权局、上海某药业公司均不服一审判决，向北京市高级人民法院提起上诉。北京市高级人民法院于 2020 年 12 月 3 日作出（2020）京行终 5312 号行政判决：驳回上诉，维持原判。

裁判理由

法院生效裁判认为：某药业集团公司在中华人民共和国成立后长期实行“前店后厂”的经营模式，既在药品生产环节提供了药品商品本身，又在零售环节对药品进行集中或分类并提供给消费者，便于消费者选购，故其在上述经营活动中使用“雷允上”标识的行为，既包含对“药品”这一商品的使用，也包含对“药品零售”这一服务的使用。

在案证据显示，某药业集团公司、上海某药业公司均源于有近三百年历史的老字号“雷允上诵芬堂”。在诉争商标申请日之前，各自独立发展、长期并存，虽经营方向各有侧重，但均将“雷允上”作为核心标识长期从事药品销售，故现有市场格局的形成属于正常生产经营导致的善意共存。我国《商标法》采用“先申请原则”，某药业集团公司申请注册诉争商标，既有传承“雷允上”老字号的历史渊源，也有长期在药品零售服务上使用“雷允上”的事实，其申请注册诉争商标并无抢占他人商誉的主观意图，不属于《商标法》第三十二条所指“以不正当手段抢注他人已经使用并有一定影响的商标”之情形。被诉裁定认定有误，法院予以纠正。

裁判要旨

《商标法》第三十二条“以不正当手段抢先注册他人已经使用并有一定影响的商标”规范的是恶意抢注行为，在具体案件中，判断诉争商标的申请注册是否构成前述情形，既要考虑相关商标的实际使用情况，也要考虑申请人的主观意图。虽然一般情况下，商标申请人明知他人在先使用并有一定影响的商标仍申请注册即可推定其具有利用他人商誉获利的意图，但如果在诉争商标申请日之前，双方对该标识均具有长期的使用历史并且二者长期共存，在双方对该标识的归属并无任何约定的情形下，即使相互知晓，若其中一方将该标识申请注册，属于对申请权的积极行使以及对自身未注册标识的保护行为，不存在抢占他人商誉的故意，不应当认定为“以不正当手段抢注”。

关联索引

《中华人民共和国商标法》第三十二条

一审：北京知识产权法院（2019）京73行初1680号（2020年4月28日）
二审：北京市高级人民法院（2020）京行终5312号（2020年12月3日）

法官评析

一、双方长期使用同一未注册商标，一方将该商标申请注册是否构成《商标法》第三十二条“以不正当手段抢注他人已经使用并有一定影响的商标”

本案系典型的双方或多方共同使用同一未注册商标、长期善意共存的情形。本案的难点在于，在新增的“药品零售或批发”服务开放注册之后，二者均希望获得“雷允上”商标的注册，进而获得独占性的商标使用权，但基于注册商标权的排他性，仅有一个主体可以获得注册，那么如何处理这种矛盾呢？若其中一方申请注册，是否违反《商标法》第三十二条之规定？

《商标法》第三十二条“以不正当手段抢先注册他人已经使用并有一定影响的商标”规范的是恶意抢注行为，在具体案件中，判断诉争商标的申请注册是否构成前述情形，既要考虑相关商标的实际使用情况，也要考虑申请人的主观意图。虽然一般情况下，商标申请人明知他人在先使用并有一定影响的商标仍申请注册即可推定其具有利用他人商誉获利的意图，但如果在诉争商标申请日之前，双方对该标识均具有长期的使用历史并且二者长期共存，在双方对该标识的归属并无任何约定的情形下，即使相互知晓，若其中一方将该标识申请注册，属于对申请权的积极行使以及对自身未注册标识的保护行为，不存在抢占他人商誉的故意，不应当认定为“以不正当手段抢注”。本案中，某药业集团公司和上海某药业公司在第35类“药品零售”服务上均享有对“雷允上”标识的在先权利，彼此在长期共存的过程中对于对方的商标布局亦属明知，任何一方将该标识申请注册均不存在攀附他人商誉的恶意。我国商标法采用“先申请原则”，某药业集团公司申请注册诉争商标，既有传承“雷允上”老字号的历史渊源，也有长期在药品零售服务上使用“雷允上”的事实，并无抢占他人商誉的主观意图，故不应认定为“以不正当手段抢注他人已经使用并有一定影响的商标”。

二、某药业集团公司长期以“前店后厂”的模式经营药品，是否属于对“药品零售”服务的使用

“药品零售或批发服务”属于2013年1月1日新增的核定服务，上述服务系将药品、药用制剂、医疗用品等商品集中和归类，以便顾客看到和购买。该项服务是一项为鼓励顾客购买而提供的服务总和，是为销售上述商品提供的综合便利服务行为。该服务不是指向商品本身，而是将商品集中、归类，方便客户购买的服务，因此，药品生产企业单纯的药品出厂销售环节并不符合上述服务的内涵。但是，在药品销售的下游流通环节，即面向消费者进行销售时，在此过程中对商品进行了集中或者分类，便于消费者进行选购，则属于提供了“药品零售”服务。随着药品市场的发展和分工的日益精细，传统的药品生产企业直接面向消费者销售本厂药品的情况越发少见，但是，只要是面向消费者，即使是仅对自己生产的药品进行集中或分类并提供给消费者、便于消费者选购，也是对“药品零售”服务进行使用的行为，只是在这种经营模式下，同一主体既提供了药品商品本身，又提供了“药品零售”服务。本案某药业集团公司虽侧重于药品生产，但长期以“前店后厂”的模式使用“雷允上”标识经营药品，20世纪90年代以后通过大量“雷允上”门店从事多品牌药品的零售，应当认定在“药品零售”服务上持续使用了“雷允上”标识。

一审法院合议庭成员 张　宁　王　凯　王　鹏

二审法院合议庭成员 苏志甫　俞惠斌　陈　曦

编写人 张　宁

32. 李某栋诉国家知识产权局、第三人山东某文化旅游发展有限公司商标权无效宣告请求行政纠纷案

——恶意大量申请注册公共事件词汇等商标的行为构成“以其他不正当手段取得注册”

关键词 恶意大量申请 公共事件词汇 商标权无效宣告 不正当手段

基本案情

2020年3月6日，原告李某栋向被告国家知识产权局申请注册诉争商标。诉争商标的申请号是44411762，商标标志为“泉城百花园”，后经核准使用在第45类服装出租、计划和安排婚礼服务、婚介服务、交友服务等服务上，专用权期限至2031年2月13日。后第三人山东某文化旅游发展有限公司（以下简称某旅游公司）向被告国家知识产权局提出无效宣告申请，请求被告宣告诉争商标无效。2021年11月12日，国家知识产权局作出商评字［2021］第311016号关于诉争商标的无效宣告请求裁定（以下简称被诉裁定），认定诉争商标违反《商标法》第四十四条第一款之规定，裁定诉争商标予以无效宣告。李某栋不服被诉裁定，诉至北京知识产权法院。

李某栋诉称：（1）原告名下商标主要是对数个相同结构重复申请而形成的系列品牌，多具有特定代表意义；（2）原告申请注册第44411762号“泉城百花园”商标（即诉争商标），并非以出售商标获取利益为目的，其行为未扰乱商标注册及管理秩序，第三人某旅游公司提供的微信聊天记录

截图不完整，歪曲了原告的本意，不能作为证据使用。综上，请求法院依法撤销被告国家知识产权局作出的被诉裁定，判令被告重新作出裁定。

被告国家知识产权局辩称：被诉裁定认定事实清楚，适用法律正确，作出程序合法，请求法院依法驳回原告的诉讼请求。

第三人某旅游公司述称：被诉裁定认定事实清楚，适用法律正确，作出程序合法，请求法院依法驳回原告的诉讼请求。

法院经审理查明：（1）行政阶段，第三人向被告提交了以下主要证据：泉城百花园项目简介，领导视察泉城百花园项目的照片及说明，媒体对泉城百花园项目的报道资料、微信公众号宣传资料，原告名下商标信息，第三人员工与原告及其代理人之间的聊天记录等证据。（2）诉讼阶段，原告向法院提交以下主要证据：微信聊天截图，原告经营的个体户信息复印件等证据；第三人向法院提交该院在先判决数份。（3）2019 年 6 月至 2020 年 4 月间，原告在第 5、6、9、18、30、32、35 等多个商品和服务类别上申请注册了 170 余件商标，其中包括“方舱”“逆行者”“火神山”“雷神山”“章邱古城”“泉乡药谷”“东方冷库”“今日微报”等商标。

北京知识产权法院于 2022 年 12 月 28 日作出（2022）京 73 行初 2547 号行政判决：驳回原告李某栋的诉讼请求。一审判决作出后，各方当事人均未上诉，一审判决已生效。

裁判理由

法院生效裁判认为：《商标法》第四十四条第一款规定：“已经注册的商标，违反本法第四条、第十条、第十一条、第十二条、第十九条第四款规定的，或者是以欺骗手段或者其他不正当手段取得注册的，由商标局宣告该注册商标无效；其他单位或者个人可以请求商标评审委员会宣告该注册商标无效。”该规定所指的“以其他不正当手段取得注册”系商标予以无效宣告的绝对事由，一般是指损害公共秩序或者公共利益，或者妨碍商标注册管理秩序的商标注册行为。本案中，第三人提交的在案证据表明，“泉城百花园”系其运营的田园综合体项目名称，诉争商标“泉城百花园”与第三人运营的项目名称相同，且根据本案现已查明的事实，除诉争商标外，原告还在第 5、6、9、18、30、32、35 等多个商品和服务上申请注册了 170 余件商标，其中包括“方舱”“逆行者”“火神山”“雷神山”“章邱古城”“泉乡药谷”等多件涉疫商标或与济南市章丘区开发的项目名称近似的商标。原告的上述行为已明显超出正常的商业使用目的，违反了诚信原则，扰乱了正常的商标注册管理秩序，有损公平竞争的市场环境。因此，诉争商标的注册已构成《商标法》第四十四条第一款所指“以其他不正当手段取得注册”的情形。被诉裁定认定事实清楚，审查程序合法，适用法律及处理结果正确。原告的诉讼请求缺乏事实及法律依据。综上，北京知识产权法院判决驳回李某栋的诉讼请求。

裁判要旨

《商标法》第四十四条第一款所指的“以其他不正当手段取得注册”是指以欺骗手段以外的其他方式扰乱商标注册秩序、损害公共利益、不正当占用公共资源或者谋取不正当利益的商标注册行为。商标申请人不以使用为目的，大量申请注册公共事件词汇、公共文化资源名称商标，且具有不正当占用公共资源之主观意图的，可认定为《商标法》第四十四条第一款规定的“以其他不正当手段取得注册”的情形。

关联索引

《中华人民共和国商标法》第四十四条第一款

一审：北京知识产权法院（2022）京73行初2547号（2022年12月28日）

法官评析

商标系将自然人、法人或者其他组织的商品或服务与他人的商品或服务区别开的标志，发挥着识别商品或服务来源的功能，具有一定的社会经济功能。申请注册商标应遵守诚信原则及商标法的其他具体规定，维护商标注册秩序；不能违反商标法关于禁止授权的规定，不能扰乱商标注册秩序。为维护商标注册管理秩序，《商标法》第四十四条第一款规定申请注册商标不能采取欺骗或其他不正当手段，否则会被宣告无效。本案争议焦点即诉争商标申请注册是否违反《商标法》第四十四条第一款。

一、《商标法》第四十四第一款之规定

《商标法》第四十四条第一款规定:"已经注册的商标,违反本法第四条、第十条、第十一条、第十二条、第十九条第四款规定的,或者是以欺骗手段或者其他不正当手段取得注册的,由商标局宣告该注册商标无效;其他单位或者个人可以请求商标评审委员会宣告该注册商标无效。"适用该款规定的主要情形是认定是否存在以欺骗手段或者其他不正当手段取得注册的情形。

欺骗手段是指以虚构事实或故意隐瞒真实情况的方式提交伪造、变造的相关文件而取得商标注册的行为。我国允许自然人申请注册商标,自然人在申请注册商标时,应当提交真实、有效的身份证件、个体工商户营业执照等证明文件。实践中存在一些自然人提交虚假的营业执照等证明文件申请注册商标,构成以欺骗手段获取商标注册的案例。

《最高人民法院关于审理商标授权确权行政案件若干问题的规定(2020年修正)》第二十四条规定:"以欺骗手段以外的其他方式扰乱商标注册秩序、损害公共利益、不正当占用公共资源或者谋取不正当利益的,人民法院可以认定其属于商标法第四十四条第一款规定的'其他不正当手段'。"以欺骗手段以外的其他不正当手段,主要系指抢注多件商标、不以使用为目的大量申请注册商标的情形,该规定针对的是已注册商标,与《商标法》第四条的调整对象有所不同。《商标法》第四条规定,不以使用为目的的恶意商标注册申请,应当予以驳回,所针对的是未注册商标。不以使用为目的、大量申请注册商标,会扰乱正常商标注册秩序,占用公共资源,亦违反了《商标法》第七条关于"申请注册和使用商标,应当遵循诚信原则"的规定。

二、对以欺骗之外的其他不正当手段取得注册的认定

《商标法》第四十四条第一款规定的"以其他不正当手段取得注册"适用主体是该商标的申请注册人,但有证据证明诉争商标现注册人与申请注册人之间具有特定关系,或对于申请注册诉争商标的行为具有意思联络等,则现注册人的相关行为亦可一并纳入考量。关于对以其他不正当手段取得注册的判断,司法实践中主要考量申请注册商标的数量、申请注册的

具体商标标志这两项因素，申请注册商标后的相关行为等因素也是判断是否存在恶意、是否构成以其他不正当手段取得注册的考量因素。

（一）申请注册商标的数量

关于申请注册商标的数量是判断是否恶意申请商标的一个重要因素，但并非绝对因素；且申请注册的商标数量达到什么程度才可或就足以认定构成恶意大量申请商标并没有具体的规定，需要根据申请主体是否有实际或可能使用的需求等具体个案情况来判断。虽然我国商标取得为申请制，不以在先使用为条件，但申请注册商标也应遵守诚信原则，应以使用为目的，申请注册商标的数量也应与其正常生产经营活动相适应。不同主体申请商标的数量对于判断其是否存在大量申请囤积商标的判断有一定影响。个体工商户因其经营规模较小，实际经营中需要使用的商标数量往往较少，可能申请 100 件就构成恶意大量申请商标；而集团公司因其经营规模大等因素，实践中需要使用或计划使用的商标数量可能很大，可能申请 1000 件商标也不构成恶意大量申请囤积商标。对于商标申请的数量，一般依据在审查时或诉讼中查明的商标数量为准，在统计数量时应既包括已经注册的商标，也包括在申请注册过程中的商标，已被驳回的商标申请的数量也是考量因素之一。如果在国家知识产权局审查阶段和诉讼中的商标数量有差别，在分析商标数量因素时，往往以较大的数量为准。这是由于如果在审查时数量较多，后来通过转让等途径减少数量，则表明申请人不以使用为目的申请注册商标的可能性较大；如果在诉讼中查明的数量较多，则说明申请人仍存在申请注册多件商标的故意和行为。本案中，李某栋作为自然人，以个体工商户的名义在多个商品和服务类别上申请注册了 170 余件商标，其数量明显超出了实际生产经营所需，可被认定为超出正常商业使用目的的大量申请注册商标行为。

（二）申请注册的具体商标标志

申请注册的具体商标标志情况也是判断是否构成以其他不正当手段获取注册的考量因素，且往往与申请商标的数量结合起来考量。如果申请注册的商标标志与公共事件、公共文化资源名称相同或相近，或者与他人具有较强显著性的商标或者较高知名度的商标构成相同或者近似，或者与知名人物姓名或其他具有较高知名度的商标相同或近似，则通常会被认为存在恶意抢注或其他恶意申请注册的可能，申请人则需要就其申请的上述商标给出合理解释，如关于标志的设计、是否存在实际经营的需求等。如果申请人未能作出合理解释，则会被认定其申请注册商标存在恶意。本案中“方舱”“逆行者”“火神山”“雷神山”等词汇与抗击新冠疫情这一公共事件相关，“章邱古城”“泉乡药谷”与公共文化资源相关，本身不适宜作为商标注册。若大量申请注册此类商标且缺乏合理解释，则会被推定具有不正当占用公共资源之主观意图，进而被认定为扰乱商标注册的行为，构成以其他不正当手段取得注册的情形，最终被宣告无效。例如，在某公司诉被告国家知识产权局、第三人广东某卫生用品公司（以下简称广东某公司）商标权无效宣告请求纠纷案①中，广东某公司在第 3、5、20、35 类等 22 个类别上申请注册 292 件商标，除申请注册该案诉争商标以外，其名下还申请注册有“郎朗”“小明同学”“爱立生”“优步”等与知名人物姓名或其他具有较高知名度的商标相同或近似的商标；而广东某公司未能提交证据证明其申请注册上述商标系出于实际生产经营需要，具有真实使用意图。据此，法院认定广东某公司属于大量注册囤积商标的行为，具有明显的主观恶意，不具备注册商标应有的正当性，构成以其他不正当手段取得注册。

（三）申请注册商标后的相关行为

若申请注册商标后存在大量售卖或有售卖的意思表示，如在商标网站上展示、售卖商标，或者高价转让未果即向在先商标使用人提起侵权诉讼等行为的，也会被视为以其他不正当手段取得注册的考量因素。上述行为体现出商标申请注册人存在不以使用为目的、通过申请商标谋取不当利益的情况。如在赵某诉被告国家知识产权局、第三人陈某商标权无效宣告行政纠纷案②中，第三人陈某在其经营的个体工商户存续的一年左右时间内申请了 50 余件商标，后将其绝大多数商标在商标网站上售卖，且在案证据显示其已卖出 4 件，法院据此认定第三人陈某申请包括该案诉争商标在内

① 参见北京市知识产权法院（2018）京 73 行初 8987 号行政判决书。

② 参见北京市知识产权法院（2021）京 73 行初 12326 号行政判决书。

的大量商标属于大量注册囤积商标的行为，具有明显的主观恶意，不具备注册商标应有的正当性，扰乱了正常的商标注册秩序，属于以其他不正当手段取得注册的行为。

此外，恶意大量申请注册商标后，涉案商标原申请注册人将商标转让的行为不能成为涉案诉争商标维持有效的正当理由，即使涉案商标受让人是善意的并且将商标投入商业活动中使用。这是因为不能将本身不合法的申请注册行为通过后续行为合法化，否则相当于默许以不正当手段取得注册的存在，不利于维护正常的商标注册秩序；至于善意受让人，则可依据转让合同等寻求相应救济。若受让人存在过错，如明知诉争商标因此条款被提起无效宣告而仍接受转让，或存在不以使用为目的等情形，则涉案商标亦应被宣告无效。

一审法院合议庭成员 杨　潇　高艳春　巩玟宏

编写人 杨　潇　柴　鹏

33. 泉州市某电子科技有限公司诉国家工商行政管理总局商标评审委员会、第三人上海某股份有限公司商标权无效宣告请求行政纠纷案*

——囤积注册他人期满未续展商标属于以“其他不正当手段”取得商标注册的行为

关键词 商标权无效宣告 期满未续展 其他不正当手段

基本案情

第14374197号“SFC”商标（以下简称诉争商标）由泉州市某电子科技有限公司（以下简称泉州某公司）于2014年4月14日提出注册申请，并于2015年7月21日获准注册，核定使用在第41类配音、录像带发行、私人健身教练服务、出借书籍的图书馆、动物训练、为艺术家提供模特服务、娱乐、组织教育或娱乐竞赛服务上。

2015年11月2日，上海某股份有限公司（以下简称上海某公司）以诉争商标属于《商标法》第四十四条第一款所指的以“其他不正当手段”取得注册情形为由，向国家工商行政管理总局商标评审委员会（以下简称商标评审委员会）提出无效宣告请求。

2016年9月6日，商标评审委员会作出商评字［2016］第77566号商标无效宣告请求裁定（以下简称被诉裁定），认为泉州某公司注册资本3万元，经营范围为“电子产品研发、办公用品批发”，其在多个商品、服

* 本案一审判决书获北京法院2019年优秀裁判文书一等奖。

务类别上申请注册了包括诉争商标在内的400余件商标，明显超出经营所需和能力范围，具有抢注和囤积商标营利的目的。该行为扰乱正常的商标注册秩序，有损公平竞争的市场秩序，违反诚信原则，违反了2013年《商标法》第四十四条第一款的规定，并据此宣告诉争商标无效。

泉州某公司不服被诉裁定，向北京知识产权法院起诉称：其虽申请400余件商标，但除去防御商标及已无效的商标外，剩余商标恰能满足其子公司、分公司及其自身经营需要，并无囤积意图。泉州某公司强调，诉争商标“SFC”曾由案外人上海某足球俱乐部有限公司（以下简称上海某俱乐部）注册并使用，因期满未续展而失效，故属于任何人均可申请注册的公共资源。因此，诉争商标的申请并未扰乱商标注册秩序，被诉裁定应予撤销。

法院经审理查明：泉州某公司申请包括诉争商标在内的400余件商标时，其注册资本为3万元，经营范围为“电子产品研发、办公用品批发”，且其法定代表人同时为某知识产权代理公司监事。前述商标中，含16件“SFC”商标，其中包括诉争商标，泉州某公司于庭审中确认该16件“SFC”商标均系上海某俱乐部期满未续展商标。此外，泉州某公司还将某大学等多个主体的期满未续展商标申请注册。泉州某公司于本案审理过程中提交的拟证明其具有商标真实使用意图的证据仅为三份广告宣传单及印制合同。另，该公司在起诉理由中提及的子公司、分公司均系在商标评审委员会审查阶段及法院审理阶段设立，并无公司实际运营证据。

北京知识产权法院于2018年6月1日作出（2016）京73行初5375号行政判决：驳回泉州某公司的诉讼请求。泉州某公司不服，提起上诉。北京市高级人民法院于2018年9月16日作出（2018）京行终4415号行政判决：驳回上诉，维持原判。

裁判理由

法院生效判决认为：2013年《商标法》第四十四条第一款规定，已经注册的商标是以欺骗手段或者其他不正当手段取得注册的，其他单位或者个人可以请求商标评审委员会宣告该注册商标无效。

前述规定的立法精神在于贯彻公序良俗原则，维护良好的商标注册、管理秩序，营造良好的商标市场环境。《最高人民法院关于审理商标授权确权行政案件若干问题的规定》第二十四条规定："以欺骗手段以外的其他方式扰乱商标注册秩序、损害公共利益、不正当占用公共资源或者谋取不正当利益的，可以认定其属于商标法第四十四条第一款规定的'其他不正当手段'。"

2013年《商标法》第四条第一款规定，自然人、法人或者其他组织在生产经营活动中，对其商品或者服务需要取得商标专用权的，应当向商标局申请商标注册。商标的基本功能在于区分商品或者服务的来源，民事主体申请商标注册应以满足自身的商标使用需求为目的，并具有真实的使用意图，即其申请注册商标的行为应具有正当性。

本案中，在案证据表明，泉州某公司申请注册400余件商标，除诉争商标外，其另注册有15个"SFC"商标，同时在案证据证明泉州某公司法定代表人具有从事知识产权代理的经历。综合上述因素，在泉州某公司提交的证据不足以证明其对诉争商标具有真实使用意图的情况下，应当认定泉州某公司具有囤积商标的行为，扰乱了商标注册秩序，影响市场正常运行且不正当占用公共资源，构成《商标法》第四十四条第一款所规定的以"其他不正当手段"取得商标注册的行为。

裁判要旨

在判断将他人期满未续展商标进行注册是否构成《商标法》第四十四条第一款规定的以"其他不正当手段"取得注册时，可以综合考量以下因素：（1）商标申请人申请此类商标是否达到一定规模；（2）是否采用不正当手段；（3）是否基于真实使用意图；（4）是否超出实际经营所需。

倘若商标申请人未能举证证明其申请一定规模的期满未续展商标系基于真实使用意图，则应当认定其具有商标囤积意图，扰乱商标注册秩序，不正当占用公共资源，构成《商标法》第四十四条第一款规定的以"其他不正当手段"取得商标注册的行为。

关联索引

2013年《中华人民共和国商标法》第四十四条第一款

一审：北京知识产权法院（2016）京73行初5375号（2018年6月1日）

二审：北京市高级人民法院（2018）京行终4415号（2018年9月16日）

法官评析

本案的争议点主要在于将他人期满未续展商标申请注册，是否构成《商标法》第四十四条第一款所指的以“其他不正当手段”取得注册之情形。

一、“其他不正当手段”的法律适用

“诚联及图”争议商标案是最高人民法院最早明确“其他不正当手段”适用标准的案件。最高人民法院在该案中认为：2001 年《商标法》第四十一条第一款①涉及的是撤销商标注册的绝对事由，损害的是公共秩序、公共利益，或者是商标注册管理秩序。

2010 年，最高人民法院发布的《关于审理商标授权确权行政案件若干问题的意见》第十九条采用列举加兜底的方式，进一步明确了“其他不正当手段”的适用范围，即扰乱商标注册秩序、损害公共利益、不正当占用公共资源或者以其他方式谋取不正当利益等手段。2017 年实施的《最高人民法院关于审理商标授权确权行政案件若干问题的规定》第二十四条再次对“其他不正当手段”的适用条件予以明确。由司法解释及相关案例可知，“其他不正当手段”仅适用于绝对事由，保护的是公共利益和公共秩序，而非特定民事权益。

二、注册期满未续展商标的行为性质

《商标法》第四十条第一款规定：“注册商标有效期满，需要继续使用的，商标注册人应当在期满前十二个月内按照规定办理续展手续；在此期间未能办理的，可以给予六个月的宽展期。每次续展注册的有效期为十年，自该商标上一届有效期满次日起计算。期满未办理续展手续的，注销其注册商标。”同时，《商标法》第五十条规定：“注册商标被撤销、被宣告无效或者期满不再续展的，自撤销、宣告无效或者注销之日起一年内，商标局对与该商标相同或者近似的商标注册申请，不予核准。”由前述规定可知，倘若原商标注册人到期未续展注册商标，则该商标注销日起超过

① 对应现行《商标法》第四十四条第一款。

一年，其他主体即可申请与该商标相同的商标。亦即，法律并未禁止注册他人期满未续展的商标，而是从避免混淆的角度，设定了一年的期限。

尽管从设权的角度，超过一定期限，将他人期满未续展商标申请注册未违反法律规定，但从前述行为性质而言，并不必然正当。注册商标期满未续展可能出于多种原因，或因商标权人主动放弃，或因商标权人疏忽，或因商标权人破产清算等其他客观原因所致。因此，商标期满未续展并不意味着原注册人必然已实质放弃该商标，在此意义上，将他人期满未续展的商标申请注册，并不当然地具备正当性。

三、注册期满未续展商标构成以“其他不正当手段”取得注册情形的考量因素

（一）是否达到一定规模

如前所述，《商标法》第四十四条第一款“其他不正当手段”适用于商标不予注册的绝对理由，保护的是公共利益，因此，在判断诉争商标是否违反前述规定时，不仅需要考量诉争商标申请人在申请诉争商标时是否采用了不正当手段，还应结合诉争商标申请人申请注册其他商标的情况整体予以分析。

本案已查明，除诉争商标“SFC”外，泉州某公司将案外人上海某俱乐部在多个商品及服务类别上期满未续展的“SFC”商标予以注册。并且，除申请注册前述俱乐部期满未续展商标外，该公司还将包括某大学在内的多个主体的期满未续展商标进行注册。因此，泉州某公司具有大量且多次申请他人期满未续展商标之行为。

（二）是否采用不正当手段

本案查明，泉州某公司在申请诉争商标时，其法定代表人系某知识产权代理公司监事。因监事负有监督公司高级管理人员执行公司职务行为的职权，故可以认定，其法定代表人对于知识产权业务有充分的了解，属于知识产权从业人员。因此可以合理推定，泉州某公司在申请包括诉争商标在内的多个“SFC”商标时，其法定代表人具备监测期满未续展商标的能力。

《商标法》第十九条第四款规定，商标代理机构除对其代理服务申请商标注册外，不得申请注册其他商标。该款规定的立法目的旨在规制商标代理机构恶意抢注、囤积商标的行为。但由于前款规定所限制的主体为商标代理机构，而非商标代理机构的工作人员，故实践中存在商标代理机构工作人员违反诚信原则，利用其所掌握的商标信息恶意抢注、囤积商标。本案中，泉州某公司的法定代表人长期从事知识产权代理，不排除其借用泉州某公司的名义申请他人期满未续展商标，进而规避《商标法》第十九条第四款的规定，该行为不具备正当性。

（三）是否基于真实使用意图

《商标法》第四条第一款规定，自然人、法人或者其他组织在生产经营活动中，对其商品或者服务需要取得商标专用权的，应当向商标局申请商标注册。根据该款规定，民事主体申请注册商标，应当基于真实使用需求。使用需求属于主观因素，判断时应根据商标申请人提供的客观使用证据加以认定。本案中，泉州某公司仅提交了载有“SFC”商标的宣传单及委托他人印制宣传单的委托合同，前述证据不排除为应付诉讼而准备，在无其他证据能够证明诉争商标实际使用的情况下，不能认定泉州某公司具有使用诉争商标的真实意图。

（四）是否超出实际经营所需

本案中，被诉裁定认定泉州某公司申请包括诉争商标在内的400余件商标已超出其经营所需，泉州某公司则于诉讼阶段提交了子公司及分公司的工商登记信息，以表明其商标注册情况并未超出经营所需和能力范围。对此，法院认为：首先，泉州某公司的子公司、分公司均系在其申请400余件商标后设立，而其并未就其申请400余件商标之时，是否符合经营所需作出合理解释；其次，即便考虑泉州某公司在申请400余件商标后设立了子公司、分公司这一事实，由于当时我国公司资本制度采取认缴制，故注册资本并不足以反映泉州某公司真实的资本情况。至于公司的经营范围，因受公司章程的约束，属于公司内部权力事项，故即使泉州某公司的经营范围发生变更，亦不足以证明其实际业务领域有所变化。因此，在泉州某公司并未提交充分证据证明其财务状况的情况下，仅凭泉州某公司及其子公司、分公司的工商登记信息，尚不足以认定其经营规模较注册资本及经营范围变更前有重大变化。泉州某公司以其变更后的工商登记信息主张其申请400余件商标未超出经营所需和能力范围，证据不足。

综合考虑前述因素，法院认为：泉州某公司在缺乏真实使用意图的情况下，将同一案外人在不同商品、服务类别上期满未续展的多个“SFC”商标申请注册，属于囤积商标的行为，该行为既可能对案外人继续使用商标产生影响，亦可能对其他市场主体基于经营需要注册商标造成阻碍，在此意义上，已扰乱了正常的商标注册秩序，故诉争商标的注册构成《商标法》第四十四条第一款规定的以“其他不正当手段”取得注册的情形。

在不具备真实使用意图的情况下，多次将他人期满未续展商标申请注册，属于商标囤积行为。该行为有悖于我国商标注册制度设立的初衷，不具有正当性。本案裁判思路对法院审理类似案件具有一定的参考性，同时裁判结论对于遏制恶意囤积商标行为具有一定的积极作用。

一审法院合议庭成员 宋鱼水　张晓丽　张立伟

二审法院合议庭成员 谢甄珂　王晓颖　王东勇

编写人 宋鱼水　楼三丹

34. 高新区某贸易商行诉国家知识产权局、第三人某无限公司商标权无效宣告请求行政纠纷案

——商标注册后的转让行为是否影响商标恶意囤积的认定

关键词 恶意囤积 转让 不正当手段

基本案情

原告高新区某贸易商行于2017年7月25日申请注册第25515429号“Maviret”商标（以下简称诉争商标），专用权期限至2028年8月13日，核定使用商品（第5类）：人用药；减肥药等。后第三人某无限公司向被告国家知识产权局提出诉争商标权无效宣告请求。2019年12月10日，国家知识产权局作出商评字［2019］第300017号关于第25515429号“Maviret”商标无效宣告请求裁定，认定诉争商标原申请注册人（即本案原告）在多类商品及服务上注册了50余件商标，其中包含“graboplast”“joon”“Amtrust”“翻阅”“Skytap”“herbol”等多件与他人在先商号及标识相同或相近的商标。其在2016年9月30日已向欧盟知识产权局申请注册了“MAVIRET”商标，诉争商标“Maviret”与第三人在先“MAVIRET”商标相同，且原告亦未提交诉争商标标识系其独立创作完成的证据。原告作为一家贸易商行，对相关联行业内的商号或标识理应知晓，其上述注册申请的行为已超出正常的生产经营需要，具有明显的复制、抄袭及摹仿他人在先商标、商号的故意，该种行为不仅会导致相关公众对商品来源产生误认，更扰乱了正常的商标注册管理秩序，并有损公平竞争的市场秩序。故诉争商标的注册已构成2013年《商标法》第四十四条第一款规定所指“以其他不正当手段取得注册”的情形，裁定诉争商标无效。

2019年12月10日，原告与第三人向国家知识产权局共同提交了商标转让申请书，国家知识产权局于2019年12月24日出具《商标转让申请受理通知书》。2020年3月13日，诉争商标转让公告刊登于1687期商标转让/移转公告上。

2020年3月16日，原告向北京知识产权法院提起诉讼，请求法院撤销被诉裁定，并判决国家知识产权局重新作出裁定。事实和理由为：诉争商标已经于商标无效审理期间达成了转让协议，并于2019年12月申请转让至第三人名下。转让协议签订之日即不存在“以欺骗手段或者其他不正当取得注册”的情况，被诉决定作出时，未查明诉争商标的事实状态，构成事实认定不清，导致法律适用错误。第三人作为注册人继续使用诉争商标不仅符合转让协议的约定，也不会损害任何第三方的利益。综上，诉争商标申请注册未违反2013年《商标法》第四十四条第一款的规定。

被告辩称：被诉裁定认定事实清楚，适用法律正确，作出程序合法。请求法院依法驳回原告的诉讼请求。

第三人述称：商标转让属实，在商标无效审查期间已经提交了商标转让申请以及撤回无效申请的申请。请求法院依法撤销被诉裁定，并判令被告重新作出裁定。

法院经审理查明：在评审阶段，第三人向被告提交了以下主要证据（光盘，其中部分提交复印件）：（1）第三人官网页面；（2）“MAVIRET”商标在欧盟的注册档案信息；（3）网络搜索“艾伯维”“ABBVIE”“Maviret”页面；（4）第三人及其品牌排名情况；（5）相关网络媒体对第三人及产品的报道资料；（6）产品手册；（7）第三人工商档案信息和商标档案信息等。

2019年12月10日，原告与第三人向国家知识产权局共同提交了商标转让申请书，国家知识产权局于2019年12月24日出具《商标转让申请受理通知书》。2020年3月13日，诉争商标转让公告在第1687期商标转让/移转公告中刊登。

北京知识产权法院于2021年8月20日作出（2020）京73行初2750号行政判决：驳回原告高新区某贸易商行的诉讼请求。本案一审判决后，各方当事人均未提起上诉，一审判决已生效。

裁判理由

法院生效判决认为：2013 年《商标法》第四十四条第一款规定："已经注册的商标，违反本法第十条、第十一条、第十二条规定的，或者是以欺骗手段或者其他不正当手段取得注册的，由商标局宣告该注册商标无效；其他单位或者个人可以请求商标评审委员会宣告该注册商标无效。"该条款涉及的是公共利益与商标注册秩序、管理秩序，防止不以使用为目的囤积商标牟利的行为。根据本案证据可知，原告在多类商品上注册 50 余件商标等事实，各方均无异议。同时诉争商标与第三人具有较强独创性的在先"MAVIRET"商标相同，原告亦未提交诉争商标标识系其独立创作完成的证据，其行为难谓正当。

虽然诉争商标现已转让至第三人名下，但不能改变诉争商标注册的恶意性。据此，可以认定本案原告扰乱了正常的商标注册管理秩序，并有损公平竞争的市场秩序，违反了诚信原则。诉争商标的注册已构成 2013 年《商标法》第四十四条第一款所指"以欺骗手段或者其他不正当手段取得注册"之情形。故对原告的主张，法院不予支持。诉争商标在被诉决定作出时已经提出转让申请，并不影响被诉决定认定，也不影响本案审理结论。

裁判要旨

2013 年《商标法》第四十四条第一款的司法审查，针对的是商标注册人是否存在相应情形，并影响正常的商标注册审查秩序，损害社会公共利益的情况。因此，在诉争商标申请人存在恶意囤积商标的情况下，即使诉争商标本身为抢注他人的商标，诉争商标申请人将其转让给被抢注人，也不能因此将申请诉争商标的行为正当化。

关联索引

2013 年《中华人民共和国商标法》第四十四条第一款

一审： 北京知识产权法院（2020）京 73 行初 2750 号（2021 年 8 月 20 日）

法官评析

我国商标采取注册制度，按照在先申请原则对商标是否准予注册进行审查，商标注册应当遵循诚信原则，并以具有实际使用意图为原则。近年来，我国商标申请和注册数量迅速增长。与此同时，不以使用为目的的商标恶意囤积现象也愈演愈烈。《商标法》第四条规定，“不以使用为目的的恶意商标注册申请，应当予以驳回”；《规范商标申请注册行为若干规定》则规定了认定商标是否属于恶意注册的若干考量因素，即申请人与关联关系人申请注册商标的数量、指定使用的类别、商标交易情况等；申请人所在行业、经营状况等；恶意注册、商标侵权记录等。

实践中，诉争商标在申请阶段是否具有囤积等方面的恶意情形属于商标注册人初始阶段情况的考查，因此，商标注册后的无效申请阶段，对于商标注册人是否存在恶意囤积的认定由于存在复杂的商标权利流转而存在争议。本案中的情况属于其中的典型情况，诉争商标在无效阶段经转让，受让人因此主张该商标由其他主体转让获得，并且转让后该商标具备实际使用的条件和真实的使用情况，据此，诉争商标不再符合构成恶意囤积商标的适用要件。

对此，审判实践中认为，《商标法》第四十四条第一款的司法审查，针对的是商标注册人是否存在相应的情形，并影响正常的商标注册审查秩序，损害社会公共利益的情况。因此，本案中即使诉争商标申请人将无效审查阶段的商标转让给他人，也不能因此将申请商标的行为正当化。

本案中针对商标注册及转让行为对该条款适用可从两方面来理解：一是商标价值在于使用的原则。假如受让人之前未使用类似商标，则诉争商标之上不会凝结商誉；假如受让人之前使用了类似商标，则之前形成的商誉会附着在类似商标而非诉争商标之上。因此，诉争商标是否无效并不会损害受让人的合法权益，受让人的损失主要在于交易成本。然而，受让人本可以通过异议、宣告无效等方式使诉争商标归于无效，即使受让人支付了商标转让的对价，在诉争商标归于无效后，其也可以基于合同主张违约责任或损害赔偿。

另一方面则是针对“恶意商标注册”规制的经济学角度。有学说认为，商标恶意注册其本质上是违反了诚信原则，攫取或者不正当地利用他人的市场商誉，或者以侵占公共资源为目的的行为。保罗·萨缪尔森认为，“在存在稀缺的世界上，选择一种东西意味着要放弃其他一些东西。一项选择的机会成本（opportunity cost），是相应的所放弃的物品或劳务价值”。[①] 恶意囤积商标几乎不需要申请人因此而放弃其他利益，故机会成本趋近于零。违法成本是指申请人因为违法所需负担的成本，一般可能会由行政机关给予警告、罚款等行政处罚或由法院依法给予处罚。理性人会追求自身利益最大化，并基于对成本和收益的分析与判断而选择是否采取某种行动。

具体到此类行为上看，对社会公众而言，恶意囤积商标消耗大量宝贵的行政和司法资源，造成严重的社会资源浪费，产生了严重的外部不经济效果。恶意囤积商标行为对社会公众来说是一种高成本、零收益的行为。对申请人而言，恶意囤积商标的成本由注册及维持成本、“维权”成本、交易成本、机会成本、违法成本等组成。商标注册及维持成本由以下部分组成：受理商标注册费最低270元，商标行政诉讼案件的诉讼费用50~100元，商标代理机构和律师收取的代理费用视具体情形而定。“维权”成本是指申请人提出侵害商标权之诉所付出的成本，以诉讼代理费用为主，且并不一定发生。实际情形中，商标申请人的交易成本相对较少。由上可知，如果类似的商标无效案件中，一旦商标注册人被认定具有恶意囤积行为，其名下的其他商标也有可能被在其后的行政及司法程序中认定为恶意囤积商标。商标注册人即使转让商标，但所获利益明显降低，今后希望以“维权”胜诉所获“赔偿”的预期也明显降低，因此，提高申请人违法成本，降低其商标转让收益，更好地遏制恶意囤积商标及其后的商标滥用行为。

注册商标的确权司法审查，应当坚持商标法的诚信原则，准确理解相关条款的适用要件，通过体系化的适用，准确打击利益驱动下的恶意囤积商标、损害社会公共利益的行为，促使商标权注册取得和权利流转以及商标使用都体现商标的基本功能，维护良好的商标市场秩序。

一审法院合议庭成员 卢爱媛　王　屹　王庆海

编写人 卢爱媛　张　迁

① 参见［美］保罗·萨缪尔森：《经济学》，商务印书馆2013年版，第13页。

35. 北京某纸业有限公司诉国家知识产权局、第三人某（中国）有限公司商标权无效宣告请求行政纠纷案

——诉争商标的注册是否违反《商标法》第四十四条第一款应根据该商标申请时的具体情况进行判定

关键词 商标无效宣告请求 《商标法》第四十四条第一款 其他不正当手段取得注册

基本案情

2014年1月8日，原告北京某纸业有限公司向被告国家知识产权局申请注册诉争商标。诉争商标申请号是13879105，商标标志由横向排列的汉字“心选”构成，指定使用的商品包括：消毒纸巾；卫生巾；失禁用吸收裤；失禁用尿布；婴儿尿裤；卫生垫；婴儿尿布。2015年3月14日，国家知识产权局核准注册诉争商标。2021年6月24日，国家知识产权局作出商评字［2021］第168469号《关于第13879105号“心选”商标无效宣告请求裁定书》（以下简称被诉裁定），裁定宣告诉争商标予以无效。北京某纸业有限公司不服被诉裁定，起诉至北京知识产权法院。

被诉裁定认定：根据某（中国）有限公司提交的证据及国家知识产权局查明的事实，北京某纸业有限公司名下申请的多件商标与他人知名商标相同或相近，如“贺本清”“淘宝心选”“盒马心选”“天猫心选”“小甘菊”等。北京某纸业有限公司在答辩中未说明上述商标的合理来源、使用意图及使用情况。据此，可以认定北京某纸业有限公司申请注册第13879105号“心选”商标（以下简称诉争商标）的行为具有明显的复制、抄袭以及摹仿他人商标的故意。该类抢注行为不仅有违诚信原则，更扰乱

了正常的商标注册秩序，有损公平竞争的市场秩序，诉争商标的注册已违反 2013 年《商标法》第四十四条第一款的规定。

原告诉称：被诉裁定认定事实错误。原告于 2014 年 1 月 8 日申请注册诉争商标，此前并无任何第三方提出“心选”商标注册的申请。事实上，原告于 2012 年 10 月 15 日在第 16 类商品上申请注册的“心选”商标是被告受理的第一件“心选”商标注册申请。因此，原告注册诉争商标并非复制、抄袭以及摹仿他人商标。2014 年 11 月 24 日，某集团控股有限公司在第 16 类、第 9 类等多个类别申请注册“心选”商标。原告出于防御性目的在 2018 年开始申请注册“盒马心选”“天猫心选”，不能由此倒推原告于 2014 年 1 月 8 日申请注册诉争商标为抢注行为。综上，原告请求法院判决撤销被诉裁定，并由被告重新作出裁定。

被告辩称：坚持被诉裁定意见，请求法院判决驳回原告的诉讼请求。

第三人经法院依法传唤未到庭参加诉讼，未陈述意见。

法院经审理查明：本案行政阶段，第三人向被告提交了“心选”在网络平台相关使用情况；原告商标注册信息；“盒马鲜生”“天猫”“小雏菊”“小甘菊”等百度百科介绍；在先判决；原告“心选”卫生纸不合格报道等证据。

本案行政阶段，原告向被告提交了购销合同及合作合同；产品发票信息；产品检测报告；产品出库单、验货单、脱货单；产品宣传单；产品外包装；清户通知；法院判决；“心选优品”商标准予注册决定等证据。

本案诉讼阶段，原告向法院提交了以“心选”为关键词、以“心选”“类别 5”为关键词、以“北京某纸业有限公司”为关键词的商标检索结果页面截图。

北京知识产权法院于 2022 年 3 月 22 日作出（2021）京 73 行初 12580 号行政判决：一、撤销被告国家知识产权局作出的商评字［2021］第 168469 号《关于第 13879105 号“心选”商标无效宣告请求裁定书》；二、被告国家知识产权局针对某（中国）有限公司就第 13879105 号“心选”商标所提出的无效宣告请求重新作出裁定。一审判决后，各方当事人均未上诉，一审判决已生效。

裁判理由

法院生效判决认为：诉争商标的核准注册日处于 2013 年《商标法》

施行期间，依据法不溯及既往原则，本案实体问题的审理适用 2013 年《商标法》。

根据诉辩各方意见，本案争议焦点为：诉争商标的申请注册是否构成 2013 年《商标法》第四十四条第一款以“其他不正当手段取得注册”的情形。

2013 年《商标法》第四十四条第一款规定：“已经注册的商标，违反本法第十条、第十一条、第十二条规定的，或者是以欺骗手段或者其他不正当手段取得注册的，由商标局宣告该注册商标无效；其他单位或者个人可以请求商标评审委员会宣告该注册商标无效。”

“其他不正当手段”是指以欺骗手段以外的其他方式扰乱商标注册秩序、损害公共利益、不正当占用公共资源或者谋取不正当利益，以使诉争商标获准注册的行为，包括争议商标申请人采取大批量、规模性抢注他人具有一定知名度的商标等手段的行为。

本案中，原告提交的以“心选”为关键词检索的商标列表证据显示，原告于 2012 年 10 月 15 日在第 16 类商品上申请注册了第 11605662 号“心选”商标，其后，原告又于 2014 年 1 月 8 日在第 5 类商品上申请注册了诉争商标。原告提交的购销合同及合作合同、发票、产品检测报告等证据，可以证明原告对其“心选”商标有真实的使用意图并进行了实际使用。阿里巴巴集团控股有限公司在多个商品类别上注册的“心选”商标，其申请日期均在诉争商标申请日期之后，且现有证据不能证明在诉争商标申请日前，已有他人的“心选”商标实际使用并具有一定的知名度。因此，仅根据现有证据不能得出原告申请注册诉争商标的行为构成复制、抄袭、摹仿他人商标的结论，故不应认定诉争商标的申请注册构成 2013 年《商标法》第四十四条第一款以“其他不正当手段取得注册”的情形。

裁判要旨

诉争商标申请人申请注册有多件商标的，在判断诉争商标的注册是否违反 2013 年《商标法》第四十四条第一款规定时，应根据诉争商标申请人申请注册该商标时的主客观情况，结合具体案件情况进行分析。即便诉争商标申请人的多件其他商标能够得出构成复制、抄袭、摹仿他人商标的结论，也不能因此当然推定诉争商标构成复制、抄袭、摹仿他人商标。在认定诉争商标的注册是否违反《商标法》第四十四条第一款时，应当具体问题具体分析，不能以他人在后注册商标的情况认定申请人先注册商标构成复制、抄袭、摹仿。

关联索引

2013年《中华人民共和国商标法》第四十四条第一款

一审：北京知识产权法院（2021）京73行初12580号（2022年3月22日）

法官评析

本案裁判体现了在认定诉争商标的注册是否构成《商标法》第四十四条第一款规定的“其他不正当手段取得注册”时，应根据诉争商标申请人申请注册该商标时的主客观情况，结合具体案件情况进行分析的裁判理念。

根据《最高人民法院关于审理商标授权确权行政案件若干问题的规定》及《北京市高级人民法院商标授权确权行政案件审理指南》对“其他不正当手段”进行的解释，“其他不正当手段”是指以欺骗手段以外的其他方式扰乱商标注册秩序、损害公共利益、不正当占用公共资源或者谋取不正当利益，以使诉争商标获准注册的行为，包括争议商标申请人采取大批量、规模性抢注他人具有一定知名度的商标等手段的行为。诉争商标申请人申请注册多件商标，且与他人具有较强显著性的商标或者较高知名度的商标构成相同或者近似的，可以认定属于《商标法》第四十四条第一款规定的以“其他不正当手段取得注册”。

司法实践中，对于《商标法》第四十四条第一款“其他不正当手段取得注册”的适用采用较为审慎的态度。在某某博克公司与国家工商行政管理总局商标评审委员会、刘某南商标异议复审行政纠纷一案[①]中，法院认定：在判断“其他不正当手段取得注册”情形时，应当采取审慎原则，一方面对确属以囤积商标进而通过转让等方式牟取商业利益为目的，大量申请注册他人具有较高知名度的商标，明显违背商标内在价值，并会对商标注册秩序产生消极影响，有碍于社会主义市场经济诚实守信经营秩序建立

① 参见北京市高级人民法院（2016）京行终5374号行政判决书。

的行为，应当予以有效规制；另一方面也应当考虑中国采取商标注册制度，对商标本身的保护更多地考量商品或者服务来源的稳定性和对应性，而非相关主体对特定标志的垄断，故允许在不相类似的商品或服务上出现相同或近似的标志，这也是中国商标基本制度所决定的。故此，在对法律所规定的特定情形予以认定时，不能以动摇商标基本注册制度为代价，否则所产生的社会收益将远大于所付出的社会成本，更应当予以严格认定。

商标授权确权行政案件主要解决的是诉争商标是否应予注册的问题，在适用《商标法》第四十四条第一款“其他不正当手段取得注册”时，除了要考虑诉争商标申请人申请注册诉争商标以外的其他商标的主客观情况，主要还是应当聚焦于诉争商标申请人申请诉争商标本身时的主客观情况，不能因为诉争商标申请人申请其他商标的负面评价就当然地牵连诉争商标本身。即使诉争商标申请人申请注册的其他商标存在大批量、规模性抢注他人具有一定知名度的商标的情形，或者存在恶意囤积商标的情形，以致该其他商标构成《商标法》第四十四条第一款规定的“以其他不正当手段取得注册”的情形，但是当事人只要能够证明诉争商标的申请注册不存在上述情形，便应根据其申请注册诉争商标的主客观情况分别考量，不宜一概而论。

《商标法》第四十四条第一款立法本意是保护商标注册秩序，规制“以欺骗手段或者其他不正当手段取得注册”等破坏商标注册秩序的行为。上述条款中规定的“欺骗手段和其他不正当手段”包括规模性抢注他人在先具有一定知名度的商标并转让牟利的行为，该规模性抢注应该具备一定的条件，即或者是抢注同样的商标，且数量较大，构成没有实际使用可能的商标囤积行为；或者抢注多个不同的在先知名商标，涉及多个主体或多个不同的商标标志。在广州市某电器有限公司与国家工商行政管理总局商标评审委员会、某有限公司商标权无效宣告请求行政纠纷一案①中，法院认定：在案证据仅证明广州市某电器有限公司除本案诉争商标外，仅有数件商标，对于广州市某电器有限公司而言，均具有使用的可能性，尚不足以证明其具有囤积商标的意图。因此，商标评审委员会据此认定诉争商标的注册构成《商标法》第四十四条第一款规定的“欺骗或者其他不正当手

① 参见北京知识产权法院（2017）京73行初53号行政判决书。

段”取得注册的情形，依据不足。

值得注意的是，注册商标数量并非决定性因素，在适用《商标法》第四十四条第一款“其他不正当手段取得注册”时，应着重分析商标注册人是否具有使用商标的意图，以及是否属于通过转让注册商标等明显违背商标内在价值的方式牟利。在温州某鞋业有限公司与国家工商行政管理总局商标评审委员会、某有限公司商标权无效宣告请求行政纠纷一案①中，法院认定：原告某鞋业公司的经营范围包括“特种劳动防护用品制造（凭生产许可证经营）”，且原告提交的照片等证据可以证明其具有生产“防事故、防辐射、防火用鞋”等诉争商标指定使用商品的能力和意图。虽然原告某鞋业公司在第9类商品上申请注册了一定数量的商标，但并无在案证据证明其曾经通过转让等方式牟取商业利益，或具有通过转让等明显违背商标内在价值方式牟利的意图。鉴于北京市高级人民法院在前述案例中强调我国商标注册制度允许在不相类似的商品或服务上出现相同或近似的标志，以及应谨慎适用《商标法》第四十四条第一款的精神，结合原告某鞋业公司具有使用诉争商标的能力和意图，且并无通过转让诉争商标牟利的事实和意图，法院综合考量认为不应认定诉争商标属于以“其他不正当手段”取得注册的情形。被告商标评审委员会对此认定有误，法院予以纠正。结合本案，本案中原告提交的购销合同及合作合同、发票、产品检测报告等证据，可以证明原告对其“心选”商标有真实的使用意图并进行了实际使用，且并无在案证据证明其曾经通过转让等方式牟取商业利益，或具有通过转让等明显违背商标内在价值的方式牟利的意图。阿里巴巴集团控股有限公司在多个商品类别上注册的“心选”商标，其申请日期均在诉争商标申请日期之后，且现有证据不能证明在诉争商标申请日前，已有他人的“心选”商标实际使用并具有一定的知名度。因此，仅根据现有证据不能得出原告申请注册诉争商标的行为构成复制、抄袭、摹仿他人商标的结论。其他案件的具体情况与本案不同，亦不能作为得出本判决结论的当然依据。

一审法院合议庭成员 李　辉　谷栋才　金丽萍

编写人 李　辉　李　哲

① 参见北京知识产权法院（2017）京73行初4117号行政判决书。

36. 北京某大学诉国家知识产权局、第三人刘某某商标权撤销复审行政纠纷案

——区分表发生变化时如何对商标使用进行合理认定

关键词 商标使用 区分表 非规范商品 类似商品

基本案情

原告北京某大学于2006年7月11日申请注册第5473604号商标（以下简称诉争商标），并于2009年9月21日获准注册。诉争商标核定使用在第42类“法律服务；技术项目研究；无形资产评估”等服务上。第三人刘某某针对诉争商标提起撤三申请，并于2019年8月13日针对被告国家知识产权局作出的维持决定申请复审。2020年12月17日，被告国家知识产权局作出商评字［2020］第327009号《关于第5473604号“京师”商标撤销复审决定书》（以下简称被诉决定），认为原告不能证明其在2015年9月3日至2018年9月2日期间（以下简称指定期间）对诉争商标核定使用的法律服务进行了真实、合法、有效的商业使用，决定撤销诉争商标在“法律服务”上的注册。原告北京某大学不服被诉决定，诉至法院。

原告北京某大学诉称：原告通过“京师法律实务大讲堂”京师普法志愿者协会、授权北京某大学珠海分校和京师社会工作中心等方式，在指定期间对诉争商标在“法律服务”等核定服务上进行了商标法意义上的使用，依法应予维持注册。

被告辩称：被诉决定认定事实清楚，适用法律正确，作出程序合法，请求判决驳回原告的诉讼请求。

第三人刘某某述称：原告在举办的学术讲座、学术论坛等名称中使用

“京师”不构成诉争商标在“法律研究”服务上的使用。即使认定原告在“法律研究”服务上使用了诉争商标，因在原告商标申请注册时的第七版区分表中，第42类“法律服务”类似群组包括“法律服务”和“法律研究”两项服务，且二者是并列关系，诉争商标在“法律研究”服务上的使用也不能维持其在“法律服务”上的注册。请求判决驳回原告的诉讼请求。

北京知识产权法院于2022年1月5日作出（2021）京73行初3002号行政判决：一、撤销被告国家知识产权局作出的商评字［2020］第327009号《关于第5473604号“京师”商标撤销复审决定书》。二、被告国家知识产权局就原告北京某大学针对第5473604号“京师”商标提出的复审申请重新作出决定。国家知识产权局不服一审判决，提起上诉。北京市高级人民法院经审理认同一审法院裁判意见，于2022年6月10日作出（2022）京行终1720号行政判决：驳回上诉，维持原判。

裁判理由

法院生效裁判认为：原告在诉讼阶段提交了其在指定期间内持续、多次开展“京师法律实务大讲堂”“京师法学名家讲坛”“京师教育法治大讲堂”“京师法学学术研究生沙龙”“京师普通法大讲堂”等学术交流活动的证据，其学术交流活动先后邀请多名学者、法官与该校师生研讨法律问题，该证据显示的活动在服务目的、内容、方式、对象等方面均与“法律研究”服务相近，可视为在“法律研究”服务上的使用。

虽然在指定期间的第八版区分表中已无“法律服务”具体服务名称，但是考虑到第八版及之后的各版区分表中“法律服务”已为类似群组的名称，而“法律服务”与“法律研究”在服务目的、内容、方式、对象等方面均相近，且根据第八版及之后各版区分表的划分，“法律服务”的范围包括“法律研究”，可以认定“法律研究”系“法律服务”的下位概念，进而原告对诉争商标在“法律研究”服务上的使用能够认定为其在“法律服务”上的使用，不能因区分表的变化而否定原告实际的商标使用。

二审法院对一审法院的判决结论予以维持。

裁判要旨

在区分表发生变化时，若实际使用的服务不属于区分表中的规范服务名称，但其与诉争商标核定使用的服务仅名称不同，本质上属于同一种服务，或者实际使用的服务属于核定服务的下位概念的，可以认定构成对核定服务的使用。

关联索引

《中华人民共和国商标法》第四十九条第二款

一审：北京知识产权法院（2021）京73行初3002号（2022年1月5日）

二审：北京市高级人民法院（2022）京行终1720号（2022年6月10日）

法官评析

商标的生命在于使用，若商标不进行使用，对商标专用权的保护将缺乏实际意义。《商标法》第四十九条第二款设立的连续三年不使用商标撤销制度的立法目的在于清理闲置商标，督促商标权利人积极使用商标，充分发挥商标区分商品来源的功能。原则上，注册商标核定使用的商品或服务应当是其使用的对象，在其核定使用商品或服务之外的使用不能产生维持商标注册的效力。一般而言，认定商品或服务是否相同或类似，应当以相关公众对商品或服务的一般认识综合判定，《类似商品和服务区分表》可作为参考。

然而，随着社会发展和时代变迁，商品的类似关系也会随市场交易情况而变化，相关部门亦会根据实际情况定期对区分表进行修订，更新或增减商品/服务名称。这就会导致注册商标核定使用的商品可能由规范商品变更为非规范商品，但商标注册人对此并不存在主观过错。因此，考虑到商标注册人对此投入的经营成本以及已经积累的商誉，若仅机械地参照区分表否认其使用行为的效力，将有违法律规定的公平、合理原则。故而，实践中，判断商标的使用行为，不仅要考虑区分表关于商品分类的原则和标准，也要结合诉争商标实际使用商品的功能、用途、生产部门、消费渠道、消费群体或服务的内容、目的、方式等作出综合认定。如果诉争商标实际使用的商品与其核定使用的商品构成同一种商品，或属于核定商品的下位概念的，则可以考虑维持诉争商标在非规范商品上的注册。

本案中，诉争商标系于2009年获准注册，而指定期间为2015年9月3日至2018年9月2日。在商标获准注册时其核定使用的“法律服务”出现在第七版区分表中，但在指定期间内变更为第八版区分表中类似群组的名称，区分表的变化导致诉争商标核定使用的服务从规范服务变为非规范服务，商标注册人主客观均无过错，不能让商标注册人承担区分表变化导致的不利法律后果，否定其实际的商标使用行为。对于诉争商标在“法律研究”服务上的使用是否构成在“法律服务”上的使用的判定，应结合服务特点及区分表变化具体情况合理认定。本案中，原告实际使用的“法律研究”与“法律服务”在服务目的、内容、方式、对象等方面均相近，且根据第八版及之后各版区分表的划分，“法律服务”的范围包括“法律研究”，可以认定“法律研究”系“法律服务”的下位概念，故原告对诉争商标在“法律研究”服务上的使用能够认定为其在“法律服务”上的使用。

撤三制度在商标授权确权领域发挥着极其重要的作用，尤其对商标注册人利益影响巨大，本案综合考虑了商标注册人的真实使用意图、区分表发生变化的情况，对于非规范服务通过服务的方式、内容、目的等特点对其近似性以及上下位关系进行认定，进而对商标的使用行为进行合理判断，避免了因机械适用区分表而损害商标注册人的利益。

一审法院合议庭成员 张晓丽　林春燕　陈　瑶
二审法院合议庭成员 亓　蕾　程占胜　闻汉东
编写人 张晓丽

37. 北京慧某信息咨询有限责任公司分公司诉国家知识产权局、第三人瑞某贸易股份有限公司商标权撤销复审行政纠纷案*

——注册商标因成为通用名称而被撤销不以商标权利人有主观过错为前提

关键词 商标撤销 通用名称 归责原则 主观过错

基本案情

瑞某贸易股份有限公司（以下简称瑞某公司）于2012年5月21日获准注册第9199914号“摩卡 MOCCA 及图”商标（以下简称诉争商标），核定使用在第30类“咖啡、可可制品、咖啡调味香料（调味品）、加奶咖啡饮料、含牛奶的巧克力饮料、做咖啡代用品的植物制剂、巧克力酱、茶饮料、糖”商品上。

2015年9月30日，北京慧某信息咨询有限责任公司分公司（以下简称慧某公司）以诉争商标已成为核定商品上的通用名称为由，依据2013年《商标法》第四十九条的规定提出撤销申请。国家工商行政管理总局商标评审委员会（以下简称商标评审委员会）作出被诉决定，认为现有证据不足以证明诉争商标在注册之后演变成为其核定使用的“咖啡、可可制品、茶饮料”等商品上的通用名称。且诉争商标经瑞某公司长期广泛宣传

---

* 本案例获评2021年中国法院50件典型知识产权案例，入选北京法院2021年度知识产权司法保护十大案例，本案的案例分析曾在2022年全国法院系统优秀案例分析评选活动中获评优秀奖。

和使用，获得了较高的知名度和影响力，可以使一般公众将其与瑞某公司所提供的咖啡等商品联系起来。为制止他人对“摩卡咖啡”的不当使用行为，瑞某公司积极采取措施维护商标权利及其与诉争商标在核定商品上形成的对应关系，故诉争商标应予维持注册。

原告慧某公司不服被诉决定，诉称：“摩卡”系一种花式咖啡，由意大利浓缩咖啡、巧克力酱、鲜奶油和牛奶混合而成，在制作方法、工艺、原料等方面有独特的要求，属于一个特定种类咖啡的通用名称。除咖啡类商品外，“摩卡”指定使用在“可可制品、巧克力酱、茶饮料”等非咖啡类商品上，会被当作对商品原料的描述，表示相关商品具有与摩卡咖啡相同或相近的口味，亦缺乏显著特征。因此，诉争商标在全部核定使用商品上缺乏显著特征，不能发挥商标所具有的区分商品来源的功能，根据2013年《商标法》第四十九条第二款的规定应予撤销。故请求法院撤销被诉决定，并判令被告重新作出决定。

被告国家知识产权局辩称：坚持被诉决定的意见，请求法院驳回原告的诉讼请求。

第三人瑞某公司述称：诉争商标由第三人独创组合设计而成，诉争商标并非其核定使用的咖啡商品的通用名称。同时，诉争商标经第三人长期宣传和大量使用已具有较强的显著性和较高的知名度，并与第三人形成了稳定的一一对应关系，具有清晰指示商品来源的作用。诉争商标的注册和使用未违反2013年《商标法》第四十九条第二款的规定。请求法院驳回原告的诉讼请求。

法院经审理查明：为证明诉争商标已成为其核定使用商品的通用名称，慧某公司在行政阶段向商标评审委员会提交了以下主要证据：（1）词典对“mocha”“摩卡”的释义；（2）书籍、媒体关于“摩卡”的介绍和报道；（3）行业协会关于“摩卡”的说明和介绍；（4）同业经营者对“摩卡”“MOCCA”的使用情况；（5）消费者对“摩卡”的认知情况。诉讼阶段，慧某公司另行提交了商标局针对瑞某公司在第30类和第32类商品上申请注册的“摩卡”或“摩卡咖啡”商标作出的5份不予注册决定、词典关于“mocha”“mocca”的释义以及淘宝网上销售摩卡咖啡的网页信息等证据。

瑞某公司为证明诉争商标未成为其核定使用商品的通用名称以及

“mocha”与“摩卡”并非一一对应关系，向商标评审委员会提交了相关商标档案、商标评审委员会针对诉争商标及相关商标作出的维持相关商标注册或认定驰名商标的行政裁决、行业协会或地方工商行政管理局关于瑞某公司相关商标的认定结果、词典关于“mocha”的释义等证据。本案诉讼阶段，瑞某公司另行提交了商标评审委员会作出的7份行政裁决，相关裁决均认定“摩卡”不构成使用在咖啡商品上的通用名称。

北京知识产权法院于2019年12月27日作出（2018）京73行初3240号行政判决：一、撤销国家工商行政管理总局商标评审委员会作出的商评字［2018］第18995号关于第9199914号“摩卡MOCCA及图”商标撤销复审决定；二、被告国家知识产权局就原告慧某公司针对第9199914号“摩卡MOCCA及图”商标提出的撤销复审申请重新作出决定。

国家知识产权局和瑞某公司均不服一审判决，提起上诉。北京市高级人民法院于2021年5月14日作出（2020）京行终2540号行政判决：驳回上诉，维持原判。

裁判理由

法院生效判决认为：

第一，现有证据能够证明，无论从诉争商标标志本身，还是消费者的认知情况、同业经营者的使用情况，抑或第三方的介绍和报道、词典的收录情况来看，在诉争商标申请日之前，“摩卡”或“MOCHA”即与咖啡商品存在特定关联。并且，至迟在被告审查和法院审理本案之时，包括消费者和同业经营者在内的相关公众已普遍认为“摩卡”指代的是一类咖啡商品，且上述认知并不限于特定地域，而是全国范围内的普遍现象，“摩卡”已成为咖啡类商品上约定俗成的通用名称。

第二，在案证据无法反映诉争商标在中国境内使用的持续时间、市场占有率情况、广告宣传情况等，更无法证明诉争商标已与第三人建立了一一对应关系。第三人虽然曾采取一些维权行为，但维权行为的范围、力度、跨度与其他经营者使用行为的范围和规模难以匹配，不足以证明第三人在通用化的过程中尽到了合理义务，不存在任何过错。并且，判断注册商标是否因成为其核定使用商品的通用名称而被撤销，亦不以商标权利人存在主观过错为前提。

第三，虽然诉争商标核定使用的“可可制品、含牛奶的巧克力饮料、茶饮料”等其他商品与咖啡类商品在功能、用途、销售场所、消费对象上有一定相关性，但并无证据显示“摩卡”属于前述商品的主要原料或已成为描述前述商品特征的词汇，诉争商标注册使用在前述商品上，难以认定缺乏显著特征。并且，即便诉争商标注册使用在前述商品上，由于可能造成相关公众对商品原料的联想而识别功能较弱，此种情形亦不属于2013年《商标法》第四十九条第二款所指应予撤销的情形。

综上，鉴于诉争商标已成为咖啡类商品的通用名称，故应在其核定使用的“咖啡、咖啡调味香料（调味品）、加奶咖啡饮料、做咖啡代用品的植物制剂”商品上予以撤销。诉争商标未成为其核定使用的其他商品的通用名称，原告依据2013年《商标法》第四十九条第二款的规定请求撤销诉争商标在其他商品上的注册不能成立。被告作出的被诉决定认定事实部分有误，法院依法予以撤销。

裁判要旨

1. 审查判断注册商标是否成为《商标法》第四十九条第二款中的通用名称，一般应以当事人向行政审查部门提出撤销申请时的事实状态为准。考虑到注册商标从成为通用名称到权利灭失存在时间差，时间差越长，对其他经营者越不公平，对竞争秩序的维护越不利，而采纳行政机关审查及法院审理过程中的事实，避免重新启动撤销程序，有利于缩短时间差，维护公平竞争的市场秩序。因此，行政机关审查和法院审理过程中事实状态发生变化的，应以审查及审理时的事实状态为依据，判断注册商标是否成为通用名称。

2.《商标法》之所以规定注册商标成为核定商品的通用名称后应当予以撤销，根本原因是此时注册商标已无法再发挥商标应当具备的区分商品来源的功能，消费者认牌购物的基本需求无法得到保障，其他经营者自由使用公共标志的正当权利可能受到阻碍，而非出于对商标权利人未能有效维护注册商标的惩罚。因此，它更关注的是通用化的后果是否形成，而非通用化形成的原因以及商标权利人在阻止通用化过程中所作的努力。对于注册商标因通用化而失权这一制度设计来说，不以商标权利人在通用化过程中存在主观过错为前提，非因商标权利人自身原因造成的通用化亦应适用该制度。

3. 从文义解释的角度出发，《商标法》第四十九条第二款中因成为通用名称而予以撤销的商品应仅限于通用名称所指向的商品，而不包括类似商品。

关联索引

2013 年《中华人民共和国商标法》第四十九条第二款

一审：北京知识产权法院（2018）京 73 行初 3240 号（2019 年 12 月 27 日）

二审：北京市高级人民法院（2020）京行终 2540 号（2021 年 5 月 14 日）

法官评析

《商标法》第四十九条第二款所指的因成为通用名称而被撤销，是指注册商标因核准注册之后的情势变迁而成为其核定使用商品的通用名称的，应依法予以撤销。本案明确了认定该条款的时间标准、归责原则和商品范围，对类似案件的裁判具有指导意义。

一、《商标法》第四十九条第二款中成为核定使用商品的通用名称的时间标准

注册商标通用化的过程往往是逐渐演变、不断发展变化的，对于判断注册商标是否已经成为通用名称来说，首先面临的就是时间点的判断。时间点的判断跟证据密切相关。商标权人当然不愿意接受撤销申请日之后的证据，而撤销申请人总有进一步收集证据的动力，特别是当已发生的审理程序未支持其主张时。法院该如何考虑？

作为原则和导向，应当要求撤销申请人在提出撤销申请之时举证证明该注册商标已经成为所核定使用商品的通用名称。但是，如果行政审查或司法审理过程中产生的证据能够进一步说明注册商标通用化的趋势和事实，却不予考虑，则当事人只能另行提出撤销申请。如此，除程序上不经济外，对其他经营者亦不公平。

所谓“不公平”在于，注册商标成为通用名称后，意味着其不再具备区分商品来源的功能，其他经营者有正当使用的权利。但根据《商标法》

第五十五条第二款的规定，被撤销的注册商标，其注册商标专用权自商标局公告之日起终止。撤销案件可行政两审、司法两审，如果法院判决行政机关重新作出决定的，还会有重审决定，重审决定形式上仍可经历司法两审，直到程序完结商标局才会发出撤销公告。这意味着从注册商标成为通用名称到注册商标权利灭失可能会有较长的时间差。与此同时，由于注册商标通用化的判断会考量商标权利人对他人将其注册商标作为商品名称使用的行为的态度，商标权利人积极维权也有改变通用化进程的可能性，故为避免商标被撤销的后果，商标权利人很可能会对其他正当使用的经营者发起维权行为。因此，前述时间差（即注册商标从成为通用名称到权利灭失的时间差）越长，对其他经营者越不公平，对竞争秩序的维护越不利。而采纳审查和审理过程中的事实，避免重新启动撤销程序，有利于缩短前述时间差，维护公平竞争的市场秩序。

前述论证是从注册商标逐渐不可逆地滑向通用名称的角度出发的，事实上，这一过程也可能并非只是单向的。比如，汽车商品上的 Jeep 商标，一段时期内相关公众存在将其指代一种车型的倾向，但后来 Jeep 是一个汽车品牌而非一款车型的认识得到了强化。因此，如果审查或审理过程中产生的证据及反映出的事实对商标权利人有利，亦应予以考虑，并在此事实基础上作出注册商标是否成为通用名称的判断。

二、注册商标因成为其核定使用商品的通用名称而被撤销是否以商标权利人存在主观过错为前提

本案中争议较大的问题是，注册商标因成为通用名称而被撤销是否以商标权利人在这一过程中存在主观过错为前提。

注册商标的通用化通常有以下原因：一是商标权利人自身不规范使用，如将注册商标作为商品名称使用，因使用规模较大从而产生注册商标通用化的后果；二是其他同业经营者将该注册商标作为商品名称使用，因使用范围较广从而产生注册商标通用化的后果；三是社会公众普遍用注册商标来呼叫、指代一类商品，事实上造成注册商标通用化的后果。第三种情形常出现在新类型商品或者在一类商品上有较高市场占有率的商标上。当社会公众难以简洁描述新类型商品时，该类型商品上最早出现的商标或者最具影响力的品牌，可能会被用来直接指代该类型商品。比如，朗科的

“优盘”商标。[①] 当一个品牌在一类商品上占有绝对市场优势时，亦可能造成相关公众直接用品牌来指代商品的情况。上述第二种和第三种情形有时是伴生的。

对于上述第一种情形，因商标权利人自身行为造成的通用化，自然应当由其承担注册商标被撤销的法律后果，对此并无争议。对于上述第二种和第三种情形，即并非由于商标权利人自身行为造成的通用化，应否由商标权利人承担注册商标被撤销的法律后果呢？这其中又分两种情况，一种是商标权人对他人的不当使用行为未予制止，放任通用化结果的形成，即商标权人存在过错；另一种是商标权利人积极采取措施予以制止，但客观上未能阻止注册商标被通用化，即商标权人不存在过错。

对此，国外有两种立法模式。一种模式是无过错原则，法律规定注册商标成为通用名称即可被撤销。如《美国法典（商标部分）》（1988 年 11 月 16 日）第 1064 条之（3）规定，已注册商标成为全部或部分商品或服务的一般性名称以后，可以随时提出撤销申请。《俄罗斯联邦商品商标、服务商标和商品原产地名称法》（1992 年 9 月 23 日）第 29 条规定，当商标成为特定商品的通用标志时，商标注册可以被撤销。[②] 另一种模式是过错原则，法律规定由于商标所有人的原因，注册商标成为通用名称的，商标注册可撤销。如《欧共体商标条例》（1993 年 12 月 20 日）第 50 条第 2 款之（2）规定，如果由于商标所有人的作为或不作为，商标已成为其注册的商品或服务行业中的通用名称，则该商标注册可以撤销。[③] 英国商标法和德国商标法也都有类似规定。

从文字表述看，我国商标法的规定更接近于无过错原则的模式。其仅规定注册商标成为核定使用商品的通用名称的，任何单位或者个人可以申

---

① 作为移动存储领域的先驱，深圳市朗科科技股份有限公司于 1999 年 8 月 23 日申请注册第 1509704 号“优盘”商标，并于 2001 年 1 月 21 日核准注册，核定使用在计算机存储器等商品上。2002 年 10 月，北京华旗资讯数码科技有限公司（后更名为爱国者公司）针对该商标提出撤销申请。商评委认定，“优盘”已成为其指定使用商品“计算机存储器”的通用名称，故裁定撤销该商标注册。上述裁定经历了一审、二审后，由商标评审委员会重审，最终因爱国者公司撤回撤销申请而作结案处理。

② 转引自袁真富：《论商标退化及其法律规制》，载《西南大学学报（社会科学版）》2010 年第 3 期。

③ 转引自袁真富：《论商标退化及其法律规制》，载《西南大学学报（社会科学版）》2010 年第 3 期。

请撤销，并未规定通用化的原因须与商标权人的作为或不作为有关。在全国人民代表大会常务委员会法制工作委员会编《中华人民共和国商标法释义》中，将商标所有人自身使用不当、保护不力与其他竞争者和社会公众的原因并列作为通用名称的形成原因，即并未排除单独出于其他竞争者和社会公众的原因而造成的注册商标通用化，而后一种情形下，商标权利人一般不存在主观过错。①

从目的解释的角度出发，商标法之所以规定注册商标成为核定商品的通用名称后应当予以撤销，根本原因是此时注册商标已无法再发挥商标应当具备的区分商品来源的功能，消费者认牌购物的基本需求无法得到保障，其他经营者自由使用公共标志的正当权利可能受到阻碍，而非出于对商标权利人未能有效维护注册商标的惩罚。因此，它更关注的是通用化的后果是否形成，而非通用化形成的原因以及商标权利人在阻止通用化的过程中所作的努力。商标权利人的行为一定会影响通用化的进程和结果，但通用化的结果一旦形成，当相关公众普遍认为该注册商标指代了一类商品，则注册商标理应被撤销。

从成本收益分析的角度出发，如果注册商标已经成为核定商品的通用名称，但因系其他经营者和社会公众的原因而造成，或者因商标权利人无过错而继续维持商标权有效，则难免增加社会成本。一是增加消费者的搜索和辨识成本。当一个标志有时指向具体的商品提供者，有时指向一类商品的名称，会增加消费者的选择成本。二是增加其他经营者的表达成本、沟通成本和维权成本。其他经营者如果放弃使用通用名称来描述商品，可能会增大表达的难度，也会增加其与消费者之间的沟通成本。而其他经营者如果继续使用通用名称来描述商品，在商标权维持有效的情况下，可能会有被指控侵权的风险，虽然其他经营者可以正当使用抗辩为由排除侵权责任，但在这一过程中，一定会有时间、精力、金钱的投入。三是公权力机关处理纠纷的成本。不管是通过行政渠道维权还是司法渠道维权，都会

① 全国人民代表大会常务委员会法制工作委员会编著的《中华人民共和国商标法释义》关于《商标法》第四十九条第二款的释义提到："在具有显著特征的商标获得注册后，出于商标所有人的广告宣传不当，其对商标管理不善、保护不力，或者出于其他竞争者或者社会公众方面的原因，有可能导致该注册商标逐渐失去显著特征，成为该类商品的通用名称。对于这类注册商标，任何单位或者个人可以向商标局申请撤销。"

产生不小的社会成本。而上述成本的投入所换来的，更多只是注册商标在形式上的有效。

因此，从文义解释、目的解释和成本收益分析的角度出发均可得出，对于注册商标因通用化而失权这一制度设计来说，不仅仅考虑商标权利人自身原因造成的通用化，不以商标权利人在通用化的过程中存在主观过错为前提，更为合理。

三、《商标法》第四十九条第二款中因成为通用名称而应予撤销的商品范围

本案另一个争议在于，在认定“摩卡”已成为咖啡类商品的通用名称的基础上，诉争商标在“含牛奶的巧克力饮料、茶饮料”等其余商品上的注册应否予以撤销。

实践中，商标注册申请人在申请注册商标时，往往并不局限于其实际使用的商品，而是会延伸至类似商品或关联商品，这既是对未来经营空间拓展的提前布局，也是为核心商品修建护城河。法律对这种注册方式的选择提供了某种程度的保障。如在《商标法》第四十九条第二款所规制的另一类情形，即注册商标因没有正当理由连续三年不使用而被撤销，当商标权人能够证明其实际使用了一项核定商品时，对于与该项核定商品类似的其他核定商品，可以维持注册。那么，在因成为核定使用商品的通用名称而被撤销的情形中，能否扩大至类似商品呢？

客观上讲，当“摩卡”成为咖啡类商品的通用名称时，是有可能影响某些其他类别商品上“摩卡”商标的识别性的，比如原料与咖啡有关的商品。这类商标若申请注册，有可能因违反《商标法》第十一条第一款第二项①或第十条第一款第七项②而被驳回。但本案中要讨论的是这种情形下应否直接撤销注册。瑞某公司认为，消费者在“含牛奶的巧克力饮料、茶饮料”等商品上看到诉争商标，无法将其作为商标识别，诉争商标使用在上述商品上缺乏显著特征，应同时予以撤销。

---

① 《商标法》第十一条第一款第二项规定，仅直接表示商品的质量、主要原料、功能、用途、重量、数量及其他特点的标志，不得作为商标注册。

② 《商标法》第十条第一款第七项规定，带有欺骗性，容易使公众对商品的质量等特点或者产地产生误认的标志，不得作为商标使用。

文义解释是法律解释方法中最基本的方法，其他解释方法一般不能超出文义解释所能涵盖的范围，否则将损害法律的可预测性。《商标法》第四十九条第二款的文义本身是清晰的，即对申请注册或核准注册之时具备显著特征但由于核准注册之后的情势变迁而成为商品通用名称、不再具备显著特征的商标予以撤销。事实上，缺乏显著特征的标志除通用名称外，还包括仅直接表示商品的质量、主要原料、功能、用途、重量、数量特点的标志等其他情形，注册商标通用化虽然是最常见的失去显著特征的情形，但不排除由于核准注册后的使用行为导致某商标成为描述所核定商品的主要原料、功能用途的词汇的情形。商标法并未规定所有失去显著特征的商标均应予以撤销，而是明确了通用名称这一种撤销情形。撤销的法律后果是商标权的灭失。《商标法》第四十九条第二款有关撤销通用名称注册商标的规定本就是在商标权利人的个体利益与广大消费者及其他经营者的集体利益之间的权衡取舍，在法律条文字面意思清晰的情况下，不宜突破和扩大解释。对于确已变化为所核定商品的主要原料、功能用途等特征的词汇，根据《商标法》第五十九条的规定，他人有正当使用的权利。虽然正当使用抗辩有一定的适用成本，但至少其他经营者有免责的法律依据，基本权益能够得到保障。

最后，笔者以为，对于受撤销注册的通用名称商标的影响而丧失识别功能或可能错误发挥识别功能的注册商标，进行法律上的处置，是有其积极意义的，期待未来法律修订时能给予关注讨论。

一审法院合议庭成员 周丽婷　蒋莉莉　刘敬文

二审法院合议庭成员 谢甄珂　孙柱永　曹丽萍

编写人 周丽婷　朱小钰

38. 孙某某诉国家知识产权局、第三人某汽车公司商标权撤销复审决定行政纠纷案*

——一物多标情况下如何认定商标使用

关键词 一物多标 商标性使用 撤销

基本案情

第 9196726 号“DUODUO JUST DO IT 及图”商标（以下简称诉争商标）由金华某某汽车用品有限公司（以下简称某汽车公司）于 2011 年 3 月 10 日申请注册，于 2012 年 3 月 14 日获准注册，核定使用在第 12 类“方向盘罩、风挡刮水器”等商品上。

2019 年 1 月 21 日，孙某某以诉争商标连续三年不使用为由，向国家知识产权局申请撤销诉争商标的注册。2019 年 8 月 23 日，国家知识产权局作出的撤三字［2019］第 Y023028 号决定，驳回孙某某的撤销申请，诉争商标予以维持。孙某某不服该决定，向国家知识产权局申请复审。2020 年 11 月 9 日，国家知识产权局作出商评字［2019］第 287668 号关于第 9196726 号“DUODUO JUST DO IT 及图”商标（以下简称诉争商标）撤销复审决定（以下简称被诉决定），对诉争商标予以维持。

原告孙某某不服被诉决定，向北京知识产权法院提起行政诉讼。其诉称：（1）某汽车公司提交的产品及包装照片、一次性纸杯、名片照片等证据显示，某汽车公司在第三方品牌的产品上粘贴了诉争商标，该行为应视为伪造证据，对其提交的其他证据应从严审查。（2）某汽车公司提交的网

* 本案例入选《中国法院 2023 年度案例》。

店“某车品专营店”网页截屏，仅在宝贝详情页标注诉争商标的文字部分，不能判定为对诉争商标的使用。故请求依法撤销被诉决定，并判令被告重新作出决定。

被告国家知识产权局辩称：被诉决定认定事实清楚，适用法律正确，作出程序合法，故应驳回原告的诉讼请求。

第三人某汽车公司述称：被诉决定认定事实清楚，适用法律正确，作出程序合法，故应驳回原告的诉讼请求。

第三人某汽车公司为证明诉争商标的使用情况，提交了以下证据：（1）产品外观图片、出库单及纸杯、信笺、名片图片复印件或视频光盘，显示在其他商品品牌上附有诉争商标标识；（2）某汽车公司注册的“某车品专营店”天猫旗舰店截屏，包括交易快照的产品基本信息和宝贝详情的文字部分、订单信息的买家信息等内容，其中店铺头像为诉争商标标识，“固特异 3D 汽车丝圈脚垫”商品的主图显示有“GOOD YEAR 固特异”标识，该商品宝贝详情中显示品牌名称为“DUODUO JUST DO IT”；其他商品的图片和名称中均未显示诉争商标，仅商品宝贝详情中显示品牌名称为“DUODUO JUST DO IT”。

庭审中，第三人某汽车公司自认其销售的商品一部分是向第三方采购，在第三方已经贴附其自有商标的基础上再贴附诉争商标。某汽车公司确认除证据中显示的“固特异 3D 汽车丝圈脚垫”商品外，其余商品均为自有商品，且仅在宝贝详情中标注“DUODUO JUST DO IT”证明诉争商标的使用。

北京知识产权法院于 2021 年 4 月 25 日作出（2021）京 73 行初 106 号行政判决：一、撤销商评字［2019］第 287668 号关于第 9196726 号“DUODUO JUST DO IT”商标撤销复审决定；二、被告国家知识产权局就原告孙某某针对第 9196726 号“DUODUO JUST DO IT”商标提出的商标权撤销复审请求重新作出决定。国家知识产权局和某汽车公司不服一审判决，向北京市高级人民法院提起上诉。北京市高级人民法院于 2021 年 11 月 9 日作出（2021）京行终 6110 号行政判决：驳回上诉，维持原判。

裁判理由

法院生效裁判认为：本案的争议焦点为诉争商标于指定期间内在核定

使用的方向盘罩等商品上是否进行了真实、合法、有效的商业使用。

本案中，第三人某汽车公司提交的证据（1）均为自制证据，形成时间不明，真实性存疑，无法实现其证明目的。证据（2）“某车品专营店”天猫旗舰店截屏、交易快照截图和订单信息，内容之间不具有连续性，不能形成稳定且唯一的对应关系，据此难以认定交易快照的交易时间是否在指定期间内，亦难以认定订单信息中的商品是否附有诉争商标标识。某汽车公司销售的采购自案外人的汽车零部件商品本身自带商标，同时贴附诉争商标，结合某汽车公司的经营范围可以判断，相关公众见到所销售的商品必然认为该商品的提供者并非某汽车公司，诉争商标的此种使用行为未起到识别商品来源的作用，标有诉争商标的上述商品的销售行为不能视为某汽车公司使用诉争商标的行为。

对于某汽车公司所称的自有商品，其仅在天猫旗舰店商品宝贝详情中显示品牌“DUODUO JUST DO IT”，该标识一方面与诉争商标存在明显差异，另一方面在不与具体商品相结合的情况下，亦难以发挥识别商品来源的作用，不能证明诉争商标真实、有效的商业使用。综上，法院认定被诉决定认定事实部分有误，导致结论错误，应予撤销。

裁判要旨

同一商品上使用多个商标，判断这些商标的使用行为能否产生维持商标注册的效力，一般需考量该商标使用行为是否产生了区分商品来源的效果。当诉争商标与其他多个商标均属于同一主体时，相关公众通常情况下不会对商品的来源产生混淆，此时需考虑相关公众能否将诉争商标作为识别商品来源的标志。当诉争商标与其他多个商标不属于同一主体，则需要结合商标使用权和禁用权综合考虑。

关联索引

2013 年《中华人民共和国商标法》第四十九条

一审：北京知识产权法院（2021）京 73 行初 106 号（2021 年 4 月 25 日）

二审：北京市高级人民法院（2021）京行终 6110 号（2021 年 11 月 9 日）

法官评析

我国商标保护制度采用注册原则和申请在先原则，注册商标权人对其注册商标享有专用权。为激活商标资源，清理闲置商标，维护商标注册和使用秩序，2013 年《商标法》第四十九条规定了注册商标连续三年不使用予以撤销的制度。

2013 年《商标法》第四十九条第二款规定，注册商标成为其核定使用的商品的通用名称或者没有正当理由连续三年不使用的，任何单位或者个人可以向商标局申请撤销该注册商标。

为避免商标因连续三年不使用而被撤销，商标注册人应提交指定三年期间内商标的使用证据，用以证明商标的使用情况。商标的使用，是指将商标用于商品、商品包装或者容器以及商品交易文书上，或者将商标用于广告宣传、展览以及其他商业活动中，用于识别商品来源的行为。

商标是使用在商品或服务上的标志，商标最基本的特征是区分商品或服务的来源，具有区分性。商标区分性所指向的主体应为商标的权利人，即相关公众能够将商品或服务与诉争商标的权利人建立唯一的对应关系，相关公众见到标有诉争商标的商品或服务时能够识别出该商品或服务的提供者应为诉争商标的相关权利人。实践中，商标的使用形式多种多样，常常出现在同一商品上使用多个商标的情形，判断这些商标的使用行为能否产生维持商标注册的效力，一般需考量该商标使用行为是否产生了区分商品来源的效果。

第一，若诉争商标与其他多个商标均属于同一主体，相关公众通常情况下不会对商品的来源产生混淆，此时需考虑相关公众能否将诉争商标作为识别商品来源的标志。

若相关公众仅仅将诉争商标作为广告宣传语、背景图案等，而将其他标识作为商标标识区分商品来源，则该商品不能视为诉争商标的使用情况。若诉争商标标识有“®”标识，或者以其他显著方式表明其为该商品商标，能够与商品来源建立固定联系，相关公众看到标有诉争商标的商品能够识别相关的权利人，则可以认定为诉争商标在该商品上的使用。

第二，若诉争商标与其他多个商标不属于同一主体，则需要结合商标使用权和禁用权综合考虑。

注册商标专用权以核准注册的商标和核定使用的商品为限。商标注册人可以合法使用自己的商标，也可以排除他人使用自己的商标，在他人商标上贴附诉争商标一般应经过他人许可，否则该行为可能侵害他人商标权。通常情况下，在他人商品上贴附商标是以该商标表明为第三方商品提供相关服务的来源，若贴附商标核定使用的商品确为该相关服务内容，则此类情况下可以认定为对该商标进行了商标法意义上的使用。例如，在奢侈品商品上标注核定使用在典当、估价等服务上的商标，可以使相关公众知悉该奢侈品商品来源于该典当商或估价商；在电器外包装上标注核定使用在快递服务上的商标，可以使相关公众知悉该电器由该快递服务进行运输；在汽修店展示的知名品牌轮胎上标注核定使用在陆地机械车辆维修服务上的商标，可以使相关公众知悉该轮胎为知名品牌，而该汽修店可以提供包括该品牌在内的轮胎的维修服务。但是，在标注他人商标的商品上同时贴附诉争商标，若相关公众不易识别该商品来源于诉争商标注册人的，可以认定不构成商标使用。本案中，某汽车公司销售的采购自案外人的汽车零部件商品本身自带商标，且该自带商标“固特异”在轮胎等汽车零部件商品上本身具有一定知名度，某汽车公司在该汽车零部件上贴附了诉争商标，该诉争商标核定使用在方向盘罩等商品上。某汽车公司的经营范围为销售汽车配件，而非制造汽车配件，因此相关公众基于对“固特异”商标较为普遍的认知，见到该汽车零部件商品时，自然会将商品自带“固特异”商标视为商品品牌，认为该商品来源于案外人，某汽车公司为该商品提供经销服务等，但不易识别该商品本身来源于诉争商标的注册人某汽车公司。因此，本案中某汽车公司虽然在汽车零部件上贴附了诉争商标，但未发挥区分商品来源的作用，不能认定为诉争商标的使用。此外，该行为若认定为诉争商标的使用，极有可能影响案外人商标的使用，甚至导致相关公众对商品来源产生混淆。因此本案最终认定某汽车公司提交的证据均不能证明其于指定期间在核定商品上对诉争商标进行了真实、合法、有效的商业使用。

一审法院合议庭成员　范米多　王　鹏　芮玉奎
二审法院合议庭成员　孔庆兵　刘　岭　孙柱永
编写人　范米多　杜文婷

39. 原告麦某公司诉被告国家知识产权局、第三人叶某商标权撤销复审行政纠纷案

——商标象征性使用的司法判定

关键词 商标权撤销复审 象征性使用 真实使用意图

基本案情

诉争商标系第 6071675 号“Maggiesottero 及图”商标，由第三人叶某于 2007 年 5 月 28 日申请注册，于 2010 年 3 月 28 日获准注册，专有权期限至 2030 年 3 月 27 日，核定使用在第 25 类婚纱等商品上。

原告麦某公司不服国家知识产权局商标撤三字［2016］第 Y001925 号决定，于 2019 年 11 月 28 日向国家知识产权局申请复审。国家知识产权局于 2020 年 11 月 16 日作出商评字［2020］第 296000 号关于第 6071675 号“Maggiesottero 及图”商标撤销复审决定（以下简称被诉决定），认定第三人叶某提交的在案证据足以证明诉争商标于 2016 年 3 月 13 日至 2019 年 3 月 12 日期间（以下简称指定期间）在婚纱、婚纱鞋商品上进行了真实、公开、合法的商业使用。鉴于诉争商标核定使用的“服装；婚纱；鞋”商品与第三人实际使用的婚纱、婚纱鞋商品属于类似商品，故诉争商标在“服装；婚纱；鞋”商品上的注册可予以维持。故决定诉争商标在“服装；婚纱；鞋”商品上予以维持，在其余商品上予以撤销。

麦某公司不服被诉决定，起诉至北京知识产权法院，主要理由为：被诉决定认定事实不清，适用法律错误，诉争商标应当予以撤销。事实与理由如下：（1）在指定期间内第三人未提供任何诉争商标在“婚纱”商品上的使用证据；（2）第三人提交的淘宝销售记录为自制证据，“婚鞋”产品

链接的创建时间与购买时间仅相差几十秒，有违生活常识与交易惯例，难以证明诉争商标核定使用的商品于指定期间内真实进入了市场流通领域；(3) 被告作出被诉决定依据的手工发票形成于另案，票面信息均为手写，且无相关证据加以佐证，真实性存疑。即使发票形式为真，第三人提交的发票显示三年内交易额仅498元，也属于第三人为维持诉争商标注册而进行的象征性使用；(4) 第三人提供的发票出具时间混乱，使用证据存在矛盾和瑕疵，有伪造证据嫌疑，对其在案全部证据均应从严审查。综上，第三人提交的在案证据不能证明诉争商标于指定期间内，在“服装；婚纱；鞋”商品上进行了有效的商业使用。故原告请求法院依法撤销被诉决定，判令被告重新作出决定。

被告辩称：被诉决定认定事实清楚，适用法律正确，作出程序合法，法院应驳回原告的诉讼请求。

第三人述称：被诉决定认定事实清楚，适用法律正确，应予维持，法院应驳回原告的诉讼请求。

法院经审理查明：诉争商标由第三人叶某于2007年5月28日申请注册，核定使用在第25类“服装；婚纱鞋；游泳衣；童装”等商品上。

原告向被告提交了经公证的网站搜索信息页，用以证明诉争商标于指定期间内在核定商品上未进行有效的商业使用。

本案行政阶段，第三人为证明诉争商标于指定期间内在核定商品上进行了有效的商业使用，向被告提交如下主要证据材料：(1) 诉争商标档案；(2) 新兴县新城镇瑞某服装商行营业执照；(3) 第三人开具的销售发票公证书；(4) 淘宝网销售情况公证书；(5) 商品销售快递单；(6) 广告吊牌设计发票及吊牌图片公证书；(7) 产品图片截图。

本案诉讼阶段，原告向法院提交了如下主要证据材料：(1) 淘宝店铺中产品照片的搜索截图，用以证明第三人提供的淘宝网信息内容可进行调整修改，结合其图片来源，不足以证明诉争商标的实际使用；(2) 国家税务总局广东省税务局发票管理实施规定；(3) 个体工商户税收定期定额征收管理办法；(4) 通用手工版发票验旧供新周期；证据 (2) ~ (4) 用以证明第三人提供的发票均由新兴县新城镇瑞某服装商行开具，该商行为个体工商户，适用发票“验旧供新”方式。第三人提供的发票证据中出现发票领用时间与开具时间交错问题，真实性存疑；(5) 国内媒体关于原告

“Maggiesottero”婚纱的报道，用以证明诉争商标申请日之前及之后，国内多家媒体已经对原告“Maggie sottero”婚纱品牌进行了报道；（6）（2019）京行终1182号行政判决书，用以证明根据在先生效判决的裁判标准，第三人提供的手工发票不能证明诉争商标在核定商品上的真实使用；（7）（2019）京73行初10370号行政判决书；（8）（2021）京海诚内民证字第13945号关于淘宝、天猫、京东、唯品会等电商搜索“Maggiesottero”的网页公证；（9）（2021）京海诚内民证字第13946号在拼多多App搜索“Maggiesottero”的网页公证；证据8、9用以证明原告通过公开网络渠道检索，均未发现第三人生产或销售使用诉争商标的商品。

本案诉讼阶段，被告向法院提交了诉争商标档案、被诉决定及评审阶段的材料等证据，用以证明被诉决定认定事实清楚，作出程序合法。

第三人向法院提交了（2022）粤广广州第020982~020985号公证书，用以证明第三人于2016年、2017年实际销售了显示诉争商标的婚纱、礼服等商品，且第三人开具的相关手工发票的真实性可在国家税务总局广东省税务局的网站进行查询验证。

本案诉讼中，原告向一审法院提交了调查取证申请书，请求法院向浙江淘宝网络有限公司调取第三人淘宝店铺自2014年开设后的开放经营、关闭经营记录，以及第三人淘宝店铺开设至今的销售记录、对应的买家昵称、买家真实姓名、买家电话号码、买家收货地址、物流信息等内容。一审法院为进一步查明案件事实，于2023年6月29日向浙江淘宝网络有限公司发出《协助调查函》，要求其协助调查上述事项。

2023年9月14日，浙江淘宝网络有限公司向一审法院复函，复函称：“我司保留商品发布近三年交易记录，有关订单编号‘522572135777754651’对应的卖家淘宝账号‘yeruiyi2007’自2020年9月2日至2023年9月1日交易记录详见光盘”。经查，前述光盘中显示的交易记录共计106条，其中交易成功记录4条，订单创建时间分别为2021年1月4日、2021年11月4日、2022年3月31日及2023年4月17日，商品名称为“MAGGIESOTTERO新发布个性蝴蝶挂脖婚纱”“MAGGIESOTTERO新发布简约高级干练风抹胸婚纱”“MAGGIESOTTERO新发布俏皮精灵公主抹胸婚纱”。其余102条交易记录创建时间均为2023年5月26日，支付状态为交易关闭。

一审法院将复函及所附光盘内容送达各方当事人，听取各方当事人对该证据的质证意见。原告表示认可前述复函及所附光盘内容的真实性，主张根据调取的涉案淘宝店铺交易记录可知，2023 年 4 月 17 日交易的买家会员名为“perfectkenc”，根据第三人提交的在案证据，该买家曾于 2017 年 7 月 9 日在第三人店铺中购买婚鞋一双，收货记录显示该买家的真实姓名为“陈智某”，陈智某与第三人提交的公证书中显示的委托办理公证的代理人“叶某”均为广州盈某电子科技有限公司、广州安某数字技术有限公司的股东，可以证明该笔交易系关联主体之间的自卖自买情形，亦可以佐证第三人系为了维持诉争商标注册而定期制作使用证据，构成象征性使用。被告和第三人未就复函及所附光盘内容向法院提交质证意见。

北京知识产权法院于 2023 年 11 月 27 日作出（2022）京 73 行初 3690 号行政判决：一、撤销被告国家知识产权局作出的商评字［2020］第 296000 号关于第 6071675 号“Maggiesottero 及图”商标撤销复审决定；二、被告国家知识产权局就原告麦某公司针对第 6071675 号“Maggiesottero 及图”商标所提撤销复审申请重新作出决定。宣判后，各方当事人均未提起上诉，本案一审判决已生效。

裁判理由

法院生效裁判认为：结合各方当事人的诉辩主张，本案的争议焦点在于：第三人提交的在案证据能否证明诉争商标于指定期间内在核定商品上进行了有效的商业使用。

《商标法》第四十九条第二款规定，没有正当理由连续三年不使用注册商标的，任何单位或者个人可以向商标局申请撤销注册商标。商标连续三年不使用撤销制度的目的在于促使商标注册人将其商标进行使用，发挥其商标功能，避免商标资源的闲置及浪费，因此，只要在指定期间将商标用作商品或商品的标识，发挥了其识别商品或商品来源的作用，在商标权利人的控制下对商标进行了公开、真实的使用，即可认定该商标已经使用。商标的使用是指商标的商业使用，包括将商标用于商品、商品包装或者容器以及商品交易文书上，或者将商标用于广告、展览以及其他商业活动中，用于识别商品来源的行为。商标权人自行使用、他人经许可使用以及其他不违背商标权人意志的使用，均可认定为《商标法》第四十九条第二款所称的使用。

本案中，第三人提交的新兴县新城镇瑞某服装商行的营业执照显示，第三人系该商行的经营者。第三人还提交了其开具的销售发票公证书、淘宝网销售商品情况公证书、商品销售快递单、广告吊牌设计发票及吊牌图片公证书、产品图片截图等证据，用以证明诉争商标于指定期间在核定商品上进行了有效的商业使用。被告据此作出被诉决定，认定诉争商标于指定期间内在婚纱、婚纱鞋商品上进行了真实、公开、合法的商业使用，故决定维持诉争商标在“服装；婚纱；鞋”商品上的注册。

北京知识产权法院认为：综合各方当事人提交的在案证据可知，第三人提交的证明诉争商标于指定期间内在“服装；婚纱；鞋”商品上实际使用的证据，均系为规避商标法连续三年停止使用的撤销条款以维持其商标注册效力的象征性使用行为，非出于真实的商业目的而使用诉争商标。主要理由如下：

第一，根据第三人提交的手写发票和涉案淘宝店铺销售记录截图，购买涉案商品的消费者均为自然人。通常情况下，自然人购买涉案商品的时间应具有分散性、随机性，但根据第三人提交的手写发票证据显示，自然人于指定期间内购买涉案商品的时间均比较集中，主要集中在2017年3月29日、2017年6月23日、2018年8月28日、2017年11月29日等若干特定日期。例如，第三人于2017年3月29日开具了5张发票，而在此后的三个月内未再开具一张发票，明显不符合商业常理。第三人提交的涉案淘宝店铺截图中显示的销售涉案商品的时间规律亦与前述发票证据中显示的时间规律基本一致。根据淘宝店铺销售商品的经营模式和特点可知，第三人通常应在售出涉案商品的同时或较短期限内为消费者开具发票，应不存在发票在月末或季度末集中开具的情况，且淘宝店铺面对的消费者遍及全国，其销售涉案商品时间和为消费者开具发票时间的随机性理应更强，但从第三人提交的涉案淘宝店铺销售记录截图中显示的涉案商品销售时间和为消费者开具发票的时间来看，其中体现的时间间隔和规律显然不符合商业常理。

第二，根据第三人提交的在案证据，第三人的涉案淘宝店铺开设于2014年，至今已超过9年，但在案证据显示该店铺仅有4个粉丝，交易信誉仅有两颗心，显然应属客流量很低的淘宝店铺。但值得注意的是，第三人提交的在案证据同时显示，涉案淘宝店铺存在婚鞋商品刚上架后，第二天便立即有两个不同买家在相隔四分钟内购买的情形。考虑到诉争商标核定使用的婚纱、婚纱鞋等商品的特性，消费者在购买此类商品时通常较为谨慎，对所选购商品的店铺及品牌等通常具有较高的注意义务，其在涉案淘宝店铺中的涉案商品刚上架便立即进行购买的可能性较低。

第三，根据第三人提交的手写发票内容显示，第三人在数年时间内通过涉案淘宝店铺销售涉案商品的总金额较低，且存在多个消费者在数年内在该店铺重复购买婚纱等商品的情况。如买家 Yingying_ xian 时隔三年分别于 2014 年 12 月 25 日、2017 年 3 月 29 日购买了婚纱及晚礼服；买家 dv-wen 时隔三年分别于 2014 年 12 月 19 日、2017 年 3 月 29 日购买了婚纱；买家 sharonclf1979 时隔三年分别于 2014 年 12 月 22 日、2017 年 3 月 29 日购买了婚纱。法院特别注意到，根据第三人的在案证据显示，涉案淘宝店铺 2014 年售出的三件涉案商品的买家便为上述三个主体，而第三人 2017 年开具的销售发票中又显示有上述三个主体，且该三个主体时隔三年分别购买涉案商品的时间亦相同。如前文所述，考虑到诉争商标核定使用的婚纱、婚纱鞋等商品的特性，多个相同买家在涉案淘宝店铺时隔数年重复购买涉案商品的情形显然十分异常，明显有悖社会常识和公众的日常生活经验。

第四，根据法院向浙江淘宝网络有限公司调取的第三人涉案淘宝店铺自 2020 年 9 月 2 日至 2023 年 9 月 1 日期间的涉案商品交易记录可知，涉案淘宝店铺在前述三年内仅交易成功涉案商品 4 笔，总销售金额不超过 4000 元。虽然前述三年期间均位于本案指定期间之后，二者在时间上并不存在重合，但基于该证据内容与第三人提交的证明诉争商标于指定期间内实际使用的证据内容具有关联性，法院认为有必要对该证据内容一并进行审查，以进一步查明本案基本事实。根据第三人提交的在案证据，买家 perfectkenc、买家 Ally_ ye 均曾于 2017 年 7 月 9 日在涉案淘宝店铺购买涉案商品，第三人提交的收货和物流信息显示了前述买家姓名分别为“陈智某”及“叶小姐”。其中，买家陈智某的收货地址位于广东省广州市黄埔区某大厦，买家 Ally_ ye 的邮寄信息显示有其手机号码，通过该手机号码在天眼查进行查询可知，该手机号码的使用主体为“叶荣某 Ally”，与前述买家昵称 Ally_ ye 具有一定对应性。根据法院向浙江淘宝网络有限公司调取的第三人淘宝店铺销售记录显示，2023 年 4 月 17 日，买家 perfectkenc 再次在涉案淘宝店铺购买涉案商品。通过天眼查对相关企业和人员信息进行查询可知，姓名为“陈智某”的自然人与第三人提交的（2022）粤广广州第 020983 号公证书记载的其委托代理人“叶某”，均为案外公司广州盈某电子科技有限公司的股东。虽然现无确切证据证明买家 perfectkenc 与广州盈某电子科技有限公司的股东“陈智某”确系同一人，但经查买家 perfectkenc 的收货地址与广州盈某电子科技有限公司的注册地址亦完全相同。此外，经进一步查询发现，姓名为“叶荣某”的自然人与姓名为“陈智某”“叶某”的自然人之间存在共同担任某案外公司股东或高管的情况，虽然现亦无确切证据证明担任该案外公司股东或高管的“叶荣某”“陈智某”“叶某”与本案涉案证据中显示的“叶荣某”“陈智某”“叶某”确系相同的自然人，但出现上述情形实在难谓巧合。

第五，诉争商标由多个字母组成，具有较强的显著性和独创性，且原告提交的在案证据显示在诉争商标申请日之前，国内已有媒体对原告的“Maggie sottero”婚纱品牌进行过报道，故第三人在申请注册诉争商标时很可能已知晓原告的“Maggie sottero”婚纱品牌。此外，诉争商标核定使用在“服装、婚纱、鞋”等商品上，第三人提供的诉争商标使用证据主要限于其在涉案淘宝店铺销售涉案商品并开具发票等证据，自始未能进一步提交其自行或委托他人设计、生产并销售婚纱等核定商品的其他证据，以证明诉争商标于指定期间内实际使用在核定商品上并已进入商品流通领域。

基于上述分析，法院认为：根据法律推理和日常生活经验可知，第三人在本案行政阶段和诉讼中提交的关于诉争商标的使用证据，均系其为了维持诉争商标的注册而进行的象征性使用，难以证明第三人对诉争商标具有真实的使用意图并于指定期间内对其进行了真实、有效的商业使用，诉争商标依法应当撤销注册。

裁判要旨

商标的本质在于识别商品或服务的来源。注册商标长期搁置不用，该商标不仅不会发挥商标的功能和作用，而且还会妨碍他人注册、使用，从而影响商标制度的良好运转。商标的象征性使用是指仅在形式上对商标进行使用，其目的在于维持商标注册，而非具有真正的使用意图，不能视为对商标的使用。

商标的象征性使用虽然形式上符合商业性使用的要求，但缺乏使用的真实意图，一般会有商标使用证据数量较少，使用频率过低，使用规模极小以及违反商业惯例等特征。在判断商标的使用是否构成象征性使用时，要考虑在案证据的数量、使用频次、诉争商标核定使用商品的特点、日常生活经验，根据法律推理逻辑进行最终认定。

关联索引

《中华人民共和国商标法》第四十九条

一审：北京知识产权法院（2022）京73行初3690号（2023年11月27日）

法官评析

商标的使用应当与商品或服务相结合，才能使相关公众通过商标识别及区分商品或服务的来源。商标权撤销复审案件中，使用证据须通过直接证据证明诉争商标在指定期间，在核定的商品上进行了真实、有效、公开的商业使用。

商标连续三年不使用被撤销制度的设立目的在于鼓励和督促商标权人积极使用其注册商标，避免商标闲置和囤积。而商标的象征性使用仅在形式上进行了使用，其目的在于维持商标注册，避免商标因三年不使用而被撤销而非具有真正的使用意图，不能视为对商标的使用。

象征性使用并非我国商标法的明文规定，但根据商标的本质以及商标应当真实、合法、有效地使用这一立法目的，缺乏真实使用意图的主观要件且实际上并未进入交易和流通领域的象征性使用行为，应当排除在商标真实使用的范畴。《北京市高级人民法院商标授权确权行政案件审理指南》在第19.4条将“象征性使用”纳入了裁判标准范围。

因象征性使用的商标在形式上是进行了“使用”，证据符合一般使用的形式要求，故在认定商标的使用是否构成象征性使用时，应当在尊重现有商标权的基础上，审慎判断在案证据并把握较为严格的标准，加强商标注册人对“商标使用”的举证责任，要求商标注册人为应对商标撤销申请而提出的商标使用的证据材料必须是真实的、具有实质意义的。[①] 对商标

① 王莲峰、沈一萍：《论清理闲置注册商标制度的构建》，载《知识产权》2019年第6期。

使用证据的审查应当是一个体系性的审查，在对证据按照证据要素进行审查的同时，还应当考虑各证据之间的关联性。①

本案中，北京知识产权法院主要从手写发票和淘宝销售记录的时间分布规律、涉案店铺开设时间及粉丝数量、商品上架日期与消费者购买日期的关系，诉争商标核定使用商品的特点、原告品牌知名度等多个角度进行了分析。值得一提的是，为了查明事实，北京知识产权法院还向浙江淘宝网络有限公司调取了第三人淘宝店铺的交易记录，综合全部交易记录以及天眼查对相关企业和人员的查询信息，通过收货地址和公司任职情况，分析了淘宝交易记录中的买家与诉争商标申请人的关系。基于五个方面的分析论证，北京知识产权法院认为：根据法律推理和日常生活经验可知，第三人在本案行政阶段和诉讼中提交的关于诉争商标的使用证据，均系其为了维持诉争商标的注册而进行的象征性使用，难以证明第三人对诉争商标具有真实的使用意图并于指定期间内对其进行了真实、有效的商业使用，诉争商标依法应当撤销注册。

一审法院合议庭成员 刘义军　马秋生　陈育廷

编写人 范晓玉

① 张鹏：《〈商标法〉第49条第2款“注册商标三年不使用撤销制度”评注》，载《知识产权》2019年第6期。

40. 原告太原市某公司诉被告国家知识产权局、第三人北京某有限责任公司分公司商标权撤销复审行政纠纷案

——注册人因违法犯罪被吊销营业执照不能成为其连续三年未使用商标的正当理由

关键词 行政纠纷 商标权撤销复审 商标 商标连续三年不使用 正当理由

基本案情

太原市某公司于 2011 年 10 月 27 日向国家知识产权局申请注册第 10115742 号“青龙古镇”商标（以下简称诉争商标），后该商标获准注册，其核定使用的服务是“（人工降雨时）云的催化；包装设计；测量；车辆性能检测；代替他人称量货物；服装设计；化学研究；建设项目的开发；气象信息；生物学研究；书画刻印艺术设计；提供互联网搜索引擎；无形资产评估；研究与开发（替他人）；艺术品鉴定；质量检测”服务。

太原市某公司于 2013 年被人民法院判决犯非法吸收公众存款罪，因此，太原市某公司从 2013 年 4 月 23 日至今被吊销营业执照，太原市某公司的公章和法定代表人名章从 2012 年 4 月至 2018 年 12 月被公安机关扣押。

2018 年 7 月 24 日，北京某有限责任公司分公司以诉争商标无正当理由连续三年不使用为由，向国家知识产权局提出撤销申请，国家知识产权局经审查决定驳回北京某有限责任公司分公司的撤销申请，诉争商标继续

有效。北京某有限责任公司分公司不服，向国家知识产权局申请复审，国家知识产权局作出商评字［2020］第 31046 号关于第 10115742 号“青龙古镇”商标撤销复审决定（以下简称被诉决定），认为太原市某公司提交的责令改正通知书、法院刑事判决书、扣押物品清单等证据不属于《商标法实施条例》第六十六条、第六十七条规定的“正当理由”所指之情形，且太原市某公司提交的使用证据多形成于 2015 年 7 月 24 日至 2018 年 7 月 23 日（以下简称指定期间）之前较早时间，因此，太原市某公司关于其未使用诉争商标具有正当理由的抗辩不能成立，诉争商标应予撤销。太原市某公司不服被诉决定向北京知识产权法院提起诉讼，请求法院判决撤销被诉决定并判令被告重新作出复审决定。

太原市某公司诉称：（1）导致诉争商标不能正常使用的根本原因是太原市某公司企业公章被扣押至 2018 年 12 月 20 日，太原市某公司具有未使用诉争商标的正当理由。（2）被告国家知识产权局将商标撤销复审答辩通知书等法律文本邮寄到错误地址，导致太原市某公司不知情，未进行答辩，属于程序违法。

被告国家知识产权局辩称：被诉决定认定事实清楚，适用法律正确，作出程序合法，请求判决驳回原告的诉讼请求。

第三人北京某有限责任公司分公司经法院合法传唤未到庭参加诉讼，亦未提交书面陈述意见。

北京知识产权法院于 2021 年 7 月 12 日作出（2020）京 73 行初 5159 号行政判决：驳回原告太原市某公司的诉讼请求。原告不服北京知识产权法院作出的上述一审判决，向北京市高级人民法院提起上诉。北京市高级人民法院经审理维持了北京知识产权法院的审判理由与结果，于 2022 年 1 月 25 日作出（2021）京行终 8257 号行政判决：驳回上诉，维持原判。

裁判理由

法院生效裁判认为：太原市某公司从 2013 年 4 月 23 日至今被吊销营业执照，其公章和法定代表人名章亦从 2012 年 4 月至 2018 年 12 月被公安机关扣押，原因为太原市某公司曾于 2013 年被人民法院判决犯非法吸收公众存款罪。太原市某公司的上述情况不属于《商标法》第四十九条及《商标法实施条例》第六十七条规定的“正当理由”。太原市某公司提交的其他证据亦无法证明诉争商标于指定期间在核定使用的服务上进行了真实、合法、有效的商业使用。

裁判要旨

注册商标注册人因违法犯罪被吊销营业执照导致无法通过合法经营使用该商标，是其在违法犯罪时可以预料到的后果，应当归责于注册人，该情形不属于《商标法》第四十九条第二款规定的“正当理由”。

关联索引

《中华人民共和国商标法》第四十九条

《中华人民共和国商标法实施条例》第六十六条、第六十七条

一审：北京知识产权法院（2020）京73行初5159号（2021年7月12日）

二审：北京市高级人民法院（2021）京行终8257号（2022年1月25日）

法官评析

一、撤销连续三年不使用注册商标的立法目的

根据我国《商标法》第四十九条第二款规定，注册商标没有正当理由连续三年不使用的，任何单位或者个人可以向国家知识产权局申请撤销该注册商标。该条款的立法目的是促进商标的使用，以发挥商标识别和区分商品来源的作用，并防止商标长期搁置不用，导致商标资源浪费，它不是惩罚性条款，而是督促性条款。该条款本身对“正当理由”的规定也能体现立法目的，也就是说，注册商标注册人如有正当理由导致商标未使用，该商标就不能因连续三年未使用被撤销注册。为实现立法目的，国家知识产权局与人民法院对商标注册人提交的使用证据以及“正当理由”的认定均不应过于严苛。

二、商标连续三年不使用的“正当理由”系不可归责于商标注册人的理由

我国商标法的发展在一定程度上吸收借鉴了国际领域的商标法。《与贸易有关的知识产权协定》第十九条规定：“一、如维持注册商标需要使

用商标，则只有在至少连续三年不使用后方可注销注册，除非商标所有权人根据对商标使用存在的障碍说明正当理由。出现商标人意志以外的情况而构成对商标使用的障碍，例如对商标保护的货物或服务实施进口限制或其他政府要求，此类情况应被视为不使用商标的正当理由。二、在受所有权人控制的前提下，另一人使用一商标应被视为为维持注册而使用该商标。”

针对我国《商标法》第四十九条第二款规定的“正当理由”，《商标法实施条例》第六十七条规定，不可抗力、政府政策性限制、破产清算和其他不可归责于商标注册人的正当事由属于《商标法》第四十九条规定的正当理由。与《与贸易有关的知识产权协定》第十九条规定的“出现商标人意志以外的情况”相同，《商标法实施条例》第六十七条规定的“不可归责于商标注册人”强调的也是“正当理由”的主观构成要件，即商标注册人对于商标长期未使用不存在过错。

三、商标连续三年不使用“正当理由”的构成要件

结合立法精神以及上述规定，《商标法》第四十九条第二款规定的“正当理由”有以下三个构成要件：

第一，发生了导致注册商标暂时无法使用或阻碍商标使用的事由。这个要件强调该事由与商标未使用具有因果关系。也要注意，该事由只是阻碍商标使用或导致商标暂时无法使用，而非导致商标永久无法使用。

第二，该事由发生于指定期间，且足以影响商标在整个三年指定期间的使用。该事由持续时间包含于指定期间内，或与指定期间有所重合，但并不必完全覆盖指定期间，只要其持续时间较长，足以影响或阻碍整个指定期间商标的使用。

第三，商标注册人对于商标长期未使用在主观上不存在过错，商标注册人既没有积极追求导致注册商标暂时无法使用或阻碍商标使用事由的发生，也没有消极地放任该事由发生。

本案中，太原市某公司因违法犯罪被扣押公章、被吊销营业执照均属于阻碍商标正常使用的事由，上述事由持续时间均完整包含了指定期间，符合前文所述第一个、第二个构成要件。之所以认定太原市某公司主张的事由未构成“正当理由”，是因为该事由不符合第三个构成要件。太原市

某公司在进行违法犯罪行为时应当可以预料到其可能发生的不利后果，即被扣押公章、被吊销营业执照等，而这些不利后果必将阻碍商标使用或导致商标暂时无法使用。太原市某公司在主观上放任了其所述事由的发生，存在过错，因此，诉争商标在指定期间未使用可归责于太原市某公司，太原市某公司因违法犯罪被扣押公章、被吊销营业执照均不属于《商标法》第四十九条第二款规定的“正当理由”。

一审法院合议庭成员 王建宏 郭振强 郭桂云

二审法院合议庭成员 陶 钧 吴 斌 曹丽萍

编写人 王建宏

41. 安徽某公司诉国家工商行政管理总局商标局、嵊州某公司、上海某公司商标行政纠纷案*

——行政诉讼中规范性文件合法性的审查标准及处理方式

关键词 行政诉讼 规范性文件 审查标准 处理方式

基本案情

原告安徽某公司诉称：（1）2012年12月14日，国家工商行政管理总局商标局（以下简称商标局）作出的《关于申请注册新增零售或批发服务商标有关事项的通知》（以下简称《新增服务商标的通知》）第四条关于"在该期间内，在相同或类似新增服务项目上提出的注册申请，视为同一天申请"的规定（以下简称关于过渡期的规定）违反了2013年《商标法》第三十一条规定。（2）原告提交的证据可证明原告在先使用申请商标。被诉《商标注册同日申请协商通知书》（以下简称《同日申请协商通知》）应予撤销，并请求法院对关于过渡期的规定的合法性进行审查。

被告商标局辩称：（1）关于过渡期的规定未违反2013年《商标法》第三十一条。首先，制定主体合法。根据《全国人民代表大会常务委员会关于加强法律解释工作的决议》（1981年6月10日第五届全国人大常委会第十九次会议通过，以下简称1981年《关于加强法律解释工作的决议》）第三条、《国务院办公厅关于行政法规解释权限和程序问题的通知》（国办发〔1999〕43号，以下简称《1999年关于行政法规解释的通知》）第二

---

* 本案例入选最高人民法院评选的2018年全国法院50件知识产权典型案例，入选北京法院2018年度知识产权司法保护十大案例。

条、2013 年《商标法》第二条第一款的规定，商标局有权对在商标注册和管理中如何具体应用 2013 年《商标法》的问题进行解释。其次，内容合法。若不设置过渡期，可能造成大量尤其是地处偏远或信息闭塞的在先使用人的商标被抢注、消费者对药品来源产生误认等严重后果。（2）安徽某公司提交的证据不能证明其在先使用申请商标。请求法院驳回安徽某公司的诉讼请求。

第三人嵊州某公司同意商标局意见。

第三人上海某公司未提交意见陈述。

法院经审理查明：2012 年 4 月，世界知识产权组织尼斯联盟专家委员会第 22 次会议决定，将“药用、兽医用、卫生用制剂和药品的零售或批发服务”写入第十版《商标注册用商品和服务国际分类表》第 35 类，生效日期为 2013 年 1 月 1 日。

2012 年 12 月 14 日，商标局作出《新增服务商标的通知》，相关内容为：

“四、过渡期的规定

“我局借鉴 1993 年服务商标受理经验，设立注册申请过渡期，期限为 2013 年 1 月 1 日至 1 月 31 日。在该期间内，在相同或类似新增服务项目上提出的注册申请，视为同一天申请。申请日以我局收到申请书的日期为准。”

2013 年 1 月 4 日，安徽某公司提出“华源医药”及图商标（以下简称申请商标，见图 1）注册申请，指定使用于第 3509 类药品零售或批发服务等服务上。

图 1　申请商标

2013 年 1 月 11 日，上海某公司提出“华源”商标（以下简称引证商标一，见图 2）注册申请，指定使用于第 3509 类药品零售或批发服务等服务上。

图 2　引证商标一

2013 年 1 月 28 日，嵊州某公司提出“华源”商标（简称引证商标二，见图 3）注册申请，指定使用于第 3509 类药品零售或批发服务等服务上。

图 3　引证商标二

2014 年 10 月 23 日，商标局作出《同日申请协商通知》，安徽某公司不服，提起行政诉讼，同时请求法院对关于过渡期的规定的合法性进行审查。北京知识产权法院审判委员会全体委员对前述规范性文件的合法性直接开庭进行审查，其他问题则由合议庭审查。

另，商标局在制定《新增服务商标的通知》时，曾征求过相关部门与人员的意见。

2015 年 12 月 8 日，北京知识产权法院作出（2015）京知行初字第 177 号行政判决。审判委员会认为，关于过渡期的规定不合法；在此基础上，合议庭判决：撤销《同日申请协商通知》，责令商标局重新作出审查决定。

商标局不服，提起上诉。2018 年 7 月 5 日，北京市高级人民法院（以下简称北京高院）作出（2016）京行终 2345 号行政判决：认为商标局主张有关过渡期的规定合法，依据不足，不予支持；同时撤销一审判决，改判确认《同日申请协商通知》违法。

裁判理由

法院生效裁判认为：鉴于安徽某公司表示对《新增服务商标的通知》的制定程序无异议，关于过渡期的规定是否合法的审查重点在于：

一、商标局是否系制定关于过渡期的规定的合法主体

关于过渡期的规定在规范事项上针对的是新增服务项目上的商标申请，制定目的在于“更好保护已使用商标权利人利益，维护稳定的市场秩序”。而且，1981 年《关于加强法律解释工作的决议》第三条中规定的“主管部门”应当根据法律的规定进行界定。因此，关于过渡期的规定在形式上属于商标局的职权范围，商标局作为全国商标注册和管理工作的主管部门属于制定关于过渡期的规定的形式上的合法主体。

二、商标局是否超越法定权限

第一，立法行为与商标局对法律如何具体应用的解释存在本质区别。2015 年《立法法》对于可“设定”公民、法人或者其他组织的权利义务的立法行为、规则等作了严格限定，行政主体对法律如何具体应用的解释不属于 2015 年《立法法》规定的立法行为。本质而言，行政主体对法律如何具体应用的解释属于对法律的应用、执行行为，其权限仅在于如何将依法设定的权利义务及其实施方式等进行具体化，而不得“设定”新的权利义务。2014 年《行政诉讼法》第五十三条第一款所指的规范性文件的效力低于法律、法规及规章，行政主体在对法律如何具体应用进行解释时，应当遵循比 2015 年《立法法》所确立的立法规则更为严格的标准与要求。

第二，对于法律的规定需要进一步明确具体含义或者法律制定后出现新的情况需要明确适用法律依据的，依法应当由全国人大常委会作出解释。

2013 年《商标法》第三十一条中的“同一天”指的是“同一个自然日”，其含义是清楚、确切的。2009 年修正的《民法通则》第一百五十四条规定，民法所称的期间按照公历年、月、日、小时计算。而关于过渡期的规定将“2013 年 1 月 1 日至 1 月 31 日”31 个“自然日”“视为同一天”实质上是对 2013 年《商标法》第三十一条的“同一天”进行了重新定义，超越了商标局所主张的对法律如何具体应用进行解释的范畴，已经对公民、法人或者其他组织的权利义务进行了“设定”，超越了其法定权限。即使商标局认为确实有设置过渡期的必要，其也应当依法定程序向有权机

关提出立法建议，而不应行使应由立法机关享有的权限。

三、关于过渡期的规定在内容上是否合法

虽然2013年《商标法》对商标注册制度既规定了“申请在先”原则，也规定了维护在先使用人利益的原则，但后者系作为补充性原则存在，2013年《商标法》及相应法规在制度层面对于如何防止抢注、如何保护在先使用人的利益进行了较为完备的制度设计，即使被抢注商标的在先使用人会耗费时间、人力与物力寻求救济，这也是法律正常运行所必然带来的制度成本，符合法律正常运行的规律。

第一，2013年《商标法》第三十一条中的“同一天”指的是“同一个自然日”，这种认定对于商标法的体系构建及运行并未产生任何不良后果。关于过渡期的规定无论从法律应用的角度还是法律解释的角度，均不符合2013年《商标法》的规定。

第二，商标局在制定关于过渡期的规定过程中征求的包括相关司法机关在内的组织或专家本身并无审查前述规定是否合法的义务与职责，其意见对审判机关不具有当然的拘束力。

第三，我们必须指出，司法首先应当维护的是合法的行为所形成的社会秩序，任何违法行为所带来的社会后果都不能成为使违法行为合法化的理由及依据。虽然关于过渡期的规定会使相关公众产生相应的信赖利益，将该规定认定为不合法会使部分相关公众的信赖利益受到损害，也可能会对制度的衔接带来不顺畅的问题，但是，这正是实现法治、使违法行为产生的后果回归法治轨道所必须付出的成本。

综上，北京知识产权法院审判委员会作出如下决议：关于过渡期的规定不合法。

北京高院认为：商标局作出有关过渡期的规定违反了2013年《商标法》的相关规定，被诉《同日申请协商通知》亦缺乏法律依据，属于违法行政行为，但由于《新增服务商标的通知》发布于2012年12月，商标局根据该文件受理了7000余件商标注册申请，其中1000余件的申请已处理完毕。如《同日申请协商通知》被撤销，势必形成连锁反应，破坏基于《新增服务商标的通知》所形成的社会秩序，为数众多的申请人的信赖利

益亦将受到严重损害，进而影响社会秩序的稳定，考虑到撤销后将会给社会公共利益造成重大损害，因此不宜撤销。

裁判要旨

对于规范性文件合法性审查需深入理解并准确适用立法的原则、法律解释的规则等，且应对规范性文件制定的合理性问题予以适度考量。

关联索引

《全国人民代表大会常务委员会关于加强法律解释工作的决议》第一条、第三条

《国务院办公厅关于行政法规解释权限和程序问题的通知》第一条、第二条

2015 年《中华人民共和国立法法》第四十五条

2009 年《中华人民共和国民法通则》第一百五十四条①

2013 年《中华人民共和国商标法》第二条、第三十一条

2014 年《中华人民共和国行政诉讼法》第五十三条第一款、第六十四条

《最高人民法院关于执行〈中华人民共和国行政诉讼法〉若干问题的解释》第四十九条第三款②

《最高人民法院关于适用〈中华人民共和国行政诉讼法〉若干问题的解释》第二十条、第二十一条

一审：北京知识产权法院（2015）京知行初字第 177 号（2015 年 12 月 8 日）

二审：北京市高级人民法院（2016）京行终 2345 号（2018 年 7 月 5 日）

法官评析

本案是 2014 年修正的《行政诉讼法》实施后，法院受理的首例涉及部委规范性文件合法性审查的案件。

---

① 对应《民法典》第一百九十七条。

② 对应《最高人民法院关于适用〈中华人民共和国行政诉讼法〉的解释》第七十九条第三款。

一、需特别指出的几个问题[①]

1. 审查的附属性。即行政相对人不得仅以规范性文件不合法而单独对其提起行政诉讼，对规范性文件的合法性审查须依附于具体的行政诉讼案件，即规范性文件并非被诉行为。

2. 审查对象的特定性。首先，制定主体特定。规范性文件指的是“国务院部门和地方人民政府及其部门制定的规范性文件”，即其制定主体是国务院之下的行政主体。其次，法律位阶低下。“规范性文件”指的是不在立法法的规制范畴之内的文件，行政规章不可成为审查对象。最后，效力具有外部性且可反复适用。此处的规范性文件必须是对行政相对人产生约束力，而不是针对行政主体内部产生约束力，并在特定的时期内对不特定的行政相对人具有反复适用的法律效果。

3. 司法处分权的有限性。根据 2015 年《最高人民法院关于适用〈中华人民共和国行政诉讼法〉若干问题的解释》第二十一条[②]的规定，如法院认为规范性文件不合法，不得作出撤销或宣告其无效之类的裁判，其处理方式仅在于拒绝适用，并由作出生效判决的法院提出司法建议。

二、审查标准：合法性暨法律解释学的运用

（一）主体合法性的审查：横向权力配置的考察

判断规范性文件的制定主体是否合法，关键在于审查该规范性文件所针对的事项是否属于该制定主体的主管范围。换言之，对于规范性文件所针对的事项，制定主体是否具有合法的权力来源。当然，这仅是从横向权力配置的角度，审查行政主体在形式上是否适格。

---

① 学术界与实务界对于规范性文件合法性审查的特点论述颇多，此非本文重点，本文仅根据案例撰写需要论述其几个特点。此外，本文也是在行政诉讼案件的构成要件已经成就的语境下论述对规范性文件合法性的附带审查，对于行政诉讼案件的构成要件本文不再特别论述。

② 2018 年修正后对应第一百四十九条。

（二）是否超越法定职权[①]：纵向权力配置的考察

判断规范性文件的制定主体是否超越法定权限，关键在于审查其是否行使了应当由上级部门或者立法部门等行使的法定权限，是否超越了其上位的法定职权范围。

规范性文件属于较低位阶的“立法”行为，行政机关应当遵循立法法确立的基本原则行使其权力。从本质上而言，行政主体对法律如何具体应用的解释属于对法律的应用、执行行为，其权限仅在于如何将依法设定的权利义务及其实施方式等进行具体化，而不得“设定”新的权利义务。2014年《行政诉讼法》第五十三条第一款所指的规范性文件作为行政主体对法律如何具体应用进行解释的常见载体，其效力低于法律、法规及规章。这也表明，从法理的层面，行政主体在制定这些文件时应遵循比立法法所确立的“根据原则”“不抵触原则”更为严格的标准与要求。

（三）内容合法性的审查

判断规范性文件的内容是否合法，应当主要从其具体规定是否符合上位法、制定目的是否正当、是否符合法律的基本原则等角度进行审查。对此，我们应在上位法的立法本意的语境下，结合法律解释的方法，对内容是否合法进行认定。

1. 广义的法律解释方法包括狭义的法律解释方法、不确定概念和一般条款的具体化、法律漏洞填补方法，而狭义的法律解释方法又可分为文义解释（包括字面解释、扩大解释、缩小解释）、论理解释（包括历史解释、体系解释、目的解释、比较解释等）和社会学解释。[②] 各种法律解释方法在实际运用中有一定的先后次序和步骤，大部分法学家都认可的位阶关系为：文义解释→体系解释→立法者目的解释→历史解释→比较解释→客观

① 广义而言，无论是对所辖事情的越权还是对上位权力的越权，均属于超越法定职权。本文将前者归属于行政主体形式上是否适格的审查，将后者限定为超越法定职权，是将形式上的合法性与实体的合法性分开审查，分析思路更加清晰、科学。

② 王利明：《论法律解释学》，载《中国法学教育研究》2010年第1期。

目的解释。[1] 而对于前述法律解释的位序适用问题，国内外学者均持类似的观点："其内容大致是：文义要素优先；出现复数结果时，运用体系要素进一步确定文义；如果按照文义和体系仍不能确定结论，或者出现荒谬结论，那么就要依据法意要素进行解释；如果依据法意得到的结论有违个案正义，那么则须依据目的要素进行解释。"[2] 本案中关于过渡期的规定实际上是从客观目的解释方法作出的相应规定，有悖法律解释位阶顺序，若要推翻上述位阶所确定的优先性关系时，须经充分论证有更强的理由存在。

2. 关于过渡期的规定在制度设计上与2013年《商标法》存在冲突之处：

（1）对于"在先使用人"是否构成真命题及其后续处理方式的规制是否合法缺乏充分的考证。

第一，关于过渡期的规定是以对所有新增服务项目的商标申请均存在"在先使用人"的"假设"为前提作出，并在此"假设"框架下设立了可能出现的协商、抽签的处理规则。但现实中，商标的申请可能会存在三种情况：第一种情况为多人申请但仅存在一个"在先使用人"；第二种情况为多个"在先使用人"共存；第三种情况为不存在"在先使用人"或者"在先使用人"提交的在先使用证据不成立的。关于过渡期的规定未将前述可能出现的情况进行区分，从而导致了下一个问题的产生。

第二，《新增服务商标的通知》保护"在先使用人"的目的与其设定的协商、抽签的处理方式存在矛盾之处。从《新增服务商标的通知》的制定目的来看，关于过渡期的规定仅能解决上述第一种情况下出现的问题；对于第二种情况，在多个"在先使用人"同时存在的情况下，《新增服务商标的通知》并没有规定如何确立"在先使用人"，也没有提出这种情况下的解决方案，从而难以实现保护"在先使用人"的目的；而对于第三种情况，由于不存在《新增服务商标的通知》欲保护的对象——"在先使用

① 白斌：《理论法学》，中国政法大学出版社2015年版，第90页。

② 参见［德］卡尔·拉伦茨：《法学方法论》，陈爱娥译，商务印书馆2003版，第219～222页；国内观点可参见梁慧星：《民法解释学》，法律出版社2009年版，第247～248页。转引自李亚东：《我们需要什么样的法律解释学——法律解释规则理论研究》，载《法学论坛》2015年第4期。

人”，则其制定目的完全落空，如果这时还需履行协商或者抽签程序的话，则会出现制定目的与处理规则相矛盾的情形，使原本至少在形式上有规则的正当商标申请行为沦陷为一种无序的“博彩游戏”。

（2）关于过渡期的规定缺乏对“可保护的利益”的理性分析。

从《新增服务商标的通知》的制定来看，关于过渡期的规定是为了保护在先使用人的利益，但是，何种程度上的在先使用行为方可构成2013年《商标法》欲保护的利益？以2013年《商标法》第三十二条为例，对于单纯的以不正当手段抢注他人商标的行为，该条保护的是“已经使用并有一定影响的商标”，而《新增服务商标的通知》对在先使用的商标并无“一定影响”之要求。

3. 关于过渡期的规定违背了法律优位的基本原则。《商标法》是由全国人大常委会制定的法律，按照法律优位原则，在有法律规定的前提下，行政规范性文件的规定必须与法律一致。

（四）制定程序合法性的审查

有些观点认为，规范性文件制定程序的合法性不应纳入审查范围。[①]本文持不同意见：

第一，对于规范性文件制定程序合法性的审查符合其为行政行为的本质属性，符合对行政行为的合法性全面审查的原则。诚如前文所述，2014年《行政诉讼法》并未对规范性文件的审查作出特殊规定，实际上可以理解为对规范性文件合法性的审查与普通行政行为的合法性审查的标准并无区别，即全面性审查。规范性文件本身即是行政行为的一种，表现为实体与程序的结合，在对规范性文件的合法性进行审查时对其制定程序进行审查为题中应有之义。

第二，对于规范性文件制定程序合法性的审查与2014年《行政诉讼法》监督行政机关依法行使职权的立法目的相契合。耶林法律哲学的核心概念是目的，其指出：“目的是全部法律的创造者。每条法律规则的产生

① 王红卫、廖希飞：《行政诉讼中规范性文件附带审查制度研究》，载《行政法学研究》2015年第6期。

都源于一种目的，即一种实际的动机。”① 2014 年《行政诉讼法》第一条开宗明义规定，“监督行政机关依法行使职权”为其立法目的之一，因此，对规范性文件制定程序的合法性进行审查是实现前述立法目的不可或缺的一环。

第三，规范性文件制定程序的混乱更体现了司法审查的必要性，程序合法性的审查可有效防止其制定的随意性。目前，统一行政程序法尚未出台，规范性文件的制定缺乏统一的标准，但是，由于其影响面较广，对于其制定程序进行合法性审查可防止其作出的随意性，有利于对行政相对人利益的维护。而且，对于程序性方面的规定并不完备或者缺乏程序性方面的规定而制定的规范性文件，法院也应当适用程序正当原则予以审查，这也是对其实质内容合法性的重要保障。

三、处理方式

第一，规范性文件并不构成独立的被诉行为，其系附带性审查，且法院对不合法的规范性文件的权限仅在于拒绝适用，因此，其本身不属于判决主文的内容。另因 2014 年《行政诉讼法》对审查结论如何认定与表述方式未作规定，因此，本案最终以“决议”的形式认定关于过渡期的规定“不合法”。

第二，规范性文件作为被诉行为的“法律依据”，一旦被认定为不合法，则依此所作出的被诉行政行为，通常会被认定为违法。

第三，依不合法的规范性文件作出的被诉行政行为无论是被撤销还是被确认为违法，均不影响该规范性文件“法律”价值的丧失。关于两级法院对本案的处理方式，曾有学者认为：“除了明确的上位法依据，规范性文件审查需要引入宪法和一般法律原则，考虑法律精神和社会效果。即使法律、法规、规章有规定，如果机械地解释和适用相关条文，可能达不到良好的效果。在……案②中，北京市知识产权法院审判委员会审查后认定，国家工商总局文件关于新增服务商标开始实施的一个月内提出的注册申请

---

① ［美］E. 博登海默：《法理学：法律哲学与法律方法》，邓正来译，中国政法大学出版社 1999 年版，第 109 页。

② 即本案。——编者注

‘视为同一天申请’，不符合《商标法》关于‘同一天’的含义，因此不予适用。这一审查结论没有充分考虑新增服务商标的特殊情况，给商标评审带来了一阵混乱。该判决在北京高院搁了两年，最后被撤销。该案是司法改革的一个里程碑，在法律适用上却不能算是一个成功案例。”① 笔者对此不敢苟同。其一，两级法院实际上对被诉行为均持否定态度，仅是处理方式不同。而对于过渡期的规定两级法院均认定为“不合法”。其二，规范性文件一经作出即会在一定时间内产生所谓的信赖利益。而规范性文件从实施至其进入司法程序并最终到司法判决、终审判决，均需要经过一定的时期甚至是比较长的时间，此时，我们考虑的应当是如何进行制度上的设计，以防止更多的相对人受到不合法的规范性文件的影响，而不是因为已经有一些人受到了影响，则不再对该规范性文件进行否定性评价。如果仅是因为该规范性文件已经产生了一定的影响，就不去认定其违法吗？司法的监督该如何实现？对于规范性文件合法性审查的意义何在？其三，诚如本案一审判决所述，“司法首先应当维护的是合法的行为所形成的社会秩序，任何违法行为所带来的社会后果都不能成为使违法行为合法化的理由及依据”。该学者将不合法的规范性文件形成的“社会后果”等同于“社会秩序”，则必然会使得对于规范性文件合法性的审查制度设计流于形式。

四、适度考量：合理性

第一，这是规范性文件本身的特性所决定的。规范性文件约束力的不特定性，决定了其制定有着特定的时代、地域或社会背景，有其特定的目的，且需要遵循必要性、科学性、可行性等基本规则，在某种意义上具有立法的属性。对于前述因素的考察，有助于法官对规范性文件与上位法之间的冲突等问题作出准确的判断，增强法官的内心确信，从而对合法性问题作出正确的裁判。

第二，有助于合法、合理的司法建议的提出。虽然合理性问题原则上不属于司法审查的范围，但是，法院在认定规范性文件不合法后却有提出

① 何海波：《行政诉讼法》（第3版），法律出版社2022年版，第567页。

司法建议的义务。对于规范性文件的合理性因素的考察，有助于法院在平衡不同主体之间的利益的基础上结合其特定的目的等因素提出正确的司法建议。

第三，行政主体一般会将合理性作为支持规范性文件合法性的理由，法院在文书中作出相应的回应，也是“诉—审—判”一致性原则的体现。

一审法院合议庭成员 司品华 李燕蓉 郭灵东
二审法院合议庭成员 杨柏勇 潘 伟 陶 钧
编写人 司品华 郝 倩

42. 卡某公司诉国家知识产权局、天某公司商标权无效宣告请求行政纠纷案

——商标行政案件中“一事不再理”原则的理解与适用

关键词 一事不再理 相同的事实和理由 程序违法

基本案情

诉争商标系第 21158244 号“KEEP”商标，由第三人天某公司于 2016 年 8 月 31 日申请注册，核定使用在第 41 类“除广告片外的影片制作、提供在线音乐（非下载)、提供在线录像（非下载）”等服务上。原告北京卡某信息技术有限公司（以下简称卡某公司）曾于 2019 年 2 月 3 日针对诉争商标提起过无效宣告申请，请求依据 2013 年《商标法》第七条第一款、第十条第一款第七项、第三十条、第三十一条、第三十二条、第四十四条第一款的规定对诉争商标予以无效宣告。其中，针对第四十四条第一款的无效理由，卡某公司提交了自制的商标列表。被告国家知识产权局已于 2019 年 10 月 16 日作出商评字［2019］第 245022 号无效宣告请求裁定书（以下简称第 245022 号裁定)，该裁定事实查明部分载明的内容包括商标档案等信息。针对《商标法》第四十四条第一款的无效理由，该裁定认定“本案中并无充分证据表明诉争商标的注册构成上述情形”。第 245022 号裁定作出后，各方当事人均未提起行政诉讼，该裁定已经生效。

2019 年 12 月 4 日，原告再次以诉争商标的申请注册违反《商标法》第四条、第十三条、第三十条、第三十一条、第三十二条、第四十四条第一款的规定为由请求国家知识产权局宣告诉争商标无效。在该案中，针对

第四十四条第一款的无效理由，卡某公司提交了天某公司注册的商标列表和被抄袭的商标、企业名称简介等证据。被告于 2020 年 9 月 24 日作出商评字［2020］第 249219 号关于第 21158244 号“KEEP”商标无效宣告请求裁定（以下简称被诉裁定），认定原告提出的诉争商标与第 19971564 号“KKEEP”商标（以下简称引证商标一）及第 16365365 号“KEEP”商标（以下简称引证商标三）构成《商标法》第三十条、第三十一条所指情形，以及诉争商标的申请注册违反《商标法》第四条、第四十四条第一款的规定的相关主张被告已在第 245022 号裁定书中予以评述，故上述主张不属于“新的理由”，在本案中应予驳回。

原告不服被诉裁定向北京知识产权法院起诉称：针对《商标法》第四十四条第一款规定的主张不属于一事不再理。在行政阶段原告提交了第三人及其关联公司名下注册的商标列表、商标档案、生效判决、第三人及其关联公司抄袭的他人企业及商标介绍等证据。上述证据在 2019 年提起无效宣告申请时并未提交，第 245022 号裁定也未予认定，因此本案不属于 2014 年修订的《商标法实施条例》第六十二条所指情形。被告对原告提交的新证据未予评述径行认定相关内容不属于新的事实是错误的。

北京知识产权法院于 2022 年 3 月 29 日作出（2020）京 73 行初 15823 号行政判决：撤销被诉裁定并判令被告重新作出裁定。一审判决作出后，各方当事人均未上诉，一审判决已生效。

裁判理由

法院生效裁判认为：根据《商标法实施条例》第六十二条的规定，申请人撤回商标评审申请的，不得以相同的事实和理由再次提出评审申请。商标评审委员会对商标评审申请已经作出裁定或者决定的，任何人不得以相同的事实和理由再次提出评审申请。本案的关键在于“相同的事实和理由”的审查判断。

本案中涉及的《商标法》第四十四条第一款规定的无效理由是否与第 245022 号裁定构成相同的事实和理由，取决于原告在本案中提交的商标列表、商标档案、第三人及其关联公司抄袭的他人企业及商标介绍、生效判决等证据是否属于新的事实。对此法院认为：法院的判决是对既有事实的司法认定，裁判文书本身并未产生新的事实，仅凭生效判决不足以证明原告在本案中的主张系依据新的事实和理由提出。关于商标列表等证据是否属于新的证据，法院具体分析如下：

根据《商标法实施条例》第五十一条的规定，当事人向商标评审委员会提出商标评审申请，应当有明确的请求、事实、理由和法律依据，并提供相应证据。本案中，原告在第245022号裁定申请书中虽然提出了有关《商标法》第四十四条第一款的相关主张并附有相关表格信息，但是其并未就其主张提交相应证据。根据第245022号裁定载明的内容可知，该裁定的事实查明部分亦未针对《商标法》第四十四条第一款的相关事实进行认定，被告不予支持原告该项主张的理由也是基于“无充分证据表明诉争商标的注册构成上述情形”。可见，在第245022号裁定程序中，原告虽然提出了相关主张，但其并未就其主张提供相应的证据予以佐证。虽然被告提出其已对原告的相关主张依职权进行充分审查，并在此基础上对原告的无效理由予以驳回，但第245022号裁定中并未显示被告对涉及《商标法》第四十四条第一款的相关内容进行查明的事实，关于被告抗辩主张其依职权查明的事项亦未给予原告质证的机会，故本案中原告提交的第三人及其关联公司名下商标列表、商标档案等证据属于新证据，基于上述新证据可能产生区别于原裁定认定的新事实。因此，原告在本案中提出的有关《商标法》第四十四条第一款的无效理由不属于“以相同的事实和理由再次提出评审申请”，被诉裁定对此认定有误。

《商标法实施条例》第五十四条规定：“商标评审委员会审理依照商标法第四十四条、第四十五条规定请求宣告注册商标无效的案件，应当针对当事人申请和答辩的事实、理由及请求进行审理。”本案中，被告对原告提出的有关《商标法》第四十四条第一款规定的无效理由未进行审理，径行予以驳回的做法违反法定程序，依法应予撤销。

裁判要旨

相对人在无效宣告程序中仅提出相应主张，未提交证据，被诉裁定也没有进行事实查明或在查明后未给予当事人质证的机会即直接作出裁决的，相对人再次以相同的理由提出评审申请，并提交新的证据予以佐证的，不属于“以相同的事实和理由再次提出评审申请”。

关联索引

《中华人民共和国商标法实施条例》第六十二条

一审：北京知识产权法院（2020）京73行初15823号（2022年3月29日）

法官评析

本案涉及商标权无效宣告请求行政案件中对“一事不再理”原则的认定问题。

一、“一事不再理”原则的理论渊源和立法沿革

（一）“一事不再理”原则概述

1. “一事不再理”原则的理论来源

“一事不再理”原则起源于古罗马法，作为一项古老的诉讼原则，已成为现代诉讼法学理论中的重要原则。与“一事不再理”原则的效力密切联系的是诉讼系属的效力和既判力的效力。[①] 其中，诉讼系属效力主要和禁止重复诉讼联系在一起，即诉讼一经提起，就不得以同一案件再次提起新的诉讼。既判力则指对已有生效判决的案件不得再次审理。[②] 由于本案中前一次无效宣告裁定已经生效，故本文主要基于既判力的效力开展讨论。与司法行为的既判力原理类似，行政行为也具有确定力，即对行政行为的不可争力和不可改变力。[③] 商标行政裁决系对行政相对人作出的具体行政行为，生效后应具有拘束力和确定力。

2. “一事不再理”原则的判断标准

在我国民事诉讼及行政诉讼的相关规定中，司法解释以禁止重复起诉

① 参见马立群：《行政诉讼一事不再理原则及重复起诉的判断标准》，载《法学评论》2021年第5期。

② 参见谢佑平、万毅：《一事不再理原则重述》，载《中国刑事法杂志》2001年第3期。

③ 参见叶必丰：《行政行为确定力研究》，载《中国法学》1996年第3期。

的方式对“一事不再理”原则进行了规定,[①] 明确了相同的当事人、相同的诉讼标的、相同的诉讼请求三个判断标准。对于商标评审程序中的“一事不再理”的认定能否参照司法解释规定的标准进行判断，商标行政裁决作为具体行政行为的一种，其“一事不再理”原则的规定与诉讼法中又有何不同，是本案需重点研究的问题。

（二）商标法中的“一事不再理”原则

具体行政行为的拘束力和确定力要求行政机关不得任意改变已经作出的具体行政行为或作出前后矛盾的行政裁决。为此，《商标法》及实施条例中也对“一事不再理”原则进行了规定。

“一事不再理”原则在商标法中的规定最早始于 1983 年《商标法》，该法第二十八条首次规定：“对核准注册前已经提出异议并经裁定的商标，不得再以相同的事实和理由申请裁定。”1993 年、2001 年《商标法》修正时，均保留了上述规定。2013 年《商标法》修正时对此进行了调整，删除了“一事不再理”的相关规定，但 2014 年修订的《商标法实施条例》第六十二条规定：“申请人撤回商标评审申请的，不得以相同的事实和理由再次提出评审申请。商标评审委员会对商标评审申请已经作出裁定或者决定的，任何人不得以相同的事实和理由再次提出评审申请。但是，经不予注册复审程序予以核准注册后向商标评审委员会提起宣告注册商标无效的除外。”由此可见，商标评审程序中对于“一事不再理”规定得较为简单，判断的标准主要是“相同的事实和理由”。商标评审程序中“相同的事实和理由”的认定又有哪些特殊之处是本文重点讨论的问题。

---

① 《最高人民法院关于适用〈中华人民共和国民事诉讼法〉的解释》第二百四十七条规定：“当事人就已经提起诉讼的事项在诉讼过程中或者裁判生效后再次起诉，同时符合下列条件的，构成重复起诉：（一）后诉与前诉的当事人相同；（二）后诉与前诉的诉讼标的相同；（三）后诉与前诉的诉讼请求相同，或者后诉的诉讼请求实质上否定前诉裁判结果。当事人重复起诉的，裁定不予受理；已经受理的，裁定驳回起诉，但法律、司法解释另有规定的除外。”《最高人民法院关于适用〈中华人民共和国行政诉讼法〉的解释》第一百零六条规定：“当事人就已经提起诉讼的事项在诉讼过程中或者裁判生效后再次起诉，同时具有下列情形的，构成重复起诉：（一）后诉与前诉的当事人相同；（二）后诉与前诉的诉讼标的相同；（三）后诉与前诉的诉讼请求相同，或者后诉的诉讼请求被前诉裁判所包含。”

二、商标行政案件中“相同的事实和理由”的认定标准

如上所述，在诉讼法中，一般以相同的当事人、相同的诉讼标的、相同的诉讼请求三个标准来判断是否属于“一事不再理”。有学者从禁止重复诉讼的角度考量，提出案件主体、诉讼标的、诉讼请求、争议焦点四个方面的相同来进行判断。① 与诉讼程序相比，商标评审程序除当事人、诉讼标的（即诉争商标）、评审请求（对应诉讼请求）之外，还包括引证商标、相对条款和绝对条款的适用等。本案中，卡某公司在第二次提起无效宣告时同时提出了新的引证商标和新的法条依据，提交了新的证据，本文将结合上述三个方面阐述“相同的事实和理由”的认定。

（一）提出新的引证商标是否属于“相同的事实和理由”

本案中卡某公司在第一次提起无效宣告申请时提出了与第245022号裁定不同的第19636073号“KEEPUP”商标等4枚引证商标，针对新的引证商标，本案国家知识产权局与法院的意见基本一致，即对于申请人提出的新的引证商标应当视为“新的理由”进行评述。需要注意的是，实践中存在大量注册号不同但商标标识或显著识别部分相同、核定使用商品相同的商标，对此能否认定为“一事不再理”原则，实践中的做法并不一致，还需结合个案情况进行具体判断。②

（二）援引新的法条规定是否属于“相同的事实和理由”

以商标权无效宣告程序为例，根据《商标法》第四十四条和第四十五条的规定，申请宣告注册商标无效的理由包括《商标法》第四条、第十条、第十一条等绝对条款和第十三条、第三十条、第三十一条、第三十二条等相对条款。本案中，原告卡某公司先后援引多个法条规定针对同一权利人的同一枚诉争商标提起无效宣告请求。在当事人、诉争商标、诉讼请

① 参见张卫平：《重复诉讼规制研究：兼论“一事不再理”》，载《中国法学》2015年第2期。

② 有观点认为，出于裁判的稳定性和法律秩序的稳定性等多种因素综合考虑，对于主要识别部分和核定使用商品基本一致的注册商标，应当视为“相同的事实和理由”。参见周丽婷：《论商标评审程序中“一事不再理”原则的适用》，载《知识产权》2018年第6期。

求（即请求宣告诉争商标无效）完全相同的情况下，援引不同法条能否认定属于“相同的事实和理由”。对此，国家知识产权局和法院的认定意见是一致的，即针对卡某公司在后一次无效宣告请求中提出的有关《商标法》第四条的无效理由仍应予以审查，不应当认定为“相同的事实和理由”。

需要注意的是，本案中卡某公司坚持主张的《商标法》第四条的理由是天某公司申请注册诉争商标系不以使用为目的的恶意注册，该条依据的事实与前一次无效宣告申请中的第四十四条第一款的无效理由依据事实相同，在基本事实相同的情况下，国家知识产权局认定新的法条规定属于“新的理由”并予以评述。这样处理的原因一方面是《商标法》第四条是2013年修正后增加的无效理由，另一方面也符合最高人民法院司法解释的规定。[①] 对此，本文亦赞成国家知识产权局的处理意见。

（三）提出新的证据是否属于“相同的事实和理由”

本案中，原告卡某公司在先后两次针对诉争商标提起的无效宣告请求的理由均包含《商标法》第四十四条第一款。而本案行政机关与司法机关认定结论不同的关键在于卡某公司在后一次无效宣告程序中提交的证据是否属于“新的证据”。对于新证据的认定，根据《最高人民法院关于审理商标授权确权行政案件若干问题的规定》第二十九条第一款的规定，当事人在后程序中提出的证据应当是新发现的证据或在原行政程序中因客观原因或在规定期限内不能提供的证据。对于新的证据应当是形式审查还是应当进行实质审查，本文认为，行政诉讼对于具体行政行为的审查应当是对其合法性的全面审查，应对当事人新提交的证据是否属于“新的证据”进行实质审查。在判断证据取得时间以及当事人未能及时提交证据的理由时还需进一步审查依照新的证据是否足以产生推翻已有行政裁决的“新的事实”。因此，针对新的证据，一方面应当审查相关证据材料在前案中是否

① 《最高人民法院关于审理商标授权确权行政案件若干问题的规定》第二十九条第一款规定：“当事人依据在原行政行为之后新发现的证据，或者在原行政程序中因客观原因无法取得或在规定的期限内不能提供的证据，或者新的法律依据提出的评审申请，不属于‘以相同的事实和理由’再次提出评审申请。”

已经经过实质性审查以及法定的质证认证程序，另一方面应当审查新的证据是否足以形成与前案不同的事实，进而可能影响前案的裁决结果。

三、本案中“相同的事实和理由”的认定及处理

本案中，卡某公司在第一次无效宣告程序中仅在申请书中提交了自制的商标列表，并未就其针对《商标法》第四十四条第一款的无效理由进一步举证。第245022号裁定中载明的“无充分证据表明诉争商标的注册构成上述情形”的理由对此亦进一步佐证。因此，可以认定卡某公司在本案无效宣告程序中提交的有关《商标法》第四十四条第一款的证据材料均属于新证据。但上述证据是否属于“在原行政行为之后新发现的证据，或者在原行政程序中因客观原因无法取得或在规定的期限内不能提供的证据”，仍需进一步判定。

如上所述，针对卡某公司在第一次无效宣告程序中提出的无效理由，因其未就其主张提交证据而未获支持。在第二次无效宣告程序中虽然提交了证据，但因“一事不再理”原则未获支持。可见，卡某公司提出的涉及《商标法》第四十四条第一款的无效理由自始至终均未获得国家知识产权局的实质性审查。在此基础上，可以认定在第一次无效宣告程序中与第四十四条第一款的无效理由相关的事实未经国家知识产权局审查判断，进而可以认定本案中依照卡某公司提出的新的证据，已经产生足以推翻在先行政裁决的新的事实。

为避免当事人程序利益的损失，应当认定被诉裁定作出程序违法，撤销被诉裁定并判令被告重新作出裁定，而不宜直接在一审行政诉讼过程中对实体问题进行认定。

四、后语

根据《商标法》第四十四条的规定，任何主体均可依照绝对条款对已注册的商标申请无效宣告。但是，在国家知识产权局已经针对某一商标依照绝对条款作出评价之后，如果允许其他主体再次依照相同条款提出无效宣告请求，则一方面会导致注册商标权利人频繁应诉以及行政机关案件数量增加，从而导致行政资源浪费；另一方面亦有违具体行政行为确定力的

原则。虽然本案中法院认定卡某公司先后两次依照绝对条款提出的无效宣告请求不构成“相同的事实和理由”，但本案的特殊之处在于当事人提交了新的证据。在没有新的证据支持的情况下，对于绝对条款，应当从严把握“一事不再理”原则的适用。

一审法院合议庭成员　张晓霞　张　宁　马兴芳

编写人　张晓霞　万　超

民事案件

43. 浙江某影视股份有限公司与上海某文化传播有限公司、某国际文化传媒有限公司诉前行为保全案*

——诉前行为保全的判断要件

关键词 诉前保全 行为保全 商标侵权 不正当竞争

基本案情

申请人浙江某影视股份有限公司（以下简称浙江公司）称：（1）荷兰某公司授权制作了第1~4季“中国好声音”，并约定包括节目名称“中国好声音”“the Voice of China”和节目标识（无论注册与否）等知识产权都归属荷兰某公司。2016年，荷兰某公司将第5~8季“中国好声音”节目的开发、制作、宣传和播出独家授权申请人，并明确授权其可以自己名义进行维权。据此，申请人享有的权利基础如下：①对第G1098388号和第G1089326号注册商标（以下简称涉案商标）享有独占使用权；②对节目标识一和节目标识二（以下简称涉案节目标识）享有独占使用权，前述标识在第9类、第38类和第41类上构成未注册驰名商标；③对在歌唱比赛真人选秀娱乐节目制作及播出服务中使用的“中国好声音”“the Voice of China”节目名称享有独占使用权，前述节目名称构成知名服务特有名称。（2）被申请人上海某文化传播有限公司（以下简称上海公司）和某国际文化传媒有限公司（以下简称传媒公司）在没有授权的情况下，擅自宣传、

* 本案入选最高人民法院评选的2016年全国法院50件典型知识产权案例。

推广和制作第5季“中国好声音”（后更名为“2016中国好声音”）节目（以下简称涉案被控侵权节目），构成对申请人享有的驰名商标权和知名服务特有名称权的侵犯。（3）本案情况紧急，如果不及时阻止被申请人录制和播出涉案被控侵权节目，将会造成难以弥补的损害和难以消除的侵权影响。综上所述，申请人请求法院责令被申请人立即停止在歌唱比赛选秀节目的宣传、推广、海选、广告招商、节目制作或播出时使用包含“中国好声音”“the Voice of China”的节目名称，以及使用浙江公司的涉案商标和涉案节目标识。

被申请人上海公司辩称：（1）申请人对诉前行为保全申请事项表述较为宽泛且不清晰，其主张的要求禁止的有关行为范围不明确，应当予以驳回。（2）申请人对上海公司的有关行为禁令请求内容，因许可人荷兰某公司已就相同的行为内容向香港仲裁机构申请仲裁，并申请临时禁令措施，因此对相同内容的案件不应再由法院主管。（3）申请人向北京知识产权法院申请诉前行为保全，不符合专属管辖和地域管辖的规定。（4）申请人主张的权利基础并不稳定，其是否有需要保护的合法权益有待法院实体审理予以认定，其所有请求均不具有胜诉可能性。（5）申请人基于知名服务特有名称及未注册驰名商标申请诉前行为保全，但《反不正当竞争法》和《商标法》以及相关司法解释中并无相应规定，故其请求缺乏相应的法律依据。（6）申请人的合法权益不存在难以弥补的损失情况。（7）采取保全措施对被申请人造成的损害将远远大于不采取保全措施给申请人带来的所谓损害。（8）“2016中国好声音”是浙江卫视已报批并获准播出的节目名称，整个节目的制作将采用全新的自有节目模式及元素，符合国家鼓励原创的指导精神，应当予以鼓励。综上所述，请求法院驳回申请人的保全申请。

法院经听证查明：2012年4月3日，Talpa公司与IPCN公司签订《电视节目授权协议“THE VOICE OF CHINA”》，授权制作第1季“中国好声音”，并约定“原名称和约定名称”等均为Talpa公司的独家财产。

2013年5月28日，荷兰某公司与某中国传媒有限公司签订《节目模式许可协议“THE VOICE OF CHINA”系列》（以下简称《模式许可协议》），该协议约定了第二、三、四季本地系列节目，其中约定：当地节目名称为“‘The Voice Of China’－Zhong Guo Hao Sheng Yin”；包括节目模式、制作宝典、当地系列节目名称、节目标识以及当地节目标识，已经制作完成的节目、当地系列节目等均归属于荷兰某公司。

2013 年 11 月 29 日，荷兰某公司与某中国传媒有限公司和某文化传播（上海）有限公司签订《“THE VOICE OF CHINA”——多季节目 模式许可协议附录》（以下简称《补充协议》），该协议为荷兰某公司与某中国传媒有限公司签订《模式许可协议》的补充协议。

2016 年 1 月 8 日，荷兰某公司向某中国传媒有限公司和某文化传播（上海）有限公司等发出《“中国好声音”——终止通知》。

2016 年 1 月 22 日，香港高等法院就荷兰某公司的申请对某中国传媒有限公司和某文化传播（上海）有限公司作出禁令。

2016 年 1 月 28 日，荷兰某公司与浙江公司签署《“……好声音”协议用于 Talpa 节目模板“……好声音”的独家管理、许可和应用》；2016 年 5 月 10 日，荷兰某公司出具《授权书及确认函》。

2016 年 2 月 5 日，荷兰某公司针对某中国传媒有限公司和某文化传播（上海）有限公司向香港国际仲裁中心提出仲裁申请；2016 年 5 月 6 日，荷兰某公司对该两公司向香港国际仲裁中心提出请求确认权属和临时禁令的申请。

2016 年 6 月 20 日，浙江公司向法院提交《关于诉前行为保全请求事项的说明》，进一步明确了请求事项。

2016 年 6 月 22 日，香港国际仲裁中心就荷兰某公司对某中国传媒有限公司和某文化传播（上海）有限公司提出的有关仲裁申请作出《关于权利宣告救济的部分最终裁决和关于临时措施的裁决》（即香港仲裁庭裁决），其中记载：“荷兰某公司对于‘当地节目名称’，即‘The Voice of China’ - Zhong Guo Hao Sheng Yin，享有独占的、基于合同的权利……”

另，荷兰某公司拥有的涉案商标在中国取得领土延伸保护，核准商品/服务类别包括第 9、38、41 类及第 35、38、41 类。浙江公司提交了多份公证书，用以证明传媒公司制作的“2016 中国好声音”节目将于 6 月录像、7 月播出，校园海选活动的主办方为传媒公司，以及有关宣传情况等；还提交了国家图书馆出具的有关检索目录、检索报告及有关网络媒体报道，用以证明“中国好声音”“the Voice of China”已经在中国相关公众中建立起极高知名度；还提交了部分媒体报道，用以证明上海公司制作的

“2016中国好声音”在北京市开展校园海选，“2016中国好声音”在北京召开宣传片发布会。

2016年6月25日，浙江卫视向法院出具《关于“中国好声音”节目名称合法权益的声明》。

北京知识产权法院于2016年6月20日作出（2016）京73行保1号民事裁定：一、上海公司立即停止在歌唱比赛选秀节目的宣传、推广、海选、广告招商、节目制作过程中使用包含“中国好声音”“the Voice of China”字样的节目名称及涉案商标；二、传媒公司立即停止在歌唱比赛选秀节目的宣传、推广、海选、广告招商过程中使用包含“中国好声音”字样的节目名称。该裁定送达后，上海公司、传媒公司在法定期限内向北京知识产权法院申请复议。北京知识产权法院于2016年7月4日作出（2016）京73行保复1号民事裁定：驳回上海公司、传媒公司的复议请求。

裁判理由

法院生效裁判认为：本案属于法院主管且北京知识产权法院对本案具有管辖权。浙江公司作为荷兰某公司相关知识产权的独占被许可人，有权提出本案保全申请。上海公司存在使用涉案商标及构成侵权的可能性；“中国好声音”和“The Voice of China”被认定为电视文娱节目及其制作服务类的知名服务特有名称，荷兰某公司拥有有关节目名称权益，以及上海公司和传媒公司构成不正当竞争，均亦存在较大可能性。鉴于涉案被控侵权节目马上将进行录制和播出，故本案具有紧迫性。本案采取保全措施，符合损害平衡性，且没有证据证明责令停止涉案行为将会损害社会公共利益，浙江公司也提交了相应担保。综上，本案满足采取诉前行为保全的构成要件。

裁判要旨

审查是否应当责令被申请人停止相关行为，主要考虑以下因素：申请人是否是权利人或利害关系人；申请人在本案中是否有胜诉可能性；是否具有紧迫性，以及不立即采取措施是否可能使申请人的合法权益受到难以弥补的损害；损害平衡性，即不责令被申请人停止相关行为对申请人造成的损害是否大于责令被申请人停止相关行为对被申请人造成的损害；责令被申请人停止相关行为是否损害社会公共利益；申请人是否提供了相应的担保。

关联索引

2012年《中华人民共和国民事诉讼法》第一百零一条[①]第一款

诉前行为保全： 北京知识产权法院（2016）京73行保1号（2016年6月20日）

诉前行为保全复议： 北京知识产权法院（2016）京73行保复1号（2016年7月4日）

法官评析

该案例涉及商标侵权及不正当竞争纠纷案件采取诉前行为保全的判断标准问题。因“中国好声音”节目具有较高的知名度，且该案是自北京知识产权法院成立以来首例采取诉前行为保全措施的案件，故该案受到社会各界的广泛关注。另外，该案例涉及的问题较为全面，不仅包括诉前行为保全判断要件的分析，还包括审查范围、主管与管辖以及诉前行为保全的性质、担保金额和形式的确定等问题，具有较高的指引和研究价值。

一、诉前行为保全的性质

行为保全，是指在终审判决作出前，法院责令当事人作出一定行为或者禁止其作出一定行为。

纵观保全制度的发展史，大陆法有假扣押、假处分，英美法有中间禁令。大陆法系国家中，德国民事诉讼法规定了假扣押和假处分两种保护债权人利益的保全性措施，其中，假扣押是针对与金钱有关的债权而采取的针对动产或不动产而采取的强制性措施，而假处分体现于《德国民事诉讼法》第940条。该条规定：“因避免重大损害或防止急迫的强暴行为或因其他原因，对于有争执的法律关系，特别是继续性的法律关系，有必要规定其暂时状态时，可以实施假处分。”在英美法系国家，英国法中的中间

① 对应2023年《民事诉讼法》第一百零四条。

禁令是财产保全与诉讼行为保全的竞合诉讼保全制度。美国法则表现为临时禁令和预备性禁令，即在庭审前，法院为保护原告在诉讼进行期间免受不可弥补的损害，可以命令被告遵守一定行为标准，不为某些行为或为某些行为。

我国1982年《民事诉讼法（试行）》把保全措施称为“诉讼保全”，1991年《民事诉讼法》对关于诉讼保全的相关条款作了修改，允许当事人在诉前申请财产保全，同时把“诉讼保全”改称为“财产保全”。根据TRIPS协议的要求，我国2000年修正的《专利法》和2001年修正的《商标法》《著作权法》均规定了权利人和利害关系人“可以在起诉前向人民法院申请采取责令停止有关行为和财产保全的措施”。随后，最高人民法院出台了相关的司法解释。2012年修正的《民事诉讼法》统一确立了行为保全制度，将适用范围扩展至整个民事诉讼领域。在本案裁定作出后两年，2018年12月12日，最高人民法院发布了《最高人民法院关于审查知识产权纠纷行为保全案件适用法律若干问题的规定》，对行为保全案件的申请主体、管辖法院、被申请保全行为、保全必要性考虑因素等进行了规定，对《民事诉讼法》的相关内容进行了细化。

该案中，针对被申请人提出该案保全申请无法律依据的抗辩理由，法院就指出：首先，我国《民事诉讼法》对诉前行为保全申请程序及其他相关诉讼程序已有明确规定，故本案对诉前行为保全申请的审理，并不以其他专门法及司法解释有无相关规定为前提。其次，2012年《民事诉讼法》第一百零一条所规定的“保全措施”包括行为保全措施和财产保全措施，而所规定的“合法权益”当然包括知名服务特有的名称权益，亦即是该条规定的诉前行为或财产保全措施同样适用于对反不正当竞争法所规定的知名服务特有的名称等权益的程序性保护。据此，该案适用2012年《民事诉讼法》第一百零一条进行审查判断，符合法律规定。

从诉前行为保全的制度设计来看，诉前行为保全作为一项程序性保障措施，其性质可以定性为特别诉讼程序，因为其虽然形式上存在对立的双方当事人，但是在启动诉前保全审查程序后，法院并非必须组织法庭辩论质证，法院的审查也只是形式审查，不涉及当事人权利义务的最终裁定，显然有别于普通诉讼程序。该案中，被申请人质疑法院对案件事实上进行了实体认定，对此法院复议后指出：2012年《民事诉讼法》第一百零一条所规定的利害关系人在提起诉讼或者申请仲裁前可以向法院申请采取保全措施，实质上是一种程序救济性权利。采取保全措施，是基于对胜诉可能性、实施的紧迫性、损害平衡性以及是否损害公共利益等诸多因素综合考量后而采取的程序上的临时措施，与诉讼案件实体审理具有本质区别。而所谓胜诉可能性，是法院根据现有证据，并结合程序性临时措施的特点所作出的可能性判断，这显然有别于实体审理后的确定性认定。因此，在诉前行为保全申请审查阶段，胜诉可能性并不必然排除保全申请人败诉或者保全被申请人胜诉的可能性。原裁定仅仅是基于现有证据作出的初步判断，并进而采取的临时保全措施，而并非针对诉讼案件的实体审理，更不可能当然成为后续诉讼案件的审理结果。

由上可见，该案例紧扣诉前行为保全的程序属性，摒弃过去对实体问题的严苛审查，在侵权可能性及利益平衡等因素的考量基础上，采取了较为适当的保全措施，充分发挥了诉前行为保全的预防救济功能。

二、诉前行为保全的判断要件

在该案例中，法院将采取诉前行为保全措施的判断要件归纳为以下因素：申请人是否是权利人或利害关系人；申请人在本案中是否有胜诉可能性；是否具有紧迫性，以及不立即采取措施是否可能使申请人的合法权益受到难以弥补的损害；损害平衡性，即不责令被申请人停止相关行为对申请人造成的损害是否大于责令被申请人停止相关行为对被申请人造成的损害；责令被申请人停止相关行为是否损害社会公共利益；申请人是否提供了相应的担保。

（一）申请人是否是权利人或利害关系人

诉前行为保全申请人是否具有权利或权益基础，是判断是否采取保全措施的重要考虑因素，同时也可以视其为胜诉可能性判断要件的组成部分。

实践中，有观点认为：诉前行为保全的申请主体应当具有确定无疑的权利或权益基础，比如提供了专利、商标授权证书等，否则就是不适格的申请主体。然而，因我国法律规定有专利无效、商标无效和撤销程序，故即使当事人拥有授权证书，其权利基础也可能发生变化。因此，对于权利或权益基础的判断，仍应持可能性的认定态度。尤其是，根据我国反不正当竞争法的有关规定，包括知名服务特有的名称在内的各项权益并非法律规定的授权性权利，这种形成于经营者经营行为的商业成果，也可能丧失于经营者的不当经营行为，甚至侵权人的侵权行为。可见，经营者的经营付出及权益归属约定是确定此类权益享有者的重要依据。

该案中，法院对申请人浙江公司的申请主体资格的审查，主要体现在两个层次：

第一，根据浙江公司提交的其与荷兰某公司签订的相关协议，以及荷兰某公司出具的《授权书及确认函》，可以证明浙江公司获得了荷兰某公司关于包括有关注册商标、“中国好声音”中文节目名称等在内的多项权利或权益的独占且唯一的授权，其据此向法院提出诉前行为保全申请，具有独占许可使用合同上的权利或权益基础。其中，对于浙江公司主张的注册商标权，因有商标注册证佐证，且并无权属争议，故法院对此持相对更为确定的态度；对于其主张的知名服务特有名称权益，考虑到其系获荷兰某公司的独占许可使用授权，法院进一步分析了荷兰某公司对“中国好声音”作为电视文娱节目及其制作服务类的知名服务特有名称享有权益是否具有可能性。

第二，关于“中国好声音”节目名称权益的归属问题。法院指出：根据现有证据判断，“中国好声音”这一节目来源于荷兰某公司关于相关节目模式的授权，即“中国好声音”这一节目名称指向一种具有特定模式的节目，且该节目名称权益的产生来源于荷兰某公司的经营行为，在此基础上，法院进而认定浙江公司经授权可能享有对“中国好声音”这一节目名称的在先权益。

在权属存在争议或处于待定状态的情况下，仍然可以根据案情进行权属可能性的判断，并作为决定是否采取诉前行为保全措施的考虑因素之一。该案中，被申请人主张荷兰某公司的有关授权协议约定适用英美法进行解释，且有关争议应由香港仲裁庭仲裁裁决，而香港仲裁庭裁决内容足以证明荷兰某公司对“中国好声音”中文节目名称享有的权益基础不稳定。对此，法院指出：无论是香港高等法院作出的临时禁令，还是香港仲裁庭裁决对荷兰某公司提出的临时措施申请的处理，以及本院所采取的保全措施，均是为保障当事人实体权益的最终实现而采取的一种从属于仲裁或诉讼程序的程序性措施，并非仲裁及侵权诉讼案件的最终审理结论，且各自具有较强的独立性。也即是，香港仲裁庭裁决中所作出的最终权利宣告裁决，对荷兰某公司提出的临时措施申请的处理，以及香港高等法院根据香港仲裁庭裁决对其作出的临时禁令所可能作出的调整，均不必然影响本院对是否采取诉前行为保全措施的判断和实施。况且，香港仲裁庭裁决目前亦并未对“中国好声音”中文节目名称的合同约定归属作出结论性认定，故在程序上也不能排除浙江公司拥有提出本案诉前行为保全申请的权利。上海公司作为“中国好声音”节目的制作公司，其并不否认其制作的第1~4季“中国好声音”节目系在荷兰某公司授权使用的节目模式基础上制作完成，而该节目所衍生的合同项下包括当地系列节目名称、当地节目标识等权益或权利也约定归属于荷兰某公司。尽管关于“中国好声音”中文节目名称的归属问题尚为香港国际仲裁中心的仲裁事项，姑且不论相关权益归属问题是否属于仲裁范围，仅从各方无争议的授权合同约定以及“中国好声音”节目实际播出使用中文名称这一基础事实考量，在目前尚无有效相反证据的情况下，可以初步判断，已获荷兰某公司独占许可使用授权的浙江公司具有主张拥有“中国好声音”中文节目名称相关权益的证据基础。至于浙江公司是否确实拥有“中国好声音”中文节目名称权益，属于后续实体审理内容，但不影响浙江公司拥有程序性救济的权利。对于浙江卫视是否是“中国好声音”中文节目名称的权益所有者，法院同样基于在案证据进行了分析认定。

由上可见，在诉前行为保全申请主体的资格确认上，法院不宜仅因权属存在争议就否定申请人实质具有权利或权益基础的可能性，而应在对权属问题的实体可能性判断的基础上，审慎认定申请人的主体是否适格。

（二）申请人在本案中是否有胜诉可能性

在知识产权专门法及其司法解释中，采取诉前行为保全措施的前提均包含“有证据证明他人正在实施或者即将实施侵犯其权利的行为”，而民事诉讼法对此并无规定。不过，通常认为民事诉讼法规定的“将会使其合法权益受到难以弥补的损害”就暗含实体侵权判定的要求，又因诉前行为保全本身的程序救济属性，上述实体上的判断应是申请人胜诉可能性的认定，而非直接确定是否构成侵权。

考虑胜诉可能性的目的在于防止当事人滥用申请权，避免作出错误的行为保全。实践中的争议在于，达到何种程度的胜诉可能性才能满足采取行为保全措施的条件。有观点认为，行为保全实际上会产生先予执行的法律后果，为防止权利滥用，应采取较高的胜诉可能性标准，即只有在胜诉可能性达到“确定无疑”或“基本确信”的情况下才能考虑采取行为保全措施。但是，诉前行为保全案件一般具有时间紧迫的特点，而且诉讼程序不够完整，相当一部分案件甚至难以全面听取被申请人的意见，因此，要求法官作出“确定无疑”的判断不仅客观上存在困难，而且在诉前阶段就认定申请人基本可以胜诉不免有未审先判的嫌疑。对胜诉可能性的要求高，固然会减少错误的行为保全，但是过高的胜诉可能性要求将明显限制行为保全制度的适用范围，无法充分发挥制度功能，不利于及时有效地保护权利人。同时，审查胜诉可能性并非避免错误的唯一途径，要求当事人提供担保可以发挥同样的功能。因此，对于胜诉可能性的要求应当采取一个相对灵活的标准，在避免错误与保护申请人权利之间寻求平衡。

从比较法的角度来看，世界上主要国家和地区对于胜诉可能性的要求均较为灵活。英国采取实质性争议标准，排除滥诉和不可能胜诉的情形即可；德国、日本和我国台湾地区只要求对请求权进行释明，同时允许以担保的方式弥补释明内容的不足；美国对于侵权成立要求优势证据，但是对于权利有效性和可执行性等问题则采取推定成立的态度。借鉴域外经验，结合前述分析，对于胜诉可能性的要求应当首先排除明显没有胜诉可能性或者胜诉可能性较低的情形；其次，对于胜诉可能性的要求应当采取一个相对灵活的态度，要与难以弥补的损害、双方利益平衡、担保等其他因素进行综合考虑、整体判断，而不应当机械设定一个等同划一的标准。

该案中，申请人浙江公司主张上海公司和传媒公司的行为侵害了其享有独占许可使用权的注册商标专用权、未注册驰名商标权，并构成擅自使用知名服务特有名称的不正当竞争行为。对此，法院根据在案证据认定上海公司存在使用涉案商标及构成侵权的可能性，同时结合第1~4季“中国好声音”作为歌唱比赛选秀节目具有较高知名度及荷兰某公司的授权协议约定，认定被申请人的行为存在构成不正当竞争行为的可能性。值得指出的是，对于申请人提出的未注册驰名商标权益主张，法院认为“两节目标识是否符合商标法有关注册商标的规定，尚需在后续诉讼中进一步审理判断”，并指出“在本案诉前保全申请审查阶段，无法对上述两节目标识是否构成未注册驰名商标进行判断”，这实际上反映了法院在胜诉可能性判断上的审慎态度。

（三）是否具有紧迫性，以及不立即采取措施是否可能使申请人的合法权益受到难以弥补的损害

具有紧迫性，通常认为是诉前行为保全与诉中行为保全的本质区别。提出诉前保全申请，缘由在于情况紧急，且这种紧迫性表现为不立即采取保全措施将会使申请人合法权益受到难以弥补的损害。

具有紧迫性是诉前行为保全的前提，而存在难以弥补的损害则是设立行为保全制度的正当性依据。正是因为存在难以弥补的损害，才有必要在损害赔偿制度之外，设立行为保全制度，允许当事人在法院作出终审判决之前，申请法院责令对方当事人作出或者禁止其作出一定行为。对于难以弥补的损害的理解，首先，从制度价值来看，“难以弥补的损害”对应的是损害赔偿制度的缺陷，是指申请人通过诉讼得到胜诉判决的情形下，存在执行判决仍不能弥补的损害或者因被申请人无赔偿能力致使判决难以执行。我国《民事诉讼法》第一百零一条规定的“难以弥补的损害”与第一百条规定的“判决难以执行或造成当事人其他损害”应当作一致解释，即“难以弥补的损害”包括判决难以执行造成的损害不能弥补和诉讼之外的损害在本案中不能弥补。其次，从性质表征来看，“难以弥补的损害”表现为难以计算、难以恢复原状或者金钱赔偿难以救济的损害。最后，从判断标准来看，难以弥补的损害不同于胜诉可能性，前者应当从损害的性质、后果进行判断，后者应当根据实体法规定从请求权的成立要件进行判断，不能根据申请人具有胜诉可能性推定其存在难以弥补的损害。

该案中，法院指出：在有证据表明上海公司将要制作“2016 中国好声音”歌唱比赛选秀节目且浙江卫视将播出此节目的情况下，本案采取诉前行为保全措施符合民事诉讼法所规定的“情况紧急”情形。法院在胜诉可能性的判断基础上进一步指出：“中国好声音”节目作为一档全国知名的歌唱比赛选秀节目，该节目的知名度与其节目内容和节目所采用的模式及特色密切关联，而如出现另一档节目名称包含“中国好声音”的歌唱比赛选秀节目，显然可能会造成相关公众的混淆误认，从而可能导致浙江公司

后续依约开发制作的该类型节目失去竞争优势。事实上，因“中国好声音”节目具有较高知名度，在有众多新闻媒体、广告商、参赛选手参与的节目录制过程中，后续媒体报道等将带来较大范围的传播和扩散，很可能会显著增加浙江公司的维权成本和维权难度。据此，法院认定如不责令被申请人立即停止涉案行为，将可能对浙江公司的权益造成难以弥补的损害。

（四）损害平衡性和不损害社会公共利益

采取行为保全措施，应当注重对双方当事人的利益进行平衡，即不责令被申请人停止相关行为对申请人造成的损害是否大于责令被申请人停止相关行为对被申请人造成的损害。损害平衡性还被认为是比例原则在民事行为保全中的具体适用，即在实现目标与所采取的手段之间寻求必要的平衡。该案中，法院考虑到采取行为保全措施并不会影响节目更名后的制作和播出，而不采取行为保全措施将可能使申请人丧失竞争优势，且会显著增加申请人的维权成本和维权难度，据此认定采取保全措施符合损害平衡性。

另外，现行司法解释均规定应当审查“责令被申请人停止有关行为是否损害社会公共利益”。一般认为社会公共利益主要包括公共秩序和公共道德两个方面，公共秩序主要包括社会公共秩序（包括社会政治秩序、经济秩序）与生活秩序，违反社会公共秩序与生活秩序的行为往往也是违反法律和行政法规的强制性规定的行为；而社会公德，也被称为善良风俗，是指由社会全体成员所普遍认同、遵循的道德准则。实践中，要合理确定社会公共利益的范围，避免对其泛化理解。该案中，对于被申请人所提出的采取保全措施将损害浙江卫视、海选歌手等案外人的利益的主张，法院就明确认定上述利益并非社会公共利益的范畴。

（五）担保

担保的目的在于确保行为保全错误的情形下被申请人能够得到足额的赔偿。因此，行为保全担保的金额与申请人的诉讼请求无关，应当相当于采取措施给被申请人造成的损失。对于担保金额和担保形式的确定，需要综合考虑采取诉前行为保全措施的各判断因素以及该保全措施可能会对被保全人造成的损失。

2020年《最高人民法院关于适用〈中华人民共和国民事诉讼法〉的解释》第一百五十二条第一款、第二款规定："人民法院依照民事诉讼法第一百条、第一百零一条规定，在采取诉前保全、诉讼保全措施时，责令利害关系人或者当事人提供担保的，应当书面通知。……申请诉前行为保全的，担保的数额由人民法院根据案件的具体情况决定。"可见，严格来说，担保金额和担保形式应当由法院根据案情决定，但实践中，为了尽可能降低错误保全的风险，法院通常会要求申请人明确其能够或者愿意提供的担保金额和形式，并在决定是否采取保全措施时，将其作为判断要件之一进行考量。从实务操作而言，确实具有一定的合理性，但应当注意听取各方当事人的意见并进行适当的释明，确保程序公正。

关于在诉前行为保全中是否适用以反担保形式解除保全的问题，该案裁定对此进行了较为充分的说理。法院指出：首先，适用反担保将可能有违利害关系人提出诉前行为保全申请的目的。采取诉前行为保全措施，是以利害关系人的合法权益将会受到难以弥补的损害为基础。因此，除非利害关系人同意，否则反担保的适用将会使利害关系人提起诉前行为保全申请的目的落空。其次，反担保在行为保全中的适用也不符合相关法律原则。我国《民事诉讼法》第一百零四条明确规定了财产纠纷案件，被申请人提供担保的，人民法院应当裁定解除保全，但其中并未明确规定行为保全的反担保问题。

三、小结

一直以来，法院对诉前行为保全持极为谨慎的态度，全国各地法院鲜有涉及不正当竞争纠纷的诉前行为保全案例。然而，在当前社会经济发展提速的形势下，法院应当切实保障当事人的各项诉讼权利，进一步促进科技创新和文化创新。我们认为，在诉前行为保全案件中，除了应明晰判断要件外，还须重点关注以下事项：首先，要明确诉前行为保全是一项程序性保障措施，其并非针对诉讼案件的实体审理，更不可能当然成为后续诉讼案件的审理结果。其次，诉前行为保全的申请人是否是适格主体，其是否拥有权利或权益基础，本质上同样属于基于在案证据基础上的可能性判断。在权属存在争议或处于待定状态的情况下，仍然可以根据案情进行权属可能性的判断，并作为决定是否采取诉前行为保全措施的重要考量因素。再次，对于胜诉可能性的要求应当采取一个相对灵活的标准，在避免错误与保护申请人权利之间寻求平衡。要避免在诉前阶段就过于强调实体判断，并作出保全申请人基本可以胜诉的不当认定。最后，要注重诉前行为保全的紧迫性特点，高度重视是否存在难以弥补的损害的判断，准确界定社会公共利益的范围，合理确定担保金额和担保形式。

保全法院合议庭成员 杜长辉　陈　勇　张晓丽

编写人 麦　芽

44. 某大米协会诉北京某商贸公司侵犯商标权纠纷案

——侵犯地理标志证明商标专用权的侵权判断

关键词 地理标志 证明商标 来源误认 商标侵权

基本案情

原告某大米协会诉称：某大米协会系第1607996号注册商标“五常WUCHANG及图”和第5789043号注册商标“五常大米”的注册人。2012年4月27日，“五常WUCHANG及图”商标被国家工商行政管理总局商标局（以下简称商标局）认定为驰名商标。2019年3月，原告某大米协会在被告北京某商贸公司的经营场所公证购买了“五常稻花香”大米（以下简称涉案产品）一袋。该产品外包装突出标注“五常稻花香”字样，且该涉案产品上并未注明生产厂家。某大米协会认为，被告北京某商贸公司未经某大米协会许可，擅自销售无标注生产厂家的且侵犯某大米协会商标权的涉案产品，该行为构成侵权。为维护自身合法权益，请求一审法院依法判决：（1）判令被告北京某商贸公司立即停止侵权；（2）判令被告北京某商贸公司赔偿某大米协会经济损失及合理开支共计10万元；（3）判令被告北京某商贸公司承担本案诉讼费。

被告北京某商贸公司辩称：（1）北京某商贸公司所使用的标识与某大米协会注册商标差别巨大，不易混淆，未构成近似标志。某大米协会所注册的两个商标是地理标志证明商标，主要识别部分为“五常”二字，而北京某商贸公司销售的大米“五常”二字在外包装袋的左上方，且非常小，并不突出标注于所销售的大米外包装上，不构成商标意义上的使用。该使用行为不会导致消费者对大米的产地及品质产生混淆与误认，故不应仅凭外包装袋上有“五常”二字就认定二者是相同或近似商标。（2）侵犯商标权的主体是造假者，不是被告北京某商贸公司，北京某商贸公司仅是商品的经销人，北京某商贸公司对所售商品是否侵犯商标专用权并不知情，也不具备辨别真假的能力和水平，危害知识产权管理秩序也是显著轻微的。（3）即使被告北京某商贸公司的行为已经构成商标侵权，其销售涉案商标的商品时间较短且只销售了一袋，销售额仅33元，此前无销售且无囤积，销售规模、侵权情节及经营注意上的过失行为显著轻微。

法院经审理查明：2001年7月21日，原告某大米协会经商标局核准在第30类商品上注册了第1607996号“五常WUCHANG及图”组合商标，该商标为证明商标，由“五常”汉字及其拼音“WUCHANG”和鹰图形组合而成，核定使用商品为大米、大米制品。该商标注册有效期已续展至2021年7月20日。2012年4月27日，“五常WUCHANG及图”组合商标被商标局认定为驰名商标。2007年12月21日，某大米协会经商标局核准在第30类大米商品上注册了第5789043号“五常大米”证明商标，该商标注册有效期为2007年12月21日至2017年12月20日。该商标注册有效期已续展至2027年12月20日。

原告某大米协会制定的《“五常大米”证明商标使用管理规则》对“五常大米”证明商标的使用条件、使用申请程序、管理、保护等进行了明确。其中第十一条规定：符合“五常大米”证明商标使用条件的，应办理如下事项：（1）双方签订《证明商标许可使用合同》；（2）申请人领取《证明商标使用证》；（3）申请人领取证明商标标识；（4）申请人交纳管理费。此外，上述管理规则还对使用“五常大米”证明商标的产品的品质特征、申请程序、被许可使用者的权利和义务等内容进行了规定。

2019年3月19日，北京市国立公证处来到北京市大兴区黄村镇的黄村桥市场，在门头标有“大众粮油批发米油”字样的市场店铺里，公证人员以普通消费者身份购买了涉案产品，支付了货款33元，取得收据一张，并在上述过程中对该店铺进行了拍照。回到公证处后，公证人员对所购涉案产品以及现场取得的票据进行拍照，之后对上述所购涉案产品进行封存。根据相关照片显示，被告北京某商贸公司系公证购买行为所列销售商。北京某商贸公司系北京黄村桥农副产品综合市场有限公司所经营市场的租户，与北京黄村桥农副产品综合市场有限公司订立了《食用农产品质量保证协议》。

北京市西城区人民法院于 2019 年 12 月 2 日作出（2019）京 0102 民初 44044 号民事判决：一、北京某商贸公司自判决生效之日起立即停止侵犯某大米协会第 1607996 号、第 5789043 号注册商标专用权的行为；二、北京某商贸公司自判决生效之日起 10 日内赔偿某大米协会经济损失 5 万元；三、北京某商贸公司自判决生效之日起 10 日内赔偿某大米协会合理支出 3000 元；四、驳回某大米协会的其他诉讼请求。一审判决宣判后，被告北京某商贸公司提出上诉。北京知识产权法院于 2020 年 3 月 10 日作出（2020）京 73 民终 43 号民事判决：驳回上诉，维持原判。

裁判理由

法院生效裁判认为：依据涉案商标注册证，某大米协会系两个涉案商标的注册商标专用权人，在核定使用的商品上依法享有注册商标专用权，并受法律保护。根据《商标法》相关规定，未经商标注册人许可，在同一种商品上使用与其注册商标近似的商标以及销售侵犯注册商标专用权的商品的行为属于侵犯商标权的行为。本案中第 1607996 号“五常 WUCHANG 及图”及第 5789043 号“五常大米”商标为地理标志证明商标，证明商标与商品商标不同，并非标示商品来源的标识，而是标示商品的原产地等特定品质的标识。要使用上述证明商标，须获得批准后方可使用，否则某大米协会有权依法追究其侵害商标权的责任。

本案中，北京某商贸公司销售的涉案产品外包装上突出使用了“五常”“稻花香”字样，该使用方式足以起到标示商品来源的作用，属于商标性使用行为。因涉案产品与某大米协会所享有两个注册商标核定使用的商品为同一种类，故涉案标识与涉案注册商标构成相同或近似商标。北京某商贸公司经营相应的大米商品，应对五常大米的市场知名度有所知晓。更为重要的是，涉案产品并未标注生产厂家，北京某商贸公司亦不能提供该涉案产品的供货来源。由此，法院认为北京某商贸公司在销售涉案产品时未尽到最基本的注意义务，构成对某大米协会注册商标专用权的侵犯，应承担停止侵权、赔偿损失的民事责任。

关于赔偿经济损失的数额，由于某大米协会并未举证证明其因涉案侵权行为所受损失及北京某商贸公司因涉案侵权行为的获益情况，因此法院综合考虑本案涉案产品的售价及商标在产品销售中所起的作用，侵权行为的性质和情节、主观过错程度等因素予以酌定；关于合理开支，因某大米协会并未提交相关票据予以证明，法院将结合律师出庭情况及公证情况，亦予以酌定。

裁判要旨

地理标志注册为商标后的保护可以依据商标法的相关规定，在相似性比对和混淆可能性考虑时与一般商标并无差别。他人使用其中的地理信息时，既要考虑到地理信息作为公用领域不应被垄断的情况，也要充分考虑地理标志作为商标的知名度，以相关公众是否会对产品或服务来源产生混淆误认为标准。

关联索引

2013 年《中华人民共和国商标法》第三条第一款，第五十六条，第五十七条第二项、第三项，第六十三条第三款

《最高人民法院关于审理商标民事纠纷案件适用法律若干问题的解释》第九条第一款、第十七条

一审：北京市西城区人民法院（2019）京 0102 民初 44044 号（2019 年 12 月 2 日）

二审：北京知识产权法院（2020）京 73 民终 43 号（2020 年 3 月 10 日）

法官评析

地理标志是表明产品原产地及其相应品质的特殊商业标识，其发挥识别作用的核心要素是地名。地理标志的保护有助于原产地的经营管理者维系产品的“家乡味”。根据商标法的相关规定，地理标志可以作为集体商标或者证明商标，由该标志所标示商品或服务的代表性机构，如行业协会，作为商标注册人并对该商标的使用进行管理，该地区范围内某一商品或服务的经营者共同使用。具体到地理标志证明商标民事侵权案件中，主要涉及侵权行为的认定和正当使用抗辩是否成立。

第一，侵权行为的认定标准具有特殊性。相对于以被控侵权行为是否容易导致相关公众对商品来源产生混淆作为判断标准的普通商标侵权，地

理标志证明商标倾向于以被控侵权行为是否容易导致相关公众对商品的原产地等特定品质产生误认作为判断标准。本案中，涉案产品包装袋上以突出方式标记有“五常”字样，与两证明商标中的主要识别部分“五常”字样相同，涉案产品包装上的上述使用方式足以使相关公众将涉案大米误认为“五常大米”，从而对大米的来源和品质产生误认。

第二，应当考察正当使用抗辩是否成立。结合商标法及相关部门规章等规定，对于没有向商标注册人提出使用证明商标的要求，但商品确实符合地理标志条件的使用人，注册人无权禁止他人在地理标志含义上的地名使用行为。因此，对于商品确系产于地理标志所示地名的自然人、法人或者其他组织，其有权正当使用该地理标志中的地名。本案中，北京某商贸公司未能提供证据证明涉案大米系来自“五常大米”地理标志证明商标所划定的五常市指定区域内并具有特定品质，其行为足以使相关公众对商品的来源产生误认，故其相关抗辩理由不能成立。

一审法院合议庭成员　刘　丰　王林园　郑耀武
二审法院合议庭成员　陈　栋　杨　潇　吴园妹
编写人　陈　栋

45. 某体育股份公司诉北京某科技公司侵害商标权及不正当竞争案

——注册商标专用权与姓名权冲突时商标侵权判定的考虑因素

关键词 民事诉讼 商标权 姓名权 权利冲突

基本案情

原告某体育股份公司诉称：某体育股份公司在第25类鞋、运动鞋、服装等商品上注册了第3148047号、第3148049号“乔丹”文字商标，依法对上述商标享有注册商标专用权。“乔丹”是某体育股份公司的知名字号，也是某体育股份公司知名商品的特有名称。某体育股份公司的“乔丹”系列商标、“乔丹”字号以及“乔丹”牌知名品牌的特有名称共同构成原告的知名“乔丹”品牌。被告北京某科技公司在天猫电子商务平台上的商品宣传中，将“乔丹”作为其品牌及商品名称，容易导致相关公众的混淆，不仅侵害了某体育股份公司的注册商标专用权，也侵害了某体育股份公司就其“乔丹”知名字号和“乔丹”知名商品特有名称享有的合法权益，其行为不仅构成商标侵权，也构成不正当竞争。故起诉请求：（1）北京某科技公司不得在非某体育股份公司生产的运动鞋类商品宣传中使用“乔丹”二字；（2）北京某科技公司赔偿某体育股份公司经济损失40万元及合理开支10万元。

北京某科技公司辩称：（1）北京某科技公司销售的耐克品牌的商品来源于正规的代理商，故北京某科技公司销售的商品具有合法来源；（2）北京某科技公司销售的商品没有使用任何“乔丹”商标；（3）北京某科技公司在商品介绍中使用“乔丹”，是基于迈克尔·乔丹先生的姓名权进行使用，某体育股份公司享有商标权的边界在于不得侵犯乔丹先生的姓名权，而北京某科技公司对乔丹的使用是基于姓名权，而非商标性使用。综上，不同意某体育股份公司的全部诉讼请求。

法院经审理查明：某体育股份公司成立于2000年6月28日，在第25类商品上注册享有第3148047号、第3148049号“乔丹”文字商标，核定使用商品包括：鞋、篮球鞋等。某体育股份公司注册的“乔丹”文字商标曾被认定为驰名商标。公证书显示，2017年2月13日，北京某科技公司在天猫平台经营的店铺中，销售了三款Nike品牌鞋，其商品的文字介绍分别为“Nike男鞋 air jordan 乔丹 ULTRA. FLY巴特勒气垫篮球鞋834268-004”“Nike耐克男鞋2016新品缓震耐磨乔丹AJ场上实战篮球鞋800173-017”“Nike男鞋 air jordan9 乔丹 AJ9Low黑红低帮篮球鞋832822-001”，文字介绍左侧有商品图片，商品图片包括对篮球鞋多角度拍摄的图片，主图中可以看出篮球鞋明显位置印有“ ”商标。

“乔丹”是迈克尔·杰弗里·乔丹的中文姓名。乔丹与耐克公司签订了《授权声明书》以及《个人服务和代言协议》，耐克公司获得了排他性的权利和许可，有权在全球范围内对运动员乔丹的姓名、绰号、球衣号码、签名、签章、声音、录像等个人信息进行商业化使用，以及使用任何由上述元素组成的商品商标、服务商标，并有权就侵犯运动员乔丹代言和商标的行为进行维权。北京某科技公司据此主张在介绍商品时使用“乔丹”具有描述性和合理性，不会造成消费者对商品来源的混淆，不构成商标侵权及不正当竞争，另主张某体育股份公司基于恶意取得的“乔丹”商标和商号，对北京某科技公司的指控构成权利滥用。

某体育股份公司主张，北京某科技公司在鞋类商品的宣传中使用“乔丹”二字，属于在与涉案商标相同的商品类别上使用相同商标的行为。

北京市海淀区人民法院于2019年12月29日作出（2017）京0108民初12634号民事判决：驳回某体育股份公司的全部诉讼请求。某体育股份公司不服一审判决，提起上诉。北京知识产权法院于2020年9月27日作出（2020）京73民终2172号民事判决：驳回上诉，维持原判。

裁判理由

法院生效裁判认为：本案核心问题为被控侵权行为对“乔丹”二字的使用方式是否超出了正当使用的界限，进而侵害某体育股份公司的商标专用权：第一，北京某科技公司在销售耐克品牌运动鞋商品时，在商品介绍中使用“乔丹”字样，源于耐克公司根据《授权声明书》对“乔丹”姓名享有的商业使用权，具有正当权利基础；第二，文字介绍均以“耐克/NIKE”开头，符合电子商务交易中对商品品牌介绍的惯例，亦为标识商品来源的显著识别部分，相关公众在看到该页面时，会清楚地认知到所展示的商品系“耐克 NIKE”品牌的商品，不会产生混淆误认；第三，本案涉及的运动鞋商品与运动员乔丹知名的领域紧密相连，北京某科技公司使用“乔丹”姓名的目的在于借助其在相关领域的影响力和号召力，增强耐克品牌运动鞋商品的竞争力，该种使用方式并未超出耐克公司享有的“乔丹”姓名商业使用权的合理范围；第四，在案证据并不能证明北京某科技公司存在攀附“乔丹”品牌商誉的主观动机与客观需求。涉案使用方式属于对“乔丹”姓名的正当商业化使用，不构成对某体育股份公司“乔丹”注册商标专用权的侵犯。

裁判要旨

同一商业标识之上，可能有多种不同性质的权利存在，如某一商业标识已被注册为商标，但标识之上还可能存在其他主体的商号权、域名权、姓名权等，就会发生权利冲突。一般来讲，上述权利冲突可以通过有关行政程序或司法程序予以消除，但在特殊情况下，存在权利共存的可能。此时判断某一权利主体对另一权利主体提起侵权指控是否成立，则应在诚信原则的基础上，根据具体情况予以判断，妥善衡平不同权利人的权利诉求。若其中一方对自身权利标识的使用在正常限度内，则属于正当使用，不应认定为侵权行为。通常来说，判断是否属于正当使用，一般要根据权利类型、使用方式、使用场景、主观意图等因素综合考量。

关联索引

2013 年《中华人民共和国商标法》第五十七条

《中华人民共和国反不正当竞争法》第二条

一审：北京市海淀区人民法院（2017）京0108民初12634号（2019年12月29日）

二审：北京知识产权法院（2020）京73民终2172号（2020年9月27日）

法官评析

本案的特殊性在于，在同一标识之上，具有两个排他性质的合法权利，系较为少见的因权利冲突引发的商标侵权纠纷。

某体育股份公司享有“乔丹”注册商标专用权，而耐克公司享有对“乔丹”姓名的全球范围内的排他性商业使用权，显然，这两种权利均指向同一标识，却分属不同主体，难免发生冲突。某体育股份公司针对被控侵权行为援引《商标法》第五十七条第一项提起侵害商标权之诉，就是上述两项权利发生冲突的具体表现。

问题是，上述两项权利均合法存续且均具排他性质，因此无论是否认定侵权成立，看上去好像都会有一方的权利得不到保护。面对这一问题，法官进行了下面的思考：由于问题源于两种抵触的权利并存，因此首先需要分析权利冲突的具体成因，继而考虑其对侵权判断的影响；其次，对于北京某科技公司提出的描述性使用抗辩，应结合前后语境判断该抗辩是否成立，若不成立，则应从某体育股份公司援引的法律依据出发，分析被控侵权行为是否超出了自身权利的边界，进而判断侵权是否成立。

商业标记本身可能具有多种法律属性，商标权人在获得注册商标专用权之后，并不意味着其可以在所有商业活动中禁止他人使用上述标记。在有些情形下，虽然在注册商标核定的商品上使用了相近的标识，但具体的使用方式不会使相关公众混淆误认，则不会对注册商标区分商品来源的功能造成影响，也不会因攀附他人商誉而对商标的价值产生损害，故没有理由对这类的使用行为作出限制，常见的如描述性使用、指示性使用。但在本案中，根据前后语境，“乔丹”二字在涉案商品介绍中并非规范地作为主语出现，故难以得出属于描述性使用的结论。

除描述性使用、指示性使用之外，对商标标识持有其他权利的主体对自身权利的合理使用，也应当被排除出商标侵权行为之外，本案即是这种情形。若某一商业标识已被注册为商标，但标识之上还可能存在其他主体的商号权、域名权、姓名权等，就会发生权利冲突。一般来讲，上述权利冲突可以通过有关行政程序消除，比如根据《商标法》第三十二条、第四十五条的规定，自商标注册之日起五年内，在先权利人可以向国家知识产权局申请宣告该注册商标无效。由于本案涉案商标已超过五年期限，已经成为效力稳定的商标，因此形成了两种相互冲突的权利并存的局面。

此时，判断侵权指控是否成立，应从原告援引的法律依据出发，在诚信原则的基础上，妥善衡平各方的权利诉求。若其中一方对自身权利标识的使用在正常限度内，则属于正当使用，不应认定为侵权。判断是否属于正当使用，本案总结了以下几个考量因素：权利冲突的成因、权利类型、使用方式和场景、主观意图。

第一，在权利冲突成因方面，早在某体育股份公司注册“乔丹”系列商标之前，运动员乔丹在相关领域已有较高影响力，某体育股份公司对此应当知晓，故其申请注册涉案商标存在较为明显的主观过失。商标法设立五年争议期的本意，在于商标注册秩序稳定与在先权利保护的平衡，并不代表在先权利的丧失，也不影响诚信原则在商标侵权判断中的价值。考虑到上述背景，即便耐克品牌对“乔丹”二字的使用行为超出描述性使用的范围，但只要这种使用方式没有损害涉案商标基本功能的发挥，则某体育股份公司应当负有一定的容忍义务。

第二，在权利基础方面，运动员乔丹系具有一定影响的知名人士，其姓名权中不仅包含人格尊严等精神利益的内容，还包括由知名度和影响力所带来的商业利益。北京某科技公司在销售耐克品牌运动鞋商品时，在商品介绍中使用“乔丹”字样，源于耐克公司根据《授权声明书》享有的商业利益，具有正当权利基础。

第三，在使用方式及使用场景方面，被控侵权网页的文字介绍均以“耐克/NIKE”开头，符合电子商务交易中对商品品牌介绍的惯例，亦为标识商品来源的显著识别部分，相关公众不易产生混淆误认。

第四，在主观意图方面，本案涉及的运动鞋商品与运动员乔丹知名的领域紧密相连，基于耐克公司与运动员乔丹签订的相关协议，北京某科技公司在被控侵权网页中使用“乔丹”二字的目的在于借助运动员乔丹在相关领域的影响力和号召力，增强耐克品牌运动鞋商品的竞争力，不存在攀附“乔丹”品牌商誉的主观动机与客观需求。

综合考虑以上因素，被控行为并未超出耐克公司享有的对“乔丹”姓名进行商业化使用的合理范围，属于正当使用，不构成对“乔丹”注册商标专用权的侵犯。

一审法院合议庭成员 王栖鸾 程保荣 梁铭全
二审法院合议庭成员 张 宁 刘义军 范米多
编写人 张 宁

46. 杭州某技术公司诉深圳某进出口公司、北京某电子商务公司侵害商标权纠纷案

——代理商代理国外品牌期间自行附加中文标识的权利归属

关键词 商标 侵权 代理 权利归属

基本案情

原告杭州某技术公司诉称：杭州某技术公司在第12类商品上申请注册了第15779283号“阳光超人”注册商标。深圳某进出口公司在被告北京某电子商务公司的网络营销平台上开设了“storchenmuhle旗舰店”，销售儿童“阳光超人”安全座椅及配件，混淆了消费者对“阳光超人”儿童安全座椅商品来源的认知，侵犯了杭州某技术公司的商标权，被告北京某电子商务公司为被告深圳某进出口公司的侵权行为提供了便利条件，二被告共同侵犯了杭州某技术公司“阳光超人”注册商标专用权。故起诉至一审法院，请求判令：被告深圳某进出口公司立即停止侵权行为，即停止在儿童安全座椅的销售和宣传上使用“阳光超人”标识；被告北京某电子商务公司立即断开被告深圳某进出口公司网店中带有“阳光超人”标识的销售链接，二被告共同赔偿杭州某技术公司经济损失50万元并承担合理费用35513元。

深圳某进出口公司辩称：深圳某进出口公司使用“阳光超人”标识的行为不会使消费者发生混淆，未侵犯杭州某技术公司商标专用权。

北京某电子商务公司辩称：北京某电子商务公司仅是电商平台，未参与具体销售行为，不应承担责任。

法院经审理查明：2005年3月至2014年11月杭州某技术公司是德国

RECARO 公司儿童安全座椅的中国总代理商。在代理期间，杭州某技术公司在京东平台开设了“德国斯迪姆官方旗舰店”，销售儿童安全座椅，在网页中的产品描述为：斯迪姆 STM 汽车儿童安全座椅德国原装进口阳光超人带 SOFIX3 到 12 岁……2014 年 11 月，杭州某技术公司与 RECARO 公司解除了总代理关系。2014 年 11 月 24 日，杭州某技术公司申请注册“阳光超人”商标，2016 年 1 月 21 日杭州某技术公司取得了第 15779283 号“阳光超人”商标注册证，有效期至 2026 年 1 月 20 日。核定使用商品/服务项目第 12 类：儿童安全椅（运载工具用）；……

在杭州某技术公司与 RECARO 公司解除了总代理关系之后，深圳某进出口公司作为新的中国总代理，全权负责 RECARO 公司 storchenmuhle 斯迪姆儿童安全座椅在中国地区的独家销售及服务。深圳某进出口公司在京东平台开设了“storchenmuhle 旗舰店”。销售儿童安全座椅的网页页面中的产品描述为：“德国 STM 阳光超人原装进口汽车用儿童安全座椅……”在商品宣传的网页图片、包装箱等处标有“阳光超人”。杭州某技术公司主张深圳某进出口公司的行为侵害了其注册商标权，故诉至一审法院，要求停止侵权、赔偿损失。

北京市西城区人民法院于 2017 年 7 月 5 日作出（2017）京 0102 民初 1263 号民事判决：一、被告深圳某进出口公司立即停止在儿童安全座椅的销售和宣传上使用“阳光超人”标识；二、北京某电子商务公司立即断开深圳某进出口公司在京东商城开设的“storchenmuhle 旗舰店”中带有“阳光超人”标识的销售链接；三、深圳某进出口公司于判决生效之日起 10 日内，赔偿杭州某技术公司经济损失 10 万元；四、深圳某进出口公司于判决生效之日起 10 日内，赔偿杭州某技术公司律师费 1 万元、公证费及购买涉案商品支出 5500 元；五、驳回杭州某技术公司其他诉讼请求。

深圳某进出口公司、杭州某技术公司均不服原审判决，提起上诉。北京知识产权法院于 2018 年 4 月 23 日作出（2017）京 73 民终 1992 号民事判决：一、撤销北京市西城区人民法院（2017）京 0102 民初 1263 号民事判决；二、驳回杭州某技术公司的全部诉讼请求。

裁判理由

法院生效裁判认为：“阳光超人”标识经过多年使用，逐渐与其所标识的 RECARO 公司生产的儿童安全座椅产生稳定的对应关系，使得相关公众在看到“阳光超人”这一标识时，就会联想到 RECARO 公司生产的儿童安全座椅。“阳光超人”不仅起到区分产品来源的作用，还承载了特定的品质和声誉，形成了附载在该标识上的特有利益。在双方代理关系结束之时，“阳光超人”标识代表的声誉和品质，均源于 RECARO 公司的产品。“阳光超人”标识在获得核准注册之前，即已在长期使用过程中，与 RECARO 公司生产的儿童安全座椅相联系，并形成了一定的消费者认知。深圳某进出口公司使用“阳光超人”标识的方式系沿袭之前杭州某技术公司在京东网络销售平台的使用方式，有权在原使用范围内继续使用，并不构成侵权。一审法院关于构成侵权的认定不当，二审法院予以纠正。

裁判要旨

1. 国内代理商在代理国外品牌的产品期间，在该产品的外文商标之上附加中文标识，外文商标和中文标识经过长期共同使用后，中文标识起到了区分商品来源的作用，在没有相反证据的情况下，该中文标识的标识利益属于国外一方。

2. 在代理关系结束后，国内代理商将该中文标识注册，并主张国外一方新的代理人继续使用该中文标识的行为属于侵权，不应当获得支持。

关联索引

2013 年《中华人民共和国商标法》第五十九条第三款

一审： 北京市西城区人民法院（2017）京 0102 民初 1263 号（2017 年 7 月 5 日）

二审： 北京知识产权法院（2017）京 73 民终 1992 号（2018 年 4 月 23 日）

法官评析

国内代理商在代理国外品牌的产品期间，在该产品的国外品牌之上附加中文标识，但中文标识与外文标识并不具备翻译关系，且中文标识的名称本身系由国内代理商自行创造并已成功注册商标，对于中文标识的利益归属问题，分歧较大。对于上述问题，存在两种有代表性的观点：

第一种观点认为，国内代理商系中文标识的创造者，也是该标识的注册人，当然享有该标识的相关权利，国外一方只对外文商标享有权利，而对中文商标，国外一方既没有主观上的使用，也没有客观上的创设商标的行为，不应享有该标识的相关权利。在国内代理商注册该中文标识之后，若国外一方使用该中文标识，构成商标侵权。

第二种观点认为，外文商标和中文标识经过长期共同使用，中文标识起到了区分商品来源的作用，逐渐形成一定的消费者认知，该中文标识在相关公众中的认知指向外国产品，承载了国外一方的商誉，故在没有相反证据的情况下，该中文标识的标识利益属于国外一方。故代理关系结束后，国内代理商将该中文标识注册，并主张国外一方新的代理人继续使用该中文标识的行为属于侵权，不应当获得支持。

判断涉案中文标识利益的归属，应当从商标权的权利本质着手，着重分析其标识指示功能、标识价值指向，以及标识利益的形成。本案中，杭州某技术公司代理 RECARO 公司的 storchenmuhle 品牌儿童安全座椅期间，基于认读、宣传便利等方面的考虑，将“阳光超人”中文标识与原有外文标识共同使用在上述产品的宣传、销售等环节，起到了标识商品来源的作用，属于商标性使用。

在标识指示功能层面，“阳光超人”标识经过多年使用，已形成了一定的消费者认知，逐渐与其所标识的 RECARO 公司生产的儿童安全座椅产生稳定的对应关系，使得相关公众在看到“阳光超人”这一标识时，就会联想到 RECARO 公司生产的儿童安全座椅。由此可见，“阳光超人”所标识的产品来源指向 RECARO 公司，而非杭州某技术公司。

在标识价值指向的层面，商标作为一种财产，其最核心的价值就在于其代表了特定的质量和信誉，进而影响消费者的选择，帮助商标权利人在激烈的市场竞争中取得更多的交易机会，获得更多利润。本案中，杭州某技术公司在双方代理关系存续期间对商品的描述为：“斯迪姆 STM 汽车儿童安全座椅德国原装进口阳光超人带 SOFIX3 到 12 岁”，突出强调了产品系“德国制造”。“阳光超人”经过多年使用，相关公众在看到该标识时不仅会联想到产品，还会联想到该产品“德国制造”的良好品质，故“阳光超人”不仅起到区分产品来源的作用，还承载了特定的品质和声誉，形成了附载在该标识上的特有利益。很显然，在双方代理关系结束之时，“阳光超人”标识代表的声誉和品质，均源于 RECARO 公司的产品。

在标识利益形成的层面，消费者的认知是商标价值实现的桥梁，没有消费者和市场，商标就无法实现其价值。消费者的认可和评价在很大程度上决定了标识的商业价值。因此，判断某一标识经使用产生的原始利益归属，并非考察标识的称谓本身由谁创造，而是应当考察消费者将该标识与何种商品相联系，进而判断相应标识利益的归属。本案中，在双方代理关系存续期间，相关消费者对“阳光超人”的认知均是与RECARO公司及其产品相关联。故杭州某技术公司作为RECARO公司的原代理商，即使其自行创设了“阳光超人”这个名称，并进行了商标注册，并不当然地享有“阳光超人”标识的相关利益。这是因为，商标名称创造与商标权利归属并不能等同，“阳光超人”一词本身由谁创造的争议，属于作品意义上的权利诉求，而是否构成作品、是否享有作品上的权利，属于著作权法的调整对象，并不是商标侵权法律关系调整的内容。

而对于RECARO公司是否有主观使用意图的问题，由于中文标识“阳光超人”和外文标识长期使用，“阳光超人”已经客观上起到指示商品来源的效果，除非RECARO公司明确否认、拒绝“阳光超人”的指示效果，均应当承认“阳光超人”在相关公众中客观上指向RECARO公司的现实状态。

综上分析，第二种观点是正确的。

一审法院合议庭成员 温同奇 刘艳云 罗春林
二审法院合议庭成员 张 宁 周丽婷 崔 宁
编写人 张 宁

47. 某印书馆有限公司诉某教学出版社有限责任公司侵害商标权及不正当竞争纠纷案*

——未注册驰名商标保护的适用要件

关键词 未注册驰名商标 复制、摹仿 不正当竞争 特有装潢

基本案情

原告某印书馆有限公司（以下简称某印书馆）诉称：某教学出版社有限责任公司（以下简称某出版社）生产、销售“新华字典”辞书的行为侵害了某印书馆“新华字典”未注册驰名商标，且某出版社使用某印书馆《新华字典》（第11版）知名商品的特有包装装潢的行为已构成不正当竞争。综上，某印书馆诉至法院，请求：（1）判令某出版社立即停止使用某印书馆的未注册驰名商标“新华字典”，并禁止某出版社在辞书产品上使用与某印书馆未注册驰名商标“新华字典”相同或近似的商标；（2）判令某出版社立即停止不正当竞争行为，并禁止其生产和销售与某印书馆《新华字典》（第11版）的特有包装装潢相同或近似的辞书；（3）判令某出版社在《中国新闻出版广电报》《中国知识产权报》上，以及其官方网站首页、新浪微博官方账号首页、天猫店铺首页发布声明（在网络媒体上的发布持续时间不少于7日），消除因涉案侵权行为给某印书馆带来的负面影响；（4）判令某出版社赔偿某印书馆经济损失300万元；（5）判令某出版社赔偿某印书馆维权合理支出40万元。

---

* 本案例入选最高人民法院评选的2017年中国法院10大知识产权案件，入选北京法院2017年度知识产权10大典型案例。

某出版社辩称："新华字典"系由国家项目名称发展为公共领域的辞书通用名称，某印书馆无权就"新华字典"主张商标权益，无权禁止他人正当使用。涉案《新华字典》（第11版）的装潢不属于1993年《反不正当竞争法》第五条第二项规定的"特有装潢"，不会使购买者产生混淆或误认。某印书馆提起诉讼旨在通过司法判决的方式独占"新华字典"这一辞书通用名称，具有排除竞争、实现垄断辞书类市场的不正当目的。综上，请求驳回某印书馆的全部诉讼请求。

法院经审理查明：某印书馆与某出版社同为出版机构。某印书馆自1957年至今，连续出版《新华字典》通行版本至第11版。2010~2015年，某印书馆出版的《新华字典》在字典类图书市场的平均占有率超过50%。截至2016年，某印书馆出版的《新华字典》全球发行量超过5.67亿册，获得"最受欢迎的字典"吉尼斯世界纪录及"最畅销的书（定期修订）"吉尼斯世界纪录等多项荣誉。"新华字典"具备商标的显著特征，且经过某印书馆的使用已经达到驰名商标的程度，构成未注册驰名商标，某出版社复制、摹仿某印书馆的未注册驰名商标"新华字典"的行为，容易导致混淆，构成商标侵权。某印书馆出版的《新华字典》（第11版）构成知名商品的特有包装装潢，某出版社擅自使用《新华字典》（第11版）知名商品的特有装潢的行为构成不正当竞争。

北京知识产权法院于2017年12月28日作出（2016）京73民初277号民事判决：一、某出版社立即停止使用某印书馆的"新华字典"未注册驰名商标的行为；二、某出版社立即停止使用与某印书馆《新华字典》（第11版）知名商品的特有装潢相同或近似装潢的不正当竞争行为；三、某出版社在《中国新闻出版广电报》《中国知识产权报》上，以及某出版社官方网站首页、某出版社新浪微博官方账号首页、某出版社天猫店铺首页发布声明（在网络媒体上的发布持续时间不少于7日），消除因本案侵权行为给某印书馆造成的不良影响（声明内容需经本院审核，逾期未刊登声明本院将刊登本判决相关内容，费用由某出版社承担）；四、某出版社于本判决生效之日起10日内向某印书馆赔偿经济损失300万元及合理费用277989.20元；五、驳回某印书馆的其他诉讼请求。一审判决作出后，双方当事人均未上诉，一审判决已生效。

裁判理由

法院生效裁判认为：根据双方当事人的诉辩主张及理由，本案的焦点问题为：(1) 涉案“新华字典”是否构成未注册驰名商标，如果“新华字典”构成未注册驰名商标，某出版社实施的被诉行为是否构成侵权；(2) 某印书馆出版的《新华字典》（第11版）是否构成知名商品的特有包装装潢，如果构成知名商品的特有包装装潢，某出版社的被诉行为是否构成不正当竞争；（3）如果前述侵权行为成立，某出版社应当如何承担法律责任。

一、涉案“新华字典”构成未注册驰名商标，某出版社实施的被诉行为构成商标侵权

（一）涉案“新华字典”构成未注册驰名商标

首先，“新华字典”具备商标的显著特征。显著识别性是商标的基本特征，是一个标志可以作为商标的基本属性。只有具有显著特征的标识才能发挥区别商品来源的作用，进而可以作为商标注册或保护。本案中，“新华字典”具有特定的历史起源、发展过程和长期唯一的提供主体以及客观的市场格局，保持着产品和品牌混合属性的商品名称，已经在相关消费者中形成了稳定的认知联系，具有指示商品来源的意义和作用，具备商标的显著特征。本案遵循在先案例（2011）民提字第55号民事判决及（2013）民申字第371号民事裁定中确立的裁判标准，认定“新华字典”具有商标的显著特征，能够发挥商品来源的识别作用。

其次，“新华字典”构成未注册驰名商标。从相关公众对涉案“新华字典”的知晓程度来看，“新华字典”已经在全国范围内被相关公众广为知晓。从某印书馆使用“新华字典”持续的时间和销售数量来看，“新华字典”近60年间已在全国范围内销售数亿册，销售量巨大，销售范围非常广泛。从某印书馆对“新华字典”进行宣传所持续的时间、程度和地理范围来看，“新华字典”已经获得了较大的影响力和较高的知名度。综合以上因素，可以认定“新华字典”构成未注册驰名商标。

最后，某印书馆可以就“新华字典”主张未注册驰名商标。至被诉行

为发生之时，“新华字典”标识尚未获准商标注册，但“新华字典”经过某印书馆的使用已经达到驰名商标的程度，应该得到商标法的保护。将“新华字典”作为某印书馆的未注册驰名商标给予保护，不仅是对于之前某印书馆在经营“新华字典”辞书商品中所产生的识别来源作用和凝结的商誉给予保护，更是通过商标保护的方式使其承担商品质量保障的法定义务和社会责任。这不仅不会损害知识的传播，相反，为了维护“新华字典”良好的品牌商誉，某印书馆更会注重提升其出版、发行的标有“新华字典”标识的辞书的品质，促进正确知识的广泛传播。

（二）某出版社复制、摹仿某印书馆的未注册驰名商标“新华字典”的行为，容易导致混淆，构成商标侵权

某印书馆和某出版社使用“新华字典”的商品均为第 16 类辞书，属于相同商品，且某出版社在其出版的字典上使用了与某印书馆未注册驰名商标“新华字典”完全相同的商标，该行为属于以复制的方式使用某印书馆的未注册驰名商标。根据在案证据显示，某出版社在其出版的第 16 类字典商品上使用“新华字典”标识，已经使消费者在购买和使用字典的过程中将其出版的《新华字典》误认成某印书馆出版的《新华字典》。某出版社的上述行为已经导致相关公众发生混淆和误认。因此，某出版社在第 16 类辞书上使用“新华字典”标识的行为已经构成在相同商品上复制他人未在中国注册的驰名商标，容易导致混淆，违反了 2013 年《商标法》第十三条第二款的规定。

二、某印书馆出版的《新华字典》（第 11 版）构成知名商品的特有包装装潢，某出版社的被诉行为构成不正当竞争

（一）某印书馆出版的《新华字典》（第 11 版）构成知名商品的特有包装装潢

第一，某印书馆出版的《新华字典》（第 11 版）属于知名商品。《新华字典》第 11 版自 2011 年 6 月出版发行，至被诉行为发生时已经在全国范围大量出版发行，并取得较高的知名度。结合某印书馆在全国范围内宣传和经营《新华字典》的情况，以及《新华字典》辞书获得的系列荣誉和

重要奖项，可以认定某印书馆的《新华字典》（第11版）属于知名商品。

第二，《新华字典》（第11版）的装潢属于特有装潢。《新华字典》（第11版）使用的装潢是对与其功能性无关的构成要素进行了独特的排列组合，形成了能够与其他经营者的同类商品相区别的整体形象。经过某印书馆长期的宣传和使用，使得相关公众能够将上述装潢的整体形象与《新华字典》（第11版）的商品来源联系起来，该装潢所体现的文字、图案、色彩及其排列组合具有识别和区分商品来源的作用，具备特有性。因此，《新华字典》（第11版）的装潢属于1993年《反不正当竞争法》第五条第二项所保护的知名商品的特有装潢。

（二）某出版社擅自使用《新华字典》（第11版）知名商品的特有装潢的行为构成不正当竞争

从某印书馆提交了原、被告的产品对比图可见，被诉侵权产品在《新华字典》（第11版）之后出版，且在字典封面的整体设计、封面中上部的文字设计、封面中部的版次设计、封面下部的图形设计、字典书脊的颜色及文字设计方面构成近似。由此，某出版社的被诉侵权产品的装潢与某印书馆《新华字典》（第11版）的装潢在文字结构、图案设计、色彩搭配、排列位置等整体视觉效果上相近似，普通消费者施以一般注意力，容易对原、被告商品的来源发生混淆和误认。且根据在案证据，被诉侵权产品已经在市场上引起了相关消费者的混淆和误认。因此，某出版社因擅自使用《新华字典》（第11版）知名商品的特有装潢而构成1993年《反不正当竞争法》第五条第二项规定的不正当竞争行为。

三、某出版社法律责任的认定

第一，鉴于某出版社实施了上述被诉侵权行为，其应当立即停止使用某印书馆的“新华字典”未注册驰名商标，并禁止在第16类辞书商品上使用与“新华字典”相同或近似的商标。立即停止使用与某印书馆《新华字典》（第11版）知名商品的特有装潢相同或近似的装潢的行为。同时，某出版社应当刊登声明，消除其侵权行为给某印书馆带来的负面影响。

第二，法院参考北京市新闻出版广电局备案的部分被控侵权字典印刷委托书的信息统计数量、2014年内地上市的出版企业年度平均净资产收益情况、某出版社在全国的销售情况，综合考虑某出版社被诉侵权行为的性质及主观故意，参照2013年《商标法》第六十三条第一款规定，按照上述方法确定数额的1.5倍为本案的赔偿数额。具体计算如下：2012年9月30日至2016年9月30日期间，某出版社因出版印刷被控侵权字典而获利为20310160×11.29%=2293017.064元。该数额的1.5倍已经超出了某印书馆300万元赔偿数额的诉讼请求，故，法院对某印书馆300万元赔偿数额的诉讼请求予以全额支持。

最后，某印书馆主张合理支出40万元，并提交了部分维权合理支出的证据。考虑到某印书馆提交的合理支出凭证与本案的关联性、必要性，法院对于具有凭证的合理支出277989.20元予以支持，超出部分不予支持。

裁判要旨

未注册驰名商标的认定，需要在认定商标是否具备显著识别性的基础上，判断该未注册商标是否达到驰名商标的程度。个别案件中还需要衡量保护必要性与公共利益及社会秩序之间的关系。本案确立了对“新华字典”这类兼具产品和品牌混合属性的商品名称是否具备商标显著特征的裁判标准，明确指出给予权利人独占使用“新华字典”商标的权利并不是给予其出版字典类辞书的专有权，不会造成辞书行业的垄断，而是通过商标保护的方式促使其承担商品质量保障的法定义务和社会责任，更有利于知识传播与文化发展。

关联索引

2013年《中华人民共和国商标法》第十三条、第十四条

1993年《中华人民共和国反不正当竞争法》第五条第二项、第二十条第一款

一审：北京知识产权法院（2016）京73民初277号（2017年12月28日）

法官评析

作为近年来少有的适用未注册驰名商标进行司法保护的案件，本案明确了未注册驰名商标的认定要件，且根据被诉侵权行为的性质及被告的主观故意情况，适用1.5倍倍数确定赔偿数额，该裁判理念对同类案件的裁

判具有指导作用。

一、关于“新华字典”是否具备商标的显著特征问题

显著识别性是商标的基本特征，是一个标志可以作为商标的基本属性。只有具有显著特征的标识才能发挥区别商品来源的作用，进而可以作为商标注册或保护。本案中，“新华字典”具有特定的历史起源、发展过程和长期唯一的提供主体以及客观的市场格局，保持着产品和品牌混合属性的商品名称，已经在相关消费者中形成了稳定的认知联系，具有指示商品来源的意义和作用，具备商标的显著特征。本案参考在先案例再审申请人佛山市某饼业有限公司与再审申请人珠海某食品有限公司侵犯注册商标专用权纠纷案［（2011）民提字第55号民事判决书］及再审申请人某出版社有限公司与被申请人吉林某出版社及一审被告长春某图书城有限公司侵害著作权及不正当竞争纠纷案［（2013）民申字第371号民事裁定书］中确立的裁判标准，认定“新华字典”具有商标的显著特征，能够发挥商品来源的识别作用。且某出版社提供的在案证据不能证明全国范围内相关公众已将“新华字典”认定为辞书商品上约定俗成的通用名称。

二、关于“新华字典”是否构成未注册驰名商标的问题

2009年《最高人民法院关于审理涉及驰名商标保护的民事纠纷案件应用法律若干问题的解释》第五条第一款规定：“当事人主张商标驰名的，应当根据案件具体情况，提供下列证据，证明被诉侵犯商标权或者不正当竞争行为发生时，其商标已属驰名：（一）使用该商标的商品的市场份额、销售区域、利税等；（二）该商标的持续使用时间；（三）该商标的宣传或者促销活动的方式、持续时间、程度、资金投入和地域范围；（四）该商标曾被作为驰名商标受保护的记录；（五）该商标享有的市场声誉；（六）证明该商标已属驰名的其他事实。”

本案结合在案证据可知，某印书馆自1957年“商务新1版”开始，在辞书类商品上持续使用“新华字典”标识，至今已经出版《新华字典》通行版本至第11版，销售数量达到5亿册以上，销售范围基本覆盖中国大陆。某印书馆在经营“新华字典”品牌的过程中，在大陆范围内及香港特区，马来西亚、新加坡、日本等国家和地区积极进行品牌宣传，在相关公

众中的知晓程度较高，并获得了国家图书奖荣誉奖、国家辞书奖特别奖等奖项及受到国家有关部门给予的保护。即便时间截至被诉侵权行为发生时的 2012 年，现有证据亦能够证明“新华字典”已经达到驰名商标的程度。

三、关于“新华字典”作为某印书馆的未注册驰名商标给予保护是否会破坏出版行业正常的经营管理秩序、损害知识的传播问题

涉案商标“新华字典”经过某印书馆的使用已经达到驰名商标的程度，应该得到商标法的保护。但是，某出版社认为将“新华字典”作为某印书馆的未注册驰名商标给予保护将会破坏出版行业正常的经营管理秩序，损害知识的传播。商标法的根本目标在于促进市场经济的发展，不能因为给予一方市场主体商标权保护而限制市场竞争，损害市场经济发展。“新华字典”作为辞书名称给予商标保护的根本原因是某印书馆的长期大量使用已经使得“新华字典”与某印书馆产生了稳定的对应关系，且“新华字典”凝结了其所标识商品的商誉，给予其未注册驰名商标保护符合商标法关于未注册驰名商标保护的立法目的。商标法保护的商标权本身即为对商标独占使用的权利，这种独占使用针对的是商标本身，而非商标所附着的商品。即便给予某印书馆“新华字典”未注册驰名商标的保护，给予的仅为独占使用“新华字典”商标的权利而非出版相关辞书的专有权，不会因此而直接造成辞书行业所谓的垄断，更不会因此破坏辞书市场正常的经营管理秩序。如果某印书馆的实际经营行为构成了垄断并符合反垄断法所禁止实施的行为，相关市场竞争主体可以依据相关法律规定维护自身合法权益和公平的市场竞争秩序。

此外，本案亦考虑到辞书作为工具书的特殊性，识字类辞书不仅关系社会公众特别是中小学生学习汉字的正确性和汉语言知识的传承与积累，还关涉民族文化知识的传播与发展，因此辞书内容的正确性和权威性至关重要。商标恰是保障商品内容品质的一种重要方式，商标是其所标识商品声誉的承载者。将“新华字典”作为某印书馆的未注册驰名商标给予保护，某印书馆不仅享有商标权利，更承担了商标法意义上商标权利人对其提供商品质量的保障义务及与其驰名商标美誉度相称的传播正确汉语言文字知识的社会责任。

四、关于惩罚性赔偿的适用问题

侵害知识产权损害赔偿制度中，填平原则是法定赔偿的基础，惩罚性赔偿是法定赔偿在填平原则基础上对恶意侵权的特别适用。[①] 2013 年《商标法》明确规定对恶意侵犯商标专用权，情节严重的，可以适用一倍以上三倍以下的惩罚性赔偿。尽管该规定是针对侵犯商标专用权，但《商标法》亦明确规定未注册驰名商标应受到《商标法》的保护，且侵害他人民事权益的，应当承担侵权责任。未注册驰名商标之所以获得保护是因为其经过长期大量使用而获得较高知名度，他人在与未注册驰名商标使用商品相同或类似商品上进行使用属于“搭便车”行为，获得了不当利益且损害了未注册驰名商标的利益。因此，针对未注册驰名商标的侵害行为亦应承担赔偿的侵权责任。关于侵害未注册驰名商标的赔偿数额计算可以参照侵犯商标专用权的损害赔偿额的方法进行。

法院确定惩罚性赔偿数额时，应当以原告实际损失数额、被告违法所得数额或者因侵权所获得的利益作为计算基数。本案根据某出版社的销售情况，结合官方备案的部分印刷信息统计数量与出版企业年度平均净资产收益情况，确定了本案赔偿数额的计算基数。关于惩罚性赔偿的倍数，法院应当综合考虑被告的主观过错程度、侵权行为的情节严重程度等因素。本案某出版社实施的被诉侵权行为中，不仅涉及在相同或类似商品上使用“新华字典”未注册驰名商标，还涉及擅自使用《新华字典》（第 11 版）知名商品的特有装潢的不正当竞争行为，属于商标、不正当竞争的全方位侵权，可以认定侵权情节严重且主观恶意明显，故法院以上述计算基数的 1.5 倍确定本案赔偿数额。

一审法院合议庭成员 张玲玲　冯　刚　杨　洁

编写人 张玲玲　田　芬

---

① 刘筠筠：《知识产权侵权损害赔偿问题研究》，知识产权出版社 2017 年版，第 15 页。

48. 贵阳某公司诉贵州某公司、北京某公司侵害商标权及不正当竞争纠纷案*

——在驰名商标侵权案件中看商标功能与商标使用的联系

关键词 不正当竞争 商标功能 商标使用 驰名商标

基本案情

贵阳某公司拥有第2021191号“老干妈”文字注册商标（以下简称涉案商标），核定使用在第30类商品上，包括豆豉、辣椒酱、炸辣椒油等。该注册商标经贵阳某公司长期使用、广泛宣传，已经为国内外广大消费者所知悉，多次在行政和司法程序中被认定为“具有较高知名度”或直接认定为驰名商标。贵州某公司制造、销售的牛肉棒产品印有“老干妈味”字样。贵州某公司未经贵阳某公司同意，擅自在其商品上使用了涉案商标，其傍名牌意图非常明显，损害了贵阳某公司作为注册商标专用权人的合法权益，对贵阳某公司知名品牌造成了极其恶劣的影响。因此，贵州某公司的行为属于恶意侵犯驰名商标专用权的行为。据此，贵阳某公司诉至一审法院，请求：（1）判令贵州某公司立即停止侵犯贵阳某公司驰名商标专用权的行为，停止在牛肉棒上使用“老干妈味”字样，停止以任何形式销售印有上述“老干妈味”字样的牛肉棒；（2）判令贵州某公司赔偿贵阳某公司经济损失300万元；（3）判令贵州某公司承担与本案有关的合理支出总

* 本案例入选2017年中国法院10大知识产权案件和50件典型知识产权案例，并获评全国法院系统2017年度优秀案例分析暨“促公正·法官梦”第四届全国青年法官优秀案例评选活动三等奖。

计 127820 元。

贵州某公司辩称：（1）贵州某公司成立于 1984 年，主营商品为牛肉干等制品，主营商标为牛头牌及图，通过 30 余年的使用，前述商标在全国范围内具有很高的知名度和市场影响力，也在行政程序中被认定为驰名商标，其没有攀附贵阳某公司商标的意图；（2）贵州某公司使用“老干妈味”字样不属于商标性使用，属于对产品配料和口味的合理描述，是善意的，并不会造成消费者对涉案产品来源的混淆与误认，故其行为不构成商标侵权。综上，贵州某公司并未侵犯贵阳某公司涉案商标驰名商标权益。贵阳某公司的主张没有事实和法律依据，请求法院驳回其诉讼请求。

法院经审理查明：贵阳某公司成立于 1997 年 10 月 5 日，其经营范围为风味食品系列，豆豉，豆腐乳，火锅底料，经营本企业自产的粮油食品的出口业务、蔬菜制品、辣椒制品的生产、销售。贵阳某公司自成立以来，经营状况良好，屡获新闻报道赞誉，在 2012~2015 年期间，贵阳某公司累计销售“老干妈”牌油制辣椒产品 9351.69 万件，不含税销售收入超过 110 亿元，曾获得诸如“贵州省名牌产品”“贵阳市非公有制经济明星企业”“全国重质量、守信誉诚信联盟单位”等多项荣誉证书，并获中国食品工业协会等行业协会证明该企业在全国油制辣椒行业中居领先地位。同时，贵阳某公司还重视对经营品牌的广告投入和商标维权，2012~2015 年，贵阳某公司累计投入广告宣传费 858.22 万元，还曾被国家工商行政管理总局列入“百家打假维权网络企业”。涉案商标第 2021191 号“老干妈”商标，该商标为“老干妈”三个汉字，其商标注册人为贵阳某公司，于 2003 年 5 月 21 日核准注册，核定使用商品为第 30 类：豆豉、辣椒酱（调味）、炸辣椒油等商品，经续展，涉案商标有效期至 2023 年 5 月 20 日。此外，贵阳某公司还拥有注册号为 1381611 号的“老干妈及图”商标，于 2000 年 4 月 7 日核准注册，该商标汉字部分与涉案商标相同，核定使用商品为第 30 类，豆豉、油辣椒（调味品）、酱辣椒（调味品）、火锅调料（调味品）等商品，经续展，该商标有效期至 2020 年 4 月 6 日。涉案第 2021191 号“老干妈”商标曾在 2011 年、2014 年、2015 年、2016 年多次被商标局、国家工商行政管理总局商标评审委员会（以下简称商标评审委员会）和法院认定为驰名商标。

贵州某公司最初成立于 1984 年，是贵州省内一家牛肉制品生产企业，其产品包括牛肉干、牛肉松、牛肉棒等。贵州某公司拥有第4686272号、第10781638号、第3550793号、第5853924号的“牛头牌及图”系列注册商标，核定使用商品为第29类牛肉食品。“牛头牌及图”商标曾在2010年被商标局认定为驰名商标。根据（2015）京方圆内经证字第27571号公证书记载，2015年9月14日，贵阳某公司的委托代理人在公证员的陪同下，在北京某公司位于北京市朝阳区香宾路66-1的商铺处购买了3个牛肉棒（以下简称涉案产品），单支售价为24.8元，并当场取得购物小票以及发票一张，发票上加盖有北京某公司来广营店的印章。涉案产品包装的正面上部标有被告贵州某公司所拥有的“牛头牌及图”商标，中部印有“老干妈味”字样；包装背面标有涉案产品品名为“老干妈味牛肉棒”，注明配料有牛肉、豆豉、鱼露等，还写明了涉案产品的制造商是贵州某公司。

贵州某公司确认北京某公司销售的涉案产品系贵州某公司生产。贵州某公司自2014年开始购入贵阳某公司生产的“老干妈”牌豆豉作为调料生产涉案产品，贵州某公司生产的牛肉棒除了涉案产品中标明的“老干妈味”，还有“原味”“麻辣”“香辣”“黑胡椒”等其他产品。2015年贵州某公司生产的“老干妈味牛肉棒”销售收入总计219485.7元。根据2015年财务审计报告显示，贵州某公司处于整体亏损状态，在2015年整体亏损了2697万元。

贵阳某公司在本案诉讼中支出律师费10万元、公证费26500元、印制费750元、航空运费480元、交通费合计90元。

北京知识产权法院于2016年8月22日作出（2015）京知民初字第1944号民事判决：一、贵州某公司自本判决生效之日起立即停止在其生产、销售的牛肉棒产品上使用“老干妈味”字样，北京某公司停止销售上述印有“老干妈味”字样的牛肉棒；二、贵州某公司自本判决生效之日起10日内赔偿贵阳某公司经济损失及合理支出共计426500元；三、驳回贵阳某公司的其他诉讼请求。宣判后，贵州某公司以涉案行为不构成商标侵权为由提起上诉。北京市高级人民法院于2017年4月24日作出（2017）京民终28号民事判决：驳回上诉，维持原判。

裁判理由

法院生效裁判认为：2013 年《商标法》第十三条规定："为相关公众所熟知的商标，持有人认为其权利受到侵害时，可以依照本法规定请求驰名商标保护。就相同或者类似商品申请注册的商标是复制、摹仿或者翻译他人未在中国注册的驰名商标，容易导致混淆的，不予注册并禁止使用。就不相同或者不相类似商品申请注册的商标是复制、摹仿或者翻译他人已经在中国注册的驰名商标，误导公众，致使该驰名商标注册人的利益可能受到损害的，不予注册并禁止使用。"第四十八条规定："本法所称商标的使用，是指将商标用于商品、商品包装或者容器以及商品交易文书上，或者将商标用于广告宣传、展览以及其他商业活动中，用于识别商品来源的行为。"第五十九条第一款规定："注册商标中含有的本商品的通用名称、图形、型号，或者直接表示商品的质量、主要原料、功能、用途、重量、数量及其他特点，或者含有的地名，注册商标专用权人无权禁止他人正当使用。"2009 年《最高人民法院关于审理涉及驰名商标保护的民事纠纷案件应用法律若干问题的解释》（以下简称《驰名商标司法解释》）第九条第二款规定："足以使相关公众认为被诉商标与驰名商标具有相当程度的联系，而减弱驰名商标的显著性、贬损驰名商标的市场声誉，或者不正当利用驰名商标的市场声誉的，属于商标法第十三条第二款[①]规定的'误导公众，致使该驰名商标注册人的利益可能受到损害'。"本案中，涉案商品牛肉棒包装的正面上部标有贵州某公司所拥有的"牛头牌及图"商标，中部印有"老干妈味"字样；包装背面标有涉案商品品名为"老干妈味牛肉棒"，注明制造商是贵州某公司，地址是贵州省惠水县永红绿色食品工业园。贵州某公司生产的牛肉棒除"老干妈味"外，还有"原味""麻辣""香辣""黑胡椒"等其他商品。贵州某公司将"老干妈"作为涉案商品的口味名称，并标注于涉案商品包装正面，属于对涉案商标的复制、摹仿，其能够起到识别商品来源的作用，属于商标法意义上的使用。虽然涉案商品确实添加有"老干妈"牌豆豉，但"老干妈"牌豆豉并非食品行业

① 《商标法》于 2013 年、2019 年两次修正，修正后为第十三条第三款。

的常用原料，“老干妈味”也不是日用食品行业对商品口味的常见表述方式，涉案商品对“老干妈”字样的使用不属于合理使用的范畴。

涉案牛肉棒商品与豆豉、辣椒酱（调味）、炸辣椒油商品虽然在商品原料、功能用途等方面存在差异，但二者均属日用食品，在销售渠道和消费群体方面存在一定重合，贵州某公司在涉案商品包装正面使用“老干妈”字样，并将“老干妈味”作为与“原味”“麻辣”等并列的口味名称的行为，足以使相关公众在看到涉案商品时直接联想到第2021191号“老干妈”商标，进而破坏该商标与贵阳某公司所生产的豆豉、辣椒酱（调味）、炸辣椒油商品之间的密切联系和对应关系，减弱该商标作为驰名商标的显著性。贵州某公司明知第2021191号“老干妈”商标在豆豉、辣椒酱（调味）、炸辣椒油商品上具有较高知名度，仍然在涉案商品上使用“老干妈味”字样，意图利用该商标的市场声誉吸引相关公众的注意力，从而获取不正当的经济利益。因此，贵州某公司在涉案商品包装上标注“老干妈味”的行为，削弱了第2021191号“老干妈”商标与贵阳某公司的唯一对应联系，弱化了该驰名商标告知消费者特定商品来源的能力，从而减弱了驰名商标的显著性，并不正当利用了驰名商标的市场声誉，构成《商标法》第十三条第三款所指“误导公众，致使该驰名商标注册人的利益可能受到损害的”的情形，属于给他人注册商标专用权造成其他损害的行为。

裁判要旨

“商标使用”区分为“识别性商标使用”和“广告性商标使用”，因而商标侵权可区分为混淆式侵权与淡化式侵权。商标法上的合理使用主要包括两种情形：描述性使用与指示性使用。“描述性使用”与“商标使用”并不是并列概念，仅是“商标使用”中的一种合理使用情形。如果侵权人使用他人的驰名商标来描述自己的产品，虽不属于识别性商标使用，仍需判断其是否属于广告性商标使用，是否构成淡化式侵权。

关联索引

2013年《中华人民共和国商标法》第十三条、第四十八条

一审：北京知识产权法院（2015）京知民初字第1944号（2016年8月22日）

二审：北京市高级人民法院（2017）京民终28号（2017年4月24日）

法官评析

一、驰名商标专用权与禁用权边界的特殊性

我国《商标法》规定了商标权人积极使用商标的权利和排除他人侵犯商标权的权利，即商标权人的专用权和禁用权，赋予权利人禁用权意在维护其专用权，而权利人所享有的专用权与禁用权均体现了对商标功能的维护与发挥。由于传统商标制度是以“禁止混淆”理论搭建的，商标最核心的功能在于区分商品或服务的来源。就此而言，商标权人的专用权和禁用权的边界是一致的。但对具备内在价值的驰名商标而言，由于科技进步推动了国际国内贸易的发展，商业交易新形式的出现，市场的扩大和商业广告的流行，商标权人为塑造和维护驰名商标的品牌效应付出了巨大成本，驰名商标具备了识别来源功能之外的广告功能。为维持这种品牌宣传效果，让商标在消费者心目中的形象不受到干扰和破坏，就成了权利人最为重要的利益诉求，此时，驰名商标权利人需要的禁用权边界就大于其专用权的边界。

二、商标使用分为“识别性商标使用”和“广告性商标使用”

涉案产品突出使用了被告自己的注册商标“牛头牌及图”，而“老干妈味”字样则位于中部，字体偏小，“牛头牌及图”在消费者中享有较高知名度。因此，可以认定消费者施加一般注意即可分辨出此商品来源，不会对涉案产品的来源产生混淆和误认。但正如上述分析，驰名商标的禁用权边界远大于其专用权。事实上，对只具有识别功能的商标，传统混淆理论确实没问题，但对具备显著广告效应的驰名商标而言，无混淆，仍可能侵害权利人的利益。这正是传统商标混淆理论的局限所在。商标从最初具有的单一识别来源功能，到现在，其中一部分特定商标因其自身良好声誉还具备了广告功能和保证功能，因此，从商标的功能视角去解释“商标使

用”，可将其分为“识别性商标使用”和“广告性商标使用”。具体到本案，被告用涉案驰名商标来描述自己的产品，虽不属于识别性商标使用，却属于广告性商标使用，仍然符合判定商标侵权的前提条件。

三、“描述性使用”并不是与“商标使用”并列的一个概念，而是作为“商标使用”中的一种合理使用情形

并不是任何对商标的使用行为都构成侵害商标权，商标合理使用就是对商标专用权的一种限制。商标法上的合理使用主要包括两种情形：描述性使用与指示性使用。具体到本案，涉案产品上虽然印的是“老干妈味”字样，涉案产品也确实添加了“老干妈”牌豆豉，但不同于“原味”“香辣”“黑胡椒”等口味，“老干妈”在现实生活中并非任何一种口味，也不是任何一种原料，而是原告所拥有的驰名商标，因此不能将“老干妈”视为一个描述性词汇应用于涉案产品之上。同时，指示性使用必须是为说明或传达真实信息所必需，本案被告可以直接采取标注“麻辣味”“豆豉味”等字样来说明涉案牛肉棒的口味，而非替代性地借用涉案驰名商标。因此，被诉侵权行为易引起消费者将涉案产品与原告贵阳某公司之间搭建不恰当的联系，将“老干妈”商标所享有的优良商誉投射到涉案产品之上，故不属于合理使用的范畴。

四、驰名商标中的混淆式侵权与淡化式侵权

识别性商标使用与广告性商标使用均属于商标使用，随着经济发展和实践积累，驰名商标侵权的前提条件不再仅仅是识别性商标使用行为，还包括了广告性商标使用行为，二者的区别主要体现在：在识别性商标使用行为中，被诉侵权人是将权利人的商标当作“识别标识”来使用，目的是使消费者对来源产生混淆，属于混淆式侵权；而在广告性商标使用行为中，被诉侵权人并没有把权利人的驰名商标当作识别标识使用，而是将其用于包装、宣传中，起到广告作用，甚至被诉侵权人在其商品或服务中还标注了自己的商标以表明其正确来源，后果在于淡化驰名商标的显著性，属于淡化式侵权。

本案中，贵州某公司将涉案驰名商标作为自己牛肉棒产品的系列名

称，用涉案驰名商标来描述自己的产品，会使消费者误以为涉案产品与商标权人贵阳某公司具有某种联系，贵州某公司将“老干妈味”作为一种口味，有可能导致涉案驰名商标的显著性、识别性减弱，甚至会导致其通用名称化。为了避免涉案驰名商标“老干妈”最后淡化为一种通用的口味描述性词汇，有必要在本案中对该驰名商标作出反淡化保护，故认定贵州某公司的生产、销售行为侵犯了贵阳某公司所拥有的涉案商标专用权。

一审法院合议庭成员 邓　卓　高　松　宫朝红
二审法院合议庭成员 周　波　俞惠斌　苏志甫
编写人 邓　卓

49. 何某诉北京某商贸公司侵害商标权案

——被诉侵权商标没有攀附注册商标的恶意仍构成商标侵权

关键词 侵害商标权 主观意图 在先使用

基本案情

2009年11月，原告何某在第35类上注册了第5732822号“DHW大黑屋”商标，核定服务项目为：拍卖，推销（替他人）等，专用权期限自2009年11月21日至2019年11月20日。2010年1月，何某在第36类上注册了第5732821号“DHW大黑屋”商标，核定服务项目为：珍宝估价，珍宝寄存，典当等，专用权期限自2010年1月14日至2020年1月13日。2014年5月，何某在第35类上注册了第11844700号“大黑屋”商标，核定服务项目为：替他人推销，替他人采购等，专用权期限自2014年5月21日至2024年5月20日。何某将上述第5732822号商标、第5732821号商标许可给由其担任负责人的上海某商贸有限公司使用。

2016年8月17日，被告北京某商贸公司成立，股东为某资产管理有限公司与日本某控股股份有限公司。2017年10月，某资产管理有限公司经核准，在第35类商品上注册了第20996096号“信黑屋XINKOKUYA”商标，并在此后将其注册的第20556810号“信黑屋”及第20996096号商标授权北京某商贸公司使用。

2019年1月29日，国家工商行政管理总局商标评审委员会裁定，第20556810号“信黑屋”商标、第20996096号“信黑屋XINKOKUYA”与“大黑屋”商标构成近似商标，故在广告等部分服务上予以无效宣告，在信息编入计算机数据库服务上予以维持。

原告何某起诉称：被告北京某商贸公司在微信公众号上突出使用“大黑屋”“信黑屋”，在实体店的店招、名片、商品吊牌及宣传资料上使用“信黑屋”标识的行为侵犯了其注册的第5732822号、第5732821号“DHW大黑屋”商标及11844700号“大黑屋”商标专用权，其提交的公证书显示：北京某商贸公司经营的“信黑屋”公众号功能介绍记载，“信黑屋，国内最具行业公信力的二手奢侈品交易服务平台，是中信资产管理有限公司旗下某资产管理有限公司与日本某全球控股公司合资组建，安全可信、便携多样，世界级的标准，成就世界级的消费服务体验”。公众号中标题为“爱上中古奢侈品从认识大黑屋开始”的文章中，图片的显著位置显示“大黑屋欢迎您访问”，图片下方显示“在日本，大黑屋就是权威”，文章内多次提到“大黑屋”，其中一段载明“大黑屋的声名远播源自时光的磨砺，株式会社大黑屋创业于1947年，从事宝石、贵重金属、钟表以及品牌包等的典当、收购和拍卖”。北京某商贸公司开设的店铺门面装潢显示“信黑屋”字样，柜台正面张贴有“信黑屋XINKOKUYA”字样，店长名片上及包、手表、首饰等陈列商品的标签上均印有“信黑屋XINKOKUYA”字样。此外，何某主张某商贸公司注册、使用“信邦大黑屋”字号构成不正当竞争行为。

北京某商贸公司向一审法院提交了平成30年登簿第3536号、第3537号、第3538号、第3539号公证书，证明日本某控股股份有限公司在日本享有很高的知名度，该公司字号中包含“大黑屋”即由此而来。何某认为上述公证书没有中文翻译件，不符合证据构成要件，故不认可上述证据。

诉讼过程中，北京某商贸公司未能提交证据证明其于何某申请注册权利商标日之前，在中国大陆在先使用“大黑屋”“信黑屋”标识。

另查，自20世纪以来，经日本某控股股份有限公司、株式会社大黑屋持续经营，“大黑屋”品牌在日本奢侈品典当、收购和销售领域具有较高的知名度，但在中国大陆境内尚未开设店铺。

北京市东城区人民法院于2020年1月14日作出（2019）京0101民初3664号民事判决：北京某商贸公司停止涉案商标侵权行为，赔偿何某经济损失5万元及合理支出3万元。北京某商贸公司不服，提出上诉。北京知识产权法院于2020年8月19日作出（2020）京73民终2139号民事判决：驳回上诉，维持原判。

裁判理由

法院生效裁判认为：本案的争议焦点为北京某商贸公司使用被诉标识的行为是否侵犯了何某的注册商标专用权；其注册、使用“信邦大黑屋”字号是否构成不正当竞争行为。

无论是北京某商贸公司被控侵权行为涉及商品的销售渠道、销售对象，还是其所涉服务项目的目的、内容、方式和对象，都与何某第5732821号注册商标核准使用的珍宝估价服务存在较为密切的联系，相关公众一般认为其存在特定联系，容易造成混淆，构成类似。北京某商贸公司未经何某许可实施的被诉侵权行为，构成了对第5732821号注册商标权的侵害，应承担停止侵害、赔偿损失的民事责任。一审法院综合考虑涉案商标的知名度、侵权行为的性质、情节、主观恶性等因素，判决北京某商贸公司停止涉案商标侵权行为，赔偿何某经济损失5万元及合理支出3万元并无不当。

裁判要旨

商标经注册后被赋予专用权，注册商标所有人有权禁止他人未经许可而在商业活动中使用与其商标相同或近似的标志，用以标示相同或类似的商品。在认定商标侵权时，应遵循在中国大陆法域内注册在先、使用在先的原则，同时可通过被诉商标是否在先使用并有一定影响来判断商标先用权抗辩是否成立。

关联索引

2013年《中华人民共和国商标法》第五十七条

2017年《中华人民共和国反不正当竞争法》第二条

一审：北京市东城区人民法院（2019）京0101民初3664号（2020年1月14日）

二审：北京知识产权法院（2020）京73民终2139号（2020年8月19日）

法官评析

一、商标侵权的认定坚持客观归责、保护合法在先权利的原则

注册商标专用权的特点是权利的范围具有确定性，一方面便于权利人行使权利，同时便于明确地划定侵权行为的界限。之所以赋予注册商标所有人禁止他人使用的独占使用权，基本目的是通过注册建立特定商标与特定商品的固定联系。就注册商标专用权的保护而言，认定商标侵权行为的核心是制止其他相同或近似标识与注册商标产生市场混淆的行为，对于行为人主观状态要求较低，有些行为即使无过错，即不存在攀附在先商标商誉的主观目的，但其行为有造成消费者对商品来源的混淆之虞，在此情况下也需承担停止侵权的民事责任。因此，一般情况下，商标注册所产生的直接效果是，商标权人自注册后可以专有权禁止他人未经其许可，在可能造成混淆的情况下，对其商标进行商业性使用。任何违反这一规定的行为，都将构成商标侵权行为。

本案中，何某作为涉案注册商标权利人，其商标专用权应依法受到保护。何某申请涉案注册商标的时间早于北京某商贸公司在经营中使用的“大黑屋”“信黑屋”标识的时间，享有在先权利。涉案注册商标与被控侵权标识在字形、读音、整体组合和外观方面均构成近似，国家工商行政管理总局商标评审委员会作出的在先裁定也对此作出相同认定。又鉴于珍品估价服务与回购销售二手珠宝首饰商品在目的、内容、方式、对象等方面相同，存在密切关联，因此，在未经何某许可的情况下，北京某商贸公司的涉案行为构成对何某注册商标权的侵犯。

二、商标先用权抗辩是否成立，关键是判断被诉商标是否在先使用并有一定影响

商标权尽管是一种绝对权，但对其保护也并非无任何条件。在权利发生冲突时，应秉持在先原则，除上文强调的注册在先之外，还需考察是否存在使用在先的情况。商标先用权是对抗商标侵权指控的有效依据，该抗辩的成立关键需满足以下条件：被控侵权人应当先于涉案注册商标申请日前对被控标识进行了商标法意义上的使用；被控侵权人的使用行为应具有

一定影响。其中，“使用”行为的认定应坚持知识产权保护的地域性原则，即需以在中国大陆法域内进行商标法意义上的使用为标准；“有一定影响”的判断应当结合商标使用的宣传、使用行为的持续时间、使用程度、地域范围、使用规模、销售额等综合判定。一般情况下，商标权保护的效力只及于本国境内，具有识别意义的商标商誉并非一朝一夕形成，只有在中国大陆法域内实质性、持续性的使用行为，才有可能在该未注册商标上形成有一定影响力的商誉，从而达到区分商品来源、避免消费者混淆的实际效果，进而不构成对在后注册商标专用权的侵犯。

本案中，尽管“大黑屋”品牌在日本奢侈品典当、收购和销售领域具有较高的知名度，但在中国大陆境内尚未开设店铺，未有在中国境内使用“大黑屋”品牌的商业行为。诉讼过程中，北京某商贸公司亦未能提交其于涉案注册权利申请日之前，在中国大陆在先使用“大黑屋”“信黑屋”标识的任何证据。虽然北京某商贸公司由某资产管理有限公司与日本某控股股份有限公司合资组建，在此背景下，北京某商贸公司结合两股东名称使用“大黑屋”“信黑屋”“信黑屋 XINKOKUYA”标识具有一定的合理渊源，但鉴于其并无证据证明在先使用被控侵权标识并具有一定影响，不符合商标先用权抗辩成立的条件，因此，尽管其不具有攀附涉案注册商标商誉的主观故意，但在商标近似、商品类似的情况下，北京某商贸公司的涉案被诉行为容易引起消费者对相关商品来源的误认，或误认商标权人与被诉侵权人存在某种联系，妨碍了商标权人何某行使其注册商标专用权，构成对涉案注册商标专用权的侵犯。

一审法院合议庭成员 闫永廉　刘虹蕴　杨俊华

二审法院合议庭成员 范米多　周丽婷　张　宁

编写人 范米多　杜文婷

50. 北京某教育文化交流有限公司诉北京某教育科技有限公司、马鞍山某幼儿园侵犯商标权及不正当竞争案*

——商标间接侵权的判定标准

关键词 不正当竞争 商标侵权 间接侵权

基本案情

原告北京某教育文化交流有限公司（以下简称某教育公司）诉称：某投资公司在中国大陆注册了三枚“温莎”文字商标和一枚“Windsor”英文商标（以下简称涉案商标）。其中仅英文“Windsor”商标核定使用在第41类学校（教育）等相关服务上，其余三枚商标均核定使用在非学校教育类服务上。经某投资公司授权许可，原告某教育公司取得在中国大陆范围内独占使用和再许可涉案商标的权利。被告北京某教育科技有限公司（以下简称某科技公司）未经原告许可，擅自将“温莎”商标注册为企业名称，并开办了被告马鞍山某幼儿园（以下简称某幼儿园），且在幼儿园内装饰装潢、微信公众号等上使用涉案商标。被告某幼儿园明明未在北京开设幼儿园，却在其招生和宣传过程中宣称其总部在北京、在北京有两所温莎幼儿园等。原告某教育公司认为二被告的行为侵害了其依法享有的商标权并构成不正当竞争。据此，某教育公司诉至一审法院，请求：（1）被告某幼儿园立即停止对“温莎”及“Windsor”涉案商标的侵权，包括但不

* 本案例入选《中国法院2021年度案例》。

限于停止在相关网站及微信公众号，在幼儿园招生宣传册、幼儿园教学图书、幼儿园园服、办公用品（信封、信纸等）、幼儿园内办公家具、幼儿园内墙面装潢、幼儿园招生协议、幼儿园交费通知等宣传资料和文书等上使用“温莎”及“Windsor”字样；（2）二被告立即停止涉案不正当竞争行为，包括但不限于变更含有“温莎”企业字号，停止使用含有“Windsor”的装饰、装潢及教学物品，在微信公众号中停止使用虚假宣传；（3）二被告共同向某教育公司赔偿经济损失300万元、本案支出的公证费10280元、律师费16万元，共计3170280元；（4）二被告在《马鞍山日报》首页显著位置、幼儿园微信公众号上连续15日刊登道歉声明，赔礼道歉、消除影响；（5）本案诉讼费由二被告承担。

二被告共同辩称：（1）在案证据不足以证明原告某教育公司经案外人某投资公司授权在国内独立行使涉案商标专用权，其无权提起本案诉讼；（2）根据商标分类，幼儿园服务属于第41类4101教育类似群，而原告某教育公司作为本案权利依据的涉案商标“温莎”是注册在4103图书馆服务和4104出版服务类似群，双方服务不相同、不类似，不构成商标侵权；（3）被告某幼儿园在实际经营中主要是将该“Windsor”字样与其图形标识组合使用，与涉案商标“Windsor”字进行对比，双方在商标的图形构图、各要素组成的整体结构上不相同、不近似，不构成商标侵权；（4）原告某教育公司主张300万元的经济损失，无事实及法律依据，且被告某科技公司并没有实施本案中被诉的侵权行为，不应连带承担赔偿责任；（5）关于登报及在微信公众号上刊登道歉声明、赔礼道歉的诉讼请求，亦无法律依据，不应予以支持。

法院经审理查明：案外人某投资公司系第5918520号“温莎”商标（核定使用在第28类玩具等商品）、第5918519号“温莎”商标（核定使用在第16类连环漫画书等商品）、第5918517号“Windsor”商标［核定使用在第41类学校（教育）等服务］、第5918518号“温莎”商标（核定使用在第41类书籍出版等服务）的注册商标权利人。

审理中，原告某教育公司提交案外人某投资公司向其出具的《商标授权使用证明》（已经公证认证手续），其中主要载明：“某投资公司特此授权贵司根据相关协议在中国境内为设立和经营温莎品牌幼儿园之目的独家使用和再许可‘windsor’（注册号：5918515、5918516、5918517、21407667A、

21407667)、‘温莎’（注册号：5918518、5918519、5918520、21407669）及其他注册商标。商标授权使用的范围：根据相关协议为在中国境内设立和经营温莎品牌幼儿园之目的在注册商标注册的所有类别项下的所有商品/服务上独家使用和再许可注册商标。授权使用期间至各商标注册有效期限或其续展期结束之日。”

2007年12月29日，北京市昌平区教育委员会向北京昌平某双语幼儿园颁发《中华人民共和国民办学校办学许可证》；北京市顺义区教育委员会民办教育管理科出具的《更正函》载明：“北京市顺义区某双语幼儿园是2010年5月经北京市顺义区教育委员会批准成立的民办园，举办者为原告某教育公司。最初在录入民办学校办学许可证信息过程中，误将幼儿园举办者的名称写成‘北京某教育文化有限公司’。2018年6月7日，北京市顺义区某双语幼儿园提出更正办学许可证相关信息的申请。6月13日，顺义区教委经过查阅原始申请办学资料，核实相关信息后，同意受理申请，并打印新的办学许可证，将幼儿园举办者名称更正为原告某教育公司”；2014年11月3日，佛山市顺德区陈村镇教育局向佛山市顺德区陈村镇某幼儿园颁发《办学许可证》。

根据原告某教育公司提交的2015年11月12日、2016年2月22日公证证据保全过程，在百度网站搜索栏输入“温莎幼儿园”后，点击搜索结果中的“【温莎国际幼儿园，温莎国际幼儿园招聘】-赶集网”标题，进入相关网页，其中显示的“某国际幼儿园”工作地点为“马鞍山花山国际华城商业街20栋”；点击搜索结果中的“某国际幼儿园-马鞍山花山教育培训-百姓网”标题，进入相关网页，其中显示“某国际幼儿园”的招聘信息；点击搜索结果中的“某国际幼儿园---马鞍山首家贵族国际化幼儿园-亲子俱乐部-……”标题，进入相关网页，其中显示“某国际幼儿园”园内教室环境及教学的图文信息。进入“微信”App，在“通讯录”的“搜索”栏输入“北京某国际幼儿园”并点击后，进入“公众号”搜索结果；点击“北京某国际幼儿园”标题，进入后点击“关注”，随后点击“查看历史消息”，显示的标题及图文信息均为“某国际幼儿园”的教学活动介绍。

2016年4月，马鞍山市花山区教育局向被告某幼儿园颁发《办学许可证》，其中载明：“办学内容：学前教育”；2016年9月，马鞍山市花山区民政局向被告某幼儿园颁发《民办非企业单位登记证书》，其中载明："业务范围：幼儿教育"，且在其园内显著位置突出使用含有涉案商标"Windsor"及"温莎"的标识。

根据原告某教育公司提交的2016年5月26日公证证据保全过程，在"微信"App"通讯录"的"搜索"栏输入"北京某国际幼儿园"并点击后，进入"公众号"搜索结果；点击"北京某国际幼儿园"标题，进入后点击"关注"，在"详细资料"页面显示的圆形图文标识中包含"WINDSOR SCHOOL""温莎国际幼儿园"字样，页面中载明："功能介绍：马鞍山某国际幼儿园"；点击"查看历史消息"，显示"某国际幼儿园"的教学、招生图文信息。

2017年12月14日，微信公众号"北京某国际幼儿园"更名为"马鞍山某幼儿园"。

审理中，被告某幼儿园认可被告某科技公司系其投资人及股东。

北京市石景山区人民法院于2019年6月6日作出（2018）京0107民初11664号民事判决：一、二被告于本判决生效之日起立即停止在幼儿园校园内、网站及微信公众号中侵害涉案商标"Windsor"注册专用权的行为；二、二被告于本判决生效之日起立即停止在各自的企业名称中使用"温莎"字号，并在本判决发生法律效力之日起30日内分别向教育主管部门及企业登记管理部门办理各自企业名称的变更手续，且变更后的企业名称中不得含有"温莎"字样；三、二被告于本判决生效之日起10日内共同赔偿原告某教育公司因侵害商标权造成的经济损失100万元及涉案不正当竞争行为造成的经济损失30万元以及诉讼合理支出85140元，共计1385140元；四、二被告于本判决生效之日起10日内共同在《马鞍山日报》及微信公众号上连续15日刊登声明，以消除因侵害涉案商标的注册专用权及实施涉案不正当竞争行为给原告某教育公司造成的影响；五、驳回原告某教育公司的其他诉讼请求。宣判后，某科技公司和某幼儿园以涉案行为不构成商标侵权及不正当竞争为由提起上诉。北京知识产权法院于2019年12月12日作出（2019）京73民终2537号民事判决：驳回上诉，维持原判。

裁判理由

法院生效裁判认为：

一、某幼儿园使用“Windsor”字样是否侵害涉案三枚“温莎”商标及涉案“Windsor”商标的商标权

本案中，二被告主张其对“Windsor”的使用系对幼儿园英文名称“Windsor School”的简化使用，不属于商标性使用。对此法院认为，相关标识具有幼儿园名称的属性并不能当然排斥该标识作为商标的可能性，判断二被告对“Windsor”的使用是否属于商标性使用，关键在于其使用是否可以发挥识别商品或服务来源的作用。根据在案证据，在幼儿园的网站、微信公众号和园内装潢上，某幼儿园大量使用了“Windsor”字样，且专门设计了含有“Windsor”字样的图标用于园内装潢和相关宣传，其反复多次、大量地突出使用且使用方式上具有持续性与连贯性，显然已具备了区分商品或服务来源的作用。且某科技公司曾申请注册过含有“Windsor”字样的商标以供某幼儿园使用，亦侧面表明某幼儿园在使用“Windsor”时具有标识商品或服务来源的意图。某幼儿园在未经许可的情况下在涉案“Windsor”商标核定使用的幼儿园服务上使用含有“Windsor”字样的图标，容易导致相关公众对服务提供者产生混淆，构成商标侵权。尚无证据证明二被告提供与三枚“温莎”涉案商标的核定商品或服务范围内相同或类似的商品或服务。

二、二被告是否构成共同侵权

原《侵权责任法》第八条[①]规定，二人以上共同实施侵权行为，造成他人损害的，应当承担连带责任。判断两个行为主体是否构成共同侵权，通常需要判断其主观上是否具备共同的意思联络，行为间是否存在相互配合、相互支持，且其行为所造成的后果应当与其达成的共同的意思相统一。本案中，某科技公司既为某幼儿园的股东，亦曾代某幼儿园申请注册过含有“Windsor”的商标供某幼儿园使用，故可推知某科技公司知晓某幼

---

① 对应《民法典》第一千一百六十八条。

儿园使用“Windsor”商标的意图，且具有帮助某幼儿园实施侵权行为的故意，二者存在共同的意思联络，某科技公司申请注册相关商标的行为亦系对某幼儿园侵权行为的配合与支持，故某科技公司与某幼儿园构成共同侵权，一审判决相关认定并无不当，二审法院予以维持。

三、某科技公司与某幼儿园的行为是否构成不正当竞争

2013年《商标法》第五十八条规定，将他人注册商标、未注册的驰名商标作为企业名称中的字号使用，误导公众，构成不正当竞争行为的，依照反不正当竞争法处理。《最高人民法院关于审理商标民事纠纷案件适用法律若干问题的解释》第一条第一项规定，将与他人注册商标相同或近似的文字作为企业的字号在相同或者类似商品上突出使用，容易使相关公众产生误认的，属于给他人的注册商标专用权造成损害的行为。《最高人民法院关于当前经济形势下知识产权审判服务大局若干问题的意见》亦指出，企业名称因突出使用而侵犯在先注册商标专用权的，依法按照商标侵权行为处理；企业名称未突出使用但其使用足以产生市场混淆、违反公平竞争的，依法按照不正当竞争处理。由此可见，判断在企业名称中使用他人商标是否构成不正当竞争，关键是判断是否会导致公众的混淆与误认。

首先，某科技公司与某幼儿园均在企业名称中使用了某教育公司享有商标权的“温莎”字样，即存在“将他人注册商标作为企业名称中的字号使用”的行为。其次，需要判断此种使用是否会导致公众的混淆与误认。某教育公司与某幼儿园提供的主要为教育类服务，“温莎”商标虽并未在第4101类似群的“教育”服务上获得注册，但“温莎”系对“Windsor”的音译，“Windsor”商标的核准服务包含幼儿园服务，且某教育公司提交的宣传册亦显示其将“温莎”与“Windsor”同时使用在幼儿园服务上，故相关公众在看到经营范围同为教育类服务的某科技公司与某幼儿园的企业名称中含有“温莎”字样时，易对服务来源产生混淆，或误认为存在一定关联关系。且某幼儿园的微信公众号名称为“北京某国际幼儿园”，但其实际并未在北京开设幼儿园，其幼儿园地址在马鞍山市，而原告某教育公司曾在北京开办“某双语幼儿园”，故亦可推知某幼儿园具有攀附原告某教育公司商誉的恶意。

综上，二被告在企业名称中使用“温莎”字样的行为，具有明显的

"搭便车"的恶意，损害了某教育公司的合法权益，构成不正当竞争。

四、一审判决认定的赔偿与合理支出金额及消除影响的责任承担方式是否合理

关于赔偿金额，二被告仅为马鞍山当地幼儿园，却对外宣传系"北京某国际幼儿园"，其侵权和"搭便车"的恶意明显，且在相关网站、微信公众号、园内装潢多处、显著位置突出使用"温莎""Windsor"字样，故一审法院在某教育公司未提交证据证明其因涉案行为造成的直接损失，或者二被告因此而获得的经济利益的情况下，综合考虑涉案商标的知名度、侵权和不正当竞争行为的持续期间和具体方式、二被告的主观恶意、某幼儿园的收费标准等，判令二被告共同赔偿某教育公司130万元并无不当。至于合理支出部分，由于某教育公司提交了公证费和律师费票据，同时考虑到本案的复杂程度及律师在本案中发挥的作用，一审判决二被告支付某教育公司合理支出85140元亦并无不当。

关于消除影响的责任承担方式问题，如前所述，二被告实施的侵害某教育公司商标权及不正当竞争的行为，容易使相关公众误认为二被告提供的服务来源于某教育公司，或与某教育公司存在关联关系，从而造成市场混乱，涉案行为已给某教育公司的市场声誉造成不良影响。因此，二被告有必要对其涉案行为承担消除影响的民事责任，一审判决其在《马鞍山日报》及微信公众号上刊登声明并无不当。

裁判要旨

二人以上共同实施侵权行为，造成他人损害的，应当承担连带责任。判断两个行为主体是否构成共同侵权，通常需要判断其主观上是否具备共同的意思联络，行为间是否存在相互配合、相互支持，且其行为所造成的后果应当与其达成的共同的意思相统一。若仅仅通过明示或暗示的方式引诱他人实施侵权行为，或者为直接侵权提供各类帮助和便利条件，则属于共同侵权中的间接侵权。

关联索引

2013年《中华人民共和国商标法》第五十六条、第五十七条第一款第

二项、第五十八条、第六十三条第三款

2017年《中华人民共和国反不正当竞争法》第二条第一款和第三款、第二十条第一款

《中华人民共和国侵权责任法》第八条、第十五条①

一审：北京市石景山区人民法院（2018）京0107民初11664号（2019年6月6日）

二审：北京知识产权法院（2019）京73民终2537号（2019年12月12日）

法官评析

本案涉及的焦点问题之一便是知识产权领域的共同侵权问题，被告某幼儿园在园内装潢、宣传册等上使用侵权商标的行为属于直接侵权，而某科技公司虽并未直接实施侵权行为，但作为某幼儿园的实际控制人，且为某幼儿园申请注册过侵权商标，其行为可以认定为间接侵权。

原《侵权责任法》第八条规定，二人以上共同实施侵权行为，造成他人损害的，应当承担连带责任。知识产权具有排他性，权利人有权禁止他人未经许可实施其专用权控制范围内的行为。具体到商标领域，未经许可且没有合理理由的情况下，他人实施了受商标权人专用权范围内的行为，则构成商标直接侵权，具体而言就是指直接实施了《商标法》第五十二条所禁止的商标侵权行为；若并未实施商标专用权控制范围内的行为，而是教唆、引诱、帮助他人实施了商标直接侵权行为，或为直接侵权提供了便利条件，依然应当受到法律的禁止，应当承担侵权责任，此种侵权行为属于间接侵权。而在存在多人共同侵权的情况下，多个行为人中可能存在部分行为人实施了直接侵权，而其余行为人实施了间接侵权的情况。通常而言，商标间接侵权可以分为两大类型，一是诱导型侵权，二是帮助型侵权。顾名思义，诱导型侵权是指间接侵权人通过明示或暗示的方式引诱他人实施侵权行为；帮助型侵权则是为直接侵权提供各类帮助和便利条件，如提供场地、设施工具等。

通常而言，商标间接侵权应当具备如下构成要件：

---

① 对应《民法典》第一千一百六十八条、第一百七十九条。下同。

1. 主观上具有过错。即间接侵权人明知或应知侵权行为的存在或者即将发生侵权行为，依然教唆或提供帮助。对于直接侵权行为，只要侵权人实施了商标法所禁止的行为，即可推定其具备主观上的过错，但间接侵权行为由于并未落入商标禁用权的范围，其仅发挥辅助性的作用，故要证明间接侵权人具有主观过错，需要商标权人承担举证责任。例如，曾向间接侵权人发送过律师函，或者如本案中，某科技公司在某幼儿园正式设立前曾经申请注册过含有侵权标志的商标，以供某幼儿园实施商标侵权行为，据此可以推知某科技公司知晓某幼儿园即将实施侵权行为，而依然为其提供帮助。

2. 客观上实施了教唆、引诱、帮助等行为。间接侵权行为不仅包括积极的作为，即主动提供帮助、教唆引诱他人，同时包括消极的不作为，即在其有责任制止侵权行为的发生时选择漠视的方式，未及时采取有效措施。例如，电商平台在明知或应知其平台上存在侵权产品时却采取不作为的方式，则有可能构成间接侵权。

3. 造成一定损害。间接侵权通常与直接侵权相伴共生，直接侵权往往给商标权人造成了直接的损失，而间接侵权往往导致损害结果的扩大或促成了损害结果的发生。

4. 侵权行为与损害结果之间存在因果关系。间接侵权虽并未直接导致损害结果的发生，但其行为对损害结果的发生产生了推动、促进作用，依然存在因果关系。

当然，任何权利都应当受到一定的限制，我们一方面将对商标权人的保护扩大到间接侵权，另一方面也应当依法规范对间接侵权人的责任认定，尤其是对于帮助型侵权。当间接侵权人及时发现并制止了直接侵权行为时，则应当在一定范围内免除其责任，如针对网络服务平台间接侵权责任中设置的“通知—删除”规则，即是对间接侵权人承担责任范围的适当限制。

一审法院合议庭成员 刘　岭　赵桂荣　周丽萍
二审法院合议庭成员 吴园妹　王　东　陈　栋
编写人 唐　蕾

51. 北京某甲公司诉成都某公司、北京某乙公司侵害商标权纠纷案

——知识产权案件中“侵权不停止”规则的具体适用

关键词 停止侵权 善意保护 社会公共利益

基本案情

原告北京某甲公司诉称：原告经受让取得36类第6345086号“大悦城”和第7209419号“悦城”商标的专有使用权，经过长期使用，2016年“大悦城”商标被国家工商行政管理总局认定为驰名商标。成都某公司未经原告许可，擅自在其开发的位于成都天府大道南延线侧（极地海洋公园旁）的房地产项目现场、营销中心、周边广告宣传以及互联网大量使用“悦城”字样，在涉案房地产公示的永久性标牌上，明确载明工程名称是“极地海洋世界住宅板块”，但对外却宣称为“悦城”，在建筑显著位置也多处使用“悦城”字样，侵害了原告的商标权。北京某乙公司在其网站宣传“悦城”楼盘，亦构成对原告商标权的侵害。成都某公司至今对新预售楼盘仍持续使用“悦城”标识。原告起诉时，该楼盘二期尚未销售完毕，第三期处于预售阶段。据此，北京某甲公司诉至一审法院，请求判令：二被告停止侵犯原告“大悦城”“悦城”商标权利的行为，在《成都日报》刊登声明，消除影响；成都某公司停止在其开发的房地产项目中使用“悦城”或带有该字样的标识，赔偿原告经济损失及合理开支300万元；北京某乙公司停止在其网站宣传中使用“悦城”字样。

成都某公司辩称：（1）成都某公司的股东是香港某公司和大连某公司，涉案项目名称为“新鸿基悦城”。香港某公司是亚洲最大的开发商，

楼盘具有一定影响力，成都某公司的使用系在先及善意使用，不存在傍名牌的情形。涉案项目中大部分使用的是“新鸿基悦城”，原告的“悦城”商标不具有知名度，消费者对此可以区分。（2）涉案项目与原告两商标不构成近似标识，原告申请“大悦城”商标时同时申请了“大”“大悦”等系列商标，其显著部分不是“悦城”。（3）原告只有大悦城项目，没有悦城项目。原告在西南地区直至2015年12月才开设成都首店，之前并不具有知名度，且与涉案项目距离较远，不会造成混淆。（4）原告两商标均系2017年6月受让所得，成都某公司在2007年末已确定项目名称，2008年发布了项目的案名并经核准，享有地名权及在先权利，使用时系叙述性使用，非商标性使用，时间均早于原告“悦城”商标申请日。（5）项目的公共区域属于全体业主，成都某公司无权更改，从公共利益的角度亦不应支持。消费者购买楼盘主要考量因素是项目的地理位置、周边环境、交通等因素，与原告的品牌没有关系，原告所诉赔偿金额无法律及事实依据。

被告北京某乙公司辩称：北京某乙公司系网络搜索和服务提供者，网站中确实展示了新鸿基悦城项目，但该楼盘命名系开发商所为，网站仅如实展示楼盘数据以及名称，并非在同一商品或近似商品上使用涉案商标。北京某乙公司与被告不存在合作，也不参与涉案楼盘的销售，在收到原告起诉材料后已将涉案楼盘名称等内容删除，不存在应知、明知侵权而未采取必要措施的情形。综上，北京某乙公司的使用不属于商标性使用，不构成侵权，不应承担责任。

法院经审理查明：

一、关于北京某甲公司商标

某丙公司于2007年9月28日申请、2010年3月28日经核准注册取得第6345086号“大悦城”商标，核定使用在第36类商品房销售、不动产管理等服务上。2009年2月20日，该公司申请、2010年9月28日经核准注册第7209419号“悦城”商标，核定使用范围和类别同上。自2007年7月开始，已有针对大悦城的新闻和宣传报道，经在多地长期、持续宣传使用，两商标具有较大影响力。2016年“大悦城”商标被国家工商行政管理总局认定为使用在不动产出租、不动产管理服务上的驰名商标。2017年6月13日，某丙公司将上述两商标转让给北京某甲公司。

关于北京某甲公司使用“悦城”商标的情况，其提交与某丁公司签订的注册商标许可使用合同，以及 2017 年 5 月经时间戳认证的万科天竺悦城项目情况。成都某公司表示该合同未标注时间，签约人为北京某甲公司，应为后补。北京某甲公司表示上海万科悦城项目于 2014 年建成，合作时间应在此之前。北京某甲公司为某丙公司下属公司，亦一直参与涉案商标使用和授权事宜，并可代表某丙公司进行维权，某丙公司也对此进行了追认，故合同即便为补签的，也能证明实际运作情况。2017 年因国企改制，某丙公司转让了涉案商标。

二、成都某公司使用“悦城”情况

2019 年 3 月，北京某甲公司通过时间戳取证位于成都天府大道南延线侧（极地海洋公园旁）的房地产项目现场情况，证实其楼盘内部设施、售楼部、物业等及周边广告宣传等均单独突出使用了“悦城”标识，公示的工程名称为“极地海洋世界住宅板块 2 期”，开竣工日期为 2011 年 3 月至 2014 年 12 月，建设单位为成都某公司。2019 年 11 月 13 日，北京某甲公司通过时间戳取证搜狐网“搜狐焦点”中的“新鸿基悦城”内容。北京某甲公司表示楼盘确有部分内容使用了“新鸿基地产”字样，但字体比“悦城”标识小很多，成都某公司涉案楼盘核准的名称并非“新鸿基悦城”，而是“极地海洋世界住宅板块”，其没有理由使用“悦城”。成都某公司并未提交施工及预售等相关批示证实其楼盘的名称。北京某甲公司提交证据，证实 2020 年 12 月和 2021 年 4 月，该楼盘仍在使用“悦城”名称并进行销售。

北京某甲公司认可北京某乙公司已经删除相关内容，放弃对北京某乙公司的诉讼请求。

三、关于赔偿标准

北京某甲公司提交 2018 中国房地产统计年鉴，四川地区的房地产收益为 4038 亿元，北京某甲公司表示利润率应为 10%。

成都某公司提交的证据包括某戊公司给其提出的项目案名建议，建议的多个名称中包括“悦城”，内容为：快乐的城邦，“悦”的谐音“阅”，阅读城市、检阅城市，显示生活品位和高姿态人生气度等。该文件显示于

2007年5月8日创建。同时提交的有新鸿基集团成都南延线项目营销策划和销售代理合同，活动执行合同（活动时间为2008年1月）及给设计公司付费的发票，证实其提出案名的时间，同期其提出的域名注册申请材料及与某己公司合同中有“jovotown. com；悦城 . com”等域名，后者每年的费用为280元，同期还签订了网站的设计合同并支付了费用。

成都某公司提交城镇建筑物命名申报表，证实其于2008年3月向双流县民政局申请将双流县万安镇东林社区建筑群命名为“悦城”，2008年3月10日获批。其提交了产品发布会相关合同等证据，证实“新鸿基悦城发布会”时间为2008年11月，12月举行销售中心开放仪式，其提交的宣传材料、广告策划合同等亦予以佐证，证实“悦城”项目系委托第三方公司进行策划，命名源于jovotown，系原创，具有美好的含义，不存在剽窃、抄袭问题，且使用早于北京某甲公司“悦城”商标的申请日和“大悦城”商标的初审公告日；“悦城”在北京某甲公司商标申请或授权之前就被民政部门确认为建筑物名称，北京某甲公司无权要求变更。

北京市海淀区人民法院于2021年10月25日作出（2020）京0108民初7083号民事判决：一、判决生效之日起20日内，成都某公司停止在其开发的位于天府大道南延线侧（极地海洋公园旁）的房地产项目中使用带有“悦城”或包含“悦城”字样的名称或标识；二、判决生效之日起10日内，成都某公司赔偿北京某甲公司经济损失和维权支出50万元；三、驳回北京某甲公司的其他诉讼请求。宣判后，北京某甲公司和成都某公司均提起上诉。北京知识产权法院二审另查明：（1）北京某甲公司于2022年5月17日，通过时间戳取证成都某公司涉案楼盘情况，显示售楼部门头标识为“新鸿基地产 悦城 JOVOTOWN”，其中“新鸿基地产”“JOVOTOWN”字号小于“悦城”；小区门口的标识为“悦城 JOVOTOWN”，其中“JOVOTOWN”字号小于“悦城”，且二者有一定距离；公示信息牌标识显示为“新鸿基地产悦城”。（2）某丙公司于2018年9月13日出具的《说明》，载明“大悦城”“悦城”商标原系某丙公司所有，于2017年6月13日正式转让于北京某甲公司。北京某甲公司作为大悦城系列商标的品牌管理平台，自商标转让后，所有涉及大悦城、悦城等商标品牌的维权诉讼由北京某甲公司独立进行，获得赔偿之权利，由其独立享有。在办理商标转让过程中取证（2016年12月至2017年6月）、维权诉讼的进行，某丙公司协助北京某甲公司进行，诉讼后获得赔偿的权利由北京某甲公司独立享有。北京某甲公司作为某丙公司成员单位，某丙公司大力支持北京某甲公司对“大悦城”“悦城”等知识产权诉讼维权事宜。（3）第 6452409 号商标档案及驳回通知书、第 6488941 号商标档案及驳回通知书显示，成都某公司曾于 2007 年 12 月 25 日、2008 年 1 月 2 日在第 37 类“商品房建造”等服务上申请“悦城”商标，于 2010 年 3 月、2010 年 8 月被国家知识产权局商标局驳回，驳回原因系与案外人悦城（厦门）投资有限公司的商标近似，而非与北京某甲公司的“大悦城”“悦城”商标近似。（4）涉案楼盘售楼部照片，售楼部门头标识上显示“新鸿基”字样，在“悦城”字样下有“JOVO TOWN”的英文标识。5. 成都某公司开发的涉案楼盘第一、二期已销售完毕并交付业主入住，涉案楼盘第三期目前尚在销售中，未建造完毕。北京知识产权法院于 2022 年 10 月 27 日作出（2021）京 73 民终 4839 号民事判决：一、撤销北京市海淀区人民法院（2020）京 0108 民初 7083 号民事判决；二、成都某公司立即停止在其开发的位于成都天府大道南延线侧（极地海洋公园旁）房地产项目的第三期楼盘和拟开发楼盘上使用“悦城”名称，并立即停止将“悦城”标识用于前述楼盘商品房销售、不动产管理和不动产出租等服务中的商标侵权行为；三、成都某公司于本判决生效之日起 10 日内赔偿北京某甲公司经济损失及合理支出共计 100 万元；四、驳回北京某甲公司的其他诉讼请求。

裁判理由

法院生效裁判认为：某丙公司于 2007 年 9 月 28 日申请、2010 年 3 月 28 日经核准注册取得第 6345086 号“大悦城”商标，核定使用在第 36 类商品房销售、不动产管理等服务上。2009 年 2 月 20 日，该公司申请、2010 年 9 月 28 日经核准注册第 7209419 号“悦城”商标，核定使用范围和类别同上。2017 年 6 月 13 日，该公司将涉案商标转让给北京某甲公司。北京某甲公司依法受让的涉案商标合法有效，应予保护。北京某甲公司有权就侵害涉案商标专用权的侵权行为提起诉讼。

一、成都某公司使用“悦城”作为其楼盘名称并宣传使用是否侵害了北京某甲公司的涉案商标权

本案中，北京某甲公司享有的第6345086号“大悦城”商标、第7209419号“悦城”商标均核定使用于第36类商品房销售、不动产管理等服务上。成都某公司从事的涉案房地产项目的开发、销售等经营活动，属于不动产管理和商品房销售的服务范围，与涉案商标核定使用的服务构成类似服务。成都某公司使用“悦城”指称其开发的房地产项目，并在其楼盘内部设施、售楼部、物业及周边广告宣传等均突出使用了“悦城”字样，构成对“悦城”的商标性使用。由于“悦城”被“大悦城”完整包含，区别仅在于“大”，并未形成新的含义，二者构成近似商标。成都某公司辩称其实际名称为“新鸿基悦城”，或者同时标明了“新鸿基地产”“JOVO TOWN”，但与“悦城”字号差距较大。同时，自2007年北京某甲公司开始在地产项目中使用“大悦城”，考虑被诉侵权行为发生时“大悦城”商标的知名度和现代社会信息流通的广泛快捷，成都某公司将“悦城”作为楼盘名称并宣传使用，容易使相关公众误认为其楼盘与北京某甲公司具有关联关系，存在混淆可能性，属于《商标法》第五十七条第二项规定的情形，侵害了北京某甲公司的涉案注册商标专用权，应当承担相应民事责任。

《商标法》第五十九条第三款规定，商标注册人申请商标注册前，他人已经在同一种商品或者类似商品上先于商标注册人使用与注册商标相同或者近似并有一定影响的商标的，注册商标专用权人无权禁止该使用人在原使用范围内继续使用该商标，但可以要求其附加适当区别标识。依据该条规定，商标先用抗辩需满足如下要件：他人在注册商标申请日之前存在在先使用商标的行为；该在先使用行为原则上应早于商标注册人对商标的使用行为；该在先使用的商标应具有一定影响；被诉侵权行为系他人在原有范围内的使用行为。本案中，从成都某公司提交的在案证据来看，某戊公司给其提出的多个项目案名建议中包括“悦城”，该文件显示于2007年5月8日创建。后签订了新鸿基集团成都南延线项目营销策划和销售代理合同、活动执行合同（活动时间为2008年1月），并开具给设计公司付费的发票。2007年11月30日备忘录提及项目域名注册申请，2008年1月4

日与某己公司合同中有“jovotown. com；悦城 . com”等域名，同期还签订了网站的设计合同并支付了费用。2008 年 3 月成都某公司向双流县民政局申请将双流县万安镇东林社区建筑群命名为“悦城”，2008 年 3 月 10 日获批。其提交了产品发布会相关合同等证据，证明“新鸿基悦城发布会”时间为 2008 年 11 月，12 月举行销售中心开放仪式，其提交的宣传材料、广告策划合同等亦予以佐证。2008 年 2 月至 2009 年 11 月，《成都商报》等报纸上有关于成都某公司“悦城”房地产项目的宣传报道。从北京某甲公司提交的在案证据来看，自 2007 年 7 月开始，已有较大媒体针对大悦城的新闻和宣传报道。2007 年 9 月，某丙公司申请注册第 6345086 号“大悦城”商标，2009 年 2 月某丙公司申请注册第 7209419 号“悦城”商标。经在多地长期、持续宣传使用，涉案商标具有较大影响力。2016 年“大悦城”商标被国家工商行政管理总局认定为使用在不动产出租、不动产管理服务上的驰名商标。无充分在案证据证明成都某公司使用“悦城”标志早于“大悦城”商标的申请日，因此成都某公司的在先使用抗辩不能成立，法院不予支持。

二、成都某公司应当承担的民事责任

关于成都某公司是否应当停止侵权的问题，法院认为：根据民法善意保护之原则，在商标权等知识产权与物权等其他财产权发生冲突时，应以其他财产权是否善意作为权利界限和是否容忍的标准，同时应兼顾公共利益之保护。根据法院审理查明的事实，双流县民政局于 2008 年 3 月 10 日批准成都某公司将双流县万安镇东林社区建筑群命名为“悦城”的申请，成都某公司开发的“悦城”楼盘住宅的第一、二期已销售完毕并实际交付业主入住多年，无证据证明小区居民在购买房产时知晓楼盘名称侵害涉案商标专用权。该已交付楼盘能否继续使用“悦城”名称关系小区居民利益和社会公共利益。如果判令成都某公司停止使用“悦城”楼盘名称，会导致商标权人与公共利益的失衡，成都某公司亦难独立履行拆除“悦城”相关标识、更改小区名称等事项。因此，法院基于善意保护原则，不再判令成都某公司在已交付居民入住的涉案第一、二期楼盘上停止使用“悦城”名称及相关标识，但成都某公司不得在涉案第三期楼盘和将来拟开发的楼盘上使用“悦城”名称以及在销售和管理中使用“悦城”标识。对于已交付的涉案第一、二期楼盘，成都某公司虽可不承担停止侵权的责任，但其行为仍构成侵害北京某甲公司涉案商标权，应当承担赔偿损失的民事侵权责任。

关于成都某公司赔偿损失数额的确定，鉴于北京某甲公司的实际损失、成都某公司的侵权获利和注册商标许可使用费均难以确定，法院综合考虑涉案商标的知名度，成都某公司侵权行为的性质、持续时间、主观过错程度以及承担侵权责任的方式，酌情确定成都某公司赔偿北京某甲公司经济损失及各项合理支出共计100万元。

裁判要旨

商标先用抗辩需满足如下要件：他人在注册商标申请日之前存在在先使用商标的行为；该在先使用行为原则上应早于商标注册人对商标的使用行为；该在先使用的商标应具有一定影响；被诉侵权行为系他人在原有范围内的使用行为。

根据民法善意保护之原则，在商标权等知识产权与物权等其他财产权发生冲突时，应以其他财产权是否善意作为权利界限和是否容忍的标准，同时应兼顾公共利益之保护。如果判令停止侵权行为会导致商标权人与公共利益的失衡，侵权人亦难独立履行相应事项，法院基于善意保护原则，不再判令停止侵权。但侵权人应当承担赔偿损失的民事侵权责任，并在损害赔偿数额的确定时予以考虑。

关联索引

《中华人民共和国商标法》第五十七条第二项、第五十九条第三款、第六十三条第一款

《最高人民法院关于审理商标民事纠纷案件适用法律若干问题的解释》第十一条

一审：北京市海淀区人民法院（2020）京0108民初7083号（2021年10月25日）

二审：北京知识产权法院（2021）京73民终4839号（2022年10月27日）

法官评析

停止侵权是知识产权侵权救济的一般规则，不停止为例外。知识产权案件中的“侵权不停止”指的是虽然行为人实施的相关行为构成知识产权侵权，但行为人却无需承担停止相关侵权行为的法律责任。知识产权相关法律法规所调整的知识产品具有公共性。知识产权作为一种竞争性权利，既是私权，又与公共利益密切关联。“侵权不停止”规则的实质在于利益平衡，以达到既维护法律秩序又实现实质正义的目的。

“侵权不停止”规则最初通过政策性文件予以确立，并在司法实践中对相关的适用标准予以进一步明晰。《最高人民法院关于当前经济形势下知识产权审判服务大局若干问题的意见》第十五条规定：“充分发挥停止侵害的救济作用，妥善适用停止侵害责任，有效遏制侵权行为。……如果停止有关行为会造成当事人之间的重大利益失衡，或者有悖社会公共利益，或者实际上无法执行，可以根据案件具体情况进行利益衡量，不判决停止行为，而采取更充分的赔偿或者经济补偿等替代性措施了断纠纷。”除了政策性文件，在专门法的司法解释中也有“侵权不停止”的具体规定。《最高人民法院关于审理侵犯专利权纠纷案件应用法律若干问题的解释（二）》第二十六条规定：“被告构成对专利权的侵犯，权利人请求判令其停止侵权行为的，人民法院应予支持，但基于国家利益、公共利益的考量，人民法院可以不判令被告停止被诉行为，而判令其支付相应的合理费用。”

在审理知识产权侵权诉讼中，基于平衡双方当事人之间的利益关系，特别是维护社会公共利益的价值考量，可以根据个案具体情况，在认定行为人构成知识产权侵权的前提下，不判决行为人承担停止侵权的法律责任。在商标法领域，比较典型的“侵权不停止”案件集中于房地产楼盘名称商标侵权案件，例如“星河湾”案①、“孔雀城”案②。在“星河湾”案中法院指出，考虑到炜某公司包含“星河湾”字样的小区名称已经民政部门批准，小区居民也已入住多年，且并无证据证明其购买该房产时知晓小

① 参见最高人民法院（2013）民提字第102号民事判决书。

② 参见浙江省绍兴市中级人民法院（2019）浙06民终1951号民事判决书。

区名称侵犯星河湾公司商标权，如果判令停止使用该小区名称，会导致商标权人与公共利益及小区居民利益的失衡，故不再判令停止使用该小区名称，但在尚未出售的楼盘和将来拟开发的楼盘上不得使用相关“星河湾”名称作为楼盘名称。本案中，法院二审查明，双流县民政局于 2008 年 3 月 10 日批准成都某公司将双流县万安镇东林社区建筑群命名为“悦城”的申请，成都某公司开发的“悦城”楼盘住宅的第一、二期已销售完毕并实际交付业主入住多年，无证据证明小区居民在购买房产时知晓楼盘名称侵害涉案商标专用权。该已交付楼盘能否继续使用“悦城”名称关系小区居民利益和社会公共利益。如果判令成都某公司停止使用“悦城”楼盘名称，会导致商标权人与公共利益的失衡，成都某公司亦难独立履行拆除“悦城”相关标识、更改小区名称等事项。因此法院基于善意保护原则，不再判令成都某公司在已交付居民入住的涉案第一、二期楼盘上停止使用“悦城”名称及相关标识，但成都某公司不得在涉案第三期楼盘和将来拟开发的楼盘上使用“悦城”名称以及在销售和管理中使用“悦城”标识。对于已交付的涉案第一、二期楼盘，成都某公司虽可不承担停止侵权的责任，但其行为仍构成侵害北京某甲公司涉案商标权，应当承担赔偿损失的民事侵权责任。并且在损害赔偿数额的确定时，对于“侵权不停止”这一情形予以考虑，将数额适当提高，以弥补权利人的损失。

为防止简单以公共利益为名，滥用自由裁量权，随意突破法律规定，侵害权利人的正当权益，“侵权不停止”规则的适用应当秉持“个案考虑、谨慎适用、依据充分、替代补偿”的适用原则。相关考量因素主要包括：第一，侵权人主观状态应为善意。强调“善意”是为了防止恶意侵权人对公共利益的滥用。在涉及公共利益的案件中，通常认为“善意”仅排除重大过失，因此侵权人完全无过错或仅轻过失均可满足“侵权不停止”的主观要件。第二，侵权行为涉及公益或民生领域，停止侵权会损害公共利益。对于公共利益的概念和标准需要准确界定。在“中海地产”商标侵权及不正当竞争案中，原告上诉提出，楼盘名称和行政区划地名不同，行政区划地名属于公共领域词汇，具有公共性；而楼盘名称仅是特定小区的名称，即便作为地名也仅指该小区，除小区业主外，不涉及众多经营者或其他公众对该名称的使用，不具有公共性，更不是行政区域意义上的地名。涉案楼盘的业主是一个有限的特定群体，而非广泛的不特定公众，公共利益是不特定多数主体的共同利益，不能将特定业主对涉案楼盘这一小区名称的使用认定为广泛公众的公共利益。二审法院分析认为：商品房项目的名称与普通商品名称有别，其除具有标识服务来源的作用外，还具有了表明地理位置的功能和含义，也与小区业主的不动产登记、户籍管理直接相关，涉及政府管理事项。如果简单判令停止使用，确实会造成管理上的不便，并直接影响相关公众的切身利益。第三，侵权行为主要影响权利人的财产性权益，通过金钱赔偿可予以弥补。权利与义务平衡是公平的应有之义，司法裁判应满足经济理性的要求，寻求损益之间的平衡点。本案在查清案件事实，充分了解双方当事人诉求的基础上，综合考虑涉案商标的知名度，成都某公司侵权行为的性质、持续时间、主观过错程度以及承担侵权责任的方式，细致区分已销售完毕并交付业主入住的楼盘和尚在销售中、未建造完毕的楼盘的不同情况，在平衡商标权人及相关公众利益的基础上，准确适用“侵权不停止”规则，判决不停止相关被诉侵权行为，但以适当提高赔偿额的方式作为替代性措施，符合客观实际，亦在司法的合理裁量范围之内。通过侵权人责任的转化，既打击侵权，又防止利益失衡和社会资源的浪费，从而实现法律的实质公平正义。

一审法院合议庭成员　王宏丞　刘君婕　刘佳欣
二审法院合议庭成员　刘仁婧　赵　明　宋　晖
编写人　刘仁婧

52. 甲公司诉北京乙公司、北京乙公司东城分公司侵犯商标专用权及不正当竞争纠纷案

——竞价排名行为与售前混淆的认定

关键词 竞价排名　商标性使用　售前混淆

基本案情

原告甲公司诉称：甲公司对涉案“大悦城”商标享有注册商标专用权。二被告使用甲公司“大悦城”商标作为关键词参与搜索引擎的竞价排名服务，并在搜索结果页面上的网页标题和网页描述部分直接使用“大悦城”商标字样，极易使公众将网页宣传的购物网站与甲公司的“大悦城”项目联系起来，误以为该购物网站与甲公司相关，甚至认为该网站为甲公司“大悦城购物中心”的网络购物平台之一。二被告的上述行为明显存在攀附甲公司“大悦城”商标声誉的故意，属于侵害注册商标专用权的行为。二被告不正当使用甲公司“大悦城”注册商标进行商业推广的行为不仅主观上具有攀附、利用甲公司“大悦城”注册商标、购物中心知名度的恶意，而且在客观上截取了甲公司“大悦城”官网的点击量、浏览量和“大悦城购物中心”的客流量，对甲公司构成了不正当竞争。据此，请求法院判令：（1）二被告立即停止以“大悦城”作为关键词在丙网实施竞价排名的商标侵权及不正当竞争行为；（2）二被告在 www. secoo. com 首页上发表为期 3 个月的声明，消除侵权影响；（3）二被告连带赔偿甲公司经济损失 15 万元；（4）二被告赔偿甲公司公证费合理支出 1070 元。

北京乙公司辩称：乙公司没有使用甲公司商标作为关键词进行网络推广竞价排名。（1）“乙北京朝阳大悦城”中的“大悦城”并非商标性使

用，而是仅代表地理位置。“大悦城”在公众眼中更多的是地理位置，“大悦城”不能等同于“大悦城”商标，在乙公司的官方网站 www. secoo. com 中没有出现过“大悦城”字样，因此乙公司没有对“大悦城”进行商标性使用。(2) 从乙公司与甲公司的营业执照、官方网站、百科定义中可以看出，乙公司与甲公司属不同行业，经营范围、商品服务、消费群体均不同。(3) “大悦城”以及甲公司与乙公司在品牌定位和消费群体上完全不同。乙公司没有攀附“大悦城”的主观故意，反而会极力避免与“大悦城”相混淆，以免对公众认知度产生不良影响。(4) 在丙网进行关键词竞价排名业务普遍存在，乙公司与丙合作进行商业推广属于正当商业行为，不构成侵权。乙公司与“大悦城”是合作关系，是利用“大悦城”这个地理位置进行商业宣传，而非使用“大悦城”商标对乙公司产品进行宣传。经向丙咨询，2015 年 1 月 19 日出现“乙北京朝阳大悦城”字样属于技术问题，并非乙公司主观意志。

北京乙公司东城分公司辩称：涉案网站 www. secoo. com 由乙公司经营，北京乙公司东城分公司也未与丙公司进行商业推广合作，相关的法律责任应由北京乙公司承担。

法院经审理查明：甲公司系四个涉案商标的注册商标专用权人。其中，第 7209417 号文字商标核定服务项目为第 35 类“商业管理和组织咨询；商业调查；市场研究；组织商业或广告交易会；报刊剪贴；组织商业或广告展览；饭店商业管理；拍卖；组织技术展览；为广告或销售组织时装展览；替他人推销；替他人采购（替其他企业购买商品或服务）（截止）”，注册商标专用权期限自 2010 年 9 月 14 日至 2020 年 9 月 13 日。

2015 年 1 月 19 日，甲公司针对北京乙公司使用“大悦城”进行推广的行为进行了公证。在丙网搜索栏输入“大悦城”，点击搜索，搜索结果第一项显示的链接标题为“乙北京朝阳大悦城 100%正品保证，全场低折抢购!”。该标题下有“乙北京朝阳大悦城品类齐全，100%大牌正品，100%放心购物，全球奢品一站 GO”字样。上述文字右侧有“推广链接”的标注。点击图中链接标题可进入 www. secoo. com，该网站为北京乙公司经营，但在网站页面中并无“大悦城”字样。

北京市东城区人民法院于 2015 年 8 月 6 日作出（2015）东民（知）初字第 3273 号民事判决：驳回甲公司诉讼请求。宣判后，甲公司提起上诉。北京知识产权法院于 2016 年 5 月 5 日作出（2015）京知民终字第 1828 号民事判决：一、撤销北京市东城区人民法院作出的（2015）东民（知）初字第 3273 号民事判决；二、北京乙公司在 www. secoo. com 首页上发表为期 3 个月的声明，消除侵权影响；三、北京乙公司赔偿甲公司经济损失 15 万元及合理支出 1070 元。四、驳回甲公司其他诉讼请求。

裁判理由

法院生效裁判认为：

一、北京乙公司在被诉行为中对于“大悦城”的使用是否属于商标意义上的使用

对该问题的判断应以相关公众的通常认知为依据。因被诉行为只有在网络用户使用“大悦城”作为关键词进行搜索的情况下才会出现，因此，此处的相关公众并非“大悦城”系列商标核定使用服务的全部相关公众，而仅涉及以该关键词进行搜索的相关公众。

该部分相关公众基于何种目的进行“大悦城”关键词搜索，对于其对被诉内容的理解具有直接影响。公众对“大悦城”的搜索目的取决于其对“大悦城”的认知，而这一认知通常源于其对于“大悦城”商标使用行为的被动接受，而非其对该系列商标的主动获取。因甲公司及其商标被许可使用人在实际经营中是将“大悦城”主要用于“集大型购物中心、甲级写字楼、服务公寓、高档住宅等为一体的城市综合体”上，因此，相关公众对于“大悦城”的认知亦在这一范围内。也就是说，相关公众既会用“大悦城”指代具体购物场所、写字楼等的地点，亦会用“大悦城”以区分该购物场所与其他购物场所。这一认知意味着在上述服务上“大悦城”标识已具有实际上的识别作用。

本案中，被诉内容中有如下显示：“乙北京朝阳大悦城 100%正品保证，全场低折抢购!”“乙北京朝阳大悦城品类齐全，100%大牌正品，100%放心购物”“乙商城-新款闪购-我卖我拍-海外直邮-100%正品保证”。相关公众基于其对“大悦城”商标使用情形的认知，对上述被诉内容可能出现以下两种理解：部分相关公众会认为乙是在北京朝阳大悦城内所开设的店铺名称；部分相关公众会认为乙商城为北京朝阳大悦城自行开

设或与乙共同开设的购物网站。

虽然第一种情形中的相关公众会认为“大悦城”系对销售场所的描述，不属于商标意义上的使用。但在第二种情况中，相关公众会将北京朝阳大悦城认知为购物网站的开办者或与该购物网站相关，在这一认知中“大悦城”已起到识别作用，属于商标意义上的使用。因只要存在相关公众将其作为商标识别的情形，便不能排除甲公司的注册商标权益被损害的可能性，因此，有必要对被诉行为在第二种情况下是否符合商标侵权的其他要件予以继续分析。

二、北京乙公司在被诉行为中使用的“大悦城”与甲公司的“大悦城”系列商标是否构成使用在同一种或类似服务上的相同或近似商标

被诉商标与甲公司的上述四个商标属于相同商标。判断两种服务是否属于同一种或类似服务，首先需确定被诉行为的具体服务内容。因被诉行为并不涉及乙网站的实际经营行为，仅是搜索结果中推广链接部分的显示内容，因此，对于被诉行为服务内容的确定不以乙网站具体从事的内容为依据，而需考虑网络用户对该被诉内容所指向的服务内容的认知。

被诉内容中有“乙商城-新款闪购-我卖我拍-海外直邮-100%正品保证”等相关表述，表明乙商城是购物网站。因现有购物网站通常包括两种经营模式，即自营网站与第三方销售平台，故网络用户可能认为乙网站是自营网站，或是为销售商提供网络服务的第三方销售平台。法院以上述两种情况为基础，对于同一种或类似服务分别作出判断。

从四注册商标核定使用的各项服务内容看，除第7209417号商标核定使用的“替他人推销”这一服务与被诉服务内容具有构成类似服务的可能性之外，其他核定使用服务与被诉服务在服务内容等方面均具有明显差异，均不构成类似服务。

“替他人推销”是指帮助“他人”销售商品的行为，不包括经营者“自己”作为销售主体销售商品的行为。因零售、批发服务均是销售者以自己名义进行对外销售的行为，故其不属于“替他人推销”的服务范围。至于商场、超市的服务是否属于“替他人推销”，则需要作具体区分。如果商场、超市等自己作为销售主体对外销售商品，则该服务不属于“替他

人推销”。但如果其仅是为销售者在其购物场所内的销售行为提供相应服务，则该行为属于替他人推销。

前文中已指出，被诉内容会使部分相关公众有两种认知：其一是认为乙商城为自营网站，其二则是认为该网站系为销售商提供网络服务的第三方平台。

在第一种情况下，公众会认为乙商城的经营者系以自己作为销售主体。该服务属于前文中已提到的零售或批发服务，与“替他人推销”并不构成同一种服务。至于二者是否构成类似服务，则需结合“大悦城”商标的知名度进行判断。在“大悦城”商标通过大量使用已具有较高知名度的情况下，虽然大悦城在实际经营中并未采取自行销售的方式，但这并不妨碍网络用户在看到与“大悦城”相关的自营网站时，可能认为该购物网站系由“大悦城”开设或与其有关。据此，在第一种情况下，该服务与第7209417号商标核定使用的“替他人推销”构成类似服务。

在第二种情况下，网络用户可能认为乙商城系为销售商提供网络服务的第三方平台。因“替他人推销”服务指帮助“他人”销售商品的行为，其包括对销售者日常销售行为提供常规性服务的行为，而第三方网络销售平台的提供亦属于此类服务之一。因此，在第二种情况下，该服务与“替他人推销”构成同一种服务。

综上，被诉行为中使用的“大悦城”与第7209417号“大悦城”商标在“替他人推销”服务上注册构成同一种或类似服务上的相同商标。

三、被诉行为中对于“大悦城”的使用是否会使相关公众将其与甲公司第7209417号“大悦城”商标相混淆

2013年《商标法》第五十七条第一项、第二项规定：“有下列行为之一的，均属侵犯注册商标专用权：（一）未经商标注册人的许可，在同一种商品上使用与其注册商标相同的商标的；（二）未经商标注册人的许可，在同一种商品上使用与其注册商标近似的商标，或者在类似商品上使用与其注册商标相同或者近似的商标，容易导致混淆的。”

是否存在混淆可能性是判断被诉行为是否侵犯注册商标专用权的必要条件。如果被诉行为不会产生混淆后果，则意味着该注册商标专用权人利益不会受到影响，相应地，该行为亦不应被认定构成侵权。《商标

法》第五十七条第一项中之所以未明确规定混淆要件，原因在于在同一种服务上使用相同商标的行为，通常均会产生混淆后果。因此，只要符合这一条件便可直接推定混淆结果的存在，不必另行规定混淆要件。但如果有证据证明此类行为并不具有混淆可能性，则仍不能认定该行为构成侵权。

混淆可能性依据其产生时间的不同，可大致分为售前混淆、售中混淆及售后混淆。本案中，因被诉行为系发生在用户进入乙公司网站之前（亦即发生在乙公司实际提供服务之前），而用户点击被诉内容后进入的乙网站中并未使用“大悦城”，故虽然被诉行为会使部分相关公众误认为乙商城为北京朝阳大悦城自行开设或与乙共同开设，从而具有混淆可能性，但该情形属于售前混淆。在考虑如下因素的情况下，法院认为售前混淆属于应被禁止情形。

第一，2013 年《商标法》第四十八条规定：“本法所称商标的使用，是指将商标用于商品、商品包装或者容器以及商品交易文书上，或者将商标用于广告宣传、展览以及其他商业活动中，用以识别商品来源的行为。”因该条所称的“使用”行为既可针对商标权人的使用，亦可针对侵权行为人的使用，而上述使用行为既包括将商品或服务提供给消费者之前的行为（如投入市场之前的广告宣传），亦包括将其提供给消费者过程之中的行为（如将商标用于商品、商品包装或者容器），因此，上述规定意味着《商标法》对于侵权行为混淆产生的时机并未限定。

第二，售前混淆同样会对商标权保护的利益造成损害，该损害主要体现为两方面：一方面，该行为可能会使商标权人基于该商标而应获得的商业机会被剥夺。本案中，使用“大悦城”文字进行搜索的网络用户，其最初目的通常是访问与“大悦城”相关的网站或了解相关信息，这一商业机会系基于甲公司及其被许可人对于“大悦城”商标的大量使用而产生。但乙公司的行为却使一部分网络用户因被诉内容而误访问乙公司的网站。虽然其在进入乙公司网站后，能够意识到该网站并非与“大悦城”相关的网站，但这并不必然导致其离开乙网站，仍会有部分用户在该网站上继续浏览，从而可能使原本属于甲公司的用户转而使用乙公司的服务。这种情形会造成甲公司基于其“大悦城”商标所应得的商业机会的流失。另一方面，这种混淆会降低商标与商标权人之间的唯一对应关系。如果被诉行为被认为具有合法性，则意味着乙公司的这一行为不会被禁止。对于除该公司之外的他人使用“大悦城”作为关键词进行网络推广的行为，只要保证实际进入的网站中未使用“大悦城”商标，其行为亦会被认为具有合法性。但如允许上述情形存在，则必然会产生的后果是，用户用“大悦城”进行搜索进入的并非必然是大悦城或与大悦城相关的网站。虽然用户最终可能不会产生误认，但长此以往，则很可能导致用户在搜索结果中看到这一商标时，并不当然将其与商标注册人相对应，从而损害甲公司已在消费者心目中建立起的其与“大悦城”商标的唯一对应关系，而商标与商标权人之间所具有的这种唯一对应关系恰恰是商标权人利益的根本保障。

综上，北京乙公司实施的被诉行为同时违反《商标法》第五十七条第一项、第二项的规定，已构成对甲公司在“替他人推销”服务上注册的第7209417号“大悦城”注册商标专用权的侵犯。

裁判要旨

在以商标作为搜索关键词进行竞价排名的案件中，判断被诉行为对于涉案商标的使用是否属于商标意义上的使用，应以相关公众的通常认知为依据。此处的相关公众，并非涉案商标核定使用商品或服务的全部相关公众，而仅涉及以该关键词进行搜索的相关公众。商标权人及商标被许可人此前对于涉案商标的使用行为，会影响相关公众对于该关键词的认知，进而影响其以该关键词进行搜索的目的。如果在相关公众的认知中，该关键词已能起到识别作用，则被诉行为属于商标意义上的使用。

是否存在混淆可能性是判断被诉行为是否侵犯注册商标专用权的必要条件。混淆可能性依据其产生时间的不同，可大致分为售前混淆、售中混淆及售后混淆。考虑到商标法对于侵权行为混淆产生的时机并未限定，且售前混淆同样会对商标权保护的利益造成损害，故售前混淆属于应被禁止的情形。

关联索引

2013 年《中华人民共和国商标法》第四十八条、第五十七条

1993 年《中华人民共和国反不正当竞争法》第二条

一审：北京市东城区人民法院（2015）东民（知）初字第3273号（2015年8月6日）

二审：北京知识产权法院（2015）京知民终字第1828号（2016年5月5日）

法官评析

在“将他人商标作为关键词购买竞价排名服务”这一大类行为下，对应着不同的具体行为样态。以搜索结果中是否显示商标相关文字为标准，可将相关行为分为两类：一是仅在计算机后台将与商标相关的文字设置为网络推广链接的关键词，但在搜索结果中并未予以显示，即“隐性使用”；二是在网络推广结果中对与商标相关的文字予以展示，即“显性使用”。本案即涉及上述第二种情形。

一、被诉行为中对于“大悦城”的使用是否属于商标意义上的使用

本案中，被诉行为人的主要抗辩理由在于，其对于“大悦城”字样的使用并非商标性使用，而是在地理位置意义上的使用。就本案而言，被诉行为对于“大悦城”字样的使用是否构成商标性使用，可通过三个层次予以分析。

第一，关于商标性使用的判断主体，应以“相关公众”的通常认知为依据。不同于商标行政纠纷，商标侵权纠纷语境下的相关公众并非涉案商标核定使用服务的全部相关公众，而仅涉及与被诉行为相关的那部分相关公众。就本案而言，被诉内容只有在网络用户使用“大悦城”作为关键词进行搜索的情况下才会出现，故只有进行了该关键词搜索行为的才是本案所涉相关公众。

第二，相关公众是否会将“大悦城”视为商标，应根据涉案商标此前被使用的实际情况进行判断。本案中，商标权人及被许可使用人在实际经营中主要是将“大悦城”用于“集大型购物中心、甲级写字楼、服务公寓、高档住宅等为一体的城市综合体”上，这使得相关公众既会用“大悦城”指代具体购物场所、写字楼等地点，亦会用“大悦城”区分该购物场所与其他购物场所，使之在上述服务上具有实际上的识别作用。后一种情

形下，"大悦城"可被视为商标。

第三，关于被诉内容对于"大悦城"的具体使用是否会起到识别服务来源的作用。针对被诉内容对"大悦城"的具体表述，相关公众可能会产生两种理解：一是将乙视为在北京朝阳大悦城内开设的店铺名称，二是认为乙商城为大悦城自行开设或与乙公司共同开设的购物网站。显然，在第二种情况下，"大悦城"已经起到了识别作用，属于商标意义上的使用。

二、被诉行为中对于"大悦城"的使用是否会使相关公众将其与涉案商标相混淆

商标的基本功能是区分商品或服务的来源，这是商标法为注册商标提供保护的出发点。混淆可能性的存在，割裂了商标与商品或服务之间的联系，导致相关公众在购买商品或选择服务时对其来源产生了误认，破坏了商标指示商品或服务来源的基本功能。因此，是否存在混淆可能性，是判断被诉行为是否侵犯注册商标专用权的必要条件。

混淆可能性依据其产生时间的不同，可大致分为售前混淆、售中混淆及售后混淆。混淆中最为常见的是售中混淆，即消费者在作出购买决定时对商品或服务来源产生混淆。但混淆发生的时间点亦可在此之前或之后，即售前或售后混淆。其中，售前混淆是指消费者最初对商品或服务的来源产生了混淆，但在实际作出购买决定时没有发生混淆，本案即属于此种情形。

基于以下两方面理由，法院认定售前混淆应属被《商标法》禁止的情形。一是《商标法》对于"商标的使用"的定义。因混淆可能性源于对商标的使用，故二者实为一体之两面，存在一定的对应关系。如果商标法对于商标的使用时机未予限定，则商标法亦应对产生于任何时机的混淆可能性予以规制。《商标法》第四十八条规定："本法所称商标的使用，是指……将商标用于广告宣传、展览以及其他商业活动中，用以识别商品来源的行为。"可见，《商标法》对于"商标的使用"的定义落脚在"用以识别商品来源的行为"，包括将商品或服务提供给消费者之前的行为（如投入市场之前的广告宣传）。因此，只要破坏了商标具有的识别商品来源的功能，即会产生商标法予以规制的混淆可能性，无论产生时机如何。二是售前混淆同样会对商标权保护的利益造成损害。该行为可能会使商标权

人基于该商标本应获得的商业机会被剥夺，亦可能会降低商标与商标权人之间的唯一对应关系，即商标淡化。

前述分析，是基于将“大悦城”视为商标的那部分相关公众的认知所进行的商标侵权论证。除此之外，法院亦基于将“大悦城”视为地理位置的那部分相关公众的认知，认定被诉行为亦属《反不正当竞争法》第二条所规定的不正当竞争行为。

一审法院合议庭成员 魏　嘉　邓旭明　陈　兵

二审法院合议庭成员 芮松艳　彭文毅　张晰昕

编写人 陈一平

53. 广东某投资公司、某企业管理公司与广州某公司、魏某、徐某、朱某侵害商标权及不正当竞争案

——使用他人商标作为商店名称销售自营商品是否可认定为与“替他人推销”服务构成类似

关键词 加盟商 “替他人推销” 自营 类似服务 商标侵权

基本案情

广东某投资公司、某企业管理公司（以下简称二原告）系第13604462号商标、第14589119号商标（以下简称两涉案商标）的权利人，两涉案商标核定使用在第35类“广告、商业管理顾问；商业管理和组织咨询；特许经营的商业管理；市场营销；替他人采购（替其他企业购买商品或服务）；替他人推销；进出口代理；为零售目的在通讯媒体上展示商品；医疗用品零售或批发服务”服务上。二原告作为特许人，将上述商标使用在特许经营活动中，在全国范围内发展了大量的加盟商，经营家居服饰、生活百货、时尚饰品等商品。上述加盟商在经营活动中按照特许加盟商的要求在门头、店面中使用标识。

广州某有限公司（以下简称广州某公司）从事的特许商业活动与二原告类似，亦在全国范围内发展了多家加盟商，并授权其加盟商在门头、店面等显著位置使用标识，该标识与标识构成近似。徐某、朱某为广州某公司发展的其中一家加盟商的股东，该加盟商在本案诉讼中注销。

二原告以广州某公司、魏某、徐某、朱某构成商标侵权及不正当竞争

为由诉至北京知识产权法院。二原告认为，徐某、朱某在加盟店中使用标识，构成对商标在“替他人推销”等服务的侵害。其“名创优品”店铺在门楣正面、门楣侧面、正门及橱窗、店内海报、入口处陈设、收银台、储物柜、购物袋上使用的组合标识及装修、陈设特点属于特有装潢，广州某公司及其加盟商在店铺的门头、墙壁、购物袋等处使用组合标识，与上述特有装潢近似，构成不正当竞争。魏某作为广州某公司的原法定代表人，与广州某公司共同实施了被控侵权行为，应当承担连带责任。据此请求：（1）判令四被告停止不正当竞争行为；（2）判令四被告立即停止侵害原告两涉案商标专用权的行为；（3）判令四被告为原告消除影响；（4）判令四被告赔偿原告经济损失及合理支出合计人民币5000万元，其中合理支出446436.65元。

被告广州某公司、魏某辩称：原告并非适格原告。魏某享有第13844017号“优宿優品”商标、第14106857号“USUPSO”商标、第14106870号图形商标的注册商标专用权，并授权广州某公司使用，不存在侵权恶意，2014年年初申请上述商标时原告商标及装潢并未形成知名度；被诉行为所涉标识与两涉案商标不近似，相关服务不类似，不会造成混淆，原告主张的装潢不属于有一定影响的特有装潢，被诉行为所涉装潢亦与原告装潢不近似；本案原告既主张商标侵权又主张特有装潢的不正当竞争，明显属于重复主张、重复保护。原告主张保护的涉案商标存在权利瑕疵，不应当作为主张权利的依据；魏某未实施任何商标侵权行为、未实际参与涉案产品的销售、涉案店铺的经营等，不应承担停止侵权及损害赔偿等责任；要求道歉刊登声明、消除影响、赔偿损失5000万元均不具备事实和法律依据。请求驳回原告全部诉讼请求。

被告徐某、朱某未到庭参与诉讼也未答辩。

北京知识产权法院于2021年6月30日作出（2019）京73民初765号民事判决：一、被告广州某公司、魏某、徐某、朱某立即停止侵害两涉案商标专用权的行为；二、被告广州某公司、魏某、徐某、朱某立即停止涉案不正当竞争行为；三、被告广州某公司、魏某于本判决生效后10日内，赔偿原告广东某投资公司、某企业管理公司经济损失及合理开支共计400万元，被告徐某、朱某在3万元范围内对此承担连带责任；四、被告广州某公司、魏某于本判决生效后30日内就其侵害商标权及不正当竞争行为在广州某公司网站（“www. usupso. cn”“www. usupso. com. cn”“zh. usupso. com”）刊登声明，被告广州某公司、魏某、徐某、朱某就其侵害商标权及不正当竞争行为于本判决生效后30日内在《广州日报》刊登声明，以消除影响；五、驳回原告广东某投资公司、某企业管理公司的其他诉讼请求。广州某公司及魏某不服一审判决，上诉至北京市高级人民法院。北京市高级人民法院于2021年12月24日作出（2021）京民终820号民事判决：驳回上诉，维持原判。

裁判理由

法院生效裁判认为：“替他人推销”是指为他人销售商品提供建议、策划、宣传、咨询等服务，该类服务的对象应为商品的经销商，不包括通过零售或批发直接向消费者出售商品，以价格的差异获取商业利润的情形。本案中，被控商标侵权行为均表现为加盟商以自己的名义直接对外销售商品，故与“替他人推销”不属同一服务。但是，在以往的经营活动中，很多提供销售服务的企业在第35类“替他人推销”服务上申请商标注册，许多大型超市、卖场在提供商品销售服务以外，同时也为销售自己的商品或入驻的其他商家提供统一宣传、促销活动，这种为促进自己商品销售和为他人提供推销服务的行为深度交织，使相关公众难以对该两种不同性质的服务予以区分。在案证据表明，两涉案商标经长期大量使用已具有一定知名度，相关公众在二原告的直营或加盟店铺中看到涉案商标，能够清楚地分辨出该店铺的销售服务来源于二原告或其授权加盟商，而广州某公司授权销售类似商品的加盟店在门头、店面等显著位置使用与之相近的标识，提供与之类似的销售服务，该服务与两涉案商标核定的“替他人推销”服务在服务目的、方式、内容、对象上具有较大关联，容易导致相关公众对服务来源产生混淆误认，故广州某公司授权加盟店在门头、店面等处使用标识、表明销售主体的行为，构成对两涉案商标“替他人推销”服务的侵害。基于相同的理由，涉案加盟商在门头、店面等处使用标识、表明销售主体的行为，亦构成对两涉案商标“替他人推销”服务的侵害。但该加盟商注销时的股东徐某、朱某作为清算义务人，明知有未决诉讼，相关债务未得到合法清算，依然注销公司，其应当对该加盟商的侵权行为承担责任。

同时，被控侵权行为还构成对两涉案商标核定的其他服务的侵害及不正当竞争。

裁判要旨

“替他人推销”是指为他人销售商品提供建议、策划、宣传、咨询等服务，该类服务的对象应为商品的经销商，不包括通过零售或批发直接向消费者出售商品，以价格的差异获取商业利润的情形。若被控商标侵权行为表现为以自己的名义直接对外销售商品，则与“替他人推销”不属同一服务。但在市场经营行为中，销售者多在第 35 类“替他人推销”服务上申请商标注册，许多大型超市、卖场在提供商品销售服务以外，同时也为销售自己的商品或入驻的其他商家提供统一宣传、促销活动，这种为促进自己商品销售和为他人提供推销服务的行为深度交织，使相关公众难以对该两种不同性质的服务予以区分。因此，在门头、店面等处使用近似标识、表明销售主体的行为，根据案件情况可认定与“替他人推销”服务构成类似服务。

关联索引

《中华人民共和国商标法》第五十七条第二项、第六十三条第三款

一审： 北京知识产权法院（2019）京 73 民初 765 号（2021 年 6 月 30 日）

二审： 北京市高级人民法院（2021）京民终 820 号（2021 年 12 月 24 日）

法官评析

商铺在门头、店招等处使用他人商标，或将他人商标作为商铺名称，但实际经营中均销售自营商品，以价格差异获取利润，并不存在推销他人商品的情况，这种行为是否构成对他人“替他人推销”商标专用权的侵害，实践中亦存在不同认识。

本案中，被控商标侵权行为表现为加盟商以自己的名义直接对外销售自营商品，被告据此主张上述行为与“替他人推销”的性质不同，不属于相同服务，不构成商标侵权。

“替他人推销”是指为他人销售商品提供建议、策划、宣传、咨询等服务，该类服务的对象应为商品的经销商，不包括通过零售或批发直接向消费者出售商品，以价格的差异获取商业利润的情形。由此可见，“替他人推销”服务的特点是：（1）服务对象为其他经销商；（2）店铺所售商品为其他经销商的商品，而非店铺经营者的自营商品；（3）获利方式为收取推广费、宣传费等，而不是通过“低买高卖”的方式获取利润。因此，本案被控侵权行为系店铺经营者销售自营商品，的确不符合“替他人推销”的特点，不属于“替他人推销”服务。但是，根据《商标法》第五十七条之规定，未经商标注册人的许可，在类似服务上使用近似商标、容易导致混淆的，同样构成商标侵权行为。因此，判断被控侵权行为是否侵害他人“替他人推销”商标专用权，不仅要判断是否存在与“替他人推销”构成相同服务的情形，还应注意是否存在与“替他人推销”服务构成类似、容易造成混淆的情形。

在认定服务是否类似时，应以相关公众对商品或者服务的一般认知，根据市场实际综合判断，以是否造成混淆误认作为根本标准。一般情况下，需要根据商标的近似程度、涉案商标的知名度、被控侵权人的主观恶意、具体使用场景等因素进行综合考量。对于“替他人推销”服务的混淆性判断，同样应当关注市场实际情况对相关公众认知的影响。长期以来，很多提供销售服务的企业在第35类“替他人推销”服务上申请商标注册，许多大型超市、卖场在提供商品销售服务以外，同时也为销售自己的商品或入驻的其他商家提供统一宣传、促销活动，这种为促进自己商品销售和为他人提供推销服务的行为深度交织，使相关公众难以对该两种不同性质的服务予以区分。本案中，虽然被控侵权行为系销售自营商品，并未推销他人商品，但根据已查明的事实，两涉案商标经长期大量使用已具有一定知名度，相关公众在二原告的直营或加盟店铺中看到涉案商标，能够清楚地分辨出该店铺的销售服务来源于二原告或其授权加盟商，而广州某公司授权销售类似商品的加盟店在门头、店面等显著位置使用与之相近的标识，提供与之类似的销售服务，相关公众无法对提供上述服务的主体进行区分，容易造成混淆误认。在此情形下，应当认定被控侵权行为属于与两涉案商标“替他人推销”服务类似的服务行为，构成对两涉案商标“替他人推销”服务的侵害。

一审法院合议庭成员 张　宁　姚文斌　李淑云
二审法院合议庭成员 陶　钧　吴　斌　曹丽萍
编写人 张　宁　王仲阳

54. 某公司、某分公司诉北京某商贸公司、北京某商贸公司甲、北京某服饰公司侵害商标权及不正当竞争纠纷案

——他人诈骗行为导致商标侵权行为的归责原则及相关侵权责任的承担

关键词 侵害注册商标专用权 侵权责任 过错责任原则 主观过错 合理注意义务

基本案情

某公司、某分公司诉称：（1）二原告享有注册在第25类“服装；鞋帽”商品上的第G655416号“ARMANI”商标（以下简称涉案商标）的相关权利，有权共同提起本案诉讼。（2）经过多年的持续经营和广泛使用，“ARMANI”品牌及涉案商标在中国已经具有较高知名度，已达到驰名程度。此外，中国消费者和相关公众通常使用音译“阿玛尼”作为涉案商标和“ARMANI”品牌的中文表述，并已形成固定联系，同样广为知晓，因此，中文“阿玛尼”是对涉案商标的翻译，同样受到保护。（3）被告未经许可在第40类“服装定制”服务上使用“ARMANI”及其中文翻译“阿玛尼”。原告在位于北京市顺义区天北路裕丰路交叉口的“EMPORIO ARMANI大中华区高级定制 新国展店”中经公证购买到使用了“ARMANI”的被诉侵权产品并获得相应票据。被告在上述店铺以及位于北京市朝阳区新东路12号院南区3号楼的“EMPORIO ARMANI大中华区高级定制”门店的招牌、装潢、摆放物品、展示产品、宣传等过程中，亦使用了“ARMANI”

及“阿玛尼”标识。此外，三被告还分别注册了微信公众号“EA 定制（ID：Emporio-Armani000）”“EA 礼品定制（ID：Emporio-Armani111）”“定制品质生活（ID：Emporio-Armani001）”，并在上述公众号中大量使用“ARMANI”及其中文翻译“阿玛尼”作宣传之用。同时，三被告在宣传中称“意大利著名服装奢侈品牌阿玛尼首席设计师”杨某“受到乔治·阿玛尼先生亲笔授权，成为阿玛尼大中华区高级定制总负责人”。在对被诉侵权产品上附带的二维码扫码后，相关页面亦显示杨某以“阿玛尼首席设计师”名义认证该产品为“意大利制衣世家安普里奥·阿玛尼顶级品牌，此件产品是为您量身定制的原厂正品”。（4）三被告作为服装行业的从业者，必然知晓“ARMANI”品牌和涉案商标系原告所有。但三被告未经许可在其提供的第 40 类“服装定制”服务、相关交易文书及宣传过程中使用“ARMANI”“阿玛尼”等标识，将“ARMANI”注册为微信公众号，并在宣传过程中大量使用上述标识，用以表明虚假的服务来源，意图使相关公众误认和混淆，其上述行为侵害了原告的注册商标专用权，并构成不正当竞争，应当承担相应的法律责任。综上，二原告请求：（1）判令三被告立即停止侵犯原告涉案商标专用权的行为。（2）判令三被告立即停止实施不正当竞争行为。（3）判令三被告共同赔偿原告经济损失人民币 200 万元。（4）判令三被告赔偿原告为制止侵权行为所支付的律师费和公证费共计人民币 50 万元。（5）判令三被告在《北京晚报》《京华时报》《北京青年报》刊登声明，消除侵权影响。（6）判令本案诉讼费由三被告共同承担。

北京某商贸公司（以下简称某商贸公司）、北京某商贸公司甲（以下简称某商贸公司甲）、北京某服饰公司（以下简称某服饰公司）辩称：（1）本案被诉侵权行为已被杨某合同诈骗案刑事诉讼所涵盖，原告所主张的销售侵权产品、发布公众号等行为，是三被告的法定代表人张某某及张某某担任法定代表人的公司履行合作协议的行为，根据《最高人民法院关于在审理经济纠纷案件中涉及经济犯罪嫌疑若干问题的规定》第十一条的规定，应裁定驳回原告起诉。（2）张某某及三被告在主观上无过错，杨某合同诈骗案二审刑事裁定书中已认定张某某对杨某虚构身份、伪造授权的情况不知情，张某某已尽到审核义务。侵害商标权的归责原则为过错责任，刑事诈骗案件的受害人张某某无过错，且在了解杨某的犯罪事实后立即停止了侵权行为并向公安机关报案，其不应承担侵权责任，根据《侵权责任法》第四条[①]第一款的规定，本案应由真正侵权人杨某承担侵权责任，原告应追加杨某作为本案被告或另行起诉。

法院经审理查明：涉案权利商标为第 G655416 号“ARMANI”商标，核定使用在第 25 类“服装；鞋帽”等商品上，专用权期限至 2025 年 12 月 8 日止，注册人为某公司。在本案审理过程中，涉案权利商标注册人已变更为某公司。2017 年，某分公司与某公司就包括涉案权利商标在内的共 41 个商标签订商标许可协议，约定某分公司以排他许可方式授权某公司在中国境内的经营活动中使用上述商标，并授权某公司在中国境内针对涉及上述商标的商标权侵权行为与某分公司共同提起诉讼或实施其他维权行动的权利。

截至本案审理时，“ARMANI”品牌在北京、上海、广州、深圳等 82 个中国大陆主要城市共设立 542 家店铺。某公司 2012~2015 年总收入分别约为 20.91 亿元、21.86 亿元、25.36 亿元、26.5 亿元。国家图书馆科技查新中心出具的《检索报告》显示，以“阿玛尼 or ARMANI”为检索词，检索年限为 2016 年 12 月 31 日以前，在中国期刊全文数据库、特色期刊全文数据库、慧科中文报纸数据库检索，分别检出文献 675 篇、698 篇、1552 篇，上述文献涉及对“ARMANI（阿玛尼）”品牌及其创始人乔治·阿玛尼的介绍，时间跨度为 1991 年至 2016 年。2001~2016 年，“新华网”“网易新闻”“新京报”“中国奢侈品”等网络媒体关于“ARMANI（阿玛尼）”品牌的报道达百余篇。1997~2015 年，“ARMANI”品牌陆续在中国国内时尚杂志、报纸等进行广告宣传，并印发产品宣传册。2012~2015 年，“ARMANI”品牌陆续在国内媒体投放广告。2005~2016 年，“ARMANI”品牌曾获评“2005 年世界顶级奢侈品品牌排行榜第 20 名（主要产品：时装）”“福布斯 2012 世界十大奢侈品品牌排名第三名”“2013 中国市场最受欢迎世界著名品牌奢侈品 150 强（服装）”“2014、2015 胡润百富至尚优品最青睐的男/女士服饰”“2016 年度全球 100 大奢侈品公司排行榜第 21 名”等称号。

2016 年 1 月 27 日，某商贸公司的“EA 定制”微信公众号发布题为

---

① 对应《民法典》第一百八十七条。

《EMPORIO ARMANI2016年推出限量款生肖腰带，注重时尚品位的你还在等什么呢!》《EMPORIO ARMANI礼品类-现货系类》的文章。某商贸公司甲的“EA礼品定制”微信公众号于2015年12月8日发布题为《Armani(阿玛尼)低调奢华的40年》的文章。某服饰公司的“定制品质生活”微信公众号分别于2015年1月14日、2015年11月11日发布题为《阿玛尼高级定制：卓越品质，招商加盟现已启动》《Armani高级定制：这个冬天有你更温暖》等文章；“北京芙蓉坊职业装定制”微信公众号于2013年6月28日发布题为《阿玛尼高级定制——恭王府会所》的文章。

2016年8月10日，原告于招牌显示为“EMPORIO ARMANI大中华区高级定制 新国展店”的店铺购买衬衫1件、皮夹1个、定制衬衫1件，店内陈列衬衣等商品标有“EMPORIO ARMANI”“GA及图”等标识，取得的名片、VIP定制明细单、VIP定制发货记录标注有“香港琎立璋商贸有限责任公司”“EMPORIO ARMANI”“阿玛尼”字样，POS签购单显示商户名称为某商贸公司。2016年8月26日，原告收取快递取得领带1条、衬衫1件、北京增值税普通发票发票联、VIP定制发货记录各1张，取得的领带、衬衫及其外包装上均标注有“EMPORIO ARMANI”“GA及图”标识，北京增值税普通发票联由某商贸公司甲出具。2016年8月26日，原告对上述过程中购买的衬衫、皮夹、领带标签上的二维码进行扫描，内容显示“您所查询的产品……是源自意大利制衣世家‘安普里奥·阿玛尼’顶级品牌，此件产品是为您量身定制的原厂正品，请您放心穿着”，落款为“阿玛尼终身设计师：杨某”。

庭审中，被告明确认可其在店面装潢及经营、宣传过程使用了“ARMANI”“阿玛尼”标识及“ARMANI”品牌的名义。

北京市昌平区人民法院（2018）京0114刑初976号刑事判决书、北京市第一中级人民法院（2020）京01刑终76号刑事裁定书载明：张某某与杨某通过朋友介绍认识。2012年3月，张某某、某服饰公司分别与杨某签订合作协议，约定杨某负责阿玛尼品牌定制的设计且保证定制范围、品类、内容、使用权、有效期限等相关事宜的真实性与合法性；张某某作为杨某代表的阿玛尼品牌在大中华区的唯一合作伙伴，负责合作期间的市场开发及运营的所有事务。后杨某联系上海的某打字复印店，多次帮助其伪造阿玛尼公司的授权证明文件，以及合成杨某与阿玛尼、拉格菲尔德等人的合影。此外，张某某、杨某还通过发展二级代理商的方式进行市场扩展，杨某负责向二级代理商进行阿玛尼产品的销售授权。2012 年 3 月至 2017 年 7 月间，杨某采取虚构 Emporio Armani 品牌设计师身份，伪造阿玛尼及阿玛尼公司授权书等方式，与张某某、某服饰公司签订合作协议，先后从张某某处骗取人民币 2535564.1 元。2018 年 1 月 23 日，杨某主动投案。2020 年 2 月 28 日，北京市第一中级人民法院作出（2020）京 01 刑终 76 号刑事裁定：在本案犯罪行为持续期间，杨某多次向张某某提供伪造的阿玛尼授权文件及合成的照片，证明其具有阿玛尼设计师的身份及阿玛尼品牌的授权，且杨某在与张某某交往过程中，始终以阿玛尼设计师自居，多次谈及阿玛尼公司情况，上述行为足以使张某某产生错误认识，且杨某在阿玛尼公司针对杨某、张某某等人提起民事诉讼后，依然编造阿玛尼公司出现内部矛盾等理由欺骗张某某，上述事实能够证明在案发期间张某某对杨某虚构身份、伪造授权的情况并不知情，同时基于杨某行为的欺骗性，张某某并非未尽审核义务，不属于应当知道。

北京知识产权法院于 2020 年 5 月 29 日作出（2017）京 73 民初 440 号民事判决：一、某商贸公司、某商贸公司甲、某服饰公司立即停止涉案侵犯注册商标专用权的行为；二、某商贸公司、某商贸公司甲、某服饰公司立即停止涉案不正当竞争行为；三、某商贸公司、某商贸公司甲、某服饰公司于本判决生效之日起 30 日内在《北京晚报》《京华时报》《北京青年报》刊登声明，消除因侵权行为造成的不良影响；四、驳回某公司、某分公司的其他诉讼请求。宣判后，某公司、某分公司以原审判决对于被告不具有侵权故意的认定错误、对于损害赔偿责任的认定不当为由，提起上诉。北京市高级人民法院于 2021 年 4 月 21 日作出（2020）京民终 584 号民事判决：驳回上诉，维持原判。

裁判理由

法院生效裁判认为：根据各方当事人的诉辩主张，本案的焦点问题系某商贸公司、某商贸公司甲、某服饰公司是否存在主观过错进而应当赔偿经济损失及合理支出。

本案中，某商贸公司、某商贸公司甲、某服饰公司提交了第 76 号刑事裁定，该裁定显示：2012 年 3 月至 2017 年 7 月期间，杨某多次向担任某商贸公司、某商贸公司甲、某服饰公司法定代表人的张某某提供伪造的阿玛尼授权文件及合成的照片，证明其具有阿玛尼设计师的身份及阿玛尼品牌的授权，且杨某在与张某某交往过程中，始终以阿玛尼设计师自居，多次谈及阿玛尼公司情况，上述行为足以使张某某产生错误认识，且杨某在阿玛尼公司对其及张某某等人提起民事诉讼后，依然编造阿玛尼公司出现内部矛盾等理由欺骗张某某，上述事实能够证明在近 5 年半的时间里，张某某对杨某虚构身份、伪造授权的情况并不知情，同时基于杨某行为的欺骗性，张某某并非未尽审核义务，不属于应当知道。换言之，因杨某对某商贸公司、某商贸公司甲、某服饰公司的法定代表人张某某实施了合同诈骗导致被诉商标侵权行为及不正当竞争行为的发生，某商贸公司、某商贸公司甲、某服饰公司在主观上并无实施商标侵权行为及不正当竞争行为的主观故意，亦非未尽到合理的注意义务，故其对上述行为并不存在主观过错。鉴于此，某商贸公司、某商贸公司甲、某服饰公司不应当赔偿阿玛尼公司、阿玛尼分公司经济损失及合理支出，某公司、某分公司可向存在侵权过错的主体另行主张赔偿。原审判决对此认定正确，二审法院予以支持。

裁判要旨

被告实施被诉侵害商标权及不正当竞争的行为系基于相信案外人享有原告的相关授权，且被告由于案外人的欺诈行为而陷入错误认识，被告的法定代表人亦是案外人刑事犯罪的受害者，被告在主观上并无侵权的故意，也并非未尽到合理的注意义务，故其对于被诉侵权行为并不存在主观过错。故被告不应当赔偿原告所主张的经济损失及合理支出，原告可向存在侵权过错的主体另行主张赔偿。但考虑到商标法相关规定仅免除了销售者的赔偿责任，而非全部侵权责任，举轻以明重，加之被诉侵权行为确易导致相关公众对服务来源的混淆、误认，被告开展相关服务确有对原告商誉产生负面影响的可能性，故被告应当承担消除影响的责任。

关联索引

《中华人民共和国商标法》第六十四条第二款

《中华人民共和国侵权责任法》第二条、第六条、第七条[①]

一审：北京知识产权法院（2017）京73民初440号（2020年5月29日）

二审：北京市高级人民法院（2020）京民终584号（2021年4月21日）

法官评析

本案作为北京知识产权法院首例涉刑事案件的商标侵权及不正当竞争纠纷，对审理类似案件具有一定的指导意义。法院在认定被告对被诉侵权行为不具有主观过错的同时，亦考虑到侵权行为客观上导致相关公众混淆、误认，以及对原告商誉产生负面影响的可能性，判令被告承担消除影响的侵权责任，切实做到了公平正义。

一、商标侵权行为的归责原则及因他人诈骗行为导致的商标侵权行为中主观过错的认定

在商标侵权纠纷中，侵权行为大多系行为人故意或过失为之，即侵权行为人具有主观过错。而本案不同于以往的商标侵权案件，侵权行为系案外人的诈骗行为所致。在此情况下，商标侵权行为应当遵循怎样的归责原则，侵权行为人的主观状态是否影响相应民事责任的承担就成了本案主要的争议焦点。《商标法》第五十二条对于商标侵权的行为进行了规定，只要符合规定的情形即构成侵权，但商标法及其实施细则并未对商标侵权民事责任的归责问题进行明确规定。

《民法典》在侵权责任编规定了过错责任和无过错责任两种归责原则。其中，关于“无过错责任”的规定为：“行为人损害他人民事权益，不论行为人有无过错，法律规定应当承担侵权责任的，依照其规定。”由此可见，对于无过错责任的行为种类需由“法律规定”，在法律无特别规定的情况下，侵权行为一般均应适用过错责任原则。一方面，在我国当前的民法权利体系中，采用无过错责任原则进行优先保护的权利通常为人身权或与之相关的财产权，而就商标权而言，其仅作为财产权的一种，并不具有优先于其他财产权获得保护的必要性和特殊性。另一方面，从目前有关商标侵权的法律规定来看，侵害注册商标专用权的行为也并非法律规定的需

① 分别对应《民法典》第一千一百六十四条、第一千一百六十五条、第一千一百六十六条。

承担无过错责任的侵权行为。同时，《商标法》第六十四条第二款规定了合法来源抗辩条款，仅规定了“销售者”在商标侵权中应承担过错赔偿责任。具体到本案，三被告系在“服装定制”服务中侵害商标专用权，其行为既包括销售也包括生产等行为，故本案被告并不属于《商标法》第六十四条所称的“销售者”，不能适用商标合法来源抗辩条款。鉴于此，对于本案被告是否应承担侵权民事责任的问题，只能适用过错责任原则予以调整，即行为人因过错侵害他人民事权益，应当承担侵权责任。根据法律规定推定行为人有过错，行为人不能证明自己没有过错的，应当承担侵权责任。

对于被告是否存在过错的认定问题，基于注册商标在相应行政机关网站的公示性以及涉案商标知名度，被告作为商事主体进行营利性活动，理应在使用涉案商标标识前尽到合理的注意义务，否则即存在主观过错。故此，从举证责任来看，本案应由被告对自己没有过错承担举证责任。本案中，被告的原设计师杨某因伪造原告授权、对被告的法定代表人张某某进行合同诈骗而涉及刑事犯罪，该案中，法院认定张某某对于杨某的涉案行为不属于应当知道，本案的关键则在于刑事案件的结果是否会影响商标侵权案件中对于被告主观状态的认定。依据在案的（2020）京01刑终76号刑事裁定书可知，杨某的行为使张某某产生错误认识，在案发期间张某某对杨某虚构身份、伪造授权的情况并不知情，同时基于杨某行为的欺骗性，张某某并非未尽审核义务，不属于应当知道。对于此类非典型的民刑交叉案件，部分交叉重合的案件事实实际上无法进行分割。加之，刑事判决“案件事实清楚、证据确实充分”的证明标准要高于民事诉讼“证据占明显优势”的证明标准，[①] 在已有在先生效刑事裁定对相关事实进行认定的情况下，从维护刑事裁判既判力的角度来看，在没有证据的情况下，民事案件中对于重合因素的认定标准也不宜过高。就本案而言，被告实施上述侵害商标权的行为系基于相信杨某享有原告的相关授权，且张某某作为法定代表人的被告由于杨某的欺诈行为而陷入错误认识，张某某亦是杨某刑事犯罪的受害者，被告在主观上并无侵权的故意，也并非未尽到合理的

① 温锦资：《认定商标侵权不得与在先刑事判决中相交叉因素矛盾》，载《人民司法》2014年第16期。

注意义务，故其对于被诉商标侵权行为并不存在主观过错。

二、在被告不存在主观过错的情况下相关侵权责任的承担问题

如前文所述，关于侵害商标权行为相应的侵权责任承担问题，应当适用过错责任的归责原则。本案中，在被告对被诉侵权行为并不存在主观过错的情况下，其不应赔偿原告主张的经济损失。同时，依据《商标法》第六十三条的规定，侵犯商标专用权的赔偿数额包括权利人为制止侵权行为所支付的合理开支，故对于原告关于被告赔偿其为制止侵权行为支付的合理支出的主张，亦不应予以支持。对于原告的相应损失，其可向存在侵权过错的主体另行主张。

但需要指出的是，对于原告要求停止商标侵权的主张，本案被诉商标侵权行为系持续性侵权行为，虽然在被告主观上无过错的前提下，其无需承担侵权赔偿责任，但从被告知道或应当知道其无权使用“ARMANI”“阿玛尼”标识时起，被告即应立即停止侵权行为，否则其后续的侵权行为即属于故意侵权。故原告要求被告停止商标侵权的主张于法有据。

同时，对于原告要求被告消除影响的主张，从《商标法》第六十四条第二款的规定可知，即使销售者在无过错侵害商标专用权时，亦只能免除其赔偿责任，而非全部侵权责任，而本案被告在从事“服装定制”过程中，其所为的行为明显较“销售者”更多，举轻以明重，故本案亦不应因被告对于商标侵权无过错而当然免除其消除影响的责任。根据在案证据显示，由于被告实施的侵害涉案商标专用权的行为，容易使相关公众对其提供的服务来源造成混淆、误认；加之，考虑到被告在北京商业区以“ARMANI”品牌的名义开设店铺提供“服装定制”服务，确有对原告商誉产生负面影响的可能性，故对原告关于被告消除影响的主张，亦应予以支持。

一审法院合议庭成员 王　东　姚文斌　郭振强
二审法院合议庭成员 王东勇　郭　伟　吴　静
编写人 王　东　姚俐衡

55. 安某有限公司诉刘某娥侵害商标权案

——非善意的在先使用不能成立在先使用抗辩

关键词 侵害商标权纠纷 在先使用抗辩 非善意在先使用

基本案情

安某有限公司系新加坡从事室内设计的公司，于2005年4月8日在中国申请注册第4590633号“adinc. 及图”商标（以下简称涉案商标），2014年8月14日获准注册，核定使用在商业建筑设计等服务上。

2003年7月23日，雅某咨询（北京）有限公司（以下简称雅某公司）在建筑制图等服务上申请注册第3644066号“adinc. 及图”商标，于2006年1月转让给刘某娥。2013年12月30日，商标评审委员会裁定，第3644066号商标的注册构成对代理人、代表人在先商标的抢注，不予核准注册。刘某娥不服提起行政诉讼。2017年7月18日，北京市高级人民法院作出终审判决，认定该商标构成商标法所规定的禁止代理人、代表人抢注的情形。2017年5月18日，刘某娥就第3644066号商标签订许可使用声明，许可雅某公司、亚某装饰设计有限公司（以下简称亚某公司）等公司在全国范围内使用。

安某有限公司作为原告诉至法院，主张被告刘某娥抢注第3644066号商标并许可多公司使用的行为构成对涉案商标专用权的侵害，要求停止在第42类服务上许可他人使用“adinc. 及图”商标；赔偿经济损失100万元以及合理开支38411.9元；在《法制日报》刊登声明，消除影响。

经查，刘某娥为雅某公司、亚某公司法定代表人的母亲。在先生效判决认定安某有限公司使用涉案商标提供相关服务的时间早于雅某公司及其关联公司。

北京市朝阳区人民法院（以下简称一审法院）于2019年6月4日作出（2018）京0105民初80120号民事判决：一、刘某娥于判决生效之日起立即停止在第42类室内装饰设计等服务上使用“adinc. 及图”标识；二、刘某娥于判决生效之日起30日内履行在《法制日报》登载声明的义务，消除因侵犯商标权行为给安某有限公司造成的不良影响；三、刘某娥于判决生效之日起10日内赔偿安某有限公司经济损失2万元及合理开支1万元；四、驳回安某有限公司的其他诉讼请求。刘某娥不服一审判决，上诉主张在先使用抗辩，称雅某公司自2003年起申请并使用“adinc. 及图”商标，至涉案商标申请之日已具有一定影响，在涉案商标申请注册之后，被许可人继续使用该商标是对合法在先使用的延续，故不构成商标侵权。北京知识产权法院2022年4月22日作出（2021）京73民终2049号民事判决：驳回上诉，维持原判。

裁判理由

法院生效裁判认为，本案的主要争议焦点是：刘某娥主张的对“adinc. 及图”商标的先用权抗辩是否成立。

《商标法》第五十九条第三款规定：“商标注册人申请商标注册前，他人已经在同一种商品或者类似商品上先于商标注册人使用与注册商标相同或者近似并有一定影响的商标的，注册商标专用权人无权禁止该使用人在原使用范围内继续使用该商标，但可以要求其附加适当区别标识。”商标法设立先用权抗辩制度旨在弥补我国商标法实施的“先申请制”的制度缺陷，实现注册原则与使用原则之间的利益平衡，避免因为商标权的授予，导致善意的先用者无法继续实施行为，有失公平。需要强调的是，在先使用行为必须基于善意，如果在先使用者的商标来源具有明显的不正当性或攀附目的，违背诚信原则、缺乏合理性的使用行为当然不能获得法律的保护，更不能产生对抗注册商标权利人侵权主张的效力。

本案中，首先，（2017）京行终字1818号判决、（2021）京73民终2050号判决已作出认定，安某有限公司于2003年3月24日在新加坡成立即开始使用“AD Incorporation”作为企业字号、ADI作为企业简称。安某有限公司进入中国大陆使用“AD Incorporation”作为企业字号、ADI作为企业简称以及使用涉案商标提供相关服务的时间早于雅某公司及其关联公司。刘某娥虽不认可上述事实，但其提交的证据不足以反驳人民法院生效判决的效力，法院对其抗辩的事实不予采信。

其次，根据已生效的（2017）京行终字 1818 号判决的相关认定，雅某公司在第 42 类“室内装饰设计”等服务上申请注册的第 3644066 号“adinc. 及图”商标，构成 2001 年《商标法》第十五条“代理代表人抢注”之情形，应予无效宣告。2001 年《商标法》第十五条的规定旨在防止代理代表关系人抢注商标，维护被代理人对相关标识的合法权益。如果认定代理代表人基于代理代表关系的使用行为可以构成在先使用，并借此对抗被代理人、作为商标侵权行为的合法抗辩事由，显然与上述法律规定的精神相违背。从商标法先用权抗辩制度的立法宗旨和保护原则分析，即便雅某公司在先使用了诉争商标，但其将基于代理代表关系获得的商标作为自有商标加以使用，具有明显的攀附目的，本身并非善意，违背了诚信原则，不属于先用权抗辩制度保护的善意先用者。因此，刘某娥主张雅某公司及其他关联公司使用“adinc. 及图”商标具备在先权基础的抗辩理由不能成立。

商标的使用，是指将商标用于商品、商品包装或者容器以及商品交易文书上，或者将商标用于广告宣传、展览以及其他商业活动中，用于识别商品来源的行为。在商业流通领域发生的商标许可行为，发挥了商标识别商品来源的作用，属于商标使用行为。未经商标注册人的许可，在同一种商品上使用与其注册商标相同的商标的，属于侵犯注册商标专用权的行为。本案中，涉案商标于 2014 年 8 月 14 日获准注册，刘某娥在行政机关、人民法院针对第 3644066 号“adinc. 及图”商标相继作出不予核准注册的决定、驳回诉讼请求的判决之后，仍在 2017 年 5 月 18 日许可雅某公司等在全国范围内使用该尚未被核准注册的商标，主观故意明显，容易使相关公众误认其提供的服务来源于安某有限公司，或与安某有限公司存在关联关系，构成了未经商标注册人的许可，在同一种商品上使用与其注册商标相同的商标的行为，侵犯了安某有限公司涉案商标专用权。

裁判要旨

2013 年《商标法》第五十九条第三款规定：“商标注册人申请商标注

册前，他人已经在同一种商品或者类似商品上先于商标注册人使用与注册商标相同或者近似并有一定影响的商标的，注册商标专用权人无权禁止该使用人在原使用范围内继续使用该商标，但可以要求其附加适当区别标识。”“在先使用”抗辩的适用应当满足以下四个条件：（1）被控侵权人应当先于涉案注册商标申请日前进行了商标法意义上的使用；（2）若涉案注册商标权人在商标申请日前即存在使用行为，则被控侵权人的使用行为应早于涉案注册商标权人的实际使用时间；（3）被控侵权人的使用行为应具有一定影响，但该影响力不宜要求过高；（4）被控侵权人应在原有范围内继续使用该商标，不能进行扩大使用，并且在涉案注册商标权人的请求下应当附加相关区别标识。

设立商标在先使用制度的目的在于弥补商标注册制度缺陷，适度保护商标在先使用人利益。从另一角度看，该制度亦是善意商标在先使用人抵御商标恶意抢注行为的法律工具。对商标在先使用的判定，应符合《商标法》第五十九条第三款的立法目的及价值，严格满足该款规定的各行为要件并考察商标在先使用人是否善意。

关联索引

2013 年《中华人民共和国商标法》第五十七条、第五十九条

一审：北京市朝阳区人民法院（2018）京 0105 民初 80120 号（2019 年 6 月 4 日）

二审：北京知识产权法院（2021）京 73 民终 2049 号（2022 年 4 月 22 日）

法官评析

2013 年《商标法》第五十九条第三款规定了商标在先使用的问题，即如使用人能够证明其在商标注册权利人之前已使用了商标，且该使用已具有一定影响，可豁免商标侵权责任。在先使用行为必须基于善意，如果在先使用者的商标来源具有明显的不正当性或攀附目的，违背诚信原则、缺乏合理性的使用行为当然不能获得法律保护，更不能产生对抗注册商标权利人侵权主张的效力。

一、商标先用权抗辩制度的立法目的

商标的本质在于区分商品和服务的来源，商标的价值和商誉的凝聚体现在实际使用过程中。因此只有投入实际使用的商标才具备法律保护的必要性和正当性。我国实行商标“先申请”原则下的注册制度，因注册取得商标专用权。商标注册制度虽具有公示性，有利于权利的确认、交易的开展和纠纷的解决，但注册取得制忽视了未注册商标先使用人的正当利益，容易导致商标恶意抢注的现象泛滥。因此，我国在2013年修正《商标法》时引入了在先使用权抗辩制度，通过对注册商标禁用权加以限制，允许在先使用并有一定影响的商标在原有范围内继续使用，以此平衡商标注册人与商标在先使用人之间的利益，以弥补单一注册制下商标权取得方式所产生的缺陷，鼓励和保证公平竞争，维护正常市场秩序。

二、商标先用权抗辩成立的条件

如前所述，商标先用权抗辩制度设计，在于保护商标在先使用人的合法权益，防止因商标恶意抢注行为导致在先使用的未注册商标权益遭到侵犯。实践中，该条款的成立一般需满足以下要件：（1）他人具有在与注册商标相同或类似商品上在先使用相同或近似商标的客观事实；（2）该在先使用的商标应具有一定影响；（3）被诉行为仅在“原使用范围”内使用。

第一，关于在先使用的客观事实，应当满足“双优先”原则，即他人使用商标早于注册商标“申请日”，因我国实行的是商标注册制度，采用以申请日为时间点的做法，更加符合我国商标法立法目的。在此基础上，对在先使用行为的时间作进一步限定，即亦早于商标注册人对商标的使用时间，以此排除在先使用人具有恶意、攀附他人的情形，也是商标法中坚持公平原则及诚信原则的体现。公平原则要求维持民事主体之间的利益均衡，即平衡商标注册人和在先使用人的利益；诚信原则要求民事主体以善意方式行使权利、履行义务，即商标注册人和在先使用人的使用行为均应是善意的。

第二，关于在先使用具有一定影响，是对使用行为“量”的考量。商标法保护未注册商标的前提是未注册商标经使用已产生需要商标保护的利益。根据体系解释的原则，2013年《商标法》第三十二条及第五十九条中

“有一定影响的商标”表述含义应当一致，即并不要求在先使用的商标具有比肩驰名商标的较高知名度，或延及较大的地域范围，只需达到经过使用使得商标在使用地域内起到识别作用，为特定地域或领域内的相关公众所知悉即可。发挥了识别商品来源功能的商标即应获得商标法的保护。

第三，关于“在原有范围”内使用。应综合考虑商标所使用的商品、标识、使用方式、使用地域及使用主体等因素，以维持在先使用的原有状态和商誉所及范围为限，必要时附加区别标识。如此确保后续使用行为仍为善意且合理，避免冲击商标注册权人的利益。具体来说包括以下方面：(1) 在后使用的“商标”及“商品或服务”应与在先使用的商标及商品或服务“相同”或“基本相同”。(2) 使用的主体仅限于“在先使用人”本人及在先已获授权许可的“被许可使用人”。(3) 在使用规模上应当为在先使用人保留合理的发展空间，否则可能使其丧失继续使用的动机，从而使先用权条款的立法目的落空，也会造成在先使用人经长期正当经营获得的商誉受到侵蚀、合法利益得不到保障。

三、基于善意和诚信是在先使用抗辩成立的核心考量因素

任何人不得因违法行为获益是一项基本的法理。诚信原则是民事主体从事活动应遵循的基本原则，也是商标法的基本原则。基于在先使用抗辩制度利益平衡的立法目的，在先使用人和注册商标权利人均需秉持诚信原则，不存在恶意攀附、抢注商标等不正当情形。这就要求商标注册人应为善意注册，在先使用人应基于善意合法使用商标。在先使用成立的条件中的“双优先”且产生一定影响，在“原有范围内”使用等规定，其实质均是围绕善意和诚信原则下的具体考量，以此约束使用者的主观状态，避免攀附涉案商标的故意，合理地延续合法拥有的在先权利，发挥商标区分来源的功能价值。只有善意的在先使用者才可能免于承担侵害注册商标专用权的法律责任。

本案中，刘某娥系雅某公司、亚某公司法定代表人的母亲，雅某公司、亚某公司与安某有限公司经营领域相近似。刘某娥主张在先使用的第3644066号“adinc. 及图”商标，已被生效裁判认定为构成“代理代表人抢注”之情形。结合在案证据和生效判决的结论，可以证明刘某娥明知安某有限公司商标的存在，却在相同或类似服务上使用并抢注标识完全相同

的“adinc. 及图”商标，其行为自始具有攀附安某有限公司商标和企业声誉的不正当性，有违诚信原则。在使用商标的时间节点和使用行为的主观状态上，均不符合在先使用抗辩的成立要件。基于善意、合法的在先使用行为才能产生被保护的权益，如果使用行为是基于侵权使用则当然不能成立在先使用抗辩。本案刘某娥及其授权的公司使用被诉商标的行为存在明显“搭便车”、傍名牌的意图，具有使公众对商品来源产生混淆的故意，不构成在先使用。

一审法院合议庭成员 谭乃文　常振海　吕鹤江
二审法院合议庭成员 范米多　李　想　马兴芳
编写人 范米多

56. 蒙某股份公司诉北京某有限责任公司侵害注册商标专用权纠纷案*

——商标侵权中适用法定赔偿的考量因素

关键词 商标侵权 法定赔偿 考量因素

基本案情

原告蒙某股份公司（以下简称蒙某公司）为第 6084721 号“MONCLER”商标、第 4486670 号“MONCLER 及图”商标、第 G991914 号“MONCLER 及图”商标权利人，上述商标均核定使用在第 25 类服装等商品上，在本案审理过程中均为有效商标。

蒙某公司起诉称：被告北京某有限责任公司（以下简称北京某公司）未经允许在其网站上大量展示带有与原告商标高度近似的“MOCKNER”标识的羽绒服图片，并生产、销售带有上述标识的羽绒服，其行为已构成对原告商标的侵权行为。被告注册网站使用域名为“mockner. com”，该域名亦与原告商标高度近似。综上，原告请求法院判令被告停止侵权并赔偿经济损失 300 万元。

被告北京某公司辩称：被告系“MOCKNEER”商标的所有权人，“MOCKNER”标识系前述商标的实际商业使用形式，且“MOCKNER”标识与原告所有的“MONCLER”商标标识不易使相关公众产生混淆误认，故不同意原告的诉讼请求，请求驳回原告诉讼请求。

---

* 本案是 2013 年《商标法》施行后北京知识产权法院适用法定赔偿最高限额确定赔偿数额的首例判决。

法院经审理另查明：原告提交了首都图书馆信息咨询中心查询检索“Moncler”相关文献及国家图书馆科技查新中心出具的检索报告、1952年至2001年原告公司与商标历史照片及宣传图片等，用以证明原告权利商标的知名度。

2013年1月10日，经公证，被告经营的网站“http://www.mockner.com”（网站登记名称为“zhao peimin”，注册日期为2011年7月22日，失效日期为2013年7月22日）显示“MOCKNER”英文字母与“”图形。网页载明被告为一家集服装研发、生产、营销为一体的综合性企业，主要领域包括羽绒服等。品牌包括“MOCKNER”，羽绒系列产品中，部分标有“MONCLER”标识，页面显示装饰有“MOCKNER”的商铺照片、加盟条件、照片代理商等内容，载明公司及联系地址为北京市大兴区×××。被告认可“http：//www.mockner.com”网站系其使用，并注册登记在法定代表人赵某某名下。

2013年11月4日，原告于北京市大兴区×××的场所经公证购买羽绒服26件。其中，《收据》载明：26件羽绒服合计人民币壹万陆仟柒佰肆拾元；所购衣服的包装、领口、袖子、拉链等处标有“MOCKNER”标识。2014年5月15日，原告经公证于北京市大兴区旧宫镇××标识为“1号”“ROYAL CAT”的场所购买衣服9件，并取得了“名片”一张、《收据》一张及宣传册一本。其中，《收据》载明9件衣服合计金额为陆仟伍佰柒拾元，收款单位盖有被告的发票专用章；所购衣服的包装、领口、袖子、拉链等处标有“MOCKNER”标识。被告认可上述衣服系其公司销售。

经当庭勘验，被告认可原告购买的35件衣服在服装与包装上使用的标识是“MOCKNER”与“”，且双方确认前述标识在衣服上有与两种形式。双方均确认上述衣服没有记载生产商的信息。被告不认可上述衣服系其公司生产。

北京知识产权法院于2015年4月23日作出（2014）京知民初字第52号民事判决：认定被诉行为侵犯原告商标权，判令被告赔偿原告经济损失及合理开支合计人民币300万元。一审判决作出后，被告不服，上诉至北京市高级人民法院。2015年10月19日，北京市高级人民法院作出（2015）高民（知）终字第3529号民事判决：驳回上诉，维持原判。

裁判理由

法院生效裁判认为：根据2013年《商标法》第五十七条第一至三项的规定，下列行为属于侵犯注册商标专用权的行为：（1）未经商标注册人的许可，在同一种商品上使用与其注册商标相同的商标的；（2）未经商标注册人的许可，在同一种商品上使用与其注册商标近似的商标，或者在类似商品上使用与其注册商标相同或者近似的商标，容易导致混淆的；（3）销售侵犯注册商标专用权的商品的。

1. 关于被告是否系涉案服装的生产者及销售者本案中，首先，被告在其网站上宣传其系服装服饰研发、生产、营销为一体的综合性企业，产品以羽绒服、防寒服为主，并称“MOCKNER”产品具备独特的设计理念，辅以精良的裁剪、巧妙的工艺，是一个拥有无比魅力的豪华品牌。其次，被告在其网站上记载的公司地址与其登记的地址是一致的。再次，被告虽称网站的版面建设与图片内容等均由第三方上传，但其未提供相应的证据，且网站显示版权所有为被告，同时，被告网站上有加盟信息。另外，被告虽不认可其生产了涉案服装，但其未提交相应来源的证据。综上，结合被告在本案中提交其采购毛领、拉链等原材料所签订的购销合同以及原告两次在被告住所地购买到涉案服装，且涉案服装没有生产者信息的情况，法院认为：被告系涉案服装的生产者及销售者。被告关于其并非生产者的主张不能成立，法院不予支持。

2. 被告是否实施了未经原告许可在同一种商品上使用与其注册商标相同商标的行为。根据法院查明的事实，原告在服装等商品上享有第6084721号“MONCLER”商标的专用权。被告在“http：//www. mockner. com”网站上销售带有“MONCLER”标识的羽绒服产品，且被告自认该网站系其使用并登记在法定代表人赵某某名下。被告未经原告许可，在羽绒服商品上使用与原告注册商标相同标识的行为侵犯了原告的商标专用权。

3. 被告是否实施了未经原告许可在同一种商品上使用与其注册商标近似商标的行为。本案中，被告对原告通过公证程序购买获得的被控侵权商品即35件服装的事实不持异议，且被告自认上述服装系其公司销售。双方均确认在上述服装上有与两种标识。同时，被告网站上还使用了标识。原告认为，被告使用的标识侵犯其第 6084721 号、第 4486670 号、第 G991913 号及第 G991914 号商标的专用权；被告使用的标识侵犯其第 6084721 号、第 4486670 号、第 G991914 号商标的专用权。

依照《最高人民法院关于审理商标民事纠纷案件适用法律若干问题的解释》第九条的规定，商标近似是指被控侵权的商标与原告的注册商标相比较，其文字的字形、读音、含义或者图形的构图及颜色，或者其各要素组合后的整体结构相似，或者其立体形状、颜色组合近似，易使相关公众对商品的来源产生误认或者认为其来源与原告注册商标的商品有特定的联系。

（1）被告使用的标识是否侵犯原告第 6084721 号、第 4486670 号、第 G991913 号及第 G991914 号商标的专用权。

标识与第 6084721 号“MONCLER”商标、第 4486670 号“MONCLER”商标、第 G991913 号“”商标和第 G991914 号“”商标相比较，标识的外形线条与第 G991913 号商标的图形“”相同，与第 G991914 号“”商标的外圈也相同。标识外圈里面的图形与第 4486670 号“MONCLER”商标的图形以及第 G991914 号“”商标外圈里面的图形接近。标识的英文字母“MOCKNER”与第 6084721 号“MONCLER”商标、第 4486670 号“MONCLER”商标、第 G991914 号“”商标中的英文字母“MONCLER”在字形上相近，区别仅在于从左至右第三个至第五个英文字母不同，二者前、后两个英文字母均完全相同；从读音上看，二者发音相近；从含义上看，二者均属无特定含义的英文。按照中国消费者的认读习惯，在文字与图形并存时，文字通常为商标标识的显著识别部分。因此，从商标整体上看，标识与第6084721号“MONCLER”商标、第4486670号“”商标、第G991913号“”商标和第G991914号“”商标在文字的字形、读音、含义以及整体构图元素、形状上相近，二者分别构成近似商标。标识与原告的上述注册商标共同使用在羽绒服等服装商品上，容易导致消费者对商品的来源产生误认或者认为其来源与原告注册商标的商品有特定的联系。因此，原告关于标识侵犯其第6084721号、第4486670号、第G991913号及第G991914号商标专用权的主张成立，法院予以支持。被告关于其上述标识与原告的商标不构成近似的主张缺乏事实和法律依据，法院不予支持。

（2）被告使用的标识是否侵犯原告第6084721号、第4486670号、第G991914号商标的专用权。

标识与第6084721号“MONCLER”商标、第4486670号“”商标和第G991914号“”商标相比较，如前所述，标识的英文字母“MOCKNER”与第6084721号、第4486670号、第G991914号商标中的英文字母“MONCLER”在字形、读音上相近。同时，标识中的图形与第4486670号“”商标中的图形以及第G991914号“”商标外圈内的图形接近。按照中国消费者的认读习惯，标识显著识别部分为“MOCKNER”。因此，标识与第6084721号、第4486670号、第G991914号商标构成近似商标。被告在网站上使用标识宣传其服装，并在服装上使用标识，容易导致消费者认为其服装商品来源于原告或者与原告具有密切的联系，从而对商品的来源产生误认。因此，原告关于被告在网站及服装上使用 MOCKNER 标识侵犯其第6084721号、第4486670号、第G991914号商标专用权的主张成立，法院予以支持。

2013年《商标法》第六十三条规定，侵犯商标专用权的赔偿数额，按照权利人因被侵权所受到的实际损失确定；实际损失难以确定的，可以按照侵权人因侵权所获得的利益确定；权利人的损失或者侵权人获得的利益难以确定的，参照该商标许可使用费的倍数合理确定。对恶意侵犯商标专用权，情节严重的，可以在按照上述方法确定数额的一倍以上三倍以下确定赔偿数额。赔偿数额应当包括权利人为制止侵权行为所支付的合理开支。人民法院为确定赔偿数额，在权利人已经尽力举证，而与侵权行为相关的账簿、资料主要由侵权人掌握的情况下，可以责令侵权人提供与侵权行为相关的账簿、资料；侵权人不提供或者提供虚假的账簿、资料的，人民法院可以参考权利人的主张和提供的证据判定赔偿数额。权利人因被侵权所受到的实际损失、侵权人因侵权所获得的利益、注册商标许可使用费难以确定的，由人民法院根据侵权行为的情节判决给予300万元以下的赔偿。

本案中，原告未举证证明其因被侵权所遭受的实际损失。被告也未举证证明其因侵权所获得的利益或者其生产、销售服装的数量，亦无许可费可以作为参照，故法院根据侵权行为的情节决定本案的赔偿数额。在决定赔偿数额时，法院充分考虑如下因素：（1）根据法院查明的事实，原告的商标具有较高的知名度；（2）被告网站上展示的服装上带有与原告“MONCLER”商标相同的商标；（3）被告作为涉案服装的生产者，其在网站上邀请加盟并招募代理商且侵权的时间较长；（4）被告故意在其生产的服装上不标示生产者，侵权恶意明显，侵权后果比较严重；（5）被告生产、销售的涉案服装价格较高；（6）被告未提供其因侵权获利或者生产、销售服装数量的证据。综合考虑上述因素，法院对原告关于请求被告赔偿经济损失人民币2863932元的主张予以支持。另外，原告为制止侵权行为而支付的合理开支共计人民币136068元，被告亦应当予以赔偿。被告关于原告主张的赔偿数额过高的抗辩，法院不予支持。

裁判要旨

在商标侵权案件中适用法定赔偿时，确定赔偿数额的考量因素主要有：原告权利商标的知名度；被诉侵权商标同权利商标的近似程度；被告的主观恶意；被诉侵权产品的价格等。对于权利商标知名度较高，且根据被诉行为性质，被告主观恶意明显，侵权行为持续时间较长，获利可能较多而怠于举证的情况下，可适用法定赔偿的最高限额。

关联索引

2009 年《中华人民共和国民法通则》第一百三十四条[①]第一款第一项、第七项，第二款

2013 年《中华人民共和国商标法》第五十七条第一项、第二项、第三项，第六十三条

一审：北京知识产权法院（2014）京知民初字第 52 号（2015 年 4 月 23 日）

二审：北京市高级人民法院（2015）高民（知）终字第 3529 号（2015 年 10 月 19 日）

法官评析

一、确定侵权赔偿额的实践及困境

我国侵权责任的承担一般遵循填平原则，侵权赔偿的数额以权利人受到的损失为限。在传统的侵权案件中，侵权的客体一般为生命权、健康权、物权等权益，相较而言，这些权益的损害后果往往有其他可视化因素用以判断因侵权造成的损失或获益。而在侵犯商标专用权的案件中，由于商标权系无形财产，侵权结果一般表现为商誉损失、市场份额减少等，侵权结果难以直观呈现，导致商标侵权赔偿数额难以精确确定。

2001 年《商标法》引入了法定赔偿的制度，具体在 2001 年《商标法》第五十六条规定中有所体现。2013 年《商标法》第六十三条在保留以上条款精神的基础上作进一步完善。

根据上述规定，确定侵害商标专用权赔偿额有四种方式：被侵权所遭受的损失、侵权人因侵权所获得的利益、商标许可费的倍数及法定赔偿。

---

① 对应《民法典》第一百七十九条。

《最高人民法院关于审理商标民事纠纷案件适用法律若干问题的解释》（法释〔2002〕32号）第十三条规定："人民法院依据商标法第五十六条第一款的规定确定侵权人的赔偿责任时，可以根据权利人选择的计算方法计算赔偿数额。"第十六条第一款规定："侵权人因侵权所获得的利益或者被侵权人因被侵权所受到的损失均难以确定的，人民法院可以根据当事人的请求或者依职权适用商标法第五十六条第二款的规定确定赔偿数额。"上述法律及司法解释的规定，仍旧坚持遵循填平原则。就确定赔偿数额而言，以上几种确定赔偿数额的方法中，被侵权所遭受的损失、侵权人因侵权所获得的利益两种方法最能体现填平原则的精神。由此，法院在认定侵权商标专用权的赔偿数额时，对于前三种计算方式可基于当事人的申请而适用，对于法定赔偿的适用则一般应当在依据前三种方式不能确定的情况下采用。然而，司法实践中，法定赔偿成为法官认定侵权赔偿额最常见的方式，当事人也往往怠于对侵权损失或者受益进行举证或存在客观困难，而直接请求适用法定赔偿。由于法定赔偿的实质是综合案件因素进行酌定，受限于举证能力和举证的程度、裁判者经验和理念的差异和地区经济发展的不平衡等因素，裁判的结果仍具有较大的不可预测性，甚至可能导致类案不类判的情况。

为解决以上问题，社会各界从不同角度进行了分析和探讨。如吴汉东教授提出以知识产权的"合理价值"，即"成本+收益"的方法作为裁判基础；[①] 浙江省高级人民法院提出"司法层次分析法"，即在对权利信息和侵权信息进行综合评估分析的基础上，设置相应的权重指标系数和层级目标，最终通过法官行使司法裁量权，确定相对赔偿额度。[②] 但是，确定知识产权的"合理价值"有赖于知识产权等无形资产交易市场的完善及活跃；"司法层次分析法"实际上是将法定赔偿裁判考量因素细化、标准化，限于样本数据的不足、不同知识产权价值不同及地区差异等因素，其成为一项全国通用的方法的路途仍任重道远。

针对司法实践中出现的这个问题，目前较为有效的做法是充分利用民

① 参见吴汉东：《知识产权损害赔偿的市场价值基础与司法裁判规则》，载《中外法学》2016年第6期。

② 参见：《首届"三知论坛"纪要——聚焦知识产权损害赔偿》，载浙江法院新闻网，http：//www.zjcourt.cn，访问时间：2019年12月18日。

事诉讼中的证据和程序制度，法官在侵权案件中充分行使证据释明职权，通过对证明责任的分配和转移，引导当事人对侵权损害后果或侵权获益等进行举证，形成双方当事人之间的有效对抗，在此基础上确定侵权赔偿数额。2002 年《最高人民法院关于审理商标民事纠纷案件适用法律若干问题的解释》第十四条规定："商标法第五十六条第一款规定的侵权所获得的利益，可以根据侵权商品销售量与该商品单位利润乘积计算；该商品单位利润无法查明的，按照注册商标商品的单位利润计算。"第十五条规定："商标法第五十六条第一款规定的因被侵权所受到的损失，可以根据权利人因侵权所造成商品销售减少量或者侵权商品销售量与该注册商标商品的单位利润乘积计算。"同时，《最高人民法院关于审理侵犯专利权纠纷案件应用法律若干问题的解释（二）》第二十七条规定："权利人因被侵权所受到的实际损失难以确定的，人民法院应当依照专利法第六十五条第一款的规定，要求权利人对侵权人因侵权所获得的利益进行举证；在权利人已经提供侵权人所获利益的初步证据，而与专利侵权行为相关的账簿、资料主要由侵权人掌握的情况下，人民法院可以责令侵权人提供该账簿、资料；侵权人无正当理由拒不提供或者提供虚假的账簿、资料的，人民法院可以根据权利人的主张和提供的证据认定侵权人因侵权所获得的利益。"

部分法院根据以上规定在个案中作出有益尝试。但从整体上看，各地法院仍较为谨慎，数量较少。以上判决中对于诸如"利润率"的计算方式、采信标准、原告初步证明责任的证明程度等问题的把握标准仍旧不统一，有待于进一步统一裁判规则。

二、适用法定赔偿最高限额的考量因素

在多数商标侵权案件中，由法院适用法定赔偿的规定，对赔偿数额进行裁量仍是多数案件的处理方法。本案是 2013 年《商标法》施行后在商标侵权案件中适用法定赔偿最高限额的首例判决，具有一定的典型性。

本案的主要争议点之一在于侵权赔偿数额的确定。原告未举证证明其因被侵权所遭受的实际损失。被告也未举证证明其因侵权所获得的利益或者其生产、销售服装的数量，亦无许可费可以作为参照。在这种情况下，法院依据 2013 年《商标法》第六十三条第三款的规定，综合本案案情酌定被告赔偿原告人民币 300 万元。以上裁判主要的考量因素有：

1. 原告的商标具有较高的知名度。为证明其用以主张权利的三枚商标的知名度，原告调取了三件商标在多种期刊、报纸等媒体上进行了广泛的宣传的记录，在中国开设门店情况及媒体报道等材料，证明其三件商标经过长期宣传、使用，具有较高知名度。

2. 被告行为性质。被告系涉案服装的生产者，其在网站上邀请加盟并招募代理商及侵权的时间较长。

3. 主观恶意。本案中，被告主观恶意较强的表现主要有：注册并使用同原告“MONCLER”商标近似的网站，足以造成消费者的误认；被告在较长时间内在服装上使用的商标系其将原告主张权利的商标进行组合使用的；在其网站上展示的服装上带有与原告“MONCLER”商标相同的商标；在其生产的服装上，被告故意不标示生产厂商，其意图在于攀附原告较高的知名度和市场美誉度。

4. 原告商品的价格与被控侵权商品的价格。被告生产、销售的服装在同类商品中价格较高，原告生产的标有涉案商标的商品在同类商品中属于高端系列，价格也相对较高。

5. 怠于举证。本案中，被告生产、销售侵权产品的账簿等主要证据材料均由被告保管，但其未提供侵权获利或者生产、销售服装数量的证据。

基于上述因素，鉴于权利商标知名度较高，且被诉行为为生产行为，综合来看，被告的行为客观上反映其恶意攀附原告及权利商标的知名度，意图获取不正当利益，主观恶意明显，另结合侵权行为持续时间较长，侵权产品售价较高，被告获利可能较多而怠于举证证明其侵权获利的情况等因素，法院适用法定赔偿的最高限额。

作为2013年《商标法》实施后适用法定赔偿上限的第一案，本案对于在法定赔偿中探索科学标准，充分保障当事人权益，合理约束自由裁量权，进一步实现裁判审理标准的统一具有借鉴意义。

一审法院合议庭成员 江建中　李燕蓉　司品华

二审法院合议庭成员 焦　彦　刘庆辉　马　军

编写人 王仲阳

57. 北京甲公司诉北京乙公司侵害商标权纠纷案*

——涉不动产领域商标侵权案件中损害赔偿数额的考量因素

关键词 民事诉讼 侵害商标权纠纷 损害赔偿

基本案情

北京甲公司（以下简称甲公司）诉称：“紫玉”和“紫玉山庄”是甲公司的注册商标，甲公司依法享有商标专用权，甲公司开发的“紫玉山庄”项目是北京最为著名的别墅之一，在全国范围内享有极高的知名度，在房地产业内拥有良好的评价和信誉。乙公司将其名下开发的房地产项目名称定为“紫玉公馆”“海润紫玉公馆”并在网站上进行宣传，使购买者误认为该项目与甲公司有关，造成混淆，严重侵害了甲公司享有的注册商标专用权；甲公司发律师函并多次与乙公司进行交涉，但乙公司的商标侵权行为仍在持续。故甲公司请求法院判令乙公司立即停止商标侵权行为，赔偿甲公司经济损失300万元及公证费、照片冲洗费3770元，并在全国发行的报纸上赔礼道歉、消除影响，承担诉讼费用。

北京乙公司（以下简称乙公司）辩称：乙公司开发项目案名的主要词汇为海润和紫玉，海润是我公司的企业字号，紫玉是代表项目位置处于紫竹桥、昆玉河和玉渊潭之间，“海润紫玉”与甲公司的商标有明显区别，不构成近似；商品房作为价值较大的商品，消费者会投入更大的关注和注意力。乙公司开发的项目为普通住宅，甲公司开发的是别墅，而且乙公司在宣传中明显标示了项目地点、英文等，也从未以明示或者暗示的方式让

---

* 本案例入选《北京知识产权法院典型案例评析》。

消费者对双方项目的来源产生联系。因此，乙公司的使用行为不会与甲公司享有的商标权构成混淆，不构成商标侵权；甲公司未提供证据证明其经济损失，要求赔礼道歉没有法律依据。因此，请求法院驳回甲公司的诉讼请求。

法院经审理查明：甲公司注册有下列三类商标，主张享有下列商标的专用权：

1. “紫玉”文字商标。

（1）注册号第 6839452 号，核定使用服务项目为第 36 类金融评估（保险、银行、不动产）、艺术品估价、商品房销售、不动产管理等，专用权期限自 2010 年 5 月 7 日至 2020 年 5 月 6 日止。

（2）注册号第 6839453 号，核定使用服务项目为第 37 类建筑信息、建筑、商品房建造、供暖设备的安装和修理、电器设备的安装与修理等，专用权期限自 2010 年 5 月 7 日至 2020 年 5 月 6 日止。

（3）注册号第 9221376 号，核定使用服务项目为第 42 类工程、质量评估、地质勘探、室内装饰设计、建筑项目的开发等，专用权期限自 2012 年 3 月 21 日至 2022 年 3 月 20 日止。

2. “PJY 紫玉山庄 PURPLEJADEVILLAS”文字商标。

（1）注册号第 5980086 号，核定服务项目为第 37 类建筑施工监督、建筑结构监督、建筑信息、维修信息、建筑、仓库建筑和修理，专用权期限自 2010 年 2 月 28 日至 2020 年 2 月 27 日止。

（2）注册号第 5980087 号，核定服务项目为第 36 类不动产出租、不动产代理、不动产中介、不动产评估等，专用权期限自 2010 年 2 月 28 日至 2020 年 2 月 27 日止。

3. “Purple Jade”文字商标。

（1）注册号第 6960173 号，核定服务项目为第 37 类建筑信息、建筑、商品房建造、供暖设备的安装和修理、电器设备的安装与修理等，专用权期限自 2010 年 6 月 14 日至 2020 年 6 月 13 日止。

（2）注册号第 6960172 号，核定服务项目为第 36 类保险信息、金融评估（保险、银行、不动产）、艺术品估价、商品房销售、不动产管理等，专用权期限自 2010 年 6 月 21 日至 2020 年 6 月 20 日止。

（3）注册号第9221371号，核定服务项目为第42类工程、地质勘探、化妆品研究、工业品外观设计、建筑项目的开发、室内装饰设计等，专用权期限自2012年3月21日至2022年3月20日止。

2015年4月23日，甲公司向北京市长安公证处提出申请，对其从互联网下载相关网页的过程及下载网页的内容进行证据保全。同日，甲公司申请北京市长安公证处对前往北京市海淀区海润紫玉公馆取证的过程进行证据保全。

一审中，甲公司提交了其于2015年3月9日向乙公司发送的律师函、快递回执及2015年3月10日乙公司签收上述律师函的查询结果网页打印件。

甲公司为证明其合理开支，向一审法院提交了金额共计为3630元的公证费发票，金额共计为140元的照片冲洗费票据。乙公司认可该部分证据的真实性。

2015年12月29日，北京知识产权法院组织双方当事人到涉案楼盘处进行了现场勘验，经勘验证实涉案楼盘的围挡、楼书等处已经将楼盘名称变更为“阿那亚城市公馆”。

另查，甲公司的营业执照显示其经营地址为“北京市朝阳区紫玉东路1号”，甲公司提交的“北京市商品房预售许可证”等证据显示其在北京开发的“紫玉山庄”项目地址亦为“北京市朝阳区紫玉东路1号”。

北京市海淀区人民法院于2015年8月31日作出（2015）海民（知）初字第22346号民事判决：一、判决生效之日起，乙公司停止本案侵权行为；二、判决生效之日起10日内，乙公司赔偿甲公司经济损失及合理开支共计100万元；三、判决生效之日起30日内，乙公司在北京市发行的报纸上刊登声明，为甲公司消除影响（声明内容须经法院核实，逾期不刊登，法院将依据甲公司的申请，在相关媒体公布判决主要内容，费用由乙公司承担）；四、驳回甲公司的其他诉讼请求。

甲公司不服一审判决，提起上诉。2016年12月8日，北京知识产权法院作出（2015）京知民终字第1878号民事判决：一、撤销北京市海淀区人民法院（2015）海民（知）初字第22346号民事判决第一项、第二项、第四项；二、维持北京市海淀区人民法院（2015）海民（知）初字第

22346号民事判决第三项；三、自本判决生效之日起十日内，乙公司赔偿甲公司经济损失三百万元及合理开支三千七百七十元；四、驳回甲公司的上诉请求。

裁判理由

法院生效裁判认为：

一、关于乙公司是否侵害甲公司涉案商标专用权的问题

本案中，甲公司涉案商标中的显著识别、认读部分“紫玉”非汉语中具有约定俗成含义的日常词汇，作为商标使用在核定服务项目上具有较高的显著性。根据甲公司提交的相关证据以及法院查明的事实可以认定甲公司的涉案商标具有较高的知名度。第7639号公证书显示，乙公司将“紫玉公馆”“海润紫玉公馆”作为涉案楼盘的名称并在售楼处、楼盘围挡、宣传资料等处进行突出使用，意图在于体现该楼盘与其他楼盘的区别性，“紫玉公馆”“海润紫玉公馆”作为楼盘名称，在事实上起到了楼盘的识别作用，实质上也属于一种商业标识，该商业标识中的“公馆”为楼盘的一般用语，故其显著的识别部分在于“紫玉”“海润紫玉”，此与甲公司涉案商标的显著识别、认读部分“紫玉”在文字构成、读音等方面非常接近，相互之间亦不存在可明显区分的含义，乙公司使用“紫玉公馆”与“海润紫玉公馆”作为涉案楼盘名称的行为易使相关公众认为涉案楼盘与甲公司存在一定的关联，从而使相关公众在购买时产生混淆误认。因此，第7639号公证书中涉及的乙公司将“紫玉公馆”“海润紫玉公馆”作为涉案楼盘的名称，并在售楼处、楼盘围挡、宣传资料等处进行突出使用的行为侵害了甲公司涉案商标的专用权。

二、关于赔偿数额的问题

在适用2013年《商标法》第六十三条第三款确定赔偿数额时，应当根据涉案商标的显著性与声誉、不动产商标的特殊性、侵权行为的性质及持续时间、侵权行为的地域等因素综合确定。具体到本案而言：（1）甲公司涉案商标具有较高的显著性与知名度。（2）不动产商标具有一定的特殊

性。(3) 乙公司的侵权恶意明显。

在《商标法》第六十三条第三款规定的权利人的损失及侵权人的获利难以确定的情况下，还应当将涉案商品的市场价值作为确定侵权赔偿数额的重要因素并予以充分考虑，侵权赔偿的数额应当与涉案商品的市场价值相对应。

第一，甲公司的涉案商标实际使用的项目与乙公司的涉案楼盘均指向商品房，市场价值巨大，在建造成本相对稳定而商品房价格较高的情况下，开发商的利润空间则相对较大。甲公司与乙公司以及本案中的侵权行为地均在北京，乙公司也明确表示在侵权行为持续期间涉案楼盘的单价在每平方米6.8万元左右，尽管乙公司表示其仅在侵权行为持续期间销售了少部分商品房，但其未向法院提交相应证据，而且楼盘的单价说明了前述部分商品房的销售金额不菲，乙公司的利润空间也比较大。

第二，将涉案商品的市场价值纳入赔偿数额确定的因素，也会使得侵权成本提高，从而达到有效防止侵权、制止侵权行为、保护权利人的合法权益的效果。

裁判要旨

关于不动产商标侵权案件赔偿数额的确定方面，应考虑下列因素：涉案商标本身具有较高的显著性与知名度；侵权人收到商标权利人的提示后拒不纠正，继续实施侵权行为的，应当认定其具备明显的恶意；权利人的损失及侵权人的获利难以确定的情况下，应当将涉案商品的市场价值作为确定侵权赔偿数额的重要参考因素并予以充分考虑。

关联索引

2013年《中华人民共和国商标法》第五十七条第二项、第六十三条第三款

2012年《中华人民共和国民事诉讼法》第一百七十条①

《最高人民法院关于适用〈中华人民共和国民事诉讼法〉的解释》第

① 2023年修正后为第一百七十七条。

一百零二条

一审：北京市海淀区人民法院（2015）海民（知）初字第22346号（2015年8月31日）

二审：北京知识产权法院（2015）京知民终字第1878号（2016年12月8日）

法官评析

本案涉及不动产商标侵权案件中赔偿数额确定应予考虑的因素及赔偿标准如何确定的问题。由于目前我国缺乏相关问题的具体规范，本案的裁判对于类似案件的裁判具有典型指导意义。

一、不动产商标侵权赔偿的相关法律规定

虽然房屋作为不动产在我国的价值巨大，但是，我国目前并无专门针对不动产商标侵权赔偿的相关法律规定，在处理该类案件，确定侵权赔偿标准时，仍然适用《商标法》第六十三条的商标侵权赔偿的一般性规定。

在商标侵权案件中确定赔偿数额时，首先考虑权利人受到的实际损失、侵权人实际获利以及注册商标许可使用费。而本案中，上述数额均难以确定，故应适用《商标法》第六十三条第三款的规定，根据侵权行为情节确定赔偿数额。这就引出了在不动产商标侵权案件赔偿数额确定过程中，应当考虑何种因素以及赔偿数额的确定依据的问题。

二、不动产商标侵权案件中赔偿数额确定的依据

在适用《商标法》第六十三条第三款确定赔偿数额时，应当综合考虑涉案商标的显著性与声誉、不动产商标的特殊性、侵权行为的性质及持续时间、侵权行为的地域等因素。具体到本案而言：

1. 甲公司涉案商标具有较高的显著性和知名度。通常而言，某一商标受保护的程度与其显著性、知名度均成正比关系，对知名度较高的商标，我们会给予更大力度的保护。首先，甲公司涉案商标中的显著识别、认读部分“紫玉”非汉语中具有约定俗成含义的日常词汇，作为商标使用在核定服务项目上具有较高的显著性。其次，根据甲公司提交的相关证据以及

法院查明的事实可以认定，从1993年起，甲公司即在北京北四环与北五环之间持续分多期开发“紫玉山庄”高端房地产项目并在多地从事以“紫玉”为楼盘主要名称的房地产项目的开发，其在北京的“紫玉山庄”房地产项目还先后获得“2003北京十大首席别墅”“最佳社区景观楼盘”“首都绿化美化花园式单位”“2006中国北京典型别墅指数样本项目”“‘改变城市·影响中国’十大典范别墅”等荣誉；而从甲公司的营业执照、“北京市商品房预售许可证”等证据也可以看出，“紫玉”已经依法被核准为北京“紫玉山庄”项目附近道路名称使用，甲公司在北京的“紫玉山庄”项目实际上已经成了高端房地产项目的代表。因此，可以认定甲公司的涉案商标具有较高的知名度。

2. 不动产商标具有一定的特殊性。首先，不动产商标承载着权利人的商誉，直接代表了不动产项目的质量、品质、配套设施及环境等特点。其次，不动产商标因不动产的特殊物理属性而对相关公众产生持续甚至越来越强化的影响力。随着时间的延展，相关公众对于楼盘的识别、区分、不动产价值的认可等事宜，通常将会以楼盘的名称作为初步认知与判断标准，商标对于不动产商品的识别、价值认定等方面所占的比重会逐渐加大。亦即，甲公司涉案商标的知名度并非仅停滞于其获得相关荣誉的时间节点，而是会因不动产的存在呈持续状态。而且，“紫玉”同时也是甲公司的企业字号。因此，虽然相关公众会对不动产商品施以较高的注意力，但仍易将“紫玉公馆”“海润紫玉公馆”与涉案商标相混淆，认为涉案楼盘与甲公司存在一定关联。

3. 乙公司的侵权恶意明显。首先，乙公司与甲公司同处于北京地区，作为相同行业的经营者，乙公司对于甲公司具有较高知名度的涉案商标理应知晓。其次，乙公司使用“紫玉公馆”及“海润紫玉公馆”缺乏正当理由。尽管乙公司在诉讼中称其使用“紫玉”作为楼盘名称是因为涉案楼盘位于紫竹桥、昆玉河和玉渊潭附近，但其宣传册对该商品房项目的介绍中并未作此解释。而且，无论乙公司使用其他名称代替作为楼盘名称对外进行推广是否符合行规，均不构成其可使用“紫玉公馆”或“海润紫玉公馆”作为楼盘名称的正当理由。再次，乙公司在接到甲公司发送的律师函后仍将“紫玉”作为涉案楼盘名称的主要识别因素，继续实施侵权行为，致使侵权行为长达 8 个月左右，具有明显的恶意。

对于本案，应当将涉案商品的市场价值作为确定侵权赔偿数额的重要因素并予以充分考虑，侵权赔偿的数额应当与涉案商品的市场价值相对应。首先，甲公司的涉案商标实际使用的项目与乙公司的涉案楼盘均指向商品房，市场价值巨大，在建造成本相对稳定而商品房价格较高的情况下，开发商的利润空间则相对较大。其次，将涉案商品的市场价值纳入赔偿数额确定的因素，也会使得侵权成本提高，从而达到有效防止侵权、制止侵权行为、保护权利人合法权益的效果。

在适用《商标法》第六十三条第三款确定赔偿数额时，不仅应当考虑涉案商标的显著性与声誉、不动产商标的特殊性、侵权行为的性质及持续时间、侵权行为的地域等因素，还应当认定：商标侵权行为人收到商标权利人的提示后拒不纠正，继续实施侵权行为的，应当认定其具备明显的恶意；应当将涉案商品的市场价值作为确定侵权赔偿数额的重要参考因素并予以充分考虑，侵权赔偿的数额应当与涉案商品的市场价值相对应。

一审法院合议庭成员 曹丽萍　袁　卫　秦惠军
二审法院合议庭成员 司品华　李燕蓉　江建中
编写人 司品华　郝　倩

58. 钱某诉某音乐厅侵害商标权纠纷案*

——未注册商标在先使用抗辩的适用

关键词 未注册商标 在先使用抗辩

基本案情

原告钱某诉称：钱某系第5742496号、第5742497号“打开音乐之门”文字注册商标持有人，钱某认为某音乐厅在《法制晚报》上刊登“打开音乐之门”广告、在其公告栏和展示栏及地铁广告栏展示“打开音乐之门”系列节目海报以及向公众发放宣传册、节目单的行为，未经许可使用了钱某的注册商标，据此，钱某诉至一审法院，请求：（1）某音乐厅停止在《法制日报》等报纸、公告栏、展示栏以及各种宣传册、节目册上使用钱某享有“打开音乐之门”商标专用权的标识进行宣传；（2）停止以“打开音乐之门”的名义举办演出；（3）某音乐厅赔偿因侵权行为给钱某造成的实际损失，包括调查取证费、交通费、律师代理费等约计4万元；（4）某音乐厅在国内主要报刊刊登道歉声明，消除影响；（5）某音乐厅承担本案诉讼费用。

某音乐厅辩称：（1）“打开音乐之门”这一语言符号在音乐、艺术、文化的传播和推广领域被社会公众普遍使用，某音乐厅使用该通用宣传语，不构成对钱某注册商标专用权的侵害；（2）钱某所持有的“打开音乐之门”注册商标不具有显著性，与某音乐厅使用的“打开音乐之门”具有明显区别，某音乐厅不构成侵权；（3）某音乐厅在北京地区在先持续使用

---

* 本案例入选《北京知识产权法院典型案例评析》。

“打开音乐之门”举办暑期公益性质音乐会，在广大音乐爱好者和社会公众中具有极高的知名度，某音乐厅依法享有“打开音乐之门”的在先使用权，不应受钱某恶意诉讼侵害。综上，某音乐厅不同意钱某的诉讼请求。

法院经审理查明：某音乐厅系中央乐团（现中国交响乐团）所属事业单位。1993年10月15日，中央乐团作为甲方与作为乙方的北京某艺术品有限公司签订《承包经营合同书》。钱某作为乙方北京某艺术品有限公司的代表在上述《承包经营合同书》上签字，后乙方依据上述合同约定，派钱某出任某音乐厅总经理，并担任法定代表人。钱某在担任某音乐厅总经理期间，以该音乐厅名义先后组织策划了包括“打开音乐之门”在内的一系列音乐演出活动，并取得了一定影响。

1998年8月1日至8月31日，“打开音乐之门”暑期系列音乐会在某音乐厅举办；1999年，“打开音乐之门”周末普及音乐会在某音乐厅举办；2000年7月15日至8月31日，“打开音乐之门”暑期系列音乐会在某音乐厅、某公园音乐堂举办；2001年，“打开音乐之门”周末普及音乐会在某音乐厅、某公园音乐堂举办。对于上述“打开音乐之门”演出活动的举办情况，双方均予以认可，但其均主张上述活动是自己对“打开音乐之门”的使用行为。

2006年11月23日，钱某向国家工商行政管理总局商标局（以下简称商标局）申请在第16类、第41类注册“打开音乐之门”文字商标。2009年12月28日，钱某就该商标取得注册号为第5742497号的商标注册证，核定使用商品为第16类，杂志（期刊）。注册有效期限自2009年12月28日至2019年12月27日止。2011年10月7日，钱某就该商标取得注册号为第5742496号的商标注册证，核定服务项目为第41类，包括：培训；组织竞赛（教育或娱乐）；图书出版（广告宣传册除外）；演出；健身俱乐部；电视文娱节目；节目制作；为艺术家提供模特；娱乐；提供在线电子出版物（非下载的）。

2009年某音乐厅开始再次举办“打开音乐之门”系列演出活动，包括：2009年某音乐厅主办“打开音乐之门”暑期系列音乐会；2010年11月至12月，某音乐厅主办“打开音乐之门”肖邦与舒曼诞辰200周年钢琴系列音乐会；2011年某音乐厅主办“打开音乐之门”暑期系列音乐会；2012年7月至8月，某音乐厅主办“打开音乐之门”暑期系列音乐会。

2013年“打开音乐之门”暑期系列音乐会在某音乐厅举办，活动时间为7月12日至8月30日。某音乐厅于2013年6月18日、19日、26日在《法制晚报》上刊登宣传广告，并在其场所公告栏、展示栏张贴、摆放该活动宣传海报，印制宣传册、节目单等向公众发放。

2013年8月12日，钱某委托律师向某音乐厅发出《律师函》，要求某音乐厅停止使用“打开音乐之门”商标，在相关媒体上致歉。

2014年“打开音乐之门”某音乐厅暑期系列音乐会在某音乐厅举办，活动时间：7月11日至8月31日。某音乐厅在地铁广告栏对该活动进行了宣传，并印制宣传册、节目单等向公众发放。双方均认可“打开音乐之门”活动自创办以来一直坚持低票价，具有公益性质，旨在向广大青少年及社会大众普及音乐艺术。

北京市西城区人民法院于2014年11月18日作出（2014）西民初字第17652号民事判决：驳回钱某的诉讼请求。宣判后，钱某以涉案行为构成商标侵权为由提起上诉。北京知识产权法院于2014年12月23日作出（2014）京知民终字第134号民事判决：驳回上诉，维持原判。

裁判理由

法院生效裁判认为：

一、关于某音乐厅所使用的“打开音乐之门”与涉案注册商标是否构成使用在类似服务上的近似商标的问题

涉案第5742497号、第5742496号“打开音乐之门”文字商标经国家商标局核准，取得第16类、第41类商标注册，注册人钱某对涉案注册商标依法享有的注册商标专用权应受我国商标法保护。

2001年《商标法》第五十二条第一项规定，未经商标注册人的许可，在同一种商品或者类似商品上使用与其注册商标相同或者近似的商标的，属于侵犯注册商标专用权的行为。2013年《商标法》第五十七条第一项、第二项规定，未经商标注册人的许可，在同一种商品上使用与其注册商标相同的商标的；在同一种商品上使用与其注册商标近似的商标，或者在类似商品上使用与其注册商标相同或者近似的商标，容易导致混淆的，均属于侵犯注册商标专用权的行为。判断是否构成侵害注册商标专用权，应判

断被控侵权人提供的商标或服务与注册商标核定使用的商品或服务是否相同或类似，被控侵权标识与该注册商标是否相同或近似，并判断是否造成相关公众的混淆和误认。本案中，某音乐厅在一系列演出及相关的宣传活动中使用了“打开音乐之门”的标识，上述演出及相关活动与涉案第5742496号“打开音乐之门”注册商标核定使用的服务“演出”相同；此外，某音乐厅所使用的“打开音乐之门”与涉案注册商标唯一区别在于在部分宣传过程中对“音乐”二字进行了艺术变形，鉴于该标识与涉案注册商标相比，文字的读音、含义完全相同，其视觉上的细微差异不影响二者整体结构的相似，易导致相关公众的混淆，属于近似标志。某音乐厅虽主张涉案注册商标显著性不强，被控侵权标识的使用属于对其所提供服务的通用性描述语言，但并无充分证据证明其主张，故对其该项主张，法院不予采信。

二、关于某音乐厅在先使用抗辩是否成立的问题

2001年《商标法》第三十一条规定，申请商标注册不得损害他人现有的在先权利，也不得以不正当手段抢注他人已经使用并有一定影响的商标。2013年《商标法》第五十九条第三款规定，商标注册人申请商标注册前，他人已经在同一种商品或者类似商品上先于商标注册人使用与注册商标相同或者近似并有一定影响的商标的，注册商标专用权人无权禁止该使用人在原使用范围内继续使用该商标，但可以要求附加适当区别标识。

第一，自1998年起至2001年间，“打开音乐之门”便被作为标识性的用语用于某音乐厅举办的一系列演出及宣传活动中，上述活动与涉案注册商标核准注册的服务属同一类别，时间亦早于涉案注册商标注册申请的2006年11月23日，故可确认“打开音乐之门”这一标识存在在先使用的情形。

第二，根据中央乐团与北京某艺术品有限公司于1993年签订的《承包经营合同书》，北京某艺术品有限公司委派钱某担任中央乐团所属的某音乐厅的法定代表人。在承包经营期间，钱某参与了“打开音乐之门”系列音乐活动的经营，组织策划了以“打开音乐之门”为名的一系列演出及宣传活动，对该服务品牌的发展作出了一定的贡献，对“打开音乐之门”这一标识在相关公众中知名度的扩大和影响力的提升起了重要作用。

但是，鉴于签署上述合同的双方为中央乐团（现中国交响乐团）与北京某艺术品有限公司，双方若产生与合同履行有关的争议，可另行解决。此外，钱某也并非该合同的相对方，无权依据该份合同约定提起诉讼。同时，该份合同中并无关于商业性标识等无形资产所有权归属的约定，而是仅就双方在承包经营某音乐厅期间内应尽的职责和义务进行了约定，无法据此推定承包期间可能产生的商业性标识等无形资产的归属人，双方因该承包经营合同产生的争议可另行解决。作为发包方中央乐团的下属单位，某音乐厅参与了申报许可、承办演出等活动，而在使用了“打开音乐之门”标识的一系列演出及宣传活动中，对外宣称的主体亦均为某音乐厅，无论钱某所从事的行为是否为职务行为，亦不论其为“打开音乐之门”系列演出和宣传活动作出了何种贡献，该标识客观上已指向了某音乐厅这一提供服务的来源，相关公众亦借助该标识建立了与某音乐厅较为固定的联系，以“打开音乐之门”为标识的一系列演出及宣传活动所赢得的商誉亦不可否认地积累于某音乐厅这一主体之上。故某音乐厅在涉案注册商标申请注册前已在类似服务上对“打开音乐之门”进行了商标性的使用。

第三，对于“打开音乐之门”这一标识知名度的问题，鉴于双方当事人均认可在涉案商标申请注册之前该标识已具有了一定的知名度，且从某音乐厅连年以此为名举办系列演出和宣传活动的事实来看，上述活动已成为某音乐厅固定的特色活动之一，故法院认定该标识在相关公众中具有了一定的影响力。

综上，虽然某音乐厅使用“打开音乐之门”标识举办系列演出及宣传活动属于在相同服务上使用与涉案注册商标近似标识的行为，但是，鉴于某音乐厅在涉案注册商标申请日前，即依据其上级单位中央乐团与北京某艺术品有限公司签订的承包合同，在承包经营期间在先使用“打开音乐之门”标识，在某音乐厅举行系列音乐演出活动，且相关活动广为宣传，知名度高，该标识的使用也具有一定影响，某音乐厅对于“打开音乐之门”标识的使用属于符合 2013 年《商标法》第五十九条第三款规定的行为，钱某无权禁止某音乐厅在涉案范围内继续使用上述标识，其关于自己是“打开音乐之门”标识的在先使用者，某音乐厅的行为属于侵害其注册商标专用权行为的主张，缺乏充分的事实和法律依据，法院不予支持，某音乐厅提出的在先使用抗辩成立，其被控侵权的涉案行为不构成对涉案注册商标专用权的侵犯。

裁判要旨

2013 年《商标法》设置在先使用权抗辩的主要目的是在以保护注册商标为原则的前提下，对那些善意在先使用与注册商标相同或相近似标识的人，给予一定条件的豁免，以保证注册商标持有人与社会公众之间的利益平衡。当然，该项抗辩权有着严格的适用条件，需根据《商标法》第五十九条第三款中所列出的标准针对具体情况进行审慎判断。

关联索引

2013 年《中华人民共和国商标法》第三十一条、第五十二条、第五十七条、第五十九条

一审：北京市西城区人民法院（2014）西民初字第 17652 号（2014 年 11 月 18 日）

二审：北京知识产权法院（2014）京知民终字第 134 号（2014 年 12 月 23 日）

法官评析

2001 年《商标法》第三十一条仅从申请注册的角度，笼统地提及了在先权利的概念，含蓄地突破了以商标注册为要件的保护体系。2013 年《商标法》第五十九条第三款则更为明确地提出了在先使用权抗辩的概念，即商标注册人申请商标注册前，他人已经在同一种商品或者类似商品上先于商标注册人使用与注册商标相同或者近似并有一定影响的商标的，注册商标专用权人无权禁止该使用人在原使用范围内继续使用该商标，但可以要求附加适当区别标识。从上述规定的字面含义理解，在先使用抗辩需满足以下要件：第一，存在在先使用的客观事实；第二，被诉侵权者使用的商标标识与权利商标相同或近似，所涉商品与权利商标核定使用的商品相同或类似。第三，在先使用的商标有一定影响。

一、被诉侵权者存在在先使用的客观事实

所谓在先使用，不应是一般性的使用，而应构成商标法意义上的使

用。根据《商标法》第四十八条的规定，商标的使用是指将商标用于商品、商品包装或者容器以及商品交易文书上，或者将商标用于广告宣传、展览以及其他商业活动中，用于识别商品来源的行为。对于商标注册人提供的商标使用证据，应结合其市场主体类型、实际经营形式、商标注册情况综合判断其是否真实、公开、合法地使用商标。

本案中，自1998年起至2001年间，“打开音乐之门”便被作为标识性的用语用于某音乐厅举办的一系列演出及宣传活动中，上述活动与涉案注册商标核准注册的服务属同一类别，时间亦早于涉案注册商标注册申请的2006年。该标识客观上已指向了某音乐厅这一提供服务的来源，相关公众亦借助该标识建立了与某音乐厅较为固定的联系，以“打开音乐之门”为标识的一系列演出及宣传活动所赢得的商誉不可否认地积累于某音乐厅这一主体之上。因此可以认定，某音乐厅在涉案注册商标申请注册前已在类似服务上对“打开音乐之门”进行了商标性的使用。

二、被诉侵权者使用的商标标识与权利商标相同或近似，所涉商品与权利商标核定使用的商品相同或类似

对于标识是否构成近似、商品或服务构成类似，《最高人民法院关于审理商标民事纠纷案件适用法律若干问题的解释》进行了明确规定。类似服务，是指在服务的目的、内容、方式、对象等方面相同，或者相关公众一般认为存在特定联系、容易造成混淆的服务。《商标注册用商品和服务国际分类表》《类似商品和服务区分表》可以作为判断类似商品的参考。商标近似是指商标的文字字形、读音、含义或者图形的构图及颜色，或者其各要素组合后的整体结构相似，或者其立体形状、颜色组合近似，易使相关公众对商品来源产生误认，或者认为其来源与他人在先商标的商品具有特定联系。判断商标是否构成近似，需综合考虑商标标志的近似程度、服务的类似程度、相关商标的显著性和知名度、相关公众的注意程度等因素，以及前述因素之间的相互影响，以是否容易造成相关公众混淆为标准。

本案中，某音乐厅在一系列演出及相关的宣传活动中使用了“打开音乐之门”的标识，上述演出及相关活动与涉案第5742496号“打开音乐之门”注册商标核定使用的服务“演出”相同；某音乐厅所使用的“打开音

乐之门”与涉案注册商标唯一区别在于在部分宣传过程中对“音乐”二字进行了艺术变形，鉴于该标识与涉案注册商标相比，文字的读音、含义完全相同，其视觉上的细微差异不影响二者整体结构的相似，易导致相关公众的混淆，属于近似标识。

三、在先使用的商标有一定影响

设置这一要件的初衷在于，只有当在先使用的未注册商标有一定的影响力，即在先使用者已经投入了相当的智力活动，若不给予特殊照顾会伤及其积极性时，才有必要对在后注册商标的保护加以一定的限制。根据《商标法》第三十二条规定，申请商标注册不得损害他人现有的在先权利，也不得以不正当手段抢先注册他人已经使用并有一定影响的商标。《最高人民法院关于审理商标授权确权行政案件若干问题的规定》第二十三条第二款规定，在先使用人举证证明其在先商标有一定的持续使用时间、区域、销售量或者广告宣传的，人民法院可以认定为有一定影响。前述规定与商标先用权抗辩均属于商标先用权保护制度，且均使用了“有一定影响的商标”的表述。根据体系解释的原则，前述司法解释的规定在在先使用抗辩的认定中可以参照适用。故在具体案件中，如何判断“有一定影响”则需结合具体案情进行分析，一般不要求其达到未注册驰名商标的程度，只要现有证据能证明在先使用者有一定的持续性使用行为、进行了一定程度的宣传推广、具有相当的经营规模等，就可推定其提供的商品或服务在相关公众中已经具有了一定的市场份额，具备了一定的知名度。本案中，对于“打开音乐之门”这一标识知名度的问题，鉴于双方当事人均认可在涉案商标申请注册之前该标识已具有了一定的知名度，且从某音乐厅连年以此为名举办系列演出和宣传活动的事实来看，上述活动已成为某音乐厅固定的特色活动之一，故可认定该标识在相关公众中具有了一定的影响力。

除此之外，我们仍要考虑使用者的主观意图，即使用者应为善意，只有那些善意的在先使用者才可能免于承担侵害注册商标专用权的法律责任。该条件的设置主要是为了限制在先使用抗辩权的适用范围，防止在先使用者滥用该项抗辩权，过多地挤占本属于注册商标专用权人的权利空间。具体而言，使用人只能在原有的经营范围内使用其在先标识，这样既可以合理延续其合法拥有的在先权利，也不至于过多影响权利人的利益。此外，出于商标法防止混淆的基本目的，也可以要求使用者附着适当的区别性标识，以区别商品或服务的来源。本案中，某音乐厅自始至终都仅在与音乐演出相关的经营活动中使用“打开音乐之门”的标识，没有将该标识扩展至其他业务上，从其行为来看并无侵害他人注册商标专用权的恶意，故可认定某音乐厅在“打开音乐之门”标识的在先使用中并无恶意。

一审法院合议庭成员 夏　旭　朱德昌　张丽荣
二审法院合议庭成员 宋鱼水　张晓津　侯占恒
编写人 张晓津　赵　楠

59. 北京某科技公司诉北京某学校、北京某公司侵害注册商标专用权纠纷案

——商标先用权抗辩的适用要件

关键词 商标先用权抗辩 申请日 原有范围 使用规模

基本案情

北京某科技公司诉称：2003 年 4 月 7 日，贵阳某学校在第 41 类学校（教育）等服务上注册了第 1985953 号“启航学校 Qihang School”商标（以下简称涉案商标）。2013 年 4 月 1 日，贵阳某学校将涉案商标许可给北京某科技公司独占使用。北京某学校的主营业务为提供考研培训，北京某公司负责对外加盟活动。北京某学校及北京某公司在共同运营的某世纪网站发放的宣传材料、名片、教材等上使用与涉案商标相近似的“及SAILING 启航”（以下简称“启航及图”）、“启航教育”“启航考研”“启航网校”“启航名师”等标识。北京某学校以“北京某学校”“北京某公司”“启航教育集团”名称获得多项荣誉。北京某学校及北京某公司的行为侵犯了北京某科技公司享有的涉案商标专用权。故请求判令：（1）北京某学校及北京某公司停止在教育培训活动中使用“启航及图”标识、“启航”文字；（2）北京某学校在经营活动中使用全称，不得使用简称；（3）北京某学校及北京某公司赔偿北京某科技公司经济损失 300 万元及公证费 15000 元。

北京某学校、北京某公司辩称：北京某学校成立时间为 1998 年，北京某公司成立于 2003 年，早于涉案商标注册时间。北京某学校企业名称在涉

案商标注册之前已在全国范围内享有极高的知名度和影响力。长期以来，北京某学校及北京某公司在公务员考试和考研范围内使用企业名称和字号，与贵阳某学校经营的幼儿英语范围没有冲突，不会造成消费者混淆误认。北京某科技公司主要股东苏某是北京某学校及北京某公司的高级管理人员，离职后成立了北京某科技公司，并从贵阳某学校处高价取得涉案商标使用权，在考研培训领域大量使用该商标，扰乱市场秩序。北京某学校及北京某公司对自己在先登记使用并已有极高知名度的企业名称和字号使用，未侵犯北京某科技公司享有的商标权。请求法院驳回北京某科技公司的诉讼请求。

法院经审理查明：贵阳某学校于 2001 年 10 月 18 日申请注册第 1985953 号“启航学校 Qihang School”商标，并于 2003 年 4 月 7 日获准注册，注册商标专用权期限自 2003 年 4 月 7 日至 2023 年 4 月 6 日，核定服务项目为第 41 类学校（教育）、教学、培训等。2013 年 4 月 1 日，贵阳某学校与北京某科技公司订立《商标使用许可合同》，约定贵阳某学校许可北京某科技公司在中国大陆境内在英语四六级考试培训、考研培训、公务员考试培训领域，独占使用涉案商标。北京某科技公司有权将该商标再许可他人使用，并有权以自己的名义对侵犯涉案商标的行为进行维权。许可使用期限自 2013 年 4 月 1 日至 2018 年 7 月 31 日。后贵阳某学校于 2013 年 8 月 1 日将《商标使用许可合同》报送国家工商行政管理总局商标局备案，2013 年 12 月 18 日该局出具《商标使用许可合同备案通知书》。

1998 年 2 月 5 日，北京某学校向北京市海淀区机构编制委员会办公室申请成立。北京某学校于 1998 年 1 月 28 日获得北京市社会力量办学许可证。北京某公司成立于 2003 年 8 月 19 日，其与北京某学校的法定代表人均为陈某惠，二者为关联单位。1998 年至 2001 年间，北京某学校编写了各类考研书籍，并由中国人民大学出版社、国家行政学院出版社、中央民族大学出版社等出版。中国人民大学出版社于 2014 年 10 月 21 日出具《情况说明》，确认考研书籍的编者“北京启航考试学校”系北京某学校简称。2000 年 3 月 16 日至 2001 年 4 月 26 日间出版的十余期《中国青年报》上有以“北京启航考试学校”为名发布的考研辅导招生简章等宣传报道。

北京某公司与昆明某学校分别于 2008 年 10 月 20 日、2012 年 12 月 5 日就双方合作开办远程教育培训事宜订立《合作协议书》，协议书页眉左

侧为“启航及图”标识，右侧注有某世纪网站网址 www. qihang. com. cn，每页左下角标注启功题“启航教育”字样。在北京某学校的三层前台立墙等处悬挂有启功书法“启航教育”并附有“启航及图”标识。标注“启航考研，龙腾 e 网校”的宣传资料左上角显示有“启航及图”标识，该资料中多处标题注明“启航考研”。北京某学校工作人员名片正面左上角标注“启航及图”标识，背面为启功书法“启航教育”。北京某公司的官网的网站名称标注为“启航考研官网-考研信息 | 考研辅导班……”。网站首页左上角标注“启航及图”标识，且各栏目名称中亦有“启航”字样，如启航首页、启航品牌、启航名师等。在“联系我们”栏目中所贴地图以“启航及图”标识标注北京某公司。“诚聘英才”中载明“启航教育简介：启航教育的前身是 1998 年成立的北京某学校……”通过“启航分校”进入“北京分校、天津分校、广州分校”等，进入网页的左上角均显示有“启航及图”标识。

北京某科技公司股东苏某曾为北京某公司的管理人员，曾代表北京某公司对外签订加盟合作协议。

北京市海淀区人民法院于 2014 年 12 月 20 日作出（2014）海民（知）初字第 27796 号民事判决：一、北京某学校、北京某公司应对经营活动中商标意义上使用“启航考研”附加适当区别标识，停止其他商标意义上使用“启航”文字的行为；二、北京某学校、北京某公司赔偿北京某科技公司经济损失 5 万元及公证费 15000 元；三、驳回北京某科技公司的其他诉讼请求。宣判后，北京某科技公司以北京某学校及北京某公司使用“启航考研”标识的行为不符合 2013 年《商标法》第五十九条第三款规定为由提起上诉。北京知识产权法院于 2015 年 12 月 31 日作出（2015）京知民终字第 588 号民事判决：驳回上诉，维持原判。

裁判理由

法院生效裁判认为：涉案商标的申请日为 2001 年 10 月 18 日，但北京某学校在该日期前已经组织编写并出版了多本考研图书。此外，北京某学校自 2000 年 3 月起在《中国青年报》上连续刊登考研招生宣传报道，并列有多种启航考研辅导材料。上述证据证明，在涉案商标申请日之前，北京某学校在考研等教育服务上存在在先使用“启航”商标的行为，而北京某科技公司提交的证据不能证明涉案商标注册人针对涉案商标存在在先使用行为。且上述证据足以证明被上诉人北京某学校的“启航”商标的使用在涉案商标申请日之前已具有一定规模，“启航”商标在考研服务上已实质上产生了识别作用。

本案涉及北京某学校及北京某公司两个主体的使用行为。对于被上诉人北京某学校的行为，因其自身在经营活动中对于“启航考研”商标的使用，无论是使用的商标及服务类别还是规模，均处于原有范围之内，故北京某学校的上述行为符合《商标法》第五十九条第三款的规定。对于北京某公司的行为，因在其网站宣传等经营活动中对于“启航考研”的使用均仅是为北京某学校提供宣传推广的行为，其网站中所显示内容亦均指向北京某学校，因此，北京某公司并未单独使用“启航”等商标提供考研等教育服务，其与北京某学校之间的关系并非商标法意义上的许可人与被许可人之间的关系。北京某公司的行为是否构成侵权，取决于北京某学校的先用抗辩是否成立。在已认定北京某学校的先用抗辩成立的情况下，虽然被上诉人北京某公司的成立时间晚于涉案商标申请日，但其使用“启航考研”进行宣传等行为同样不构成侵权。

综上，北京某学校、北京某公司在经营活动中使用“启航考研”的行为均符合《商标法》第五十九条第三款的适用要件，未构成对注册商标专用权的侵犯。北京某科技公司关于该行为不符合《商标法》第五十九条第三款的主张不能成立。

裁判要旨

2013 年《商标法》第五十九条第三款是为了平衡商标在先使用人和注册商标专用权人之间的利益而新增加的内容，主要目的在于保护那些已经在市场上具有一定影响但未注册的商标所有人的权益。

2013 年《商标法》第五十九条第三款规定先用抗辩的适用要件为：（1）他人在注册商标申请日之前存在在先使用商标的行为；（2）该在先使用行为原则上应早于商标注册人对商标的使用行为；（3）该在先使用的商标应具有一定影响；（4）被诉侵权行为系他人在原有范围内的使用行为。

关联索引

2013 年《中华人民共和国商标法》第五十九条第三款

一审：北京市海淀区人民法院（2014）海民（知）初字第 27796 号（2014 年 12 月 20 日）

二审：北京知识产权法院（2015）京知民终字第 588 号（2015 年 12 月 31 日）

法官评析

本案涉及 2013 年《商标法》第五十九条第三款有关商标在先使用抗辩的具体适用问题。该条旨在解决在我国实行商标注册制度下，对于他人在先使用未注册商标所产生的权益是否应予保护的问题。虽然该条明确了前述权益应予保护，但对该条的具体适用要件规定得较为抽象。这就导致在理论界和实务界对该条的适用存在诸多分歧，比如对在先使用行为的具体认定、原有范围的界定等。本案的主要争议焦点亦在于此。

本案系首个对商标先用抗辩的适用要件，尤其是在先使用时间点及原有范围界定予以明确的案例，对日后类似案件的审理具有指引和借鉴意义。

一、在先使用行为的确定及善意因素的考量

对于在先使用行为的确定，理论界和实务界主要存在两种意见：一种意见是仅先于商标注册人申请商标注册即可；一种意见是不仅要先于商标注册人申请商标注册，还要先于商标注册人对商标进行使用。而对于“先于商标注册人申请商标注册”又存在时间点如何确定的分歧，是先于注册商标“申请日”还是“注册日”。本案明确提出在先使用行为需同时满足：一是先于注册商标“申请日”存在在先使用商标的行为；二是原则上应早于商标注册人对商标的使用行为，且应将在先使用人的善意作为重要考虑因素。前述认定主要考虑以下几点理由：

第一，如若将在先使用行为的时间点确定为“申请日”，则该期间内的使用行为将无法用于证明使用人在商标注册后的后续使用行为具有合法性。以“注册日”为时间点，则其后续使用行为只要在原有范围内，注册

商标人将无法要求他人停止在原有范围内的后续使用行为。前者有利于商标申请人，后者有利于商标使用人。鉴于我国实行的是商标注册制度，采用以申请日为时间点的做法，更符合我国商标法立法目的。

第二，虽然《商标法》第五十九条第三款字面含义是在先使用行为应早于商标注册人对商标的使用行为，但该要求的实质是要通过这个要件排除在先使用人具有恶意的情形，故在把握这个要件时应把在先使用是否出于善意作为重要的考量因素。如此考量实质上是民法中公平原则及诚信原则在商标法中的体现。公平原则要求维持民事主体之间的利益均衡，① 即平衡商标注册人和在先使用人的利益；诚信原则要求民事主体以善意方式行使权利、履行义务，即商标注册人和在先使用人的使用行为均应是善意的。还需注意的是，此时商标注册人的使用行为属于对非注册商标的使用。依据《商标法》第三十二条②的规定，对于非注册商标的保护是有一定程度和条件限制的，至少要求在先使用并具有一定影响，其目的亦在于排除在后使用人的恶意。据此，虽然法条本身并未规定善意的要件，但从“先于商标注册人的使用行为”要件本身，可以看出立法者要求在先使用人主观上具有善意。因此，在具体情形判定时，并非只要商标注册人早于在先使用人对商标进行了使用便当然认定先用抗辩不成立。相反，当在案无证据证明在先使用人具有恶意情形时，不能仅因商标注册人具有在先使用行为而否认先用抗辩的成立。

第三，因在先使用的商标为非注册商标，《商标法》为其提供保护的前提是未注册商标经使用已产生需要商标保护的利益。该利益不要求该商标具有较高知名度，并延及较大的地域范围。因此，本案认为，如果使用人对其商标的使用系真实使用，且经过使用使得商标在使用地域内起到识别作用，则达到了“一定影响”的要求，亦即满足对在先使用行为使用的“量”的考量要求。

本案中，北京某科技公司的上诉理由之一是商标注册人先于北京某学校使用涉案商标，但北京某科技公司并未提供在先使用的证据，所以其该

---

① 参见王利明主编：《民法》（第六版），中国人民大学出版社 2015 年版，第 30 页。

② 2013 年《商标法》第三十二条规定，申请商标注册不得损害他人现有的在先权利，也不得以不正当手段抢先注册他人已经使用并有一定影响的商标。

项主张并未获得支持。即便针对涉案商标的在先使用事实确实存在，北京某科技公司提交的证据中所显示的使用范围也主要限于贵州地域内，涉案商标注册人亦位于贵阳市，而北京某学校的注册地及经营地点则主要位于北京地区，两地相距较远。在北京某科技公司无证据证明存在其他事实足以使北京某学校知晓涉案商标的情况下，仅仅依据其在先使用的事实无法得出北京某学校知晓涉案商标在先使用的结论，不能证明北京某学校使用"启航"商标存在过错，相应地，亦不能仅基于此而认定北京某学校的先用抗辩不能成立。

二、原有范围的界定应考量的因素

由于《商标法》第五十九条第三款仅规定"原有范围"，并未对其作具体规定，理论及实务界对此分歧意见较大，争议点集中在"原有范围"包括哪些因素以及各个因素应如何界定。法院在本案中，明确"原有范围"应考虑"商标""商品或服务""使用行为"及"使用主体"等要素，以及各要素具体的要求。

1. 在后使用的"商标"及"商品或服务"应与在先使用的商标及商品或服务"相同"或"基本相同"。

本案明确应将在先使用和后续使用的"商标"及"商品或服务"限定为"相同"或"基本相同"，而且不能延及未使用过的类似商品或服务上的近似商标。之所以有此限定，是源于对先用抗辩制度设立目的的考量，其设立目的是通过限制注册商标专用权以保护商标在先使用人的正当利益，其主要解决的是商标自用行为的合法性问题，而不是为商标在先使用人设定等同于注册商标专用权的权利。因在先使用人自用行为的合法性来源于其在先商标使用行为，故在其并未在类似商品或服务上使用过近似商标的情况下，后续使用行为显然无法延续到上述范围。

2. 商标在后使用行为的规模不受在先使用规模的限制。

本案中，对"使用规模"进行了限制性解释，将其定义为在先使用人自身的经营规模，不包括许可他人使用的情形。如此定义，是要与之后的使用主体要件予以区分，避免许可情形被重复考量。在先使用规模是否受限制，是目前分歧最大的考虑因素。

对此，主要有两种观点：一种观点认为为了避免对注册商标权人利益过分损害，动摇现行的商标注册制度，在先使用规模应当限制在在先使用范围内；另一种观点则认为，对在先规模不应予以限制。后者是本案所秉持的观点。之所以如此认定，主要有以下几个考量因素：一是对《商标法》第五十九条第三款立法目的的考量。该条旨在保护那些在市场上具有一定影响但未注册的商标的所有人的利益。这种保护应当是实质性的，而非无实际价值和意义的形式上的保护。如果对在后使用行为的使用规模进行限制，会很大程度上削弱对在先使用人所提供的保护，使该条立法目的落空。二是限制在后使用行为的可行性及影响的考量。在具体案件中，原告起诉时间距离前述时间点可能有相当长的期限。如果在先使用人想继续使用其商标则不得不退回某一时间点之前的规模。这会导致在先使用人已实际取得的市场利益被剥夺，很可能使得经营者难以有继续使用其商标的积极性。三是对现行商标注册制度影响程度的考量。不可否认，对在后使用行为的规模不予限制会对注册商标权人的利益产生一定影响。但考虑到商标法对注册商标的保护力度远大于未注册商标的保护，[①] 商标使用人在权衡利弊的情况下，仍会选择商标注册而非商标使用，并不会带来可能动摇现行商标注册制度的后果。

3. 使用的主体仅限于“在先使用人”本人及在先已获授权许可的“被许可使用人”。

通常情况下，在先使用人通过自身经营扩大经营规模，一般需要一段时间的努力和积累，较难在短时间内达到较大规模。因此，即便不对在先使用人的经营规模进行限制，其对商标注册人利益的影响亦相对有限。但是因为发放许可相对于自身经营规模的扩大更为容易，且被许可人的整体数量较难控制，故如无条件地允许在先使用人通过发放许可进行经营规模的扩张，对商标注册人利益造成的影响将难以预料。因此，基于对商标注册人利益的考虑，对于被许可使用人的使用原则上应加以限制。

具体至本案中，在案证据可以看出，北京某学校在先使用和在后使用的商标及服务是相同的。在主体方面，涉及北京某学校及北京某公司两个主体的使用行为。对于北京某学校是其自身对“启航”商标的使用，故其

---

① 例如，注册商标权人的禁用权范围既包括相同商品或服务上的相同商标，亦包括类似商品或服务上的近似商标。且该权利是对世权，可以对他人行为进行阻却。

使用未超出原有范围。而北京某公司并未单独使用“启航”商标，二者并非商标法意义上的许可人与被许可人之间的关系。北京某公司的行为是否构成侵权，取决于北京某学校在先抗辩是否成立。在北京某学校在先抗辩成立的情况下，北京某公司的行为亦不构成侵权。

一审法院合议庭成员　曹丽萍　王淑洁　梁铭全
二审法院合议庭成员　陈锦川　芮松艳　周丽婷
编写人　周文君

60. 某欧洲公司与青岛某酒业公司、合肥某商贸公司、唱某侵害商标权及不正当竞争纠纷案

——“全方位”摹仿在先知名品牌的恶意侵权行为应适用惩罚性赔偿

关键词 商标侵权 不正当竞争 驰名商标 惩罚性赔偿

基本案情

原告某欧洲公司诉称：其是第 5614224 号“野格”、第 992806 号“JÄGERMEISTER”等注册商标的注册人。被告青岛某酒业公司在其生产和销售的利口酒酒瓶标签、瓶盖、官网等上使用“野格哈古雷斯”“鹿头图形”等标志，并使用与某欧洲公司有一定影响的利口酒产品包装装潢相近似的包装，在网站上使用“德国某集团有限公司”等字样，构成商标侵权及不正当竞争。被告唱某在第 33 类利口酒上申请注册的“野格哈古雷斯”商标是模仿某欧洲公司在中国注册的“野格”驰名商标，唱某将该商标许可青岛某酒业公司使用，已构成共同侵权。被告合肥某商贸公司作为青岛某酒业公司的经销商，在京东店铺销售“野格哈古雷斯”利口酒，并将某欧洲公司的“野格”利口酒与“野格哈古雷斯”利口酒组合搭售，实施商标侵权和不正当竞争行为。故请求判令：（1）认定第 5614224 号“野格”商标和第 992806 号“JÄGERMEISTER”商标为驰名商标；（2）判令三被告停止使用第 31027236 号“野格哈古雷斯”商标；（3）判令三被告停止商标侵权行为；（4）判令三被告停止不正当竞争行为；（5）判令三被告向某欧洲公司共同赔偿经济损失人民币 510 万元（其中青岛某酒业公司

与唱某连带赔偿人民币 500 万元，合肥某商贸公司赔偿人民币 10 万元）；（6）判令青岛某酒业公司和唱某共同承担惩罚性赔偿责任共计人民币 500 万元；（7）判令三被告支付维权合理开支共计人民币 59446 元；（8）判令三被告在青岛某酒业公司官网、京东店铺、抖音、快手、糖酒网、好酒招商网以及全国发行的报纸（《中国知识产权报》《青岛晚报》《秦皇岛晚报》）上刊登声明，消除影响；（9）判令三被告承担本案全部诉讼费。

被告青岛某酒业公司辩称：（1）原告某欧洲公司的第 5614224 号“野格”商标和第 992806 号“JÄGERMEISITER”商标不应认定为驰名商标；（2）原告某欧洲公司无权禁止被告使用“野格哈古雷斯”商标，青岛某酒业公司的使用也不构成对原告某欧洲公司的侵权；（3）原告某欧洲公司的产品不应该被认定为“具有一定影响的包装装潢”；（4）被控侵权产品与原告某欧洲公司的产品不构成不正当竞争。

被告唱某辩称：其注册的第 31027236 号“野格哈古雷斯”商标并未复制、摹仿或翻译某欧洲公司的“野格”商标。“野格”二字并非某欧洲公司独创的词汇，早在某欧洲公司注册之前就已经有其他权利人将“野格”注册为商标。第 5614224 号“野格”商标和第 992806 号“JÄGERMEISITER”商标不应认定为驰名商标，不能认定在相关消费者中具有极高知名度。

被告合肥某商贸公司辩称：我公司系经“野格哈古雷斯”利口酒生产商青岛某酒业公司合法授权销售，我公司在采购“野格哈古雷斯”利口酒时，生产商青岛某酒业公司提供了相关一系列商标注册证、作品登记证书、检验报告，基于对国家的规范性文件、权利凭证的信赖，直至某欧洲公司起诉我公司之前，我公司充分认为“野格哈古雷斯”未侵权。

法院经审理查明：某欧洲公司系第 5614224 号“野格”、第 992806 号“JÄGERMEISTER”等注册商标的注册人，前述商标均核定使用在第 33 类“利口酒”等商品上。其“JÄGERMEISTER”品牌利口酒于 2006 年在上海开始对外销售，对应中文名称为“野格”。根据某欧洲公司提交的 2018 年国内交易量报告（各类饮料｜中国）、2019 年中国的调味烈酒（利口酒）市场份额、2020 年中国的调味烈酒（利口酒）市场份额显示，某欧洲公司的野格利口酒在中国所占的利口酒市场份额，2018 年为 33.3%，2019 年为 51.6%，2020 年为 54%。唱某于 2018 年 5 月 21 日申请了第 31027236 号“野格哈古雷斯”商标，核定使用在第 33 类“葡萄酒、利口酒”等商品上。2020年4月30日，唱某许可青岛某酒业公司使用该商标，许可使用费为9万元。某欧洲公司提交的公证书显示，京东商城“葡园酒类专营店”的经营者为合肥某商贸公司，该网店销售有“野格哈古雷斯利口酒”等商品，商品生产商为青岛某酒业公司；青岛某酒业公司在其官网的“产品中心”栏目展示“野格哈古雷斯利口酒”“野格利口酒”“野格能量饮料”“野格啤酒”等商品。

北京知识产权法院于2022年11月18日作出（2021）京73民初468号民事判决：一、三被告于判决生效之日起立即停止涉案侵害某欧洲公司驰名商标和注册商标专用权的行为；二、被告青岛某酒业公司、合肥某商贸公司于本判决生效之日起立即停止涉案不正当竞争行为；三、青岛某酒业公司于判决生效之日起30日内在其官网、《中国知识产权报》《青岛晚报》刊登声明，唱某于判决生效之日起30日内在《秦皇岛晚报》刊登声明，合肥某商贸公司在其京东店铺刊登声明，消除因侵权行为造成的不良影响；四、青岛某酒业公司于判决生效之日起15日内赔偿某欧洲公司经济损失人民币1000万元，唱某就其中人民币36万元承担连带责任；五、合肥某商贸公司于判决生效之日起15日内赔偿某欧洲公司经济损失人民币10万元；六、三被告于判决生效之日起15日内共同赔偿某欧洲公司合理支出人民币59446元；七、驳回某欧洲公司其他诉讼请求。宣判后，青岛某酒业公司和合肥某商贸公司以某欧洲公司的权利商标未构成驰名商标、赔偿数额过高为由，上诉至北京市高级人民法院。北京市高级人民法院于2023年6月29日作出（2023）京民终246号民事判决：驳回上诉，维持原判。

裁判理由

法院生效裁判认为：

一、某欧洲公司的第5614224号“野格”商标和第992806号“JÄGERMEISTER”商标是否构成驰名商标

一般情况下，在相同或者类似商品上已经能够予以保护的情况下，基于驰名商标按需认定的原则，并无认定驰名商标的必要。然而，商标法第十三条第三款明确要求在他人注册商标构成驰名的情况下，其他主体不得

注册并禁止使用。当被控侵权主体使用的商标系经依法核准注册，并在其核定使用商品范围内规范使用时，即产生注册商标专用权之间的权利冲突，此时即使他人使用的为已经获准注册的商标，但是基于驰名商标更高、更强、更宽保护范围与程度的考量，人民法院可以据此解决不同注册商标之间的权利冲突问题，并根据在案情况认定是否构成驰名。具体到本案，被控侵权商品上使用的第31027236号“野格哈古雷斯”商标为唱某在第33类利口酒商品上已经获准注册的商标。某欧洲公司请求判令三被告在利口酒商品上停止使用该商标，实质为注册商标专用权的权利冲突，故在对此项诉讼请求进行审理时，必然涉及对第5614224号“野格”和第992806号“JÄGERMEISTER”商标是否构成驰名商标作出认定。从某欧洲公司的“野格”“JÄGERMEISTER”品牌利口酒的国内市场销售规模、纳税情况、广告宣传情况等综合考量，某欧洲公司第5614224号“野格”商标在唱某申请注册第31027236号“野格哈古雷斯”商标之前，已在利口酒商品上为我国相关公众所熟知，已构成驰名商标。

二、各被告的行为是否构成商标权侵权

唱某申请注册的第31027236号“野格哈古雷斯”商标完整包含了某欧洲公司第5614224号“野格”商标，且“野格哈古雷斯”与“野格”在中文中均无固定含义，“野格”系原告利口酒产品进入中国市场时所确定的中文名称，显著特征较强，二者在文字构成、呼叫等方面相近，已构成近似商标。唱某曾作为酒业公司的法定代表人，应熟知酒类产品的相关品牌，在申请“野格哈古雷斯”商标时应当知晓某欧洲公司商标的存在，攀附某欧洲公司知名度的意图十分明显，三被告使用该商标的行为已构成对某欧洲公司驰名商标权利的侵害。此外，青岛某酒业公司在其生产和销售的利口酒商品上、在其官网及其他网络平台上，合肥某商贸公司在其销售的利口酒商品上及其京东店铺页面上，除了使用“野格哈古雷斯”商标以外，还使用了“野格”“YEGE”“野格狩猎者”“野格守猎者”“YEGO HUNTER”及鹿头图形等其他标识，亦构成对某欧洲公司普通注册商标权的侵害。

三、三被告的行为是否构成使用与某欧洲公司有一定影响的包装装潢相同或者近似的包装装潢、混搭销售、虚假宣传等不正当竞争行为

被控侵权商品与某欧洲公司产品外观整体观察相似度较高，考虑到某欧洲公司“野格利口酒”在先具有一定知名度、被控侵权商品与某欧洲公司商品为同类商品、被控侵权商品上每处差异几乎都是仿照某欧洲公司权利商品的显著特征故意设计改动，以及被控侵权商品存在与某欧洲公司权利商品混合搭售等因素，相关消费者在看到某欧洲公司权利商品与被控侵权商品时，极易使其误认为上述商品属于系列商品且源于同一个提供者，已构成《反不正当竞争法》第六条第一项规定的情形。

对于青岛某酒业公司与合肥某商贸公司将被控侵权产品与某欧洲公司权利商品混合销售的行为，由于被控侵权商品上附着着与某欧洲公司“野格”利口酒上具有较强显著性和较高知名度的“野格”“JÄGERMEISTER”等商标相近似的标识，混合销售势必将进一步造成消费者混淆。青岛某酒业公司所生产的“野格哈古雷斯”利口酒共有五种口味，主要成分均与某欧洲公司的“野格”利口酒有较大差别，且商品成本和单独销售的价格也低于某欧洲公司的“野格”利口酒，若将上述商品混合搭售，将会降低相关公众对某欧洲公司“野格”利口酒的评价，从而损害某欧洲公司经过多年经营所积累的“野格”品牌商誉，故已构成《反不正当竞争法》第六条第四项规定所禁止的其他足以引人误认为是他人商品或者与他人存在特定联系的混淆行为。

“德国某集团有限公司”的企业名称中完整包含了某欧洲公司“野格”“野格圣鹿”商标，青岛某酒业公司利用“与德国某集团有限公司建立了永久的战略性合作伙伴”和“来自德国的激情”等表述用于宣传与某欧洲公司同类的产品，具有攀附某欧洲公司企业及相关品牌声誉、“搭便车”的主观故意，已构成《反不正当竞争法》第六条第四项所指的混淆行为和第八条规定的虚假或者引人误解的商业宣传。

四、关于惩罚性赔偿

本案中，某欧洲公司多次发布维权声明，且针对三被告发送警告函，

但青岛某酒业公司和唱某在收到原告警告函后，并未及时作出回复，仍继续实施涉案侵权行为，可以认定二者具有侵害知识产权的故意。根据青岛某酒业公司官网显示，其主要产品为“野格哈古雷斯利口酒”“野格能量饮料”“野格啤酒”，上述产品均围绕某欧洲公司具有较强显著性和较高知名度的“野格”品牌，并且宣称“与德国某集团有限公司建立了永久的战略性合作伙伴”等。上述事实可以证明青岛某酒业公司的行为已构成《最高人民法院关于审理知识产权民事案件适用惩罚性赔偿的解释》（以下简称《知识产权案件惩罚性赔偿的解释》）第四条第二款第二项所规定的“以侵害知识产权为业”的情形。此外，某欧洲公司提交的判决书显示，青岛某酒业公司和唱某均曾因侵害商标权被判决侵权成立并承担相应法律责任，亦构成《知识产权案件惩罚性赔偿的解释》第四条第二款第一项所规定的“因侵权被行政处罚或者法院裁判承担责任后，再次实施相同或者类似侵权行为”。

关于惩罚性赔偿倍数，某欧洲公司主张的惩罚性赔偿倍数为一倍，综合考虑青岛某酒业公司与唱某的主观过错程度、侵权行为持续时间、侵权获利及给某欧洲公司造成的损害等因素，法院予以采纳。

裁判要旨

“品牌效应”具有综合性、复杂性，其不单单蕴藏在单一商标中，企业生产经营的各个环节均可以成为品牌商誉的载体。因此，不同于仅针对单一商标的侵权行为，“全方位”品牌摹仿对品牌形象和权益的打击更大。其具体行为模式可能包括：注册和使用与权利人商标相近似的商标、抄袭包装装潢、将“正品”与“仿品”混搭销售、使用引人误解的宣传语等。

惩罚性赔偿的适用条件除了要满足一般商标侵权要件之外，还必须符合“恶意”和“情节严重”两个条件。关于“恶意”的认定，应当综合考虑被侵害知识产权客体类型、知名度、当事人之间的关系等。关于“情节严重”的认定，应当综合考虑侵权手段、次数、持续时间、规模等。“全方位”摹仿不仅可能导致消费者对商品来源产生混淆、误认，甚至有可能直接导致权利品牌被“山寨”品牌所替代，甚至造成品牌信任危机，应当适用惩罚性赔偿。

关联索引

《中华人民共和国民法典》第一百七十九条、第一千一百八十五条

《中华人民共和国商标法》第十三条、第十四条第一款、第五十七条、第六十三条、第六十四条第二款

《中华人民共和国反不正当竞争法》第六条、第八条、第十七条第三款

《最高人民法院关于审理涉及驰名商标保护的民事纠纷案件应用法律若干问题的解释》第二条、第十一条

一审：北京知识产权法院（2021）京73民初468号（2022年11月18日）

二审：北京市高级人民法院（2023）京民终246号（2023年6月29日）

法官评析

本案涉及的侵权行为实际上是一种“全方位”的品牌摹仿，从商标到产品包装、宣传语、销售方式，侵权人从各个角度对权利人的品牌进行抄袭、摹仿，利用权利人长期积累的商誉获得不当利益。针对此类情节严重的故意侵权，法院依据当事人的请求依法适用惩罚性赔偿对侵权人予以严厉惩治。

不同于单一的商标侵权行为，“全方位”品牌摹仿的危害性更大。具体表现在以下几方面：（1）影响权利商标的商标布局。通过恶意抄袭、摹仿知名商标，造成对知名品牌的围猎，使权利商标的效力范围大打折扣。例如本案中，被告直接抢注与原告“野格”商标相近似的“野格哈古雷斯”商标，直接影响原告商标权发挥市场效力。（2）侵占权利品牌的市场份额。“全方位”品牌摹仿不仅可能导致消费者对商品来源产生混淆、误认，甚至有可能直接导致权利品牌被“山寨”品牌所替代，即消费者完全分不清二者何为正品、何为仿品。本案中，被告将侵权产品与权利产品混搭在一起销售，甚至以不同口味为名，极易造成消费者认为侵权产品与权利产品为系列产品，从而分散市场份额。（3）对权利品牌的商誉造成严重打击。在“山寨”品牌的质量无法保证的情况下，“山寨”品牌的质量问题往往由权利品牌买单，从而严重影响品牌声誉，甚至造成品牌信任危

机。由此，本案的侵权定性不难认定，在责任承担方式上，停止侵权、消除影响、合理开支等常规请求也相应得到支持。

本案的又一难点在于经济损害赔偿的计算。2020 年，为有效阻遏严峻的知识产权侵权状况，营造良好的法治化营商环境，最高人民法院出台了《最高人民法院关于依法加大知识产权侵权行为惩治力度的意见》，明确提出“对于故意侵害他人知识产权，情节严重的，依法支持权利人的惩罚性赔偿请求，充分发挥惩罚性赔偿对于故意侵权行为的威慑作用”。为指导各级法院在案件审理中正确适用惩罚性赔偿机制，最高人民法院又制定下发了《最高人民法院关于审理侵害知识产权民事案件适用惩罚性赔偿的解释》（法释〔2021〕4 号）。

本案中，原告在起诉时主张三被告共同赔偿经济损失人民币 1010 万元，其中，三被告赔偿经济损失 510 万元（青岛某酒业公司与唱某连带赔偿 500 万元，合肥某商贸公司赔偿 10 万元），同时，原告还要求青岛某酒业公司与唱某共同承担惩罚性赔偿 500 万元。根据原告的主张，其明确采用被告侵权获利的方式计算损害赔偿数额。具体而言，原告向法院申请调取青岛某酒业公司生产销售野格哈古雷斯利口酒的资料，包括财务账簿、生产量和销售量、订单数量、生产记录、出厂记录（出货单）、销售记录、运输物流单据、库存记录等资料，以查清其侵权获利情况。但是青岛某酒业公司拒不完全提供，仅提供了其于 2020 年 11 月和 12 月开具的 16 张销售发票，金额合计 853820 元人民币。此外再未提交任何与获利有关的财务账簿或发票。

《商标法》第六十三条第一款和第二款规定，侵犯商标专用权的赔偿数额，按照权利人因被侵权所受到的实际损失确定；实际损失难以确定的，可以按照侵权人因侵权所获得的利益确定；权利人的损失或者侵权人获得的利益难以确定的，参照该商标许可使用费的倍数合理确定。对恶意侵犯商标专用权，情节严重的，可以在按照上述方法确定数额的一倍以上五倍以下确定赔偿数额。赔偿数额应当包括权利人为制止侵权行为所支付的合理开支。人民法院为确定赔偿数额，在权利人已经尽力举证，而与侵权行为相关的账簿、资料主要由侵权人掌握的情况下，可以责令侵权人提供与侵权行为相关的账簿、资料；侵权人不提供或者提供虚假的账簿、资料的，人民法院可以参考权利人的主张和提供的证据判定赔偿数额。《最高人民法院关于审理商标民事纠纷案件适用法律若干问题的解释》第十三条规定："人民法院依据商标法第六十三条第一款的规定确定侵权人的赔偿责任时，可以根据权利人选择的计算方法计算赔偿数额。"该司法解释第十四条规定："商标法第六十三条第一款规定的侵权所获得的利益，可以根据侵权商品销售量与该商品单位利润乘积计算；该商品单位利润无法查明的，按照注册商标商品的单位利润计算。"《知识产权案件惩罚性赔偿的解释》第五条规定："人民法院确定惩罚性赔偿数额时，应当分别依照相关法律，以原告实际损失数额、被告违法所得数额或者因侵权所获得的利益作为计算基数。该基数不包括原告为制止侵权所支付的合理开支；法律另有规定的，依照其规定。前款所称实际损失数额、违法所得数额、因侵权所获得的利益均难以计算的，人民法院依法参照该权利许可使用费的倍数合理确定，并以此作为惩罚性赔偿数额的计算基数。人民法院依法责令被告提供其掌握的与侵权行为相关的账簿、资料，被告无正当理由拒不提供或者提供虚假账簿、资料的，人民法院可以参考原告的主张和证据确定惩罚性赔偿数额的计算基数。构成民事诉讼法第一百一十一条规定情形的，依法追究法律责任。"

在商标民事纠纷案件中，原告主张适用惩罚性赔偿的，首先，应当提交证据证明被告的行为构成侵权。其次，证明被告具有侵权故意。再次，证明被告侵权情节严重。最后，证明被告侵权获利的情况，包括侵权获利的计算方式以及侵权获利的金额，并以此作为惩罚性赔偿的计算基数，在一至五倍的范围内主张相应的倍数。当然，原告也可以证明原告实际损失或可参照的权利许可使用费作为惩罚性赔偿的计算基数。

该案中，原告明确主张根据青岛某酒业公司和唱某因侵权所获得的利益计算赔偿数额，并明确主张按照青岛某酒业公司和唱某因侵权所获得的利益作为惩罚性赔偿的计算基数。为了确定青岛某酒业公司因侵权所获得的利益，原告从线下和线上两个方面对青岛某酒业公司的侵权获利进行了计算，统计数据包括淘宝、天猫、1688、拼多多上销售野格哈古雷斯利口酒的被告代理商和经销商，其中拼多多上共有 295 个店铺，其中 256 个店铺的野格哈古雷斯利口酒被下架或下架整改，256 个店铺的总销售量为

3608783 瓶。仅通过拼多多平台，青岛某酒业公司的侵权获利至少为 48718570.5 元人民币，已经超过原告主张的 500 万元人民币的计算基数。此外，经原告投诉，青岛某酒业公司的经销商、代理商在淘宝（290 个链接）、天猫（14 个链接）、1688（72 个链接）上的共计 376 个链接的野格哈古雷斯利口酒被下架，376 个链接总共涉及 300 家店铺，侵权获利总额已经大大超过了原告主张的 500 万元侵权损害赔偿（计算基数）。其次，原告根据青岛某酒业公司提供的部分销售发票，对其侵权获利进行进一步推算和验算，在庭后提供的其于 2020 年 11 月和 12 月开具的 16 张销售发票，金额合计 853820 元人民币，涉及的开票日期是 6 天，6 天侵权获利总额就高达 681392 元，故青岛某酒业公司在 2018 年至 2021 年三年期间侵权获利总额也大大超过了原告主张的 500 万元侵权损害赔偿（计算基数）。关于唱某的侵权获利，原告主张唱某与青岛某酒业公司构成共同侵权。唱某作为“野格哈古雷斯”商标的注册人和许可人，许可青岛某酒业公司在利口酒上使用“野格哈古雷斯”，并授权青岛某酒业公司对野格哈古雷斯进行宣传，有共同侵权的意思联络，且客观上实施了共同侵权行为，唱某授权许可“野格哈古雷斯”的许可使用费为 9 万元人民币。法院根据上述内容认定，原告在诉讼中提交的其对青岛某酒业公司进行实地调查的照片、微信截图、龙口市市场监督管理局行政处罚决定书、线上销售情况等证据足以证明被控侵权产品的单瓶利润、生产量，上述证据能够推定被控侵权产品的销售盈利远超原告所主张的 500 万元损害赔偿数额，虽原告提交的用以证明被控侵权产品的单瓶利润、生产量和线下及线上销售量的相关证据未能形成完备的证据链，但其已尽力举证，在法庭已对被告释明，其举证不尽应承担不利后果的情况下，原告的部分举证可以作为确定赔偿数额的参考，并最终对 500 万元的基础赔偿数额予以全部支持。

同时，需要提醒的是，对于此类侵权行为，一方面，需要企业注重自身品牌的保护，重视品牌布局和知识产权战略的制定，在提高自身产品知名度和关注度的基础上，在商标申请注册时做好防御性申请，减少他人恶意“搭便车”的空间和可能性；做好品牌监测，对于市场上可能出现的恶意侵权行为，及时通过有效途径进行维权。另一方面，从司法的角度看，可以通过惩罚性赔偿的高判赔额压缩“山寨”品牌的生存空间，从侧面鼓励原创品牌的发展。惩罚性赔偿制度通过另加数倍的赔偿数额，使侵权成本极大提高，从而对实施侵权行为的主体起到事先的威慑作用。

法律不单单具有定分止争的功能，更可以提供一种价值导向。通过本案，也为部分企图通过此种方式“打造品牌”的企业敲响警钟。很多品牌在创立初期也会适度采用“摹仿”的方式，借鉴其他品牌的成功经验，但企业发展的根本在于“创新”，“一比一”地复制只能获得短期利益，只有坚持自主品牌创新才是长久之计。

一审法院合议庭成员 逯　遥　王　东　赵　玲
二审法院合议庭成员 杨绍煜　毛天鹏　刘君婕
编写人 逯　遥

61. 内蒙古某公司诉北京某公司侵害商标权纠纷案*

——恶意侵害商标权适用惩罚性赔偿的司法认定

关键词 侵害商标权 恶意 侵权获利 惩罚性赔偿

基本案情

原告内蒙古某公司诉称：1998 年 3 月 28 日，原告通过受让取得由“鄂尔多斯”中文文字作为显著要素的第 979531 号“ ”商标的专用权，该商标核定使用在第 25 类的围巾、服装、手套等商品上，该商标于 1999 年 1 月 5 日被国家工商行政管理总局商标局（以下简称商标局）认定为“驰名商标”。出于美观考虑，原告将该商标各组成要素的排列布局进行了细微调整，在保持“鄂尔多斯”中文文字这一显著要素不变的情况下，于 2002 年 7 月 12 日重新申请注册了第 3240572 号“ ”商标（以下简称涉案商标），于 2004 年 2 月 14 日依法取得涉案商标的注册商标专用权，涉案商标核定使用在第 25 类的围巾、服装、手套等商品上，商标专用权期限至 2024 年 2 月 13 日。经过原告持续使用与广泛宣传，涉案商标已取得巨大的市场价值并深得消费者信赖，已达到驰名的程度，应认定其已构成驰名商标。2015 年 6 月，原告发现被告在其产品上突出使用了涉案商标中的显著要素，即“鄂尔多斯”中文文字，已构成商标意义上的使用，属于 2013 年《商标法》第十三条所规定的对他人注册驰名商标的摹仿，误导了公众并对原告造成损害。原告据此向法院提出以下诉讼请

* 本案例入选最高人民法院 2021 年发布的侵害知识产权民事案件适用惩罚性赔偿典型案例。

求：（1）被告立即停止侵害原告涉案商标专用权的行为，即立即停止在其生产、销售的产品上使用“鄂尔多斯”字样；（2）被告赔偿原告经济损失32万元及合理支出3万元；（3）本案诉讼费用由被告承担。

被告北京某公司当庭辩称：不同意原告的诉讼请求。认可使用了原告的涉案商标，但被告卖的是毛线产品，和原告涉案商标核定使用的第25类商品不是相同商品。原告诉求的赔偿数额太高，被告无力承担。

法院经审理查明：

一、有关涉案商标的权属与知名度的事实

1998年3月28日，内蒙古某公司经受让取得了第979531号“鄂尔多斯”商标的注册商标专用权，该商标核定使用在第25类的围巾、服装、大衣、夹克、针织品服装、衬衫、衬裤、套服、外套、西服制服、紧身衣裤、服装带绶、浴衣、汗衫、童装、游泳衣、民族服装、鞋、手套、领带、披肩等商品上，注册有效期限经续展至2017年4月13日。1999年1月5日，该商标被商标局认定为服装商品上的驰名商标。

2004年2月14日，经商标局核准，内蒙古某公司取得了涉案商标“鄂尔多斯 ERDOS”的注册商标专用权，该商标核定使用在第25类的围巾、披肩、衬衣、服装、汗衫、皮衣、夹克衫、风衣、大衣、棉衣、呢绒夹克（衣服）、童装、仿裘皮衣服（服装）、运动鞋、游泳衣、内衣、运动衫、袜子、手套（服装）、领带等商品上，注册有效期限经续展至2024年2月13日。

为证明涉案商标的知名度，内蒙古某公司提供了“鄂尔多斯”品牌服装的销售合同、增值税专用发票、《中国500最具价值品牌证书》《2015中国500最具价值品牌排行榜》、广告宣传证据、“鄂尔多斯”商标多次被假冒和仿冒的相关证据、“鄂尔多斯”商标使用《授权许可书》、《推广授权书》、内蒙古某公司《2014年度财务审计报告》等证据材料。

被告北京某公司对该部分证据的真实性、合法性和关联性均无异议。

二、有关北京某公司实施被控侵权行为的事实

2015年6月11日，内蒙古某公司的代理人在北京市方正公证处公证

人员的监督下，使用公证处的电脑，在清空浏览器历史记录之后在网页地址栏输入“www. tmall. com”并按回车键进入“天猫”网站页面，在该页面搜索栏输入“米琪服饰专营店”并点击搜索，显示搜索结果展示页面；该页面显示“米琪服饰专营店”等字样及商品销售页面，点击页面右上角“登录”按钮进入登录页面；回到“米琪服饰专营店”页面，点击“羊绒线”页面，显示名为“源自鄂尔多斯正品手编山羊绒线 中粗毛线 宝宝毛线 围巾羊绒毛线”的商品总销量为10446，点击该商品标题，显示结果页面；在结果页面中“颜色分类”栏点击“17 玫红”，并点击“立即购买”，后按顺序点击“使用新地址”“选择收货地址”“提交订单”等按钮完成付款购买。通过上述过程，内蒙古某公司的代理人购买了一款价格为20元（原价50元，优惠30元）的“17 玫红”羊绒线。同日，内蒙古某公司的代理人在公证处公证人员的监督下在“您已成功付款”页面，点击“增值电信业务经营许可证：浙B2-20110446”，出现“ICP/IP 地址/域名信息备案管理系统”页面；点击页面“公共查询”按钮进入备案系统页面；点击“备案信息查询”进入查询页面；输入“tmall. com”及验证码后点击“提交”，页面显示“主办单位名称浙江天猫网络有限公司”等字样。为此，北京市方正公证处出具了（2015）京方正内经证字第8246号公证书（以下简称第8246号公证书），并将公证过程截屏打印件附于公证书中。

2015年6月12日，北京市方正公证处公证员代内蒙古某公司的代理人接收了上述网上所购的商品的韵达快递包裹，含深红色毛线一团及购物清单一张，快递单号为201550651843。2015年6月17日，公证员代收了上述网上所购商品的机打发票的韵达快递包裹，快递单号为201550651004。2015年6月26日，在公证员的监督下，内蒙古某公司的代理人拆封了上述两件快递包裹并取得包裹内的深红色毛线一团、发货单一张及快件内的机打发票（发票号码：08179112）。为此，北京市方正公证处出具了（2015）京方正内经证字第8247号公证书（以下简称第8247号公证书），并将公证过程照片、快递单复印件、票据和快递包裹实物附于公证书中。

经当庭勘验，第8247号公证书所附证物封存完好。该证物当庭拆封后显示，证物袋内包含内蒙古某公司公证购买的深红色毛线一团、韵达快递包裹袋及快递单原件。公证购买的被控侵权商品在包装纸的显著部位标注了“鄂尔多斯”字样，包装纸上标注了“北京某公司”。经比对，被控侵权商品包装上标注的“鄂尔多斯”标识与涉案商标“鄂尔多斯 ERDOS”的文字部分完全相同。

庭审过程中，北京某公司的法定代表人在庭审中认可“米琪服饰专营店”系其经营的天猫商铺，并表示其所销售的羊绒毛线产品是先从全国各地采购羊绒材料，经该公司加工、套标后在“天猫”网站上售卖，该商品利润率约为20%。

三、损害赔偿及合理开支的有关事实

本案中，内蒙古某公司主张损害赔偿数额的具体计算方式为：内蒙古某公司提交的第8246号公证书显示，被控侵权产品的正常销售单价为50元，截至公证日该产品的销量为10446件，因此该产品的销售总额为522300元；以该产品利润率为50%计算，北京某公司因在“天猫”网站销售被控侵权产品的获利约为26万元；同时北京某公司销售渠道应不仅只通过“天猫”网站，因此主张北京某公司获利为32万元。北京某公司不认可该确定方式，认为第8246号公证书显示的被控侵权产品正常售价虽然是50元，但在很多时候（如双十一、双十二期间）都是特价销售的，而且网页上显示的销量与实际不符，该销量是可以修改的，且其销售渠道仅通过“天猫”网站。但北京某公司并未就以上辩称提出相关证据佐证。

此外，内蒙古某公司主张其因本案诉讼所支出的合理费用为3万元，其中有票据支持的仅有公证费用2050元，购买被控侵权商品费用20元。

北京知识产权法院于2016年4月25日作出（2015）京知民初字第1677号民事判决：一、被告北京某公司于判决生效之日起停止涉案侵害原告内蒙古某公司注册商标专用权的行为；二、被告北京某公司于判决生效之日起10日内赔偿原告内蒙古某公司经济损失182805元，为诉讼支出的合理费用1万元，以上共计192805元；三、驳回原告内蒙古某公司的其他诉讼请求。宣判后，案件双方当事人均未提起上诉。一审判决已生效。

裁判理由

法院生效裁判认为：

一、关于北京某公司是否实施了侵犯内蒙古某公司注册商标专用权的行为

根据法院查明的事实，内蒙古某公司系第979531号"鄂尔多斯"商标及涉案商标的专用权人，目前上述商标均处于有效状态，故内蒙古某公司有权依据上述商标专用权提起诉讼。

2013年《商标法》第五十七条规定："有下列行为之一的，均属侵犯注册商标专用权：……（二）未经商标注册人的许可，在同一种商品上使用与其注册商标近似的商标，或者在类似商品上使用与其注册商标相同或者近似的商标，容易导致混淆的；（三）销售侵犯注册商标专用权的商品的；……"

本案中，根据当庭勘验的结果显示，内蒙古某公司从北京某公司经营的"米琪服饰专营店"公证购买的被控侵权产品包装上标注的"鄂尔多斯"标识与涉案商标"鄂尔多斯 ERDOS"的文字部分完全相同。此外，根据内蒙古某公司向法院提交的证据，可以证明其"鄂尔多斯"系列商标经过使用，在服装类商品上具有较高的知名度。

本案中，尽管内蒙古某公司所主张的涉案商标系核定使用在第25类的服装等商品上，而被控侵权产品系羊绒线，然而，根据内蒙古某公司提交的使用证据显示，其所生产销售的产品多为羊绒衫、羊毛衫类服装，基于日常生活经验，羊绒线产品系羊绒衫的生产原料，二者存在紧密的关联，属于关联商品；同时，考虑到内蒙古某公司的"鄂尔多斯"系列商标在服装类商品上具有较高的知名度，被告在羊绒线产品上使用与涉案商标高度近似的"鄂尔多斯"标识，容易使相关公众对商品来源产生混淆。庭审中，北京某公司认可其对被控侵权产品的销售行为，但否认其是该产品的生产商。根据北京某公司的当庭陈述，其所销售的羊绒毛线产品是先从全国各地采购羊绒线，由其加工、套标后，再在"天猫"网站上售卖。法院认为，北京某公司所陈述的这一过程亦属于被诉侵权产品的生产行为，因此，北京某公司未经内蒙古某公司的许可，将"鄂尔多斯"标识使用在

被诉侵权产品之上并在网店销售，已构成侵犯内蒙古某公司注册商标专用权的行为。北京某公司的抗辩理由均不能成立，法院不予支持。

此外，关于内蒙古某公司援引2013年《商标法》第十三条，认为北京某公司的行为系复制、摹仿其已注册驰名商标的主张，法院认为：根据2013年《商标法》第十四条的规定，驰名商标应当根据当事人的请求，作为处理涉及商标案件需要认定的事实进行认定。本案中，被诉侵权产品与涉案商标核定使用的商品存在密切关联，法院已认定北京某公司的行为构成商标侵权行为，故不存在对涉案商标是否属于驰名商标进行认定的必要性，因此，法院对内蒙古某公司的该主张不予支持。

二、北京某公司应当承担的法律责任

原《侵权责任法》第十五条①规定，承担侵权责任的方式主要有停止侵害、排除妨碍、消除危险、赔偿损失、消除影响等。依据该规定，北京某公司实施了侵犯内蒙古某公司注册商标专用权的行为，应当依法承担停止侵权、赔偿损失的法律责任。

关于赔偿损失的数额问题，根据2013年《商标法》第六十三条规定，侵犯商标专用权的赔偿数额，按照权利人因被侵权所受到的实际损失确定；实际损失难以确定的，可以按照侵权人因侵权所获得的利益确定；权利人的损失或者侵权人获得的利益难以确定的，参照该商标许可使用费的倍数合理确定。对恶意侵犯商标专用权，情节严重的，可以在按照上述方法确定数额的一倍以上三倍以下确定赔偿数额。赔偿数额应当包括权利人为制止侵权行为所支付的合理开支。

关于具体赔偿数额的确定，法院认为：通过内蒙古某公司提出的具体侵权损害赔偿数额的计算方式，可以认定其主张的依据为被告实施被控侵权行为的获利。被告实施被控侵权行为的获利可以通过侵权产品销售总数、产品单价以及产品合理利润率三者之积确定。

本案中，北京某公司当庭抗辩其网站上所显示的销售数量与实际销售数量不符，却未提交其实际生产、销售被控侵权产品数量的证据，故法院对内蒙古某公司主张的北京某公司通过“天猫”网站销售的产品数量予以

① 对应《民法典》第一百七十九条。

确认。内蒙古某公司主张北京某公司另有其他销售渠道，因无证据佐证，法院不予认可。关于被控侵权产品单价，因确有证据显示产品会进行特价销售，法院酌情确认原价销售及特价销售的产品各占总销量的50%，即产品平均单价为35元。本案中尽管第8246号公证书中能够显示北京某公司销售被控侵权产品的数量与销售单价，并能据此计算出销售总额，但内蒙古某公司主张的被控侵权产品的50%的利润率及被告当庭自认的20%利润率，因无证据佐证，均不宜被确认。因此法院在充分考虑如下因素后，根据商标在产品利润中所起的作用，酌定涉案商标给产品赋予的利润率为产品售价的25%：（1）根据法院查明的事实，原告的“鄂尔多斯”系列商标在字体设计上具有较强显著特征，且在服装类商品上经过使用已具有较高的知名度；（2）北京某公司对被控侵权的毛线产品进行包装、套标的生产过程中，将与涉案商标几乎完全相同的“鄂尔多斯”标识作为包装显著标识进行了突出使用；（3）北京某公司在其经营的“米琪服饰专营店”中，对被控侵权产品进行图片展示时亦将“鄂尔多斯”标识摆在显著位置；（4）北京某公司被诉销售侵权产品的“米琪服饰专营店”系“天猫”店铺，较其他普通“淘宝”网店而言，相关公众会认为“天猫”店铺的信誉度和商品质量更有保障，因此“天猫”店铺的产品利润率可能更高，且实施的侵权行为给商标权人造成的损害更为严重。同时，考虑到北京某公司作为“毛线、围巾线、羊绒线”等与服装存在紧密关联商品的经营者，理应知晓涉案商标的知名度，其在自营网店突出使用与涉案商标几乎完全相同的“鄂尔多斯”标识且侵权时间较长，主观恶意明显，侵权情节严重，宜按照北京某公司因侵权获利的两倍确定赔偿数额。综上，法院对北京某公司应当承担的赔偿数额确定为10446（销售数量）×35（平均单价）×25%（利润率）×2（倍数）= 182805元。

关于合理支出部分，内蒙古某公司主张其为制止侵权行为而支付合理开支3万元，但除公证费以外未提交相应的票据支持，法院考虑到其确有两位律师出庭，酌定支持部分律师费用，依法认定合理支出共计1万元。

裁判要旨

本案以侵权人获利作为惩罚性赔偿的计算基数，并结合侵权人的侵权行为持续时间、主观恶意、侵权情节等惩罚性因素适用了一倍的惩罚性赔偿。

首先，关于侵权人获利这一赔偿基数的计算，在认定知识产权损害赔偿数额时，在已经查明了侵权产品的销售数量和产品单价的前提下，可通过前两者与产品合理利润率之积的计算方法确定损害赔偿额。在现有证据无法确定被控侵权产品利润率的情况下，法院根据商标在产品利润中所起的作用，综合考量各方面因素，酌情确定涉案商标给产品赋予的利润率。

其次，当被控侵权人实施商标侵权行为具有较强的主观恶意时，可以按照被控侵权人因侵权获利的倍数确定赔偿数额，以此对侵权行为进行严厉制裁。

关联索引

2013 年《中华人民共和国商标法》第五十七条、第六十三条

一审：北京知识产权法院（2015）京知民初字第 1677 号（2016 年 4 月 25 日）

法官评析

在加快推进知识产权强国建设的大背景下，保护知识产权就是保护创新已经成为共识。全面加大赔偿力度，增加侵权成本、有效遏制侵权发生更是成为目前知识产权司法保护的基本政策导向。为加大对知识产权的保护力度，我国的《民法典》及《消费者权益保护法》《商标法》等单行法均规定有惩罚性赔偿制度。惩罚性赔偿也称惩戒性赔偿，是侵权人给付给被侵权人超过其实际受损害数额的一种金钱赔偿，通常被认为是对于民法“损害填平原则”的一大突破，具有补偿、制裁、遏制等功能。

知识产权侵权救济的实效性通常取决于损害赔偿金计算规则的设置。2013 年《商标法》第六十三条对损害赔偿的计算方式明确列举了实际损失、侵权获利、许可费倍数、法定赔偿以及惩罚性赔偿五种方式。其中惩罚性赔偿的适用被认为具有遏制社会生活中屡禁不止的商标侵权行为的

功能。

惩罚性赔偿的计算基数为“侵权实际损失”“侵权所获利益”以及“参考许可使用费的倍数”，法定赔偿和合理支出均不能作为计算基数。惩罚性赔偿的适用有主观和客观要件，主观要件即为侵权人的“故意”或“恶意”，虽表述有所不同，但根据2021年《最高人民法院关于审理侵害知识产权民事案件适用惩罚性赔偿的解释》（以下简称《审理知产案件适用惩罚性赔偿司法解释》）第一条第二款规定，“本解释所称故意，包括商标法第六十三条第一款和反不正当竞争法第十七条第三款规定的恶意”，因此，“故意”和“恶意”在法律规定层面上具有一致性，均指明知行为严重侵权而故意为之的情形。《审理知产案件适用惩罚性赔偿司法解释》第三条第二款对可以初步认定侵权人具有侵害知识产权故意的情形予以规定，《北京市高级人民法院关于侵害知识产权及不正当竞争案件确定损害赔偿的指导意见及法定赔偿的裁判标准》（以下简称《北京高院赔偿意见》）第1.15条补充规定了攀附原告驰名商标商誉、抢注原告驰名商标、被告在相同或类似商品上使用原告驰名商标等情形可以认定为被告具有恶意。客观要件即为被诉侵权行为情节严重，客观要件的设置可以防止惩罚性赔偿的惩罚过度适用。一般而言，认定侵权行为属于情节严重，需要结合日常生活经验法则和侵害知识产权案件的具体情况。通常情况下，情节严重的认定主要可以考虑侵权行为方式、侵权损害后果。关于行为方式，包括侵权手段恶劣、侵权时间长、范围广、多次侵权或侵犯多项知识产权、以侵权为业等情形。关于损害后果，通常可考虑侵权获利巨大，对权利人的经营活动、产品信誉或社会评价造成较大负面影响等，《审理知产案件适用惩罚性赔偿司法解释》第四条对情节严重的情形也有所规定。

此外，惩罚性赔偿的计算基数即“侵权实际损失”“侵权所获利益”以及“参考许可使用费的倍数”可计算确定。2020年修正的《最高人民法院关于审理商标民事纠纷案件适用法律若干问题的解释》第十四条规定，《商标法》第六十三条第一款规定的侵权所获得的利益，可以根据侵权商品销售量与该商品单位利润乘积计算。本案于《审理知产案件适用惩罚性赔偿司法解释》发布前作出裁判，大胆尝试了侵权所获利益的计算方法，并积极适用了惩罚性赔偿。具体到本案，法院根据权利人的主张和提供的证据，采用了侵权获利的计算方式，并且在侵权获利的基础上适用了

1 倍的惩罚性赔偿。市场价值是知识产权侵权赔偿的出发点与归宿点的统一，赔偿数额的确定不应脱离市场、漠视市场交易情况。在具体计算时，法院对计算数值的采信既有相应商业数据的支撑，又充分考虑了市场交易的实际情形。商品的销售量采用了内蒙古某公司提交的在网络平台显示的侵权商品销售数量；对于侵权商品的销售价格，虽然内蒙古某公司提供的证据显示，侵权商品的销售单价为 50 元，但考虑到电商平台在一些销售活动中存在特价销售的情况，并且权利人公证购买的侵权商品亦为特价，法院酌定以原价和特价各占 50%的比例，最终确定为 35 元。对于商品的利润率，因权利人和侵权人对利润率的主张不同，法院综合考虑了多种情形，如涉案商标的知名度、侵权人使用涉案商标的实际情形、侵权人在电商平台的商铺的具体销售渠道以及其侵权的时间等，最终选取 25%作为合理利润率。由此通过侵权商品销售量×商品单价×合理利润率的方式计算出了本案侵权赔偿的基数。以侵权获利计算损害赔偿基数并施以惩罚性赔偿的合理倍数，一方面可以相对准确地计算出损害赔偿数额，另一方面能够从根源上遏制侵权人侵害权利人合法权益的动机，提高违法成本，给予权利人更为周全的保护。

一审法院合议庭成员 张玲玲　张晓丽　周　华

编写人 张晓丽　赵康斌

62. 百某网络技术公司与北京京某餐饮管理公司、北京京某餐饮管理公司第三分公司、北京京某餐饮管理公司第八分公司侵害商标权及不正当竞争纠纷案

——商标侵权纠纷案件中惩罚性赔偿的适用

关键词 惩罚性赔偿 驰名商标 商标侵权

基本案情

原告百某网络技术公司诉称：百某网络技术公司是世界知名的科技企业，知名度及影响力享誉全球，其于2000年3月16日在第42类“以计算机信息网络方式提供计算机信息”等服务上申请注册了“百度”商标，经过多年持续宣传使用，该商标在互联网搜索领域已具有极高知名度。原告请求给予其第1579950号“百度”商标和第5916521号“百度”商标（以下简称涉案商标一、二）予以驰名商标保护。被告北京京某餐饮管理公司、北京京某餐饮管理公司第一分公司、北京京某餐饮管理公司第三分公司、北京京某餐饮管理公司第七分公司、北京京某餐饮管理公司第八分公司（以下合称北京京某餐饮管理公司及其分公司）在其经营的“百度烤肉店”店铺招牌、装饰牌匾等处及微信公众号、美团App上大量突出使用“百度”及含“百度”文字的标识，具有攀附原告“百度”商誉的故意，不当利用了“百度”驰名商标的市场声誉，减弱了“百度”商标的显著性，不当利用了“百度”驰名商标的市场声誉，侵害了“百度”驰名商标相关权益，且其行为已构成不正当竞争。据此，百某网络技术公司请求判

令北京京某餐饮管理公司及其分公司停止侵权、消除影响，并适用惩罚性赔偿按照侵权获利的3倍计算赔偿数额，赔偿495万元及合理开支5万元。

被告北京京某餐饮管理公司及其分公司辩称：根据驰名商标按需认定原则，本案无需对涉案商标在“提供互联网搜索引擎服务”服务上进行驰名商标认定。北京京某餐饮管理公司及其分公司使用在第43类餐饮服务上的“百度”“百度渔锅”“百度烤肉”等标识的行为仅侵犯了百某网络技术公司在第43类上的注册商标，未侵犯原告第42类上的“百度”商标，餐饮服务与第42类“互联网搜索引擎”服务差别较大，不会引起相关公众的混淆。北京京某餐饮管理公司及其分公司认可自身企业名称构成不正当竞争，同意变更企业名称。本案不应当适用惩罚性赔偿，且百某网络技术公司主张的赔偿数额畸高，于事实法律无据。

北京知识产权法院经审理查明：在案证据可以证明在被诉行为发生时，百某网络技术公司的“百度”商标已成为中国境内相关公众所熟知的驰名商标。北京京某餐饮管理公司及其分公司在经营活动中突出使用“百度”等标识，侵害了百某网络技术公司的商标权，且北京京某餐饮管理公司及其分公司侵权恶意明显，情节严重，应当适用惩罚性赔偿。按照北京京某餐饮管理公司及其分公司提交的相关财务资料，计算得出年平均营业利润额为308903.54元，被诉行为持续时间为5.25年，并考虑到“百度”商标的显著性和知名度以及被诉行为的具体情节等因素，酌定“百度”商标对于侵权获利的贡献率为35%。综合考虑侵权主观过错程度、侵权行为持续时间、侵权获利及给百某网络技术公司造成的损害等因素，按3倍计算惩罚性赔偿数额。

北京知识产权法院于2021年12月2日作出（2019）京73民初1335号民事判决：北京京某餐饮管理公司及其分公司赔偿百某网络技术公司经济损失2270441元等。判决后，北京京某餐饮管理公司及其分公司不服，上诉至北京市高级人民法院。二审期间，因北京京某餐饮管理公司第一分公司、第三分公司被注销，故二审判决对一审判决认定的侵权责任承担主体予以变更。北京市高级人民法院于2022年4月19日作出（2022）京民终170号民事判决：对一审判决认定的侵权责任承担主体予以变更，对一审判决关于惩罚性赔偿的计算方式及数额予以维持。

裁判理由

法院生效判决认为：关于本案有无对百某网络技术公司主张的涉案商标是否构成驰名商标进行审查认定的必要。根据现已查明的事实，百某网络技术公司核准注册在第43类服务上的商标或因到期未续展而无效，或申请注册日期均晚于北京京某餐饮管理公司及其分公司的成立时间及本案被诉侵权行为发生时间。因商标专用权的范围具有不确定性，企业为了有效维护自身商誉，往往通过注册系列商标的方式明晰、巩固其权利范围。一旦发生侵权纠纷，商标权人有权根据自身的商标体系和诉讼策略选择对其最为有利的商标作为诉讼的权利基础。同时，考虑到百某网络技术公司取得第43类服务上的注册商标专用权时间较晚，且没有相关使用证据，此类商标因未经长时间持续使用，显著性和知名度较低，法律对其保护力度相对较弱，即便商标侵权行为成立，在禁用效力所及范围、损害赔偿金额等方面，其可受保护的力度相较于驰名商标而言显然更低。此外，本案中，百某网络技术公司还同时主张北京京某餐饮管理公司及其分公司的企业名称中包含“百度”文字，与其赖以驰名的涉案商标一、二相同，已构成不正当竞争，故综合考虑上述因素及《最高人民法院关于审理涉及驰名商标保护的民事纠纷案件应用法律若干问题的解释》（以下简称《驰名商标保护解释》）第二条之规定，本案应对百某网络技术公司主张的涉案商标一、二是否驰名进行审查认定。

关于百某网络技术公司主张的涉案商标一是否构成驰名商标。本案中，百某网络技术公司成立于2000年1月18日，并于2001年推出独立搜索引擎，涉案商标一注册有效期限自2001年5月28日至2011年5月27日，后经两次续展，注册有效期为2021年5月28日至2031年5月27日。百某网络技术公司提交的在案证据表明，2003年至2005年，百某网络技术公司使用“百度”商标搜索引擎服务在中国搜索引擎行业内连续三年位居同行业第一；2009年，百度搜索品牌在中国用户首选品牌的市场份额排名第一；2011年、2012年，《财富》杂志公布的全球“100家增长最快的公司”排行榜中百某网络技术公司分别位列第四、第三；中国互联网协会、中国互联网络信息中心编著的《中国互联网发展报告2012》记载，百度稳居中国搜索引擎流量第一，2011年10月，其流量已占到整体搜索引擎流量的78%；百某网络技术公司的2011年、2012年年主营业务收入分别为55.26亿元、100.78亿元；百某网络技术公司通过网络媒体、平面媒体、商务楼宇液晶电视广告、户外霓虹灯广告等多种途径对百某网络技术公司及其“百度”品牌进行了广泛、持续的宣传推广，宣传地域范围覆盖了北京、上海、广州、深圳在内的国内多个城市和地区。上述事实表明，百某网络技术公司在经营过程中，将“百度”作为其核心注册商标标识来使用，经过长期、广泛的持续使用和宣传推广，“百度”已经在相关公众中取得了较高的知名度和市场认可度。此外，多份生效判决曾先后认定涉案商标一已构成在“以计算机信息网络方式提供互联网搜索引擎”服务上的驰名商标。因此，法院认为：在案证据足以证明，在北京京某餐饮管理公司及其分公司注册成立以及被诉侵权行为发生时，百某网络技术公司注册和使用在“以计算机信息网络方式提供互联网搜索引擎”服务上的涉案商标一已经成为中国境内相关公众所熟知的驰名商标。

关于北京京某餐饮管理公司及其分公司在餐饮服务的经营活动中使用“百度”“百度烤肉”等标识是否侵害了百某网络技术公司享有的注册商标专用权。本案中，双方当事人对于北京京某餐饮管理公司及其分公司在其企业字号上使用了“百度”文字，在微信公众号、美团App、饮品柜、菜单、广告宣传、包装筷、店招门头等处突出使用“百度”“百度渔锅”“”“百度烤肉”“百度炒饭”“百度泡菜”“百度秘制鸡翅”等标识的事实并无异议，法院对此予以确认。具体到本案中，首先，从涉案商标一的显著性和知名度来看，“百度”一词虽出自宋词“众里寻他千百度”，但其本身并无固定含义，且经过百某网络技术公司长期、持续的宣传和使用，“百度”商标具备了很强的显著性和可识别性。如前所述，在北京京某餐饮管理公司及其分公司注册成立及开始使用“百度”等被诉侵权标识之前，涉案商标一经过百某网络技术公司长期的持续使用和宣传推广，其在“以计算机信息网络方式提供互联网搜索引擎”服务上已经具有了极高的知名度和影响力，已为相关公众所熟知。其次，从标识的近似程度看，北京京某餐饮管理公司及其分公司在其微信公众号、美团App、涉案烤肉店的店招门头、饮品柜、菜单、包装筷等处均突出使用“百度”“百度渔锅”“”“百度烤肉”“百度炒饭”“百度泡菜”“百度秘制鸡翅”等标识，上述标识中的“渔锅”“烤肉”“炒饭”“泡菜”“秘制鸡翅”等作为餐饮行业常见的菜品食物名称，其本身不具有识别性，上述标识的显著识别部分为“百度”，与百某网络技术公司的涉案商标一“百度”在文字构成上相同，属于近似商标。最后，从是否会误导公众，致使百某网络技术公司的利益可能受到损害方面看，虽然百某网络技术公司的涉案商标一赖以驰名的服务类别与北京京某餐饮管理公司及其分公司所提供的餐饮服务存在一定差别，但鉴于百某网络技术公司的涉案商标一“百度”具有较强的显著性和极高的知名度，北京京某餐饮管理公司及其分公司使用的被诉侵权标识与百某网络技术公司的涉案商标一极为近似，消费者看到“百度烤肉”“”等标识时，仍然会首先将北京京某餐饮管理公司及其分公司提供的餐饮服务与百某网络技术公司及其“百度”商标建立直接联系，且百某网络技术公司提交的《公证书》内容显示，互联网上已有部分网友将百度烤肉误认为百某网络技术公司的新业务。北京京某餐饮管理公司及其分公司的被诉行为实际上已经破坏了“百度”商标与互联网搜索引擎服务之间的直接密切联系，减弱了“百度”商标的显著性，属于《驰名商标保护解释》第九条第二款规定的“足以使相关公众认为被诉商标与驰名商标具有相当程度的联系，而减弱驰名商标的显著性”和“不正当利用驰名商标的市场声誉”的情形。因此，北京京某餐饮管理公司及其分公司的被诉行为侵犯了百某网络技术公司涉案商标一的注册商标专用权。另外，北京京某餐饮管理公司及其分公司在企业名称中使用“百度”文字的行为构成不正当竞争。

关于北京京某餐饮管理公司及其分公司应承担何种法律责任。首先，北京京某餐饮管理公司及其分公司应当承担停止侵权、消除影响的法律责任。其次，百某网络技术公司在经营过程中将“百度”作为其核心注册商标标识来使用，经过长期、广泛的持续使用和宣传推广，“百度”已经在相关公众中取得了极高的知名度和影响力，且百某网络技术公司的涉案商标一曾多次被行政机关和法院认定为驰名商标。北京京某餐饮管理公司及其分公司作为长期从事经营活动的商事主体，理应知晓百某网络技术公司的“百度”商标，但其仍在企业名称以及经营的店铺名称、装潢、广告宣传、微信公众号、美团 App 等处大量使用与百某网络技术公司的“百度”

商标高度近似的“百度”“百度烤肉”“”等被诉侵权标识，并且侵权行为持续时间长，从北京京某餐饮管理公司自 2012 年 1 月注册成立至今，北京京某餐饮管理公司及其分公司的被诉侵权行为尚未完全停止，同时从百某网络技术公司提交的公证书可以看出，北京京某餐饮管理公司及其分公司的被诉侵权行为已经造成了消费者的误认，由此可见，北京京某餐饮管理公司及其分公司侵犯百某网络技术公司注册商标专用权、攀附百某网络技术公司商誉的主观恶意明显，客观上其也通过开设多家门店实施被诉侵权行为，不仅减弱了百某网络技术公司“百度”商标的显著性，且不正当利用了百某网络技术公司的市场声誉，获利数额大，侵权情节严重，故本案应当适用惩罚性赔偿，以加大对恶意侵权行为的惩罚力度。

关于赔偿数额的确定。法院认为：根据百某网络技术公司提出的侵权损害赔偿数额的计算方式，可以认定其主张的赔偿数额的计算依据为北京京某餐饮管理公司及其分公司实施被诉侵权行为的获利。对于北京京某餐饮管理公司及其分公司应当承担的具体赔偿数额，法院在充分考虑如下因素后予以确定：

第一，根据现已查明的事实，经过百某网络技术公司的长期持续使用和宣传，百某网络技术公司的“百度”商标在互联网搜索引擎服务上已经具有了极高的知名度和较强的显著性。

第二，本案中，虽北京京某餐饮管理公司及其分公司自 2012 年 1 月 19 日至 2015 年 9 月 9 日期间陆续注册成立后开始实施被诉侵权行为，但百某网络技术公司系于 2019 年 9 月 9 日提起本案诉讼，且北京京某餐饮管理公司及其分公司的被诉侵权行为至今尚未完全停止，故本案应计赔的侵权时长约为 63 个月，折合为 5.25 年。

第三，经百某网络技术公司申请，北京京某餐饮管理公司及其分公司已经提交了与被诉侵权行为相关的 2016 年 10 月至 2019 年 9 月 30 日期间的年度及月度利润表、纳税申报表及相应的财务账簿和原始凭证，利润表、纳税申报表等资料，且上述账簿、资料显示，北京京某餐饮管理公司及其分公司在 2016 年 10 月至 2019 年 9 月 30 日期间的营业利润共计 926710.61 元，利润率为 6.26%，年平均营业利润额为 308903.54 元，并已向税务机关进行了相应的纳税申报。百某网络技术公司虽主张北京京某餐饮管理公司及其分公司提交的财务账簿及纳税申报表并非其真实的销售收入或者销售利润及北京京某餐饮管理公司及其分公司实际开设了12家百度烤肉店，但百某网络技术公司并未提交有效证据证明上述账簿、资料所记载内容与事实不符以及尚存在其他店铺的侵权事实，且据此计算的利润率亦与百某网络技术公司自述其通过百度搜索餐饮行业的净利润率约为8%~10%较为接近，同时考虑到北京京某餐饮管理公司及其分公司经营的涉案5家店铺所处地理位置及周边商业环境，故法院对北京京某餐饮管理公司及其分公司提供的营业利润数据予以采信。

第四，考虑到百某网络技术公司涉案商标的显著性和知名度以及北京京某餐饮管理公司及其分公司实施的被诉侵权行为具体情节等因素，法院酌情确定百某网络技术公司的涉案商标对于北京京某餐饮管理公司及其分公司侵权获利的贡献率为35%。

第五，关于惩罚性赔偿倍数的确定，综合考虑北京京某餐饮管理公司及其分公司的主观过错程度、侵权行为持续时间、侵权获利及给百某网络技术公司造成的损害等因素，法院认为：百某网络技术公司主张惩罚性赔偿倍数应为三倍，具有法律依据，法院予以采纳。

据此，法院认为北京京某餐饮管理公司及其分公司应承担的赔偿经济损失数额为308903.54元（年平均营业利润额）×5.25年（侵权时长）×35%（品牌贡献率）×4（1+倍数）= 2270441元。

裁判要旨

在适用惩罚性赔偿时，赔偿总额应为填平性赔偿与惩罚性赔偿数额之和，且在确定赔偿数额的计算基数时，除了按照法律规定的先后顺序确定方法外，还应考虑知识产权贡献度。惩罚性赔偿倍数的确定应在法定区间内结合具体案件情况予以确定。

关联索引

《中华人民共和国民法典》第一百七十九条、第一千一百八十五条

《中华人民共和国商标法》第十三条第三款、第十四条第一款、第五十七条、第五十八条、第六十三条

《中华人民共和国反不正当竞争法》第二条、第十七条

《最高人民法院关于审理涉及驰名商标保护的民事纠纷案件应用法律若干问题的解释》第二条第一款、第九条

《最高人民法院关于审理商标民事纠纷案件适用法律若干问题的解释》第一条、第十七条、第十八条

《最高人民法院关于审理注册商标、企业名称与在先权利冲突的民事纠纷案件若干问题的规定》第四条

《最高人民法院关于适用〈中华人民共和国民法典〉时间效力的若干规定》第一条第三款

《最高人民法院关于商标法修改决定施行后商标案件管辖和法律适用问题的解释》第九条

一审：北京知识产权法院（2019）京73民初1335号（2021年12月2日）

二审：北京市高级人民法院（2022）京民终170号（2022年4月19日）

法官评析

本案系适用惩罚性赔偿并规范进行惩罚性赔偿计算的典型案例。惩罚性赔偿计算所得数额应为填平性赔偿与惩罚性赔偿数额之和，即适用惩罚性赔偿的赔偿总额=基数×（1+倍数）。基数的确定方法，按照法律规定，惩罚性赔偿的确定方法具有适用顺序，本案根据百度公司请求按照侵权获利计算基数，侵权获利可以依侵权人的营业利润计算；在确定赔偿基数时还应考虑权利人知识产权对于侵权获利的知识产权贡献度。惩罚性赔偿倍数应在法定区间内结合具体案件中侵权人主观故意程度、侵权严重程度等因素予以确定。

一审法院合议庭成员　马兴芳　刘义军　宋　晖

编写人　张　正

63. 北京甲公司诉北京乙公司不正当竞争纠纷案

——滥用商标专用权的认定标准及适用边界

关键词 权利滥用禁止 滥用商标专用权 诚信原则

基本案情

原告北京甲公司（以下简称甲公司）向一审法院起诉称：北京乙公司（以下简称乙公司）在其店铺中悬挂带有“西四包子铺”字样的招牌，使用带有“西四包子铺”字样的菜单、餐具等物品，在大众点评网宣传中使用带有“西四包子铺”字样的图片，在微信公众号中使用“西四包子铺”字样图片的行为均侵犯了甲公司的第9868341号“西四社”商标专用权。

一审法院经审理认为：被诉侵权标识“西四包子铺”与涉案商标“西四社”构成近似商标，二者使用的商品或服务构成类似商品或服务。但甲公司成立以及取得和使用涉案商标的意图难谓正当，结合乙公司系“西四包子铺”的正当使用人以及甲公司行使权利可能导致当事人利益失衡等理由，认定甲公司商标专用权的行使违反了诚信原则，构成权利滥用。

北京市西城区人民法院于2022年5月1日作出（2021）京0102民初38143号民事判决：甲公司行使商标专用权的行为构成滥用，不发生相应的法律效力。一审判决作出后，甲公司不服一审判决，向北京知识产权法院上诉称其坚持一审起诉理由，并认为其取得并使用涉案权利商标符合法律规定，并不存在违反诚信原则或不以使用为目的的恶意注册情形。在此基础上，甲公司作为涉案商标的专用权人，就涉嫌侵害商标专用权的行为提起诉讼，一审法院依职权认定北京甲公司的行为构成权利滥用有误。北京知识产权法院于2022年12月15日作出（2022）京73民终1838号民事判决：驳回上诉，维持原判。

裁判理由

法院生效裁判认为：

一、关于商标侵权的认定

涉案权利商标由汉字“西四社”组成，上诉人起诉的乙公司使用的涉案标识为文字“西四包子铺”。虽然涉案权利商标与被诉侵权标识均含有“西四”字样，但“西四”作为固有词汇指代北京的一个地区，本身显著性较弱。在这样的前提下，不能因为涉案权利商标与被诉侵权标识均含有“西四”字样而认为构成近似进而认定造成混淆。上诉人提交的部分店铺照片、媒体报道及网友评论等证据，虽然可以证明上诉人甲公司对于“西四社”商标进行了使用，但尚不能证明“西四社”商标经其使用在“饭店”等服务上已经获得了较强的显著性和知名度。相反，《北京日报（数字版）》《北京商报》等媒体的报道中显示有“西四包子铺最早名叫二友居”“近些年来京城涌现不少西四包子铺”“上世纪60年代末二友居曾更名为‘西四包子铺’”等内容，部分网络报道中显示有“‘最好吃的包子’西四包子铺（二友居）时隔几十年，又回来了”等内容以及二审法院作出的（2020）京73民终3501号在先判决认为“西四包子铺”仍然具有一定影响力和较高的知名度等，足以证明经乙公司的使用，“西四包子铺”标识已经能够与其经营的产品形成对应关系，并获得了一定知名度。上述证据不仅证明乙公司使用“西四包子铺”标识并无借用甲公司及其“西四社”商标商誉的主观意图，反而能够证明在相关公众中，“西四包子”或者“西四包子铺”与商品来源，即乙公司之间建立了一定联系。因此，不会导致相关公众将被诉侵权标识“西四包子铺”与第9868341号“西四社”商标及其相应商品来源产生混淆或误认。故被上诉人使用“西四包子铺”的行为不属于《商标法》第五十七条第二项规定的行为，不构成侵犯注册商标专用权的行为，被上诉人乙公司的答辩理由应当予以采纳。

二、关于上诉人以提起诉讼的方式行使商标专用权是否构成权利滥用的认定

《民法典》第一百三十二条："民事主体不得滥用民事权利损害国家利益、社会公共利益或者他人合法权益"之规定，为禁止民事权利滥用规定了请求权基础。《最高人民法院关于适用〈中华人民共和国民法典〉总则编若干问题的解释》第三条规定："对于民法典第一百三十二条所称的滥用民事权利，人民法院可以根据权利行使的对象、目的、时间、方式、造成当事人之间利益失衡的程度等因素作出认定。行为人以损害国家利益、社会公共利益、他人合法权益为主要目的行使民事权利的，人民法院应当认定构成滥用民事权利。构成滥用民事权利的，人民法院应当认定该滥用行为不发生相应的法律效力。"

虽然《民法典》第一百三十二条及司法解释的条文中没有直接规定如何认定构成权利滥用，但是法理学说为认定权利滥用提供了思维路径。通说[①]认为，依据诚信原则，权利人应当以善意的方式行使权利，即"诚实信用，勿害他人"，而滥用权利则是损害他人合法权益的行为，本身即违反诚信原则。故诚信原则可以作为禁止权利滥用的法源，而权利滥用禁止则是违反诚信原则的法律后果。因此，无论是为规范权利行使以免滥用，抑或保障权利滥用禁止规则不被滥用，诚信原则均是认定权利滥用行为的判断准则。

在《民法典》施行之前，在商标法领域，关于权利滥用的在先判决以最高人民法院在（2018）最高法民再394号民事判决为例，阐述如下："诚实信用原则是一切市场活动参与者均应遵循的基本准则。……民事诉讼活动同样应遵守诚实信用原则。一方面，它保障当事人有权在法律规定的范围内行使和处分自己的民事权利和诉讼权利；另一方面，它又要求当事人在不损害他人合法权益和社会公共利益的前提下，善意、审慎地行使自己的权利。任何违背法律目的和精神，以损害他人正当权益为目的，恶

---

① 参见王利明：《论禁止滥用权利——兼评〈总则编解释〉第3条》；林诚二：《论诚实信用原则与权利滥用禁止之机能》；最高人民法院民法典贯彻实施工作领导小组主编：《中华人民共和国民法典总则编理解与适用（下）》，人民法院出版社2020年版，第681页。

意取得并行使权利、扰乱市场正当竞争秩序的行为均属于权利滥用，其相关主张不应得到法律的保护和支持。”最高人民法院在该阐述的基础上，进一步认定权利人以不正当方式取得商标权后，意图将该商标高价转让，在转让不成的前提下，再通过诉讼获取赔偿的行为主观恶意明显，其行为明显违反诚信原则。可见，在先判决实质上是在综合考虑权利人行使权利的对象、目的、方式等因素的基础上，形成了一个认定违反诚信原则的环环相扣的逻辑关系。因此，认定权利滥用是否成立的关键在于通过权利行使的对象等多重因素，综合判断权利人的行为是否违反诚信原则。据此，对一审判决关于甲公司滥用商标专用权的认定，二审法院具体评述如下：

一审判决以甲公司成立和受让“西四社”商标并非善意作为权利滥用的理由缺乏事实和法律根据。本案中，根据查明的事实，涉案权利商标获准注册日期为2012年10月21日，原注册人为青岛某公司。因《商标法》第四条、第四十四条第一款规制恶意取得商标专用权的情形均是强调“注册时”，故本案涉案权利商标恶意取得应以原注册人青岛某公司申请注册涉案权利商标时存在恶意或不正当手段为前提。在未有证据证明并阐述青岛某公司注册涉案权利商标系恶意抢注，或者存在《商标法》第四十四条第一款规定无效宣告情形的情况下，一审判决直接以北京甲公司成立和受让商标并非善意作为认定权利滥用的理由没有事实和法律根据。

上诉人于2021年1月20日受让取得涉案权利商标的商标专用权。上诉人在一审中提交的甲公司长楹天街店铺租赁合同和租赁费发票、经营者在上诉人处报税的截图、结账单、含有店铺照片的微信聊天记录、西四包子铺（来福士）店结账单及微信聊天记录中照片等证据显示，相关店铺门头招牌为“西四社”，包装纸上使用“西四社”标识，手提袋上使用了“西四社”标识。可见，上诉人受让涉案权利商标系出于真实使用意图，并在受让前后对涉案权利商标进行了真实的商业使用。故从上诉人受让涉案商标专用权到对商标的使用，均不存在违反诚信原则的事实。

此外，由于权利滥用系针对权利人的行为进行的法律评价，故被诉行为是否具有正当性不能成为判断上诉人是否违反诚信原则的理由，一审判决以乙公司在其开设的主营包子的饭馆中使用“西四包子铺”具有正当性作为构成权利滥用的理由没有法律和法理根据；权利滥用系针对权利人行使自己享有的权利的行为进行的法律评价，上诉人行使涉案权利商标专用权的行为直接表现为在经营过程中使用该商标以及通过起诉请求认定乙公司构成侵权。至于其在行使自己享有的权利时是否存在其他侵权行为，不应当作为认定构成权利滥用的要件。因此，一审判决以上诉人在店铺招牌使用“西四包子铺”，悬挂“西四包子铺·赋”的行为缺乏善意以及上诉人不仅未对“西四包子铺”予以合理避让并开设店铺对“西四包子铺”进行使用作为权利滥用的理由不能成立。

一审判决在没有证据证明上诉人的权利基础具有重大瑕疵，亦没有形成上诉人的行为具有违反诚信原则一定逻辑关系的前提下，认为权利人恶意攀附被上诉人的商誉、获取商业利益，并提起本案诉讼主张商标专用权，企图通过诉讼阻止被上诉人正当使用，获取本不属于自己的诉讼利益导致权利行使的结果并得出必然造成当事人之间利益失衡之结论，没有事实和法律根据。故一审判决认定上诉人构成滥用商标专用权错误，二审法院予以纠正。

综上，二审认定一审判决关于北京甲公司起诉构成权利滥用的认定有误，但其驳回原告诉讼请求的结论正确，故在纠正其相关认定的基础上，判决驳回上诉，维持原判。

裁判要旨

《民法典》第一百三十二条规定了禁止权利滥用。本判决结合在先判决的阐述及司法解释的规定，认为诚信原则系权利滥用禁止的法源，禁止权利滥用是违反诚信原则的法律后果。通过考量权利行使的对象、目的、时间、方式等因素，判断是否违反诚信原则进而认定权利滥用是否成立。本案中，在权利人受让、行使涉案商标专用权等均不存在违反诚信原则事实的情况下，一审认定权利人主张侵犯其商标专用权的行为属于权利滥用是错误的。同时，针对一审判决认为构成权利滥用的理由特别强调：（1）权利滥用系对权利人的行为进行的法律评价，被诉行为人是否具有正当性不是权利滥用的判断根据；（2）权利滥用针对的是权利人行使自己享有的权利的行为，权利人在行使自己享有的权利时是否存在其他侵权行为，不应当作为认定构成权利滥用的要件。

关联索引

《中华人民共和国民法典》第一百三十二条

一审：北京市西城区人民法院（2021）京0102民初38143号（2022年5月1日）

二审：北京知识产权法院（2022）京73民终1838号（2022年12月15日）

法官评析

在侵害商标权纠纷案件中，权利人以非善意取得的商标向正当使用人主张权利，意图侵害他人合法权益的行为可能会被认定为权利滥用。在多个在先判决中，法院均对滥用商标专用权的行为进行了认定，依法保护了正当使用人的合法权益。但是，与此同时，权利滥用禁止规则的适用范围也呈现出扩张趋势，进而可能导致权利滥用被“滥用”。本判决对权利滥用禁止规则的适用条件及边界进行了分析，为避免权利滥用被“滥用”提供了借鉴。

一、滥用商标专用权的认定标准

（一）在先判决中对于滥用商标专用权的认定

1. 王某永与深圳歌某公司、杭州银某公司侵害商标权纠纷案

在该案[①]中，最高人民法院对诚信原则与权利滥用的关系进行了阐述，并认定原告以非善意取得商标权，且对正当使用权人提起侵权之诉构成权利滥用。该案确立了违反诚信原则作为构成权利滥用的裁判规则，在认定权利滥用构成时，既考虑原告的权利取得是否善意，同时又对被告的使用行为进行了考量。

2. 优某公司与广州指某公司等侵害商标权纠纷案

在该案[②]中，最高人民法院以《商标法》中涉及的诚信原则为请求权

---

① 最高人民法院（2014）民提字第24号民事判决书。

② 最高人民法院（2018）最高法民再394号民事判决书。

基础，认为原告申请取得涉案商标及行使商标权的行为违反诚信原则作为权利滥用的认定标准，不再把被告行为是否具有正当性作为权利滥用的考量因素。

3. 山东某特公司与北京美某公司因恶意提起知识产权诉讼损害责任纠纷案

在该案①中，北京知识产权法院援引《民法总则》第一百三十二条②、《民事诉讼法》第十三条③以及 2013 年《商标法》第四十七条第二款④等法律条文，结合“因恶意提起知识产权诉讼损害责任纠纷”的适用条件对权利滥用以及以诉讼为手段或以损害他人为主要目的的滥用诉权的认定进行了分析。该案还对权利人起诉时拥有形式上合法的权利基础的主张进行了回应，强调“当行为人明知自己实质上并不享有相关知识产权，仍以侵害他人合法利益为目的提起诉讼时，即构成主观恶意”。

以上案例均是在《民法典》施行前认定权利滥用的案件，通过比较可见，在《民法典》施行前，人民法院认定商标权滥用的请求权基础包括诚信原则，《商标法》第七条、第四十七条，《民事诉讼法》第十三条等。2021 年 1 月 1 日，《民法典》正式施行，在《民法典》第一百三十二条明确权利滥用的概念的情况下，应当如何认定《民法典》条文所涵盖的要件，并确保《民法典》的适用与在先判决确立的裁判规则不冲突，成为司法实践的难点，同时也是本案需要回应的问题。

（二）本案对权利滥用构成要件的认定

《民法典》第一百三十二条规定：“民事主体不得滥用民事权利损害国家利益、社会公共利益或者他人合法权益”，为禁止民事权利滥用规定了

---

① 北京知识产权法院（2017）京 73 民终 2052 号民事判决书。

② 《民法总则》第一百三十二条规定：“民事主体不得滥用民事权利损害国家利益、社会公共利益或者他人合法权益。”

③ 《民事诉讼法》第十三条规定：“民事诉讼应当遵循诚实信用原则。当事人有权在法律规定的范围内处分自己的民事权利和诉讼权利。”

④ 2013 年《商标法》第四十七条第二款规定：“宣告注册商标无效的决定或者裁定，对宣告无效前人民法院做出并已执行的商标侵权案件的判决、裁定、调解书和工商行政管理部门做出并已执行的商标侵权案件的处理决定以及已经履行的商标转让或者使用许可合同不具有追溯力。但是，因商标注册人的恶意给他人造成的损失，应当给予赔偿。”

请求权基础。《最高人民法院关于适用〈中华人民共和国民法典〉总则编若干问题的解释》（以下简称《总则编解释》）第三条规定：“对于民法典第一百三十二条所称的滥用民事权利，人民法院可以根据权利行使的对象、目的、时间、方式、造成当事人之间利益失衡的程度等因素作出认定。行为人以损害国家利益、社会公共利益、他人合法权益为主要目的行使民事权利的，人民法院应当认定构成滥用民事权利。构成滥用民事权利的，人民法院应当认定该滥用行为不发生相应的法律效力。”

上述条款是《民法典》及《总则编解释》中对于权利滥用认定标准的规定，但现有法律规范并未直接规定何种情形可以构成权利滥用，而是规定了法院认定权利滥用的考量要件。此外，《民法典》及《总则编解释》中并未提及权利滥用与诚信原则之间的关系，而在先判决虽援引的法条不同，但均落脚于诚实信用原则的考量上，进而可能导致在先判决与法条规定之间的割裂。为此，《民法典》及《总则编解释》中规定的权利滥用的考量要件与诚信原则之间的关系成为本案所不能回避的问题。有学者认为，依据诚信原则，权利人应当以善意的方式行使权利，即“诚实信用，勿害他人”，而滥用权利则是损害他人合法权益的行为，本身即违反诚信原则。[①] 最高人民法院民法典贯彻实施工作领导小组在《中华人民共和国民法典总则编理解与适用（下）》中则提出，诚信原则可以作为禁止权利滥用的法源，而权利滥用禁止则是违反诚信原则的法律后果。[②]

在此基础上，本案首次对《民法典》第一百三十二条规定的“权利滥用”与《总则编解释》第三条规定的认定权利滥用的考量因素以及学理上阐述的权利滥用原则和诚信原则之间的关系进行厘清整合，认定构成权利滥用的前提在于对权利行使的对象、目的、时间、方式等因素是否违反诚信原则进行判断。

二、对甲公司涉案行为的具体评价

《商标法》第四条、第四十四条规制的非善意的商标注册行为均强调

① 参见王利明：《论禁止滥用权利——兼评〈总则编解释〉第 3 条》，载《中国法律评论》2022 年第 3 期。

② 最高人民法院民法典贯彻实施工作领导小组主编：《中华人民共和国民法典总则编理解与适用（下）》，人民法院出版社 2020 年版，第 681 页。

"注册时"，故本案权利商标是否存在权利瑕疵应当以"注册时"为标准判断。根据查明的事实，涉案权利商标获准注册日期为2012年10月21日，原注册人为青岛某公司，故本案涉案权利商标恶意取得应以原注册人青岛某公司申请注册涉案权利商标时存在恶意或采用了不正当手段为前提。在未有证据证明并阐述青岛某公司注册涉案权利商标系恶意抢注，或者存在《商标法》第四十四条第一款规定无效宣告情形的情况下，不能直接以甲公司成立和受让商标并非善意作为认定权利滥用的理由。并且，在案证据证明甲公司受让涉案权利商标系出于真实使用意图，并在受让前后对涉案权利商标进行了真实的商业使用。故从甲公司受让涉案商标专用权到对商标的使用，均不存在违反诚信原则的事实。

三、权利滥用的评价对象

《民法典》第一百三十二条规定："民事主体不得滥用民事权利损害国家利益、社会公共利益或者他人合法权益。"从该条规定可以看出，权利滥用是权利人在行使自身权利的同时存在损害国家利益、社会公共利益或者他人合法权益的行为。因此，权利滥用系针对权利人行使自己权利的行为进行的法律评价。据此，二审判决强调如下要点：

第一，权利滥用系对权利人的行为进行的法律评价，被诉行为人是否具有正当性不是权利滥用的判断根据。

由于权利滥用系针对权利人的行为进行的法律评价，故即便乙公司使用"西四包子铺"标识具有正当理由，亦不能成为认定甲公司违反诚信原则的理由。因此，一审判决以在其开设的主营包子的饭馆中使用"西四包子铺"具有正当性作为构成权利滥用的理由没有法律和法理根据。

第二，权利滥用针对的是权利人行使自己享有的权利的行为，权利人在行使自己享有的权利时是否存在其他侵权行为，不应当作为认定构成权利滥用的要件。

权利滥用系针对权利人行使自己享有的权利的行为进行的法律评价，甲公司行使涉案权利商标专用权的行为直接表现为在经营过程中使用该商标以及通过起诉请求认定乙公司构成侵权。至于其在行使自己享有的权利时是否存在其他侵权行为，不应当作为认定构成权利滥用的要件。因此，一审判决以甲公司在店铺招牌使用“西四包子铺”，悬挂“西四包子铺·赋”的行为缺乏善意以及甲公司不仅未对“西四包子铺”予以合理避让并开设店铺对“西四包子铺”进行使用作为权利滥用的理由不能成立。

一审法院合议庭成员 王　辉　黄秋平　周建祯
二审法院合议庭成员 张晓霞　刘义军　范米多
编写人 张晓霞　万　超

64. 马某诉深圳周某在线传媒有限公司、北京京某电子商务有限公司侵害商标权纠纷案*

——恶意注册后滥用商标权的司法规制

关键词 恶意注册 商标权滥用 诚信原则 司法规制

基本案情

马某因与深圳周某在线传媒有限公司（以下简称周某公司）、北京京某电子商务有限公司（以下简称京某公司）侵害商标权纠纷，于2021年3月16日向北京市西城区人民法院提起民事诉讼，诉讼请求为：（1）判令周某公司立刻停止侵犯马某“jiaoren”（注册号：第6703145号）商标专用权的侵权行为，立即停止宣传、生产、销售侵犯上述商标专用权的产品，并删除相关文字、图片、链接；（2）判令京某公司立刻停止侵犯马某“jiaoren”商标（注册号：第6703145号）专用权的行为，在其京某平台上停止销售侵犯上述商标专用权的所有产品；（3）判令周某公司、京某公司共同赔偿马某因其商标侵权行为给马某带来的经济损失及合理开支5万元（其中，经济损失44500元，合理开支5500元，合理开支包括律师费5000元，公证费500元）。事实和理由：马某是一位优秀的创业者，经营泰勒伯顿钻石、杰拉德珠宝、骄人钻石交易平台等，凭借南非自然资源优势、厚重的品牌文化、创新的投资模式、先进的管理理念，历经多年探索与发展，设立了覆盖全球的网络商务中心，搭建全球裸钻投资交易平台。马某于2008年5月6日在第14类珠宝首饰上申请注册

* 本案例入选北京知识产权法院规制恶意注册十大案例。

“jiaoren”商标，2010年3月28日核准注册，马某已将该商标投入使用，生产销售“骄人”品牌系列钻石。近日，马某发现周某公司在京某公司平台店铺销售“骄人系列”的戒指、项链，周某公司、京某公司的行为侵害了马某商标权。故马某诉至法院。

2021年9月13日，北京市西城区人民法院作出（2021）京0102民初10143号民事判决：驳回原告马某的诉讼请求。马某不服，向北京知识产权法院提起上诉。上诉请求为：（1）撤销一审判决，改判支持马某的一审全部诉讼请求；（2）判令被上诉人承担一、二审诉讼费用。事实与理由：（1）一审法院对案件事实认定不清。①一审判决将“周某公司”和周某其他公司混为一谈；②一审判决对被上诉人的证据没有经过审慎查证，在上诉人质疑的情况下仍全盘采纳，认定上诉人为“囤积商标”，与事实严重不符。（2）关于涉案商标周某是否自己使用的问题，商标注册人可以采用普通许可、独占许可、排他许可的方式使用，周某采用独占许可的方式亦是对涉案商标的使用。（3）被上诉人的商标使用行为已经超出了原有使用范围。（4）周某的行为不构成权利滥用。北京知识产权法院于2022年4月19日作出（2021）京73民终4108号民事判决：驳回上诉，维持原判。

裁判理由

一、周某公司在涉案产品上使用“骄人”是否具有正当性

《商标法》第五十九条第三款规定，商标注册人申请商标注册前，他人已经在同一种商品或者类似商品上先于商标注册人使用与注册商标相同或者近似并有一定影响的商标的，注册商标专用权人无权禁止该使用人在原使用范围内继续使用该商标，但可以要求其附加适当区别标识。

《商标法》第五十九条第三款有关在先使用人可以在原使用范围内继续使用该商标的规定，是针对具体情况作出的不侵权抗辩事由的规定，该条的适用要件包括：他人在注册商标申请日之前存在在先使用商标的行为；该在先使用行为早于商标注册人对商标的使用行为；该在先使用的商标应具有一定影响；被诉侵权行为系他人在原有范围内的使用行为。

第一，就主体关系而言，周某公司的股东为前海周某公司，前海周某

公司股东为周某金行公司，周某公司提交的周某珠宝集团年报显示，周某金行公司系周某珠宝集团100%控股的附属公司。由此，周某公司作为周某珠宝集团旗下公司之一，结合周某公司销售商品中使用“周大福”等商标、店铺中宣传内容显示“本店所售商品均可凭货品保证单于中国内地任一周某珠宝专营店享受全国统一售后服务”等内容可知，周某公司销售的被诉侵权商品为“周大福”品牌“骄人”系列钻饰，来源于周某珠宝集团旗下公司，周某公司作为关联主体对“骄人”系列钻饰的宣传和使用具有关联主体身份依据。

第二，就在先使用商标的知名度而言，周某公司提交的证据显示，从2005年9月开始，直至2008年5月6日马某申请注册第6703145号“jiaoren”商标期间，《好主妇》《世界时装之苑》《时尚芭莎》《嘉人》《虹》等时尚期刊杂志已经持续宣传周某某“骄人”系列钻饰。2005年新浪刊登的《周某某携手上海国际田径黄金大奖赛 为中国健儿加油》，其中载明：“周大福专门为破纪录者精心准备了一款‘骄人’系列的1克拉钻石吊坠”；2006年5月22日中国新闻网《莫文蔚代言珠宝贵气逼人等冯德伦送钻戒才结婚》中提到莫文蔚以7位数身价作为周大福“骄人”系列的代言人等，在案证据能够证明“周大福骄人系列”在马某的第6703145号“jiaoren”注册商标申请日之前经过使用并取得了一定的知名度。

第三，就使用范围而言，《商标法》第五十九条第三款规定的“原使用范围内”不应当机械地认定为原有规模和原有商品流通范围，而应当结合在先使用人使用相应标识所取得的知名度、使用方式、商品或者服务性质等综合进行判定。根据本案查明的事实，马某于2018年曾将周某金行（深圳）公司作为被告，以周某金行（深圳）公司在其网站上推出“骄人系列”品牌钻石戒指及吊坠侵犯马某“jiaoren骄人”商标专用权为由，提起侵害商标权纠纷诉讼，广东省深圳市盐田区人民法院于2018年6月12日作出（2018）粤0308民初588号民事判决，认定周某金行（深圳）公司在马某申请涉案商标之前已经实际在先使用“骄人”作为系列产品名称，存在在先权利，故对马某的诉讼请求予以驳回。经查，该判决已生效。鉴于周某公司销售的涉案产品系钻饰，且在案证据足以证明“周大福骄人系列”钻饰在马某的第6703145号“jiaoren”注册商标申请日之前经使用已具有一定知名度，再结合前述生效判决的相关认定，法院认为：周某公司对“骄人”系列钻饰的宣传和使用具有关联主体身份依据，其流转来源于在先使用人的商品，可认定其销售的商品仍属于周大福“骄人”系列钻饰的原有使用范围。

第四，就使用方式而言，无论是周某公司的关联公司在先使用周大福“骄人”系列钻饰，还是周某公司销售时使用周大福“骄人”系列钻饰，均系将“骄人”与“周大福”商标结合使用。根据马某对其使用第6703145号“jiaoren”商标的举证情况，尚不足以认定“骄人”与“周大福”商标结合使用会造成相关公众误认为涉案商品来源于马某，因此，本案尚不具有附加区别标识的必要性。

综上，周某公司在销售的产品上使用“骄人”具有正当性。一审法院对此认定正确，二审法院予以确认。

二、马某申请注册涉案商标的行为违反诚信原则

第一，从商标显著性上看，在《时尚芭莎》《新娘》《世界时装之苑》《嘉人》等杂志2006年的宣传中，周大福“骄人”系列钻饰图片中就使用了“chevue[illegible]nt”“[illegible]”等标识进行宣传，该标识由字母和汉字组成，字母和汉字的排布具有一定特色，具有较高的显著性，而马某注册的第6703145号“jiaoren”商标，与周大福“骄人”系列所使用商标相比，均使用了类似的字母、汉字元素组合方式，并采用了相同的排布方式，此种情况难谓巧合。

第二，从主观意图上看，在案证据能够证明周大福“骄人”系列钻饰产品自2006年推出，后经过长期、持续使用和宣传，在2008年5月6日马某申请注册第6703145号“jiaoren”商标之时，周大福“骄人”系列钻饰产品及其所使用标识均已具有较高知名度，马某理应知晓，仍申请注册了与周大福“骄人”系列产品所使用的“chevue[illegible]nt”“[illegible]”标识近似的商标，其主观上难谓善意。

第三，从注册后的使用行为来看，马某提交的证据仅能证明其进行了商标许可授权，并不能证明其对第6703145号“jiaoren”商标在核

准使用类别上进行了商标法意义上的使用或者存在使用意图，并不符合商标法中根据实际使用需求而申请注册商标的原则，马某并不能证明其注册第 6703145 号“jiaoren”商标系以实际使用为目的。

第四，从马某注册商标情况来看，马某还申请和注册了“泰勒”（第 14 类：珠宝、首饰）、“今伯利”（第 14 类宝石；耳环）、“今仕福”（第 14 类宝石；耳环）、“穗好床垫”（第 20 类）、“泰勒伯顿”（第 14 类未加工或半加工贵金属）、“格里奥 · 皮里”（第 25 类服装、羽绒服）等共计 37 枚商标，虽然马某予以否认，但经核实这些商标注册人均为马某，注册人地址均与第 6703145 号“jiaoren”商标中记载的马某地址相同，故一审法院对马某的反驳不予采信，应当认为这些商标均由马某申请或注册。这些商标类别跨度较大，分属不同行业，其中还包含与案外人的“金伯利”“穗宝床垫”等知名度较高的商标外形近似、类别相同或类似的商标，其并不能证明其注册上述商标具有真实的使用意图或者使用的需求，作为自然人，应当认为其具有明显的囤积商标行为。

综上，法院认为马某申请注册涉案商标的行为违反了诚信原则，其在本案中据以主张权利的权利基础不具有正当性，依法不应当获得支持。一审判决相关认定正确，论述详尽，予以确认。

三、马某的行为构成权利滥用

在先生效判决（2018）粤 0308 民初 588 号民事判决认定：周某公司在马某申请涉案商标之前已经实际在先使用“骄人”作为系列产品名称，存在在先权利，故对马某的诉讼请求予以驳回。马某再次以相同理由就周某公司在京某公司平台销售周大福“骄人”系列钻饰的行为提起本案诉讼，要求对方赔偿损失。法院认为：马某作为第 6703145 号“jiaoren”注册商标的权利人，其申请注册涉案商标的行为违反了诚信原则，在现有证据不足以证明其对涉案商标具有真实使用意图和使用事实的情况下，仍然向正当使用相关标识的既有权利主体提起诉讼要求赔偿，明显构成权利滥用行为，依法应当予以制止并给予否定性评价。

综上所述，二审法院认为：周某公司的涉案行为并未侵害马某的涉案商标权。一审法院对此认定正确，予以确认。

裁判要旨

商标权保护的是标识所承载的商誉。商标获准注册仅意味着其获得了权利外壳，并不意味着其获得对抗其他权利的效力。根据最高人民法院的司法解释，知识产权保护遵循诚实信用、保护正当竞争和保护在先权利的原则。因此，如果注册商标的取得违反诚信原则，侵害他人在先的著作权、企业名称权和商标权，其依法不应当获得保护。

关联索引

《中华人民共和国商标法》第七条、第五十九条第三款

一审：北京市西城区人民法院（2021）京0102民初10143号（2021年9月13日）

二审：北京知识产权法院（2021）京73民终4108号（2022年4月19日）

法官评析

一、恶意注册商标并滥用商标权应予以否定评价

（一）商标权的取得和行使均应遵循诚信原则

《民法典》第七条规定，民事主体从事民事活动，应当遵循诚信原则，秉持诚实，恪守承诺。最高人民法院在2017年3月6日发布的指导案例82号：王某永诉深圳歌力思服饰股份有限公司、杭州银泰世纪百货有限公司侵害商标权纠纷案中，将诚信原则表述为："诚实信用原则是一切市场活动参与者所应遵循的基本准则。一方面，它鼓励和支持人们通过诚实劳动积累社会财富和创造社会价值，并保护在此基础上形成的财产性权益，以及基于合法、正当的目的支配该财产性权益的自由和权利；另一方面，它又要求人们在市场活动中讲究信用、诚实不欺，在不损害他人合法利益、社会公共利益和市场秩序的前提下追求自己的利益。民事诉讼活动同样应当遵循诚实信用原则。一方面，它保障当事人有权在法律规定的范围内行使和处分自己的民事权利和诉讼权利；另一方面，它又要求当事人在不损害他人和社会公共利益的前提下，善意、审慎地行使自己的权利。任何违

背法律目的和精神，以损害他人正当权益为目的，恶意取得并行使权利、扰乱市场正当竞争秩序的行为均属于权利滥用，其相关权利主张不应得到法律的保护和支持。”① 《商标法》第七条也规定，申请注册和使用商标，应当遵循诚实信用原则。这是民法中诚信原则在商标法中的具体体现和要求，为商标法规制各种商标权滥用行为提供了根本遵循。该条要求商标的注册和使用行为均应遵循诚信原则，禁止恶意注册商标和滥用商标权。

（二）恶意注册的行为违反诚信原则

商标恶意注册是针对商标注册人获得商标专用权的方式而言的，通常是指商标注册人违反诚信原则，以攫取或不正当利用他人市场声誉，损害他人在先权益，或者侵占公共资源为目的的商标注册行为。②

判断注册商标是否构成恶意注册，需要从注册商标的显著性、商标注册人的主观意图、商标注册人对注册商标的后续使用情况以及其注册商标的整体情况等方面进行，归根结底还是通过上述表现形式反推商标注册人具有攫取或利用他人市场声誉，不以使用其注册商标为目的的主观恶意，商标注册人的上述行为将使得商标的权利基础存在重大瑕疵。

本案中，在马某的涉案商标申请日之前，周大福“骄人”系列钻饰图片中就使用了“”“”等标识进行宣传，该标识由字母和汉字组成，字母和汉字的排布具有一定特色，具有较高的显著性，而马某注册的第 6703145 号“”商标，与周大福“骄人”系列所使用商标相比，二者均使用了类似的字母、汉字元素组合方式，且采用了相同的排布方式，此种情况难谓巧合。从主观意图上看，在案证据表明周大福“骄人”系列钻饰产品于 2006 年推出后，经过长期持续宣传、使用，至马某申请注册涉案商标之时，周大福“骄人”系列钻饰产品及其所使用标识均已具有较高知名度，马某对此理应知晓，仍申请注册与周大福“骄人”系列产品标识近似的商标，其主观上难谓善意。从注册后的使用行为来看，马某提交的证据仅能证明其进行了商标许可授权，并不能证明其对涉案商标在核准使用类别上进行了商标法意义上的使用或

① 参见最高人民法院（2014）民提字第 24 号民事判决书。

② 周丽婷：《对商标权滥用相关民行二元程序的思考》，载《中华商标》2019 年第 10 期。

者存在使用意图，并不符合商标法中根据实际使用需求而申请注册商标的原则。从马某注册商标情况来看，马某还申请和注册了“泰勒”（第14类：珠宝、首饰）、“今伯利”（第14类宝石；耳环）、“今仕福”（第14类宝石；耳环）、“穗好床垫”（第20类）、“泰勒伯顿”（第14类未加工或半加工贵金属）、“格里奥·皮里”（第25类服装、羽绒服）等共计37枚商标，这些商标类别跨度较大，分属不同行业，其中还包含与案外人的“金伯利”“穗宝床垫”等知名度较高的商标外形近似、类别相同或类似的商标，其并不能证明其注册上述商标具有真实的使用意图或者使用需求，作为自然人，应当认为其具有明显的囤积商标行为。最终，法院认定马某申请注册涉案商标的行为违反了诚信原则，其据以主张权利的商标权利基础不具有正当性。

此外，需要注意的是，商标权的取得是否具有重大权利瑕疵，需要特别考虑商标注册人申请注册商标是否具有主观恶意。基于我国当前商标民事侵权和行政授权确权程序二元分立的制度设计，如在案证据不能认定商标注册人申请注册商标具有明显恶意的，不应认定其商标权利基础存在重大瑕疵。

（三）禁止滥用商标权的构成要件分析

禁止商标权滥用，源于民法中的禁止权利滥用原则。禁止权利滥用原则，通常认为亦派生于诚信原则，依据诚信原则，行使权利应当以善意的方式进行，而滥用权利本身是恶意的，且以损害他人权益为主要目的，恶意行使权利的方式本身就是违反诚信原则的行为。[①] 禁止权利滥用，本质上是法律对私权行使的一种限制，体现了法律追求“矫正正义”和“分配正义”的目标，它要求一切民事权利的行使不得超过其正当界限，否则构成权利滥用，不仅不能产生权利人追求的法律效果，还可能承担相应的法律责任。

基于对禁止权利滥用原则的相关法律规定及分析，可以归纳出注册商标专用权滥用的构成要件包括：（1）商标注册人享有有效的注册商标专用

---

① 王利明：《论禁止滥用权利——兼评〈总则编解释〉第3条》，载《中国法律评论》2022年第3期。

权；（2）商标注册人以损害国家利益、社会公共利益、他人合法权益为主要目的行使商标权，其行使权利的过程中具有主观过错，通常表现为故意，但也不排除过失的情形；（3）商标注册人行使商标权的行为损害了他人合法权益，且他人所遭受损失与其行使商标权行为之间存在因果关系。从该注册商标专用权滥用的构成要件可知，无论商标注册人获得注册商标是否具有恶意，其行使商标权的行为均可能构成权利滥用。本案涉及商标注册人恶意注册商标，其权利基础本身具有重大瑕疵，在后滥用商标权行为，亦构成商标权滥用的一种特殊情形。

本案判决指出，在先生效判决（2018）粤0308民初588号民事判决认定：周某公司在马某申请涉案商标之前已经实际在先使用“骄人”作为系列产品名称，存在在先权利，故对马某的诉讼请求予以驳回。现马某再次以相同的理由就周某公司在京某公司平台销售周大福“骄人”系列钻饰的行为提起本案诉讼，要求对方赔偿损失。马某作为涉案注册商标的权利人，其申请注册涉案商标的行为违反了诚信原则，在现有证据不足以证明其对涉案商标具有真实使用意图和使用事实的情况下，仍然向正当使用相关标识的既有权利主体提起诉讼要求赔偿，明显构成权利滥用行为，依法应当予以制止并给予否定性评价。

在商标权滥用的诸多案例中，商标注册人获得商标注册后，有的会采取不规范使用注册商标、将该注册商标与其他意图导致消费者对商品来源产生混淆、误认的企业名称、标识、包装、装潢、宣传语等结合使用等方式，实现商标注册人攀附他人商誉、获取不正当利益的目的；有的则通过要求实际权利人高价回购该商标，或者通过滥发侵权警告函、进行行政举报投诉，甚至通过恶意提起商标侵权诉讼等方式来获取不正当利益。无论何种情况，商标注册人所持有的注册商标已不是《商标法》意图保护的商标，而是沦为了与《商标法》保护的商标背道而驰的圈地符号，商标注册人行使其已经“异化”的注册商标专用权的种种表现形态，已严重背离《商标法》的立法目标和制度目的，严重违反诚信原则，扰乱商标注册和保护秩序，损害社会经济和竞争秩序，应依法坚决予以规制。

二、《商标法》第五十九条第三款的审理要点

《商标法》第五十九条第三款规定，商标注册人申请商标注册前，他

人已经在同一种商品或者类似商品上先于商标注册人使用与注册商标相同或者近似并有一定影响的商标的，注册商标专用权人无权禁止该使用人在原使用范围内继续使用该商标，但可以要求其附加适当区别标识。《商标法》第五十九条第三款有关在先使用人可以在原使用范围内继续使用该商标的规定，是对注册商标专用权人的权利限制和在先权利的保护，同时也是针对具体情况作出的不侵权抗辩事由的规定。

该条的适用要件包括：他人在注册商标申请日之前存在在先使用商标的行为；该在先使用行为早于商标注册人对商标的使用行为；该在先使用的商标应具有一定影响；被诉侵权行为系他人在原有范围内的使用行为。

本案对该条的适用进行了具体分析：

第一，就主体关系而言，根据相关关联公司的关系、周某公司销售商品中使用“周大福”等商标及店铺中相关宣传内容可知，周某公司销售的被诉侵权商品“周大福”品牌“骄人”系列钻饰来源于其关联公司，周某公司作为关联主体对“骄人”系列钻饰的宣传和使用具有关联主体身份依据。

第二，就在先使用商标的知名度而言，在案证据证明从2005年9月开始，直至2008年5月6日马某申请注册涉案商标之前，已有多家时尚期刊杂志和网络媒体持续宣传周大福的“骄人”系列钻饰，“周大福骄人系列”钻饰在涉案商标申请日之前已经具有一定的知名度。

第三，就使用范围而言，《商标法》第五十九条第三款规定的“原使用范围内”不应当机械地认定为原有规模和原有商品流通范围，而应当结合在先使用人使用相应标识所取得的知名度、使用方式、商品或者服务性质等综合进行判定。根据查明的事实，马某曾于2018年以周某公司的关联公司在其网站上推出“骄人系列”品牌钻石戒指及吊坠侵犯其对涉案商标享有的专用权为由，提起商标侵权诉讼，广东省深圳市盐田区人民法院于2018年6月12日作出（2018）粤0308民初588号民事判决，认定该案中的被告在马某申请涉案商标之前已经实际在先使用“骄人”标识作为其系列产品名称，存在在先权利，对马某的诉讼请求予以驳回，该判决已生效。在案证据可以认定周某公司销售的商品仍属于周大福“骄人”系列钻饰的原有使用范围。

第四，就使用方式而言，周某公司及其关联公司均将“骄人”与“周大福”等商标结合使用。相较马某提交的其对涉案商标的使用证据可知，周某公司在被诉侵权商品的宣传、销售中将“骄人”与“周大福”等商标结合使用的行为，不会使相关公众误认为该商品来源于马某或与其存在关联关系。

最终，法院判决周某公司在销售的产品上使用“骄人”具有正当性，也不具有附加区别标识的必要性。

在我国《商标法》规定的注册取得商标权制度下，商标申请人为谋取不正当利益，通过侵害他人在先权益或抢注他人商标等方式恶意注册商标的情形几乎难以避免，而商标恶意注册总是伴随着商标权的滥用。针对商标注册人取得的注册商标权利基础本身存在重大权利瑕疵，且其在获得该注册商标后以损害国家利益、社会公共利益、他人合法权益为主要目的滥用该商标权的行为，无论其具体表现形态如何，法院均应当以诚信原则为根本指导，依法审查并采纳被诉侵权人的正当抗辩理由，在此基础上驳回商标注册人的诉讼请求。

一审法院独任法官 黄秋平

二审法院合议庭成员 刘义军　马兴芳　李　想

编写人 刘义军　范晓玉